manual de enfermedades comunes, medicina complementaria y alimentación sana

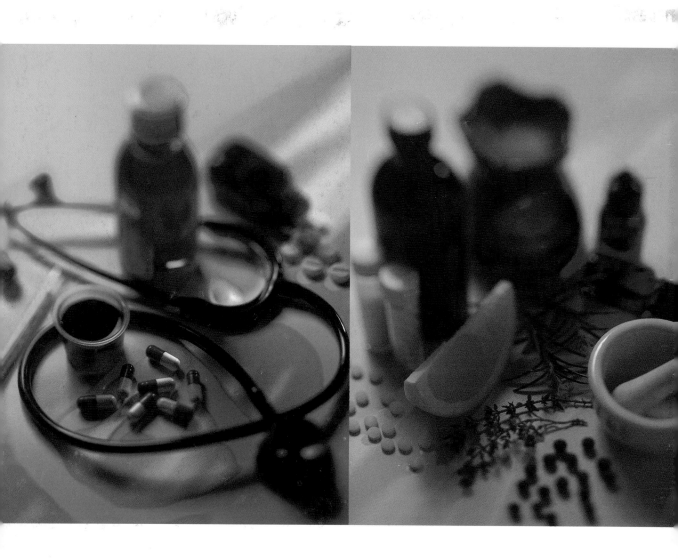

manual de enfermedades comunes, medicina complementaria y alimentación sana

Doctor David Peters Médico Cirujano

Diana Austin • Hilary Bower • Jackie Creswell • Tor Davies • Tessa Thomas
Juliet Walker • Belinda Whitworth

BLUME

BLUME

Título original:
Total Health

Traducción:
Remedios Diéguez Diéguez
Jorge González Batlle
Cristina Rodríguez Castillo

Revisión científica y adaptación de la edición en lengua española:
Margarita Gutiérrez Manuel
Médico Homeópata

Coordinación de la edición en lengua española:
Cristina Rodríguez Fischer

Primera edición en lengua española 1999

©1999 Naturart, S.A. Es un libro BLUME
Av. Mare de Déu de Lorda, 20
08034 Barcelona
Tel. 93 205 40 00 Fax 93 205 14 41
E-mail: info@blume.net
©1998 Marshall Editions Developments Ltd., Londres;
Mosaik Verlag, GmbH, Munich
Todos los derechos reservados

I.S.B.N.: 84-8076-305-1

Impreso en Portugal

CONSULTE EL CATÁLOGO DE PUBLICACIONES *ON-LINE*
INTERNET: HTTP://WWW.BLUME.NET

Nota: se han tomado todas las precauciones posibles para garantizar
que toda la información contenida en este libro es correcta y compatible
con las prácticas generalmente aceptadas en el momento de su publicación.
Este libro no pretende sustituir la visita al médico o a otros profesionales de la salud,
como tampoco sustituir la enseñanza de primeros auxilios por parte de un profesional.
Los autores y el editor no se responsabilizan de los posibles daños sufridos a consecuencia
del uso y la aplicación del contenido de este libro.

Prólogo

Los avances en investigación y tecnología implican que los médicos saben más que nunca sobre las enfermedades. Constantemente se desarrollan nuevos fármacos, se mejoran las técnicas que permiten la supervivencia de los enfermos en estado crítico y de cuidados intensivos, y los pacientes pueden recuperarse con mayor rapidez después de una operación con microcirugía. No obstante, los médicos todavía no tienen todas las respuestas, y muchas enfermedades permanecen incurables. El mejor modo de prevenirlas consiste en adoptar un estilo de vida sano.

Resulta esencial cuidar la mente y el cuerpo para gozar de un bienestar total. Se trata de un enfoque recomendado desde hace mucho tiempo por los profesionales de la medicina complementaria. Cada vez más, los médicos reconocen la importancia de favorecer la buena salud, y muchos de ellos también valoran las terapias complementarias. De hecho, muchos de sus pacientes utilizan ambos enfoques de forma simultánea.

La dieta desempeña un papel muy importante en el mantenimiento de la salud. Una dieta equilibrada aporta vitaminas, minerales y otros nutrientes esenciales que ayudan al cuerpo a funcionar correctamente y a luchar contra las enfermedades. Si sigue una dieta equilibrada, practica ejercicio habitualmente y aprende a relajarse (sin tabaco ni un exceso de alcohol), estará en el buen camino para mejorar su salud.

Contenido

INTRODUCCIÓN

Capítulo 1
PROBLEMAS COMUNES

Capítulo 2
MEDICINAS COMPLEMENTARIAS

Capítulo 3
ALIMENTACIÓN SANA

Capítulo 4
PRIMEROS AUXILIOS

VÉASE TAMBIÉN

Estrés 76-77

¿Cómo está su salud?

Estar sano no es únicamente lo contrario de estar enfermo. Se trata de aprovechar la vida al máximo y de manera activa. Para conseguirlo, el cuerpo debe trabajar con eficacia, con mucha energía. Además, debe estar preparado para afrontar los altibajos de la vida, lo cual exige técnicas efectivas, relaciones afectuosas, suficiente tiempo para trabajar y disfrutar, y una actitud positiva.

Su salud está determinada en parte por la herencia genética (el cuerpo con el que ha nacido), y en parte por factores externos. Sin embargo, incluso una constitución fuerte y sana puede verse dañada debido al descuido o al abuso. Aunque todavía queda mucho por descubrir, los resultados de las investigaciones han identificado ciertos factores (incluyendo el tabaco y el abuso del alcohol) que aceleran el declive de los órganos vitales. Existen otros factores que, sin duda, retrasan el proceso de envejecimiento: por ejemplo, el ejercicio regular y el peso adecuado.

Por tanto, ¿cómo puede determinar el estado de su salud? Existen varias pruebas que indican si el cuerpo funciona correctamente. Su médico puede tomarle la presión, el nivel de glucosa en sangre o el de colesterol; en casa, usted mismo puede tomarse el pulso y calcular su índice de masa corporal. Los profesionales de terapias complementarias afirman que detectan señales de alteraciones físicas en el iris y en la lengua.

SALUD FÍSICA

Un cuerpo que funciona correctamente denota una buena salud física. Esto significa que el corazón y los pulmones bombean con eficacia, los órganos vitales funcionan sin presiones, el sistema inmunológico está sano, los músculos son flexibles y los huesos están fuertes. Un modo de conseguir este estado consiste en realizar ejercicio. Aunque la mayoría de nosotros nunca seremos grandes atletas, sí deseamos poder hacer lo que queremos sin sufrir daños, ya sea jugar a fútbol con los niños, cargar pesos, correr para tomar el autobús o bailar en una discoteca.

Nunca es demasiado tarde para comenzar a practicar deporte. Por ejemplo, en Gran Bretaña se ha llevado a cabo una investigación que demuestra que las personas de entre 75 y 93 años que habían practicado ejercicio suave

---

EXAMINE SU ESTILO DE VIDA

Cuantas más respuestas afirmativas obtenga, más sano estará. Si tiene alguna respuesta negativa, debería intentar corregir la situación.

- ¿Come principalmente alimentos frescos sin procesar (págs. 262-269)?

- ¿Su peso es el adecuado en relación con su altura (pág. 258)?

- ¿Es usted no fumador o ha dejado de fumar (págs. 20-21)?

- ¿Bebe con moderación (págs. 20-21 y 255)?

- ¿Sabe dejar a un lado las preocupaciones y relajarse (págs. 14-15)?

- ¿Pasa parte de su tiempo con amigos y familiares?

- ¿Puede subir tres tramos de escaleras sin acabar jadeando y sin aliento?

- ¿Sale a dar un paseo, juega con niños, trabaja en el jardín, baila, va al gimnasio, limpia la casa o realiza otras actividades enérgicas al menos dos veces al día, cinco días a la semana (págs. 10-11)?

- ¿Se duerme rápidamente por la noche y descansa bien (págs. 16-17)?

- ¿Se siente activo y con ganas de empezar el día cuando se despierta por la mañana?

durante 12 semanas habían incrementado la fuerza de los músculos de los muslos en un 25 %. Es un rejuvenecimiento de fuerza que equivale a un período de 16 a 20 años.

Todos podemos contribuir a mejorar nuestra salud física siguiendo métodos de prevención para cuidar el cuerpo. Dichos métodos incluyen aprovechar las revisiones médicas como las radiografías cervicales o la determinación de la presión sanguínea, revisar la vista y los dientes con regularidad, proteger la piel del sol y practicar el sexo seguro. Es importante seguir los criterios ergonómicos en el puesto de trabajo (sentarse correctamente ante el ordenador) y manejar la maquinaria de forma segura, incluyendo el uso del cinturón de seguridad en el coche.

Si padece una enfermedad, cuide de sí mismo. La atención adecuada a una enfermedad pasajera, como un resfriado, puede ayudarle a recuperarse con rapidez. Las dolencias crónicas, como la diabetes o las enfermedades cardíacas, exigen seguir las indicaciones del médico para aliviar los síntomas y las complicaciones.

SALUD MENTAL

Existe la creencia común de que las personas felices y positivas gozan de mejor salud. Numerosos estudios han establecido una clara relación entre una actitud mental positiva y una buena salud física. Otros estudios sugieren que la práctica deliberada de una actitud mental positiva puede ayudar a combatir las enfermedades.

Gran parte de estas ideas está relacionada con el estrés, el término que hoy se utiliza para referirse a todo tipo de presiones. Sin embargo, el estrés en sí mismo no es el culpable de todos los males: lo que importa es su actitud frente a esa situación. Una cierta cantidad de tensión creativa constituye un estímulo que puede motivar a una persona. No obstante, demasiada presión puede producir preocupación constante que, a su vez, provoca un descenso de la resistencia a las enfermedades.

COMPRUEBE SU PULSO

Su pulso «en reposo» le dará una idea de la eficacia con que funciona su corazón. Localícelo en la muñeca o en el cuello nada más levantarse por la mañana y cuente los latidos durante 15 segundos. Multiplique la cifra por cuatro para obtener las pulsaciones por minuto y compruebe el resultado.

Edad	20–29	30–39	40–49	50+
Hombres **Excelente**	< 60	< 64	< 66	< 68
Bueno	60–69	64–71	66–73	68–75
Normal	70–85	72–87	74–89	76–91
Deficiente	> 85	> 87	> 89	> 91
Mujeres **Excelente**	< 70	< 72	< 74	< 76
Bueno	70–77	72–79	74–81	76–83
Normal	78–94	80–96	82–98	84–100
Deficiente	> 94	> 96	> 98	> 100

Debe visitar al médico si el resultado es deficiente. El tiempo que el pulso tarda en volver a la normalidad después del ejercicio es otro indicador de la salud de su corazón (debería tardar de 4 a 5 minutos).
< = menos que   > = más que

MÉTODOS PARA MANTENERSE SANO

Si sabe que su estilo de vida no es sano, intente imponerse objetivos realistas y solucionar un problema cada vez con la determinación de mejorar.

■ Siga una dieta más equilibrada, con alimentos apetitosos y variados, e intente mantener un peso sano y estable.

■ Reduzca el consumo de alcohol a los límites de seguridad establecidos por la ley.

■ Si fuma, intente dejarlo.

■ Practique más ejercicio, siempre será más beneficioso.

■ Acuda al médico si observa un problema persistente (*véanse* págs. 24-25).

■ Considere los posibles modos de enfrentarse mejor al estrés. ■

VÉASE TAMBIÉN
Aporte energético
elevado   256-257

Una vida activa

El ejercicio regular desempeña un papel vital en su calidad de vida. Mantiene la salud de los músculos y de los huesos, mejora la eficacia del corazón y de los pulmones, llena los órganos vitales de nutrientes y hace aumentar la flexibilidad y la fuerza. Además, estimula al sistema inmunológico y desencadena la producción de elementos químicos en el cerebro que producen sensaciones de bienestar.

Antes se pensaba que el ejercicio debía ser intenso para conseguir verdaderos beneficios, pero hoy se sabe que incluso sólo 15 minutos de actividad física moderada al día, cinco días a la semana, pueden mejorar la salud. Los estudios también demuestran que las personas que practican menos de 30 minutos de actividad física a la semana tienen el doble de probabilidades de morir prematuramente a causa de enfermedades coronarias y el riesgo de sufrir muchas otras enfermedades, desde diabetes hasta cáncer de colon.

ESTÍMULOS FÍSICOS Y MENTALES

Llevar una vida activa influye en todos los sistemas del organismo. Durante la práctica de ejercicio, el corazón late con mayor rapidez y fuerza, acelerando el flujo de sangre en todo el cuerpo. De este modo aumenta el suministro de nutrientes y se eliminan los productos de desecho con mayor rapidez, evitando así la acumulación de depósitos grasos que pueden dar lugar a problemas cardíacos. Con el tiempo, el músculo cardíaco gana fuerza, lo que mejora su eficacia y le permite trabajar más con menos esfuerzo. Al mismo tiempo, la presión sanguínea desciende.

Los pulmones y el sistema respiratorio también ganan en eficacia, aportando más oxígeno con menos esfuerzo. Los músculos de todo el cuerpo aumentan de tamaño y consumen más energía; a su vez, la grasa acumulada se deshace y se metaboliza, con lo que se reduce el exceso de grasa. Estos beneficios ayudan a aumentar los niveles de energía y de resistencia. La densidad ósea también aumenta, lo que reduce el riesgo de osteoporosis.

El ejercicio beneficia tanto la capacidad de concentración como la salud mental. Aumenta la atención, reduce la tensión

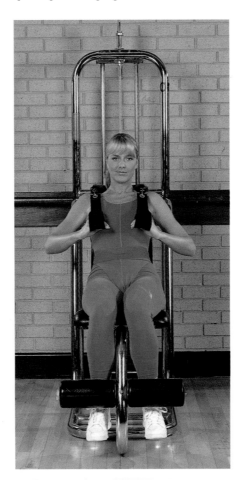

Acudir a un gimnasio ofrece la ventaja de poder utilizar diferentes aparatos bajo la supervisión de un profesional; además, si lo hace acompañado de un amigo puede convertirse en un incentivo para ser constante. No obstante, caminar a paso rápido, jugar al aire libre con los niños o nadar también constituyen excelentes modos de practicar ejercicio sin tener que realizar cambios radicales o que consuman mucho tiempo.

y favorece la producción de elementos químicos en el cerebro conocidos como endorfinas, que contribuyen a crear una sensación de bienestar.

TIPOS DE EJERCICIO

Existen diversos modos de practicar una actividad moderada. El objetivo debe ser el de incorporar a su rutina algunos ejercicios aeróbicos, para tonificar los músculos y para mejorar la flexibilidad.

El ejercicio aeróbico incrementa la eficacia de los pulmones y del corazón. Éste bombea sangre sin esfuerzo y ayuda al cuerpo a utilizar el oxígeno con mayor eficacia. Las actividades recomendadas son los paseos rápidos, el *footing*, nadar, bailar, la bicicleta y el squash. Cualquier ejercicio que practique durante al menos 12 minutos sin interrupción y que le obligue a respirar con fuerza resulta adecuado.

Mejorar el estado de los músculos le ayudará a protegerlos, así como a los huesos, de las lesiones; además, facilita las tareas cotidianas. Nadar, correr o practicar ejercicios con pesas constituyen actividades adecuadas, aunque las tareas domésticas como pasar la aspiradora, limpiar ventanas o el coche y levantar pesos también dan resultados.

Los músculos y los ligamentos rígidos, no entrenados, se lesionan fácilmente. El ejercicio suave y regular incrementa el flujo sanguíneo y contribuye a mantener las articulaciones y los músculos en buen estado. Dado que la mayoría de actividades incluyen estiramientos, siempre debe practicarlos suavemente para calentar los músculos antes de comenzar el entrenamiento; así evitará lesiones.

PUNTO DE PARTIDA

Existen numerosas oportunidades cotidianas para mejorar la forma física. Convierta en una norma utilizar las escaleras en lugar de los ascensores, subir y no quedarse quieto en las escaleras mecánicas, realizar los trayectos cortos a pie o en bicicleta en lugar de utilizar el coche, emprender con energía las tareas domésticas y jugar activamente con sus hijos.

Impóngase objetivos realistas si desea que su vida se torne más activa. Su cuerpo necesita tiempo para entrar en calor, y si establece un ritmo excesivamente rápido, tal vez pierda el interés o incluso se haga daño. Si no está en forma, comience lentamente e incremente de forma progresiva el tiempo y el esfuerzo a medida que gana en fuerza y confianza. Establezca objetivos a corto plazo: el compromiso de caminar cada mañana durante dos semanas, un cierto tiempo para un largo de piscina o 20 abdominales sin dolor.

Recuerde que nunca se es demasiado viejo para empezar. Las investigaciones demuestran que aquellos que comienzan a practicar ejercicio regular a los 70 años pueden añadir un año a su esperanza de vida; comenzar durante la treintena significa dos años y medio más. ■

PRECAUCIÓN

Si no está en forma o si tiene un problema de salud importante, consulte siempre a su médico antes de comenzar una nueva rutina de ejercicios.

CONSEJOS PARA LA PRÁCTICA DE EJERCICIO

El ejercicio regular proporciona numerosos beneficios para la salud, mejora nuestro aspecto físico, favorece la autoestima, reduce el estrés y crea una actitud positiva. A continuación encontrará algunas sugerencias que le ayudarán a comenzar:

■ Convierta en su objetivo la práctica de 30 minutos (o dos sesiones de 15 minutos) de ejercicio moderado cinco días a la semana.

■ El ejercicio moderado incluye toda actividad que incremente el ritmo cardíaco, le haga entrar en calor y provoque una respiración más intensa de lo habitual. Algunos ejemplos son los paseos rápidos, el fútbol, el tenis, el aeróbic, el ciclismo, el tenis de mesa, el baile, el bricolaje, la jardinería, las tareas domésticas y jugar con los niños.

■ Comience lentamente e incremente el tiempo a medida que gana en confianza. En semanas descubrirá un aumento de resistencia.

■ Si es usted mayor o si padece alguna alteración médica, como enfermedades del corazón, consulte con su médico antes de comenzar a practicar ejercicio.

■ Recuerde realizar algunos estiramientos antes y después del ejercicio.

■ Apúntese a un gimnasio o a clases de gimnasia con algún amigo o familiar, con los niños o con compañeros de trabajo; así estará más motivado y disfrutará más.

PRECAUCIÓN

Debe buscar la ayuda de un profesional si cree que tiene problemas de hostilidad, ansiedad o depresión.

Vida emocional

Las emociones intensas no son insanas. En algunas situaciones, la ira, el miedo o la tristeza pueden representar respuestas adecuadas. Sin embargo, si uno de estos sentimientos impera en su vida, puede acabar con su bienestar.

El cuerpo y la mente poseen un medio para responder ante las emergencias: el estrés. Esta respuesta nos ayuda a afrontar los peligros a corto plazo, pero si se mantiene o se repite una y otra vez sin el tiempo necesario para relajarse, los problemas de salud harán acto de presencia. Los cambios muy importantes o los pequeños problemas cotidianos pueden debilitar la salud. Todo depende de su modo de afrontarlo y de su habilidad para enfrentarse al estrés.

Un estudio descubrió que los empleados con más posibilidades de sufrir un ataque al corazón eran aquellos que mostraban menos control sobre su trabajo. La parte más dañina de su conflicto emocional no era el trabajo, sino el sentimiento de no tener el control.

La capacidad de enfrentarse al estrés y a otras emociones le ayudará a manejar las situaciones difíciles (por ejemplo, la muerte de un familiar o de un amigo íntimo, casarse, tener un hijo, cambiar de domicilio o de trabajo, problemas económicos o legales, jubilación). Las emociones excesivamente intensas o la incapacidad para expresar las emociones pueden ser una señal de que no sabe enfrentarse a esas situaciones. Intente buscar consejo o apoyo.

ESPERAR LO IMPOSIBLE
Muchas personas se exponen a una vida llena de estrés al cultivar de manera inconsciente unas expectativas poco realistas de sí mismas y de los demás. La mayoría de las personas

Los cambios sin especial importancia, como la decoración de la casa, pueden resultar muy estresantes. Planifique con antelación y hable de los problemas con su pareja para que ambos puedan exponer sus puntos de vista. La comunicación y la anticipación ayudarán en gran medida a que los cambios resulten interesantes en lugar de tensos.

albergan falsas creencias que les producen tensión, sobre todo el miedo a resultar poco atractivas desde los puntos de vista físico, intelectual o emocional.

Si siente que necesita la aprobación de los que le rodean, consumirá gran parte de su tiempo haciendo lo que los demás desean o lo que usted piensa que desean, situación que puede crear sentimientos de ansiedad. Por el contrario, si cree que cometer errores es inaceptable, creará una presión fuera de toda lógica que le afectará a usted y a los demás. Este sentimiento puede llevar a la intolerancia, la confrontación y la ira. Otro rasgo que puede provocar estrés es pensar que siempre debe existir una solución perfecta para cada problema. Tales esquemas de pensamiento le destinan a la decepción, sobre todo si están implicadas otras personas.

Estas expectativas poco realistas pueden tener su origen en las actitudes de padres y profesores, de los amigos o de la sociedad en su conjunto. Sea cual sea su origen, crean tensión en su vida emocional y le impiden desarrollar métodos sanos para evitar o enfrentarse a las situaciones difíciles.

CONOZCA SU TEMPERAMENTO

Las personas que reprimen las emociones negativas y la pena se expresan en ocasiones de forma agresiva, con arrebatos hostiles y desconfianza. Las personas que gozan de una actitud optimista, tolerante y alegre ante la vida suelen tener la autoestima más alta y se enfrentan al estrés con mayor facilidad.

Cambiar los esquemas de comportamiento no resulta sencillo. La psicoterapia puede ayudar a moderar el pesimismo y la depresión habituales, además de infundir el respeto por uno mismo y un punto de vista positivo. Intente mejorar sus relaciones con los demás: escuche sus opiniones, aprenda a ser tolerante y comprensivo y a evitar los arrebatos, que sólo provocan conflictos. Una vez consciente de su propia susceptibilidad ante el estrés, le resultará mucho más sencillo pasar a la acción (*véase* recuadro, derecha). ∎

¿ES PROPENSO AL ESTRÉS?

¿Sus actitudes pueden provocarle un exceso de estrés? Responda a las siguientes preguntas con sólo un «sí» por cada número. Compruebe después el resultado, basado en el tipo de respuesta (A, B o C) elegida más veces.

1 a. ¿Es competitivo y agresivo en el trabajo, en el deporte y en los juegos?
  b. Si pierde algunos puntos en un juego, ¿decide retirarse?
  c. ¿Evita las confrontaciones?

2 a. ¿Es ambicioso y siente ansiedad por obtener muchos logros?
  b. ¿Espera que las cosas ocurran por sí solas?
  c. ¿Encuentra excusas para aplazar las decisiones?

3 a. ¿Hace las cosas con rapidez y se impacienta con frecuencia?
  b. ¿Deja que sean los demás los que le estimulen para pasar a la acción?
  c. ¿Suele repasar los acontecimientos del día y preocuparse por ellos?

4 a. ¿Habla con rapidez, en voz alta y de manera enfática, e interrumpe a menudo a los demás?
  b. ¿Puede aceptar un no por respuesta con ecuanimidad?
  c. ¿Le resulta difícil expresar sus sentimientos y sus ansiedades?

5 a. ¿Se aburre con facilidad?
  b. ¿Le gusta no tener nada que hacer?
  c. ¿Se adapta a los deseos de los demás y no a los suyos propios?

6 a. ¿Camina, habla y come con rapidez?
  b. Si olvida hacer algo, ¿decide no preocuparse por ello?
  c. ¿Es usted una persona reprimida?

Resultado
Mayoría de A
Vive a un ritmo muy estresante y podría ser propenso a las enfermedades coronarias y a otras dolencias relacionadas con el estrés. Reduzca la marcha y tómese tiempo para relajarse. Examine su filosofía de la vida y, tal vez, practique una afición no competitiva durante su tiempo de ocio.

Mayoría de B
Muestra una actitud relajada hacia la vida. Sin embargo, una cierta cantidad de estrés resulta saludable y estimulante para conseguir metas positivas. Si desea obtener más, considere la necesidad de abandonar esa actitud despreocupada.

Mayoría de C
Usted se crea estrés debido a la falta de acción. Comience una campaña para estimular su confianza, su autoestima y su seguridad en sí mismo. Confeccione una lista con sus virtudes y concéntrese en ellas.

Aprender a relajarse

Relajarse debería ser uno de los actos más sencillos, pero cuando llegamos a la edad adulta muchos de nosotros necesitamos aprender (o volver a hacerlo) a relajarnos. Los niños desconectan y se sumergen en el juego, pero para los adultos y su vida acelerada el hecho de encontrar tiempo para relajarse puede convertirse en otra exigencia, otro «deber» dentro de una apretada agenda.

La relajación constituye un ingrediente esencial para mantener una vida activa. No se trata de un lujo; no debe esperar a derrumbarse cuando el cuerpo y la mente no aguanten más. Si estira una goma repetidamente, sin pausa, acabará por perder su elasticidad e incluso puede romperse. Lo mismo ocurre con su mente y con su cuerpo. Sólo trabajo y nada de descanso hace que una persona resulte cada vez menos eficaz en todas las facetas de la vida. El cansancio acaba con el rendimiento, se tarda más tiempo en realizar las tareas y los errores son más frecuentes.

La tensión constante también afecta al flujo físico del cuerpo, ya que se transmite a los músculos y provoca dolores, malas digestiones y aumento de la presión sanguínea. El apetito puede verse afectado con falta de comidas o con ingestas rápidas, lo que aumenta la pérdida de energía. Muchas personas hiperventilan, respirando superficial y rápidamente, utilizando únicamente la porción superior de los pulmones. Esto no sólo incrementa la sensación de tensión, sino que además puede provocar otros síntomas preocupantes.

Todos estos efectos pueden contrarrestarse con la relajación. Existen diversos modos de relajar la mente y el cuerpo. Algunos son «arreglos de emergencia» que le ayudan a enfrentarse a los momentos puntuales de estrés, presión o ira. El viejo truco de contar hasta 10 y respirar profundamente hasta que el aire llegue al abdomen tiene una sólida base científica: hace disminuir el ritmo cardíaco, suaviza las reacciones violentas y proporciona a la mente algunos segundos para pensar. Tomarse un descanso breve a intervalos a lo largo de todo el día (dar un paseo corto, leer un capítulo de un libro o estirarse algunos minutos) también ayuda a disminuir la presión.

TIEMPO PARA UNO MISMO

Una de las claves para mantener a raya el estrés consiste en asegurarse de no descuidar a los amigos por culpa del trabajo o de compromisos familiares, y de que mantiene alguna actividad al margen de su rutina diaria. Dése tiempo cada día para hacer lo que le gusta, ya sea coser, pintar, leer o ver la televisión, y asegúrese de mantener el hábito de hacer cosas por pura diversión. Quedar con los amigos, ver una película, comer

---

RECETA PARA RELAJARSE

- Invierta de 10 a 15 minutos diarios en una técnica de relajación cuerpo-mente, como la meditación.

- Realice una pausa de 5 a 10 minutos al aire libre al menos una vez cada día.

- Realice una actividad totalmente al margen de su vida laboral dos o tres veces por semana.

- No desatienda a sus amigos y a su familia. Acuda a ellos en busca de apoyo, y muestre su disposición a devolver el favor.

- Relájase en un baño iluminado con velas antes de irse a la cama.

- Ríase todo lo que pueda.

Si no puede darse el lujo de escapar a una tranquila isla desierta, puede aprender la técnica de visualización y viajar con su imaginación. Una vez recuperada la paz mental y con el cuerpo relajado, podrá concentrarse mejor y realizar sus tareas con energía, eficacia y entusiasmo.

fuera o dar un paseo por el parque son otros antídotos contra la tensión. Asimismo, compartir sus problemas con sus seres más allegados puede ayudarle a relajarse y ver las cosas con perspectiva. Las investigaciones sugieren que una buena sonrisa no sólo alivia la tensión, sino que además ejerce unos efectos beneficiosos en la salud general.

MEDIDAS A LARGO PLAZO

Practicar de forma habitual alguna técnica de relajación puede ayudarle a crear una plataforma tranquila y estable desde la que lanzarse a la vida. Las investigaciones han demostrado que las sesiones de relajación rutinarias (de 10 a 15 minutos cada día) pueden provocar el descenso de la presión sanguínea, mejorar el sueño, aumentar los niveles de energía y favorecer la concentración y la memoria.

El enfoque que decida adoptar dependerá de sus preferencias. El yoga y el *tai chi* son disciplinas antiguas que combinan el movimiento y las posturas coordinadas con la respiración controlada para reducir la tensión física y despejar la mente. La relajación muscular progresiva y la visualización, la meditación y la oración se centran en tranquilizar el cuerpo y la mente. Las prácticas como la aromaterapia, el masaje, el *shiatsu* y la reflexología pueden favorecer un ambiente en el que la tensión desaparezca y el proceso regenerador natural del organismo se ponga en marcha. Otros estudios sugieren que acariciar a un animal (como un gato o un perro), escuchar música u observar objetos hermosos produce efectos similares, incluso hasta el punto de reducir la presión sanguínea.

La relajación practicada a diario aporta grandes beneficios, pero también es importante planificar períodos más prolongados de relajación. Tómese unas vacaciones con regularidad, incluso si sólo sale un día o un fin de semana a la playa o al campo. Le sorprenderá lo diferente que puede parecer la vida a su regreso. ■

VÉASE TAMBIÉN
Trastornos del sueño
80-81

Su reloj biológico

En respuesta al mundo natural, nuestros cerebros y nuestros cuerpos se despiertan y duermen siguiendo los ciclos de luz y oscuridad. El sueño ocupa aproximadamente un tercio de nuestra vida, y se trata del período en el que el cuerpo se recupera. El cerebro trabaja ininterrumpidamente para organizar y almacenar la información constante que absorbe cada día.

Un sueño reparador constituye un elemento esencial para favorecer la salud física y mental. Su patrón de sueño está regulado por el «reloj biológico». Este reloj natural está sincronizado según el ciclo de luz y oscuridad de 24 horas (ciclo circadiano). Garantiza que las funciones de «mantenimiento» del cuerpo, como despertarse, dormir, comer, hacer las necesidades y recuperarse se produzcan en su momento y de forma regular. El reloj biológico desencadena cambios en cientos de sustancias y procesos, desde las hormonas y los elementos químicos del cerebro hasta la temperatura corporal, los ritmos cardíaco y respiratorio y la producción de orina.

Este reloj interno podría hallarse en dos zonas del mesencéfalo, inmediatamente por encima de los nervios ópticos. Se cree que la producción eléctrica y química de estos grupos de células cerebrales estimula otras zonas del cerebro para la síntesis de las hormonas que, a su vez, estimulan o suprimen nuestros diferentes sistemas orgánicos, según el ciclo circadiano.

Una de estas hormonas, la melatonina, regula el sueño. Secretada por la hipófisis, en el cerebro, la melatonina se libera cuando desaparece la luz diurna, lo que induce al sueño. Al amanecer se interrumpe su producción, de modo que el cuerpo recibe la información de que es hora de levantarse. Los niveles de melatonina son más elevados en invierno, cuando los días son cortos, y más bajos durante los meses de verano.

DESFASE HORARIO

La gran importancia del sueño en la regulación de los procesos corporales resulta evidente si tenemos en cuenta los problemas

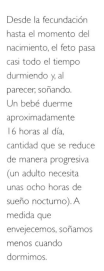

Desde la fecundación hasta el momento del nacimiento, el feto pasa casi todo el tiempo durmiendo y, al parecer, soñando. Un bebé duerme aproximadamente 16 horas al día, cantidad que se reduce de manera progresiva (un adulto necesita unas ocho horas de sueño nocturno). A medida que envejecemos, soñamos menos cuando dormimos.

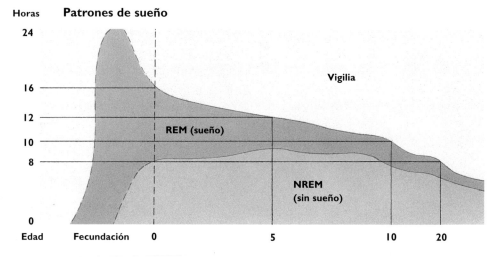

Patrones de sueño

Horas / Edad — Vigilia — REM (sueño) — NREM (sin sueño) — Fecundación — 0 — 5 — 10 — 20

que surgen cuando nuestros patrones habituales se ven alterados debido a un vuelo de larga distancia. Al cambiar rápidamente de huso horario, los ritmos internos del organismo se desacompasan con respecto a la hora local. Mientras que el cuerpo y el cerebro hablan de sueño, el ciclo de luz-oscuridad de su lugar de destino, así como los cambios de temperatura, las horas de las comidas y las actividades humanas, le obligan a estar despierto. El resultado es el desfase horario, y los síntomas característicos incluyen fatiga, irritabilidad, hambre, dolor de cabeza y confusión, ya que el cuerpo intenta olvidar sus esquemas para adaptarse a los nuevos.

Uno de los métodos más efectivos para ajustar el reloj corporal consiste en exponerse a la luz diurna a horas del día adecuadas para el nuevo huso horario. Así ayudará a su cuerpo a ajustar su reloj. Los suplementos de melatonina tomados a última hora de la tarde para favorecer el sueño podrían servir de ayuda para reducir el período de adaptación.

SÍNTOMAS VARIABLES

Los ritmos circadianos también pueden influir en el modo en que nuestro cuerpo se enfrenta a una enfermedad. Por ejemplo, se cree que la razón de que muchos asmáticos se sientan peor por la mañana se debe a la liberación cíclica de hormonas en ese momento del día. Este fenómeno tiene implicaciones en el tratamiento del asma, y la mañana es el mejor momento para tomar la medicación adecuada.

Si no se duerme, el cuerpo no puede descansar y regenerarse. La mayoría de las personas saben por instinto que el mejor modo de recuperarse de una gripe es en cama. La presión sanguínea desciende cuando estamos dormidos, y el ritmo de la respiración y del corazón también se hace más lento. El cuerpo libera más hormonas de crecimiento y sexuales. El sueño, además, puede actuar como un mecanismo de supervivencia.

Cuando dormimos se produce la alternancia de dos patrones distintos de sueño a lo largo de toda la noche: un descanso profundo, sin sueños y sin movimientos oculares rápidos, conocido como NREM, y un sueño con movimientos oculares rápidos o REM (cuando soñamos). El primero es el que predomina, y está dividido en cuatro niveles que abarcan desde un sueño ligero a uno profundo.

¿QUÉ OCURRE MIENTRAS DORMIMOS?

Cuando nos quedamos dormidos, pasamos en primer lugar a la fase NREM, aproximadamente durante 90 minutos a través de los cuatro niveles, y después de nuevo al principio. Este período se ve interrumpido por un episodio de 10 a 15 minutos de sueño REM, durante el cual el cuerpo queda completamente inmóvil (con la excepción de los movimientos rápidos de los globos oculares). No obstante, el cerebro está casi tan activo como durante la vigilia y los sueños hacen acto de presencia. Se cree que los sueños son el modo que el cerebro tiene de clasificar la información recogida durante las horas de vigilia para guardarla en la memoria o bien para eliminarla.

Este patrón se repite a lo largo de toda la noche, aunque el sueño NREM va reduciendo su tiempo y el sueño REM se prolonga. El último período REM antes de despertarse suele durar hasta una hora. ■

MANTENER EN ORDEN LOS RITMOS DE SUEÑO

- Disponga de suficiente tiempo para dormir y asegúrese de irse a la cama y de levantarse aproximadamente a las mismas horas cada día.

- No se vaya a la cama con hambre o inmediatamente después de una cena copiosa.

- No pase mucho tiempo en un cuarto de baño con iluminación muy intensa antes de irse a la cama.

- La habitación debe estar totalmente oscura.

- Descorra las cortinas tan pronto como se levante.

- Si va a cambiar de huso horario debido a un viaje, pase varias horas expuesto a la luz durante la mañana de la llegada, no se vaya a dormir hasta que la luz desaparezca y deje que la claridad de la mañana le despierte.

VÉASE TAMBIÉN
El botiquín
doméstico   313

PRECAUCIÓN

- *Durante el embarazo, consulte con su médico sobre la conveniencia de los medicamentos que esté tomando. Las sustancias que la madre utiliza pueden pasar a la sangre del feto. Algunos medicamentos son seguros, pero se sabe que otros son nocivos para el feto. En la mayoría de los casos, sin embargo, no existen evidencias concluyentes de ninguno de esos dos extremos.*

- *Nunca ofrezca una aspirina a un niño menor de 12 años. La aspirina está relacionada con una alteración peligrosa conocida como síndrome de Reye. Utilice paracetamol.*

Solicite el consejo del farmacéutico antes de comprar medicamentos sin receta, y explíquele si toma un medicamento con receta.

Utilizar los medicamentos

«Cuanta más información, mejor»: se trata de una buena filosofía cuando se trata de utilizar los medicamentos de forma segura. Saber qué tomamos y por qué nos ayudará a asegurarnos de obtener los mayores beneficios con el mínimo riesgo. Si lo cree necesario, prepare una lista de preguntas para que el médico o el farmacéutico las respondan.

Siga siempre las instrucciones que reciba, ya sean del médico, del farmacéutico o del prospecto, sobre todo si el medicamento es para utilizar en casa. (Algunos medicamentos, como los fármacos contra el cáncer, sólo los administran médicos o enfermeras.) Por ejemplo, existen poderosas razones para tomar ciertos medicamentos acompañados de un alimento: algunos productos irritan el estómago si éste está vacío. Si el prospecto le indica que debe tomar el medicamento a primera hora de la mañana, tal vez sea porque se trata del momento en que la química de su cuerpo necesita la ayuda.

Algunos medicamentos deben tomarse varias veces al día si cuentan con un período de eficacia específico. Si no respeta las tomas diarias, podría quedar sin protección parte del tiempo. Recuerde, asimismo, la necesidad de comprobar si «cuatro veces al día» significa durante las horas de vigilia o si es preciso levantarse por la noche para abarcar un período de 24 horas.

IDENTIFICAR EL CONTENIDO

Asegúrese de que conoce el nombre genérico, no sólo la marca, de su medicamento. El nombre genérico describe el ingrediente activo, y varias marcas distintas pueden contener el mismo ingrediente activo.

Cuando la patente de una marca se agota, también pueden hacerse versiones genéricas. Los médicos las recetan porque son igual de efectivas, pero generalmente más baratas. Conocer el nombre genérico evita la confusión y la duplicación: algunas personas toman sin saberlo una dosis doble del mismo fármaco porque tiene nombres distintos.

TOMAR EL MEDICAMENTO

Averigüe cuánto tiempo tiene que tomar el medicamento. Algunos productos, como los antibióticos, no son completamente efectivos a menos que se finalice el tratamiento. Otros producen efectos negativos si se dejan de tomar de repente, por lo que debe recordar la necesidad de acudir al médico si necesita continuar el tratamiento.

Algunos medicamentos funcionan con una rapidez espectacular. El trinitrato de glicerina, por ejemplo, proporciona alivio casi inmediato contra el dolor que produce la angina de pecho. Otros actúan más lentamente y no demuestran sus beneficios

hasta pasadas algunas semanas. Pregunte al médico sobre el tiempo que tardan en hacer efecto los medicamentos que le receta para no dejar de tomarlos justamente cuando comiencen a hacer efecto.

Muchos fármacos provocan efectos secundarios. Éstos pueden aparecer inmediatamente y remitir unos días después, o bien aparecer mucho más tarde a medida que las dosis se acumulan en su cuerpo. Es importante informar al médico sobre los efectos secundarios persistentes. Recuerde, además, que los medicamentos pueden interactuar entre sí. Informe siempre al médico o al farmacéutico sobre otros medicamentos que esté tomando al mismo tiempo que los recetados. Mientras que algunos efectos secundarios pueden ser serios, la mayoría son sólo una incomodidad con la que hay que convivir hasta el final del tratamiento.

QUÉ DEBE PREGUNTAR

Tanto si el médico le receta un medicamento como si lo compra directamente en la farmacia, resulta aconsejable formular las siguientes preguntas sobre el producto:

- ¿Cuál es el nombre de la marca y el genérico del medicamento?
- ¿Qué tipo de medicamento es? Por ejemplo, puede tratarse de un antihipertensivo, de un hipolipomiante o de un analgésico.
- Cómo funciona en el cuerpo?
- ¿Tiene efectos secundarios?
- ¿Con qué frecuencia debe tomarse y cuánto tiempo?
- ¿Cuál es el mejor momento para tomarlo?
- ¿Hay algún alimento o bebida que deberían evitarse mientras se toma el medicamento?
- ¿Qué hay que hacer si se salta una toma?
- ¿Cuáles son las evidencias de que está funcionando?

Recuerde que los medicamentos no son adecuados para todas las enfermedades. No espere que el médico le recete uno cada vez que lo visite. El cuidado médico adecuado implica saber cuándo no es preciso recetar. ■

ABUSO DE LOS ANTIBIÓTICOS

El uso de antibióticos está cada vez más extendido, pero muchos tratamientos son inadecuados. Los antibióticos matan las bacterias. Resultan ineficaces contra la tos y los resfriados, causados en su mayoría por virus. Incluso cuando son necesarios, muchas personas no finalizan el tratamiento porque se encuentran mejor. Las bacterias que no han sido eliminadas se tornan más fuertes, resisten a los antibióticos y acaban multiplicándose.

Cuándo son necesarios los antibióticos...

- Meningitis bacteriana
- Neumonía
- Tuberculosis
- Acné severo
- Cistitis bacteriana
- Infecciones de transmisión sexual
- Antes o después de una operación quirúrgica importante

... y cuándo no

- Resfriados, faringitis, varicela, herpes, paperas, sarampión (todos provocados por virus)
- La mayoría de los casos de diarrea y vómitos.

MEDICAMENTOS SIN RECETA

Los medicamentos para dolencias menores son cada vez más asequibles sin receta. Por lo general, se trata de dosis menos concentradas que las que recomienda el médico, pero debe recordar que siguen siendo fármacos. Incluso los productos cotidianos pueden ser peligrosos en caso de sobredosis: tomar un exceso de paracetamol, por ejemplo, puede provocar daños serios en el hígado. Compruebe siempre las dosis máximas recomendadas y proceda con precaución si combina medicamentos.

Tabaco y alcohol

Para aquellos que decidan dejar de fumar o de beber alcohol, el principal ingrediente del éxito es la automotivación. No obstante, existen todo tipo de estrategias y técnicas que pueden ser de gran ayuda.

A largo plazo, el abuso del alcohol y del tabaco puede tener efectos desastrosos para el cerebro, el corazón, el hígado, los pulmones y otros órganos. Aunque el consumo moderado de alcohol no entraña riesgos, su salud le agradecerá que no fume ni un solo cigarro.

Resulta difícil dejar el tabaco y el alcohol, así como determinadas drogas, porque el cuerpo depende de los elementos químicos que esas sustancias proporcionan, y acaba creando una adicción física y emocional. Cuando el cuerpo se ve privado de esos elementos, experimenta el llamado síndrome de abstinencia.

Por ejemplo, cada calada de un cigarro supone una carga de nicotina para el cuerpo y el cerebro. Cuando esa sustancia falta, el cuerpo reacciona en primer lugar con desasosiego, después con una ansiedad y una irritabilidad crecientes, punto en el que el fumador vuelve a encender un cigarro. Muchas personas creen que el tabaco les tranquiliza, cuando en realidad sucede que la nicotina les estimula. Fumar tiene numerosos efectos negativos para el organismo, como el mayor riesgo de sufrir algún tipo de cáncer.

DEJAR DE FUMAR

La estrategia más importante consiste en seleccionar un día determinado para dejar de fumar. Puede servir de ayuda que sea un día en el que va a ocurrir algo fuera de lo habitual: por ejemplo, que empieza un nuevo trabajo o que se va de vacaciones. Debe dejar el hábito completamente: las investigaciones demuestran que intentar dejarlo poco a poco resulta menos efectivo a largo plazo.

Antes de dejar de fumar, escriba durante varios días un diario sobre su hábito. Para cada cigarro, apunte qué estaba haciendo

EFECTOS DEL ALCOHOL

Falta de vocalización y visión borrosa; pérdida de memoria, de concentración, de capacidad de juicio y de coordinación; respuestas emocionales inadecuadas

La piel se enrojece debido a que los vasos sanguíneos de la superficie se dilatan; puede provocar una pérdida excesiva de calor corporal

Ritmo cardíaco anormal; disminuye la fuerza de contracción del músculo cardíaco

Cirrosis hepática

Inflamación de la mucosa gástrica

Pérdida de agua a través de los riñones, lo que provoca deshidratación

EFECTOS DEL TABACO

Dolor de cabeza; falta de oxígeno y estrechamiento de los vasos sanguíneos

El alquitrán del tabaco puede provocar cáncer de esófago, así como de boca y de garganta

Aumenta la secreción de mucosidad (tos crónica); aumenta el riesgo de infección, de cáncer de pulmón y de enfisema

Frecuencia cardíaca más rápida; los depósitos ateromatosos obliteran las arterias; aumenta la presión sanguínea; el monóxido de carbono aumenta en la sangre

El aumento de la producción de ácido provoca úlcera de estómago

cuando se lo fumó, con quién estaba, cómo se sentía y cuánto lo disfrutó o lo necesitaba. A continuación, pregúntese a sí mismo: ¿qué o quién me estimula a fumarme un cigarro?; ¿de cuáles podría haber prescindido fácilmente? y ¿de cuáles no podría haber prescindido y por qué? Utilice sus respuestas para idear estrategias que le ayuden a atravesar esos momentos cuando deje de fumar. Los sentimientos de ansiedad duran aproximadamente tres minutos, de modo que debe pensar en distracciones que ocupen ese tiempo: por ejemplo, llamar por teléfono, cepillarse los dientes o limarse una uña.

Resulta de ayuda cambiar la rutina para evitar situaciones en las que fumaría. Sustituya la taza de café matutina que acompañaba al primer cigarro por un zumo de naranja; pase de largo junto a su estanco habitual y evite comer con sus amigos fumadores hasta que haya superado la ansiedad. Comenzar a cultivar una afición nueva y absorbente también puede ayudar, así como disfrutar de los pequeños placeres con que se encuentra a lo largo del día.

AYUDAS ÚTILES

Existen varios métodos para afrontar el síndrome de abstinencia. Las terapias de sustitución de la nicotina en forma de chicle, parches o aerosoles nasales pueden ayudar a los fumadores empedernidos. El objetivo es reducir gradualmente el tamaño del parche o la concentración del chicle o del aerosol. Se utilizan como parte de un plan bien definido para dejar de fumar. Los estudios demuestran que el mayor impulso para el éxito consiste en unirse a un grupo de apoyo compuesto por fumadores que intentan dejarlo.

Otros elementos son los filtros que eliminan parte del alquitrán y la nicotina, los cigarrillos de hierbas (que no contienen nicotina, pero que sí producen alquitrán y monóxido de carbono) y los chicles que hacen que el sabor del tabaco resulte repugnante. Todos estos métodos proporcionan un apoyo pasajero, pero no ponen fin a la dependencia de la nicotina.

ALCOHOLISMO

Beber con moderación tiene algunos beneficios. En cambio, el consumo compulsivo y abusivo a largo plazo puede conducir al alcoholismo y la cirrosis hepática, una enfermedad potencialmente mortal. Las personas que consumen mucho alcohol encuentran dificultades para dejar su hábito y enfrentarse al síndrome de abstinencia. El tratamiento psicológico, social o físico llevado a cabo por profesionales ofrece más posibilidades de éxito que la autoayuda si el afectado pretende curarse a largo plazo. Vivir con una persona alcohólica puede afectar seriamente a la vida familiar. Los miembros de la familia saldrán beneficiados si buscan la ayuda de algún grupo de apoyo.

Superar la adición a las drogas también requiere la ayuda profesional. ∎

PRECAUCIÓN

Cuando deje de fumar, esté preparado para enfrentarse al síndrome de abstinencia, que incluye inquietud, tos, estómago revuelto, mareos e insomnio. Todos los síntomas remitirán en el plazo de dos a tres semanas; después se sentirá mejor en todos los aspectos.

CUANDO SE DEJA DE FUMAR

Después de...	Efecto en el cuerpo
20 minutos	La presión sanguínea y el pulso vuelven a la normalidad; mejora la circulación de manos y pies.
8 horas	Los niveles de oxígeno en la sangre vuelven a la normalidad; la probabilidad de sufrir un infarto comienza a descender.
24 horas	El monóxido de carbono desaparece del cuerpo; los pulmones comienzan a eliminar la mucosidad y otros desechos.
48 horas	La nicotina ya no es detectable en el organismo; mejoran los sentidos del gusto y del olfato.
72 horas	Los conductos bronquiales se relajan y la respiración resulta más fácil; aumentan los niveles de energía.
2-12 semanas	Mejora la circulación de todo el cuerpo, facilitando así la actividad física.
3-9 meses	Descienden los problemas respiratorios, como la tos, la falta de aliento y los ruidos respiratorios; el rendimiento de los pulmones aumenta entre un 10 % y un 15 %.
5 años	El riesgo de infarto desciende a la mitad con respecto a los fumadores.
10 años	El riesgo de cáncer de pulmón desciende a la mitad con respecto a los fumadores; el riesgo de infarto desciende a los mismos niveles que los de una persona no fumadora.

Capítulo 1

PROBLEMAS COMUNES

TANTO SI SUFRE DE UNA ENFERMEDAD AGUDA como crónica, cuanta más información tenga sobre el problema, mejor equipado estará para enfrentarse a él. Estará más preparado para decidir qué justifica una visita al médico y qué no: ¿debe ponerse en contacto con él para tratar una conjuntivitis, el dolor menstrual, un esguince muscular o la fatiga?

El conocimiento facilita los cuidados de un miembro de la familia afectado de una enfermedad crónica, ya sea un niño con asma o un anciano con la enfermedad de Alzheimer. También le servirá de ayuda tomar medidas preventivas, que suelen ser más sencillas que el tratamiento de la enfermedad. Por ejemplo, existen muchas medidas que puede tomar para reducir el riesgo de enfermedades muy extendidas hoy en día, como el infarto de miocardio, la diabetes y el cáncer. ■

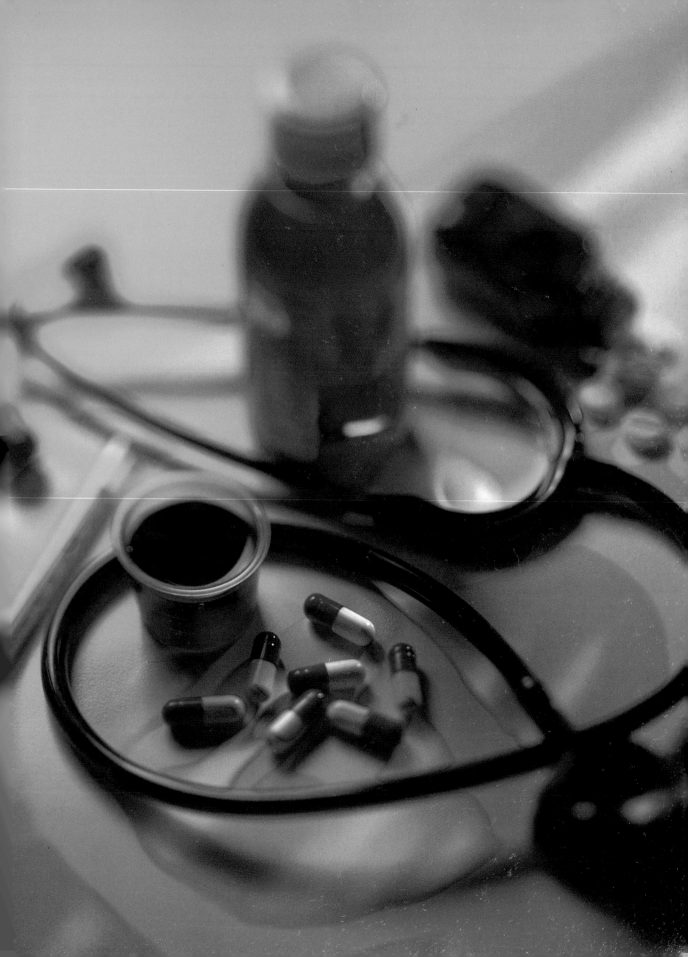

PRECAUCIÓN

■ *No emita un autodiagnóstico. Visite a su médico.*

■ *No deje de tomar los medicamentos recetados sin consultarlo con el médico.*

■ *Informe a su médico tanto de medicina convencional como de terapias complementarias sobre los tratamientos.*

Cuándo acudir al médico

Antes sólo se visitaba al médico si aparecía una enfermedad. En la actualidad se acude a la consulta por numerosos motivos, relacionados tanto con el hecho de mantener la salud como de encontrarse enfermo.

Algunas de las razones para visitar al médico son someterse a un examen regular, como una citología, para que le ayude a perder peso o para dejar de fumar, para que le informe sobre planificación familiar o acerca de las vacunas para los niños. Y, por supuesto, se acude al médico cuando se está enfermo.

En ocasiones, resulta difícil determinar qué síntomas justifican una visita. Cada invierno, por ejemplo, los médicos se ven desbordados con pacientes que sufren de tos y resfriados, aunque la mayoría no pueden tratarse. Lo mejor que puede hacerse en estos casos es guardar reposo en cama, tomar muchos líquidos y dejar que su sistema inmunológico funcione (*véanse* págs. 26-27).

Existen síntomas de los que siempre debe informar al médico (*véase* cuadro, izquierda). También es importante avisar al médico si un síntoma empeora o persiste durante más de algunos días.

Si es posible, póngase en contacto con su médico en horas de oficina en lugar de hacerlo por la noche. Las enfermedades siempre parecen más graves por la noche, y resulta fácil pensar que los síntomas son una señal de una enfermedad seria. Probablemente no sea así, pero si no se siente seguro, busque ayuda. Muchas consultas médicas disponen de una línea telefónica atendida por médicos o enfermeras.

LA VISITA AL MÉDICO

Para ganar tiempo, escriba lo que piensa decir o preguntar al médico antes de visitarlo. Deberá explicarle cuándo empezó a sentirse mal o cuándo percibió algo inusual, y si lo había tenido antes. Describa con precisión el dolor o el problema, incluso si parece embarazoso o poco importante; los médicos están acostumbrados. Piense qué es lo que hace que su estado mejore o empeore, como el calor o el momento del día. También debe informar al médico de los medicamentos que está tomando, incluyendo los remedios de medicina natural y los farmacéuticos.

SEÑALES DE AVISO DE ENFERMEDAD GRAVE

Es preciso consultar con el médico si se produce alguna de las siguientes situaciones:

■ Pérdida de 3 kg o más sin una razón aparente.

■ Cualquier cambio de forma, tamaño o textura de la piel de las mamas, un bulto o un endurecimiento en una mama, o la aparición de secreción o sangre a través del pezón.

■ Cualquier cambio, hinchazón o bulto en un testículo, o la imposibilidad total y persistente de tener una erección.

■ Sentir sed sin una razón aparente.

■ Mareos inexplicables.

■ Cualquier cambio en un lunar o en una verruga, como cambios de color, aumento del tamaño o endurecimiento, picor o sangrado.

■ Tos con expulsión de sangre; pérdida de sangre al orinar o procedente del intestino; sangrado vaginal inesperado tras el acto sexual, entre reglas o durante la menopausia.

■ Deposiciones negras o cualquier cambio persistente en el ritmo deposicional.

■ Frecuentes problemas digestivos o eructos ácidos.

■ Dificultad para tragar; voz ronca durante más de tres semanas.

■ Cualquier dolor de cabeza intenso o inusual.

■ Cualquier dolor de piernas inexplicable o dolor de espalda persistente.

Los médicos saben cómo interpretar los síntomas y las señales de enfermedad. En la mayoría de los casos, el médico le tratará en su propia consulta según su historial y su descripción de los síntomas. En ocasiones, el médico le remitirá a un especialista para un tratamiento concreto.

También puede formular preguntas al médico si tiene dudas sobre la causa de su problema, de su tratamiento habitual o de lo que usted puede hacer para mejorar. Tal vez desee saber si existen efectos a largo plazo y si hay algo que pueda hacer para evitar que suceda lo mismo. ■

EMERGENCIAS

Los siguientes pueden ser síntomas de enfermedades serias, tanto en adultos como en niños. Marque el 061 para pedir una ambulancia o diríjase directamente al servicio de urgencias de un hospital.

Problema	Síntomas de alarma
Dolor agudo en el pecho	Dolor acompañado de palidez, mareos o frío, sudor o dificultad respiratoria que dura más de 10 minutos.
Dificultad para respirar	Falta de aliento, jadeo o producción de un sonido sibilante al respirar, asfixia o incapacidad de hablar o de beber.
Fiebre	Si la temperatura de un adulto sobrepasa los 40 °C, tal vez acompañada de rigidez de nuca, convulsiones o vómitos.
Heridas profundas	Por ejemplo, cortes profundos o heridas que no dejan de sangrar, así como aquellas heridas cuyos bordes no pueden juntarse, son difíciles de limpiar o aparecen rojas e inflamadas.
Traumatismo craneal	Son serios si la persona ha perdido el conocimiento, manifiesta visión doble o parece confusa o adormilada, o si no puede recordar lo que le ha ocurrido.
Fracturas óseas	Si la persona no puede soportar un peso sobre el hueso afectado, un miembro aparece torcido de forma extraña o la persona siente un gran dolor y náuseas.
Dolor intenso agudo	Es serio si dura más de 10 minutos y no existe una razón aparente.
Pérdida de conocimiento	Cuando resulta imposible despertar a la persona afectada.
Quemaduras y escaldaduras graves	Aparición de ampollas importantes o destrucción de la piel; una quemadura que cubra una gran zona o que se encuentre en la cara, o piel que haya adquirido un tono blanco o negro necesitan atención médica. En caso de quemaduras solares, consulte con el médico si la persona presenta zonas quemadas y con ampollas, tiembla, está mareada, vomita, tiene fiebre o sufre palpitaciones.
Vómitos y diarreas	Pueden ser serios si van acompañados de dolores de estómago que empeoran o de hemorragia.

VÉASE TAMBIÉN
Vacunas   120-121

El sistema inmunológico

El sistema inmunológico es un extraordinario conjunto de células y sustancias especializadas que trabajan conjuntamente para proteger al cuerpo de las sustancias extrañas invasoras: bacterias, virus, sustancias químicas, polvo y polen. Cuando se encuentra sano y funciona a pleno rendimiento, puede deshacerse de las infecciones y los contaminantes sin apenas signos externos.

Parte de la inmunidad natural pasa de madre a hijo no sólo en el útero, sino también a través de la leche materna. El sistema inmunológico, sin embargo, se desarrolla principalmente a medida que crecemos y nos exponemos continuamente a los numerosos organismos, potencialmente peligrosos, que se encuentran dentro y fuera de nuestro organismo.

El sistema depende de dos elementos clave íntimamente relacionados: los linfocitos (glóbulos blancos) y los anticuerpos, que neutralizan a los gérmenes invasores. Los linfocitos se fabrican en la médula ósea y se transportan mediante un líquido incoloro, linfa, a través del sistema linfático.

Determinados tipos de linfocitos fabrican los anticuerpos para contactar con los atacantes extraños. Son específicos para cada atacante, y una vez fabricados, la célula productora «recuerda» la forma del atacante e inmediatamente comienza a producir los anticuerpos adecuados si reaparece en cualquier otro momento. Debido a esta capacidad para recordar es posible inmunizarse artificialmente contra ciertas enfermedades mediante las vacunas.

EL PAPEL DE LOS ANTICUERPOS

Los anticuerpos se enganchan a las células extrañas. Neutralizan la sustancia tóxica que las atacantes vierten en la sangre, o bien movilizan grupos de proteína sanguínea, que rompen las paredes de las células invasoras y provocan así el vertido de su contenido. Los anticuerpos también pueden actuar como «banderas» para avisar a los grandes leucocitos llamados macrófagos, que devoran a las atacantes. Otro tipo de leucocitos, los denominados linfocitos T citotóxicos, actúan de forma similar a los anticuerpos, ya que quedan sujetos a determinados organismos infecciosos y los destruyen, mientras que los linfocitos T (conocidos como asesinos) pueden reconocer y destruir sustancias extrañas incluso si es la primera vez que se encuentran con ellas.

Las acciones del sistema inmunológico explican algunos de los síntomas típicos que todos sentimos en alguna ocasión. Por ejemplo, los ganglios linfáticos del cuello, las axilas y las ingles se hinchan a medida que

Los leucocitos «limpiadores» conocidos como macrófagos viajan por todo el organismo para devorar las células muertas y los residuos, además de cualquier invasor no deseado. El macrófago de la fotografía, resaltado en color amarillo, está aumentado 6.000 veces.

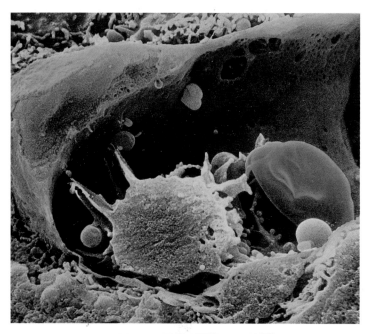

SISTEMA INMUNOLÓGICO SANO

- Deje de fumar o reduzca la cantidad de cigarrillos diarios (el tabaco disminuye los niveles de algunas células inmunológicas; págs. 20-21).

- Siga una dieta equilibrada, con muchas verduras y frutas frescas y alimentos sin procesar (págs. 238-291).

- Aprenda a reducir el estrés (págs. 76-77). Mientras que las hormonas liberadas durante las situaciones de tensión moderada y a corto plazo pueden acelerar los procesos de recuperación, el estrés prolongado agota los procesos inmunológicos. Una buena autoimagen y una actitud sana hacia la vida pueden ayudar a afrontar el estrés.

- Si descuida su dieta o se siente estresado, tome un suplemento de vitaminas y minerales (pág. 249).

- Dedique 15 minutos, dos veces al día y cinco días a la semana, a caminar, pedalear, nadar, practicar la jardinería o realizar tareas domésticas. El ejercicio incrementa la eficacia de la red linfática.

- La investigación demuestra que una o dos bebidas alcohólicas al día no son perjudiciales. Sí lo es beber continuamente. Tome alcohol con moderación.

- Duerma de seis a ocho horas: las células del cuerpo necesitan este período para reponerse.

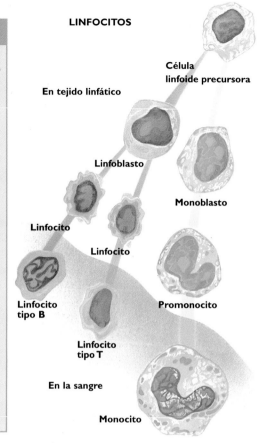

LINFOCITOS

Célula linfoide precursora

En tejido linfático

Linfoblasto

Monoblasto

Linfocito

Linfocito

Linfocito tipo B

Promonocito

Linfocito tipo T

En la sangre

Monocito

los linfocitos se multiplican y tiene lugar la producción de anticuerpos. Cuando los vasos sanguíneos se dilatan y dejan pasar células inmunes hasta la zona del ataque, ésta se inflama. El pus se forma principalmente a base de macrófagos muertos que han finalizado su tarea de devorar a las células extrañas.

Desafortunadamente, no todas las reacciones inmunes son beneficiosas. El sistema inmunológico puede reaccionar en exceso o de forma anormal y provocar alteraciones alérgicas como asma y rinitis alérgica. Asimismo, puede ser engañado por genes y virus anormales y considerar extrañas algunas de las células propias del organismo. Como resultado de ello, ataca y destruye esas células, provocando enfermedades autoinmunes como diabetes, artritis reumatoide y esclerosis múltiple.

LA MENTE SOBRE LA MATERIA

El sistema inmunológico no es únicamente físico. Los médicos saben desde hace mucho tiempo que la mente y la actitud del paciente pueden ser decisivas para superar una enfermedad. Cuando a los enfermos de cáncer se les pide que utilicen imágenes positivas, es porque se sabe que aumentan los niveles de linfocitos, anticuerpos y células asesinas naturales.

Cuando estamos cansados o estresados, o si llevamos un estilo de vida poco sano (tabaco, demasiado alcohol, irse a dormir muy tarde, dieta poco sana o falta de ejercicio), el sistema inmunológico se agota, tarda más en reaccionar y lo hace de forma menos efectiva. Esto nos hace más vulnerables a los ataques de las infecciones y las enfermedades. Podemos revitalizar el sistema y devolverlo a su estado de máximo rendimiento con los consejos del recuadro superior. ∎

Los linfocitos se producen en el tejido del sistema linfático. Provienen de células linfoides precursoras y se desarrollan a través de los linfoblastos y los monoblastos hasta convertirse en linfocitos o promonocitos. Los linfocitos se convierten en células B o en células T, mientras que los promonocitos se transforman en monocitos, que penetran en la sangre. Las células B son el origen de las células que secretan anticuerpos. Los monocitos pueden transformarse en los grandes leucocitos denominados macrófagos.

PRECAUCIÓN

Deje de tomar la medicación contra el asma únicamente por indicación del médico, no porque deje de manifestar los síntomas. La medicina preventiva puede hacer desaparecer esos síntomas, pero no significa que usted ya no tenga asma.

Asma

Una de las enfermedades crónicas más comunes en el mundo industrializado, el asma afecta aproximadamente al 6 % de la población occidental. No ataca a un grupo concreto y afecta tanto a hombres como a mujeres, jóvenes y ancianos, habitantes de la ciudad y del campo.

Los signos característicos del asma son la sensación de falta de aliento, de opresión en el pecho, un sonido sibilante al espirar y una tos persistente. Los síntomas aparecen cuando las miles de diminutas vías respiratorias de los pulmones se estrechan y sus paredes se inflaman, dificultando el paso del aire hasta el pecho.

En los pulmones normales, este tipo de inflamación se produce miles de veces al día en zonas diminutas. Se trata de una parte esencial de un funcionamiento normal, ya que así se deshace de elementos hostiles como gérmenes, polvo y contaminantes que se inspiran con el aire. En las personas asmáticas, sin embargo, las vías respiratorias

se encuentran en un estado constante de inflamación ligera. Cuando los enfermos de asma inhalan elementos irritantes, las vías respiratorias reaccionan de forma exagerada, de manera que se estrechan peligrosamente y reducen el suministro de oxígeno al cuerpo.

¿QUÉ PROVOCA EL ASMA?

Se cree que el 30 % de las personas heredan el potencial genético para desarrollar asma, aunque no necesariamente manifiestan la enfermedad. Los genes implicados crean lo que se conoce como una tendencia atópica, y son los mismos que hacen que ciertas personas sean susceptibles de padecer eccema y alergias. En el caso de la mayoría de los

CÓMO AFECTA EL ASMA A LOS PULMONES

Las diminutas ramificaciones de las vías respiratorias se denominan bronquiolos. En un enfermo de asma, los bronquiolos se contraen y en ellos se acumula la mucosidad. Las vías respiratorias estrechadas dificultan la respiración, que será jadeante. También puede aparecer tos, que elimina la mucosidad de los bronquiolos inflamados. Inhalar algún fármaco broncodilatador despeja los bronquiolos de manera que la persona afectada pueda respirar correctamente.

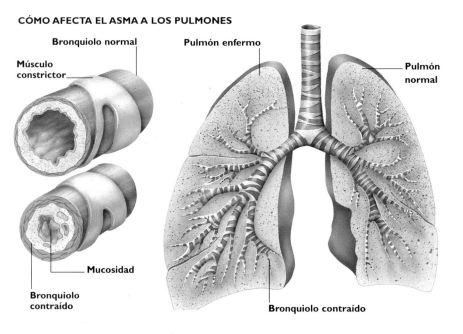

Bronquiolo normal
Músculo constrictor
Pulmón enfermo
Pulmón normal
Mucosidad
Bronquiolo contraído
Bronquiolo contraído

afectados, el desencadenante es un virus extendido llamado rinovirus, responsable de muchas toses y resfriados.

Al parecer, el primer ataque de asma desencadena el proceso inflamatorio. A partir de ese momento, los pulmones están preparados para reaccionar de forma exagerada a una variedad de otros factores desencadenantes. Algunos de estos factores se conocen como irritantes y suelen provocar una ligera reacción en los pulmones normales. Otros, como los ácaros del polvo, el polen y el pelo de los animales, suelen ser inocuos, pero provocan una reacción

FACTORES QUE DESENCADENAN EL ASMA/CÓMO EVITARLOS

Causas	Medidas preventivas
Virus del resfriado común	Evite el contacto con las personas resfriadas.
Ejercicio	El asma tratado correctamente no debería interferir en el ejercicio. Utilice una medicación que le alivie antes de comenzar una actividad.
Humo de tabaco	No fume y evite los ambientes cargados, sobre todo en el caso de las mujeres embarazadas y los niños pequeños. Prohiba fumar en su casa si un hijo suyo tiene asma.
Contaminación	Vigile los niveles de contaminación, sobre todo en verano. Si es posible, evite salir durante los días de máximo riesgo.
Ácaros del polvo	Pase el aspirador con frecuencia, incluyendo los colchones. Utilice fundas de colchón, almohadas y colchas sintéticas. Lave cada semana la ropa de cama a 60 °C. Mantenga cerradas las puertas de los armarios para que el polvo no se instale sobre la ropa. Lave con frecuencia los juguetes de trapo o de peluche o bien métalos en el congelador para matar los ácaros.
Aire frío	Durante los días fríos, sobre todo si hace viento, tápese la cara con una bufanda para evitar inspirar de repente aire frío.
Polen y hierba	Evite la hierba larga y pasear a última hora de la tarde, cuando los niveles de polen son más altos. Mantenga cerradas las puertas del coche y de la casa. Elija plantas con poco polen para su jardín.
Esporas de moho	Crecen en casi cualquier zona húmeda y cálida, y se liberan sobre todo en otoño y en verano o durante los días húmedos. Elimine el moho y evite las casas húmedas. Abra las ventanas y deje entrar aire fresco si no es la época de polinización.
Animales con pelo o con plumas	No compre o acoja nuevos animales domésticos. Impida que los que ya forman parte de la familia entren en los dormitorios, y cepíllelos siempre al aire libre.
Estrés	Investigue los posibles modos de hacer descender sus niveles de estrés y de evitar el pánico si comienzan los síntomas del asma. Aprenda a respirar con el diafragma.
Desencadenantes del ámbito laboral (productos químicos, colas, ácidos, tintes, gases, animales, granos, madera, polvo de café y té)	Utilice equipo protector, como máscaras y ropas adecuadas. Hable con el responsable de salud de su trabajo sobre el modo de reducir la exposición: por ejemplo, utilizando extractores o aislando el equipo que produce sustancias peligrosas.
Medicamentos, sobre todo los que están basados en la aspirina	Pida siempre consejo al farmacéutico antes de comprar medicamentos sin receta.

Para utilizar un inhalador correctamente, espire, después inspire lenta y profundamente a medida que aprieta el aerosol.

inflamatoria en los individuos susceptibles. Las sustancias transportadas en el aire, del entorno laboral, pueden hacer empeorar el asma e incluso provocar la enfermedad en personas que nunca lo habían padecido. Las personas que trabajan con productos químicos, con animales de laboratorio o en entornos con mucho polvo están sujetas a un alto riesgo, y es importante informar al médico y al encargado de salud en el trabajo sobre cualquier signo de respiración sibilante o sensación de opresión en el pecho.

REALIZAR UN DIAGNÓSTICO

El asma puede ser difícil de diagnosticar. El primer paso consiste en intentar crear un retrato de la enfermedad. El médico tal vez le pregunte si alguien más de la familia padece asma, si le duele el pecho o si ha sufrido una tos recurrente, cómo se siente en diferentes momentos del día (por lo general, el asma empeora por la mañana y por la noche) y si ha estado expuesto a factores desencadenantes.

El médico le auscultará el pecho para comprobar si produce un sonido sibilante

al espirar, y tal vez le pida que sople en un aparato llamado espirómetro (mide la velocidad a la que sale el aire de los pulmones). Cuanto más rápido sale el aire, menos estrechadas están las vías respiratorias. Si después de esta prueba todavía no está claro que tenga asma, el médico quizá le pida realizar un ejercicio sencillo para después realizar una espirometría. El ejercicio provoca respiración sibilante en el 90 % de los casos de asma sin detectar.

NIÑOS Y ASMA

Detectar el asma en los niños pequeños puede ser difícil, ya que al menos el 30 % producen sonidos sibilantes al respirar en algún momento durante los primeros cinco años. Los espirómetros utilizados para niños mayores y adultos no pueden emplearse con los menores de seis años.

Los síntomas típicos de asma en niños pequeños son ese sonido sibilante y, en ocasiones, una tos molesta, sobre todo por la noche, que acompaña a los resfriados o a la práctica de ejercicio. El cansancio y la apatía durante el día también pueden ser síntomas de asma sin diagnosticar, ya que los niños asmáticos suelen dormir muy mal.

Resulta casi imposible proteger al niño de todos los factores desencadenantes. Prohibir fumar en casa e intentar reducir los alergenos a los que se expone el niño durante los tres primeros meses de vida puede servir de ayuda. Las últimas investigaciones demuestran que los niños con un historial familiar de asma pueden protegerse contra sus peores efectos si se amamantan durante los cuatro o cinco primeros meses de vida. Muchos niños crecen sin sufrir asma, pero aquellos que padecen la enfermedad a los 14 años tienen muchas posibilidades de seguir con ella durante la edad adulta.

TRATAMIENTO

El asma requiere un tratamiento regular para mantenerlo bajo control. Existen dos tipos principales de fármacos: los preventivos, que se utilizan para poner freno a la inflamación

¿SON SEGUROS LOS MEDICAMENTOS CON ESTEROIDES?

Es frecuente manifestar preocupación por los efectos secundarios de los corticoesteroides presentes en los medicamentos para prevenir el asma. En particular, los padres se preocupan de que puedan inhibir el crecimiento de sus hijos. No existen evidencias de que esto ocurra en el caso de las dosis normales utilizadas contra el asma. Dado que los asmáticos inhalan esteroides con frecuencia, éstos pasan directamente a los pulmones en dosis bajas y el resto del cuerpo apenas absorbe nada.

En casos raros, algunos niños con asma severa o incontrolada pueden necesitar dosis elevadas de esteroides en forma de comprimidos, lo que puede provocar una pérdida de masa ósea y un aumento de la presión arterial y de peso. En estos casos, resulta importante considerar los efectos secundarios del medicamento en cuanto a la calidad de vida del niño (e incluso sus posibilidades de sobrevivir). El asma severo o sin tratar puede inhibir el crecimiento e incluso poner en peligro la vida del afectado. Debe recordar, además, que los corticoesteroides utilizados para tratar el asma son muy diferentes de los esteroides anabólicos, que tan mala reputación tienen en el campo del culturismo.

subyacente de las vías respiratorias, y los agudos, utilizados para tratar los síntomas en el momento en que se producen. Los preventivos reducen la sensibilidad de las vías respiratorias. Los fármacos evitan que los vasos sanguíneos se dilaten y se produzca extravasación, impidiendo así que los procesos inflamatorios del sistema inmunológico provoquen el estrechamiento de las vías respiratorias.

Los corticoesteroides y los cromoglicatos son los dos tipos principales de fármaco preventivo. Ambos se toman generalmente entre dos y cuatro veces al día por medio de un inhalador. Los pacientes deben sentirse mejor transcurridos unos días. Los fármacos preventivos deben tomarse regularmente para mantener su efecto.

ALIVIAR LOS SÍNTOMAS

A diferencia de los preventivos, que funcionan a largo plazo, los fármacos que alivian los síntomas actúan de manera inmediata. Se utilizan tan pronto como aparecen los síntomas de asma, o bien antes de practicar ejercicio si así lo recomienda el médico. Deben proporcionar un alivio casi completo durante cuatro a seis horas. Los fármacos reciben la denominación de broncodilatadores, ya que relajan la musculatura de las vías respiratorias.

Los productos para aliviar los síntomas representan una ayuda a corto plazo y no tienen efectos sobre la inflamación subyacente. Utilizar poco este tipo de medicación es una señal de que el asma está bien controlado. Si se ve obligado a utilizarla con más frecuencia de la indicada por el médico, o si la respiración sibilante le despierta por la noche, consúltelo con su médico. Tal vez necesite incrementar la dosis de los fármacos preventivos.

Los ataques repentinos de asma pueden ser terribles, pero el médico debería ofrecerle una estrategia para afrontarlos: por ejemplo, sentarse e intentar relajar la respiración; utilizar el inhalador y llamar al médico; diríjase al hospital si las cosas no mejoran. ∎

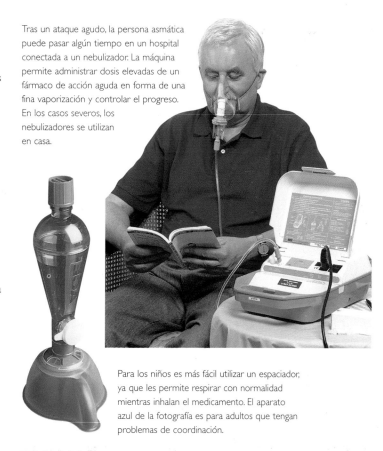

Tras un ataque agudo, la persona asmática puede pasar algún tiempo en un hospital conectada a un nebulizador. La máquina permite administrar dosis elevadas de un fármaco de acción aguda en forma de una fina vaporización y controlar el progreso. En los casos severos, los nebulizadores se utilizan en casa.

Para los niños es más fácil utilizar un espaciador, ya que les permite respirar con normalidad mientras inhalan el medicamento. El aparato azul de la fotografía es para adultos que tengan problemas de coordinación.

APARATOS PARA TOMAR LA MEDICACIÓN

Equipo	Funcionamiento
Inhalador	Convierte la medicación en una fina vaporización que puede penetrar en las vías respiratorias. Los inhaladores con dosificador proporcionan una «ráfaga» precisa de medicamento transportada en gas de alta presión. Los inhaladores en seco utilizan una cápsula que queda reducida a polvo cuando el afectado succiona el instrumento. Exige menos coordinación.
Espaciador	Una boquilla con válvula se sujeta a un extremo de un gran recipiente de plástico con un agujero para sujetar un inhalador. El medicamento pasa al recipiente, y después se respira con normalidad en lugar de hacerlo en una sola bocanada. Los espaciadores sirven de ayuda a bebés y niños, y a aquellas personas que presentan dificultades para coordinar su técnica de inhalación.
Nebulizador	Máquina que convierte la medicación líquida en una vaporización fina. El nebulizador permite administrar una dosis mucho más elevada. Se utiliza en hospitales para casos agudos y, en ocasiones, para ayudar a bebés y a niños pequeños.

VÉASE TAMBIÉN
Tabaco y alcohol 20-21
Gripe 136-137
Aromaterapia 192-195

PRECAUCIÓN

Dado que la gripe puede desembocar en una neumonía, se recomienda una vacuna antigripal anual para las personas mayores y para aquellas que sufran enfermedades crónicas. Existe una vacuna que protege contra los neumococos (la causa más común de neumonía).

Infecciones respiratorias

Las infecciones de las vías respiratorias inferiores son muy comunes. Mientras que el cuerpo puede luchar contra muchas de ellas con la ayuda de unos días en cama, otras pueden convertirse en enfermedades serias o crónicas.

La bronquitis, la neumonía y la pleuritis son infecciones que afectan a diferentes partes de los pulmones. La bronquitis (una inflamación de los bronquios) se desarrolla cuando una infección bacteriana o vírica desencadena una producción excesiva de la mucosidad que normalmente se desarrolla en las vías respiratorias para mantenerlas húmedas. La mucosidad excesiva puede provocar tos, mientras que la inflamación hace que las vías respiratorias se estrechen y provoquen una sensación de falta de aire y de malestar.

La neumonía se produce cuando una infección pasa a los bronquiolos (conductos más pequeños) y los alvéolos, los diminutos sacos de aire en el extremo de cada bronquiolo y a través de los cuales pasa el oxígeno a la sangre. La infección inflama los alvéolos y los llena de líquido. Esto afecta a la capacidad de los pulmones para bombear oxígeno a la sangre y a todo el cuerpo.

Las personas afectadas de neumonía suelen perder el apetito y se sienten enfermas y febriles. Asimismo, sufren una tos productiva, falta de aliento y una sensación de rigidez en el pecho. Si aparece un dolor agudo en el costado, puede significar que la infección se ha extendido a la pared del pulmón, enfermedad que se conoce como pleuritis.

¿QUÉ PROVOCA UNA INFECCIÓN?

La mayor parte de las infecciones respiratorias están provocadas por bacterias, y muy pocas por virus. Algunas simplemente se contraen a través de la respiración y otras viven en la garganta sin producir síntomas hasta que nuestro organismo se debilita. Si su resistencia está debilitada debido a enfermedades largas, como el asma, la bronquitis crónica, las enfermedades cardíacas, la diabetes o el cáncer, o si es usted una persona mayor que carece de una movilidad total, será más susceptible a las infecciones respiratorias. Los fumadores son especialmente vulnerables porque el humo del tabaco daña las paredes de los bronquios y su resistencia a los gérmenes.

Otros tipos de neumonía menos frecuentes son la enfermedad del legionario (o legionelosis), provocada por gérmenes que se encuentran en los sistemas de aire acondicionado o de agua caliente con algún fallo, y la psitacosis, propagada por algunos pájaros (incluyendo los loros).

Un brote de bronquitis dura una o dos semanas, y se supera sin necesidad de recurrir a tratamiento médico. Sin embargo, si la enfermedad no mejora después de diez días, acuda al médico. Las infecciones agudas como la bronquitis y la neumonía provocan una gran tensión en los pulmones.

EL FANTASMA DE LA TUBERCULOSIS

La tuberculosis fue la primera causa de muerte durante la primera mitad del siglo XX. La mejora de las condiciones sociales la frenó en el mundo desarrollado, y en la década de 1950 se desarrollaron tratamientos antibióticos. Sin embargo, el número de casos ha aumentado en años recientes debido a la falta de salud entre las personas que viven a la intemperie, a la susceptibilidad de los pacientes inmunodeprimidos y a la resistencia cada vez mayor de la bacteria responsable de la tuberculosis a los antibióticos (resistencia provocada por no finalizar el tratamiento completo). En las personas sanas, el sistema inmunológico rechaza la enfermedad, y aquellas que no han desarrollado una inmunidad natural pueden ser vacunadas. En el caso de las personas infectadas, se necesita una combinación de antibióticos durante nueve meses o un año para erradicar la enfermedad.

ENFERMEDADES PULMONARES

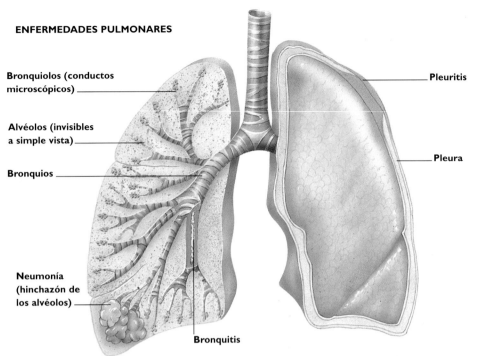

Bronquiolos (conductos microscópicos)

Alvéolos (invisibles a simple vista)

Bronquios

Neumonía (hinchazón de los alvéolos)

Bronquitis

Pleuritis

Pleura

La bronquitis, una dolencia común entre fumadores, infecta los bronquios (las ramas grandes de los pulmones) y los bronquiolos (los conductos más pequeños). La neumonía es más seria: la infección se extiende a los bronquiolos y los alvéolos (sacos de aire). La más peligrosa (y dolorosa) de las enfermedades respiratorias es la pleuritis, cuando la infección alcanza a la pleura, la membrana que rodea los pulmones.

Los antibióticos constituyen el principal modo de tratar la bronquitis y la neumonía, puesto que ambas suelen estar causadas por bacterias. Las infecciones víricas, sin embargo, no responden a los antibióticos, y las defensas naturales del propio organismo son el único modo de luchar contra ellas. La neumonía y la pleuritis son muy dolorosas y requieren analgésicos. En infecciones muy severas, el oxígeno puede salvar vidas.

ENFERMEDADES PULMONARES CRÓNICAS

En el caso del enfisema, una enfermedad mortal, las paredes de los alvéolos se destruyen gradualmente, dificultando la absorción del oxígeno por parte del organismo. La persona afectada se ve incapacitada por la falta de aliento, es incapaz de caminar más de algunos metros y es propensa a las infecciones pulmonares.

La enfermedad pulmonar obstructiva crónica (EPOC) es una combinación de enfisema y bronquitis crónica. Es muy similar a una bronquitis aguda (a corto plazo), pero en lugar de desaparecer tras algunas semanas, los síntomas como la tos, la expectoración y la falta de aliento perduran debido a la resistencia mermada de los pulmones y al daño gradual que sufre su tejido.

Un pequeño número de casos de enfisemas son genéticos, pero la causa más común de enfisema y de EPOC es el tabaco. Incluso después de haber fumado durante muchos años, el hecho de dejar el hábito reduce de forma espectacular el riesgo de desarrollar alguna de estas enfermedades. Si una de ellas aparece, dejar de fumar puede ayudar a aliviar los síntomas.

La EPOC no tiene cura, pero sí es posible aliviar los síntomas. Los jarabes contra la tos no son de gran ayuda, pero los broncodilatadores pueden ayudar a relajar las vías respiratorias y a paliar la respiración sibilante. El ejercicio es importante. El oxígeno puro, administrado con una máscara o con tubos nasales, ayuda a algunos pacientes. Los afectados en estado avanzado tal vez necesiten recurrir al oxígeno gran parte del día. La fisioterapia puede ayudar a drenar el exceso de mucosidad y de expectoración. La reeducación respiratoria puede ayudar a los pacientes a utilizar sus vías respiratorias con mayor eficacia. ■

PRECAUCIÓN

La mayoría de las personas que padecen neumonía reciben tratamiento domiciliario, pero aproximadamente una de cada seis empeora como para ser ingresada en un hospital. Informe a su médico si los síntomas empeoran: la neumonía pasa a ser seria cuando la infección se extiende a otras partes del cuerpo. La mayoría de los pacientes de neumonía se recuperan completamente, pero pueden tardar algún tiempo en sentirse como antes.

VÉASE TAMBIÉN

Perder peso   260-261

Hidroterapia   236-237

PRECAUCIÓN

Evite las prendas que impidan el flujo de sangre en las venas, como los elásticos de la ropa interior. Cualquier cosa que apriete en las piernas puede provocar el daño vascular que conduce a la aparición de las varices.

Varices

Las venas protuberantes, retorcidas y de color púrpura llamadas varices aparecen cuando fallan las válvulas que mantienen el flujo de sangre hacia el corazón. Las válvulas dañadas permiten el flujo descendente de la sangre, que se acumula y forma un «charco». De este modo se estira y se daña la delicada estructura de la vena, sobre todo cuando está cerca de la superficie de la piel y apenas tiene apoyo de algún músculo.

Las piernas son más susceptibles a las venas varicosas, ya que ahí la presión es mayor cuando la sangre se bombea contra la gravedad de vuelta al corazón. Los síntomas más comunes son el dolor, las piernas cansadas y los tobillos hinchados. En el caso de algunas personas, la piel de las piernas adquiere un tono marrón azulado, provocado porque las toxinas arrastradas por el flujo sanguíneo se acumulan y las piernas apenas cuentan con oxígeno. Además, existe un riesgo más elevado de padecer úlceras a partir de golpes poco importantes, ya que las piernas en general gozan de poca salud.

La insuficiencia de las válvulas venosas suele ser hereditaria, aunque también afecta a personas que permanecen de pie durante mucho tiempo. El embarazo y el exceso de peso son otros de los factores desencadenantes. Los paseos habituales y un peso adecuado pueden detener su formación. El uso de medias elásticas de apoyo, el modo más sencillo de tratar el problema, también puede evitarlas. Estas medias son más apretadas en el tobillo y más flojas a medida que suben por la pierna. La presión que ejercen impide que la sangre se acumule al desviarla hasta las venas más profundas de las piernas, donde los músculos son una bomba más eficaz.

TRATAMIENTO QUIRÚRGICO

Mientras que las medias pueden aliviar los síntomas más leves, poco hacen con respecto al poco atractivo aspecto de las venas o al dolor intenso. El procedimiento, conocido como flebostrepsis, implica la inserción de un cable largo en la vena a través de un corte practicado en el tobillo. El cable sube por el vaso dañado hasta otro corte realizado en la ingle.

Antes de operar, el cirujano utiliza una radiografía o un ultrasonido para comprobar exactamente qué parte del sistema venoso causa el problema y para asegurarse de que las venas profundas funcionen correctamente. Los resultados de esta pequeña operación, por lo general realizada bajo anestesia local, suelen ser excelentes y constituyen una cura completa.

Un tercer tratamiento consiste en inyectar una solución especial en el interior de la vena, que queda inutilizada. Es un tratamiento razonable para casos leves, pero puede reaparecer el problema. ■

Las válvulas sanas impiden que la gravedad empuje hacia abajo. Cuando la válvula no se cierra correctamente, la sangre se acumula en la vena, provocando hinchazón.

VÁLVULA NORMAL

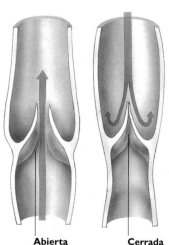

Abierta   Cerrada

VÁLVULA ANORMAL

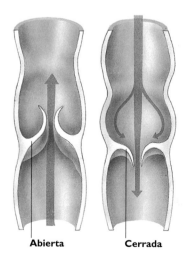

Abierta   Cerrada

Enfermedades cardíacas

El corazón es un músculo que bombea sangre y su importante carga de oxígeno y nutrientes por todo el cuerpo. Como todos los músculos, necesita oxígeno para funcionar correctamente. Su suministro proviene de dos potentes arterias coronarias que penetran en el interior del músculo cardíaco. Cuando algo falla en este suministro, la vida pasa a estar en peligro.

El término «enfermedades cardíacas» cubre muchas dolencias, incluyendo la estructura anormal del corazón, los defectos de las válvulas y los defectos del «marcapasos», responsable de la regularidad del latido cardíaco. No obstante, la principal causa de muerte del mundo occidental es la aterosclerosis, la acumulación de residuos grasos en las arterias coronarias. Estos depósitos, denominados ateromas, se componen de colesterol, proteínas y restos de tejidos. Estrechan las arterias de forma gradual y restringen el paso del suministro vital de sangre rica en oxígeno al corazón. Asimismo, reducen la flexibilidad de las arterias, que pueden hacer aumentar la tensión arterial y agrietar la superficie lisa de las paredes de las arterias. Las grietas dan lugar a peligrosos coágulos de sangre que pueden bloquear la arteria por completo.

Varios factores de riesgo son los que provocan la aterosclerosis. La combinación de vasos sanguíneos estrechados, tensión arterial alta y coágulos de sangre se conoce como arteriopatía coronaria. Representa el primer paso hacia el dolor y el infarto.

ANGINA DE PECHO

La angina de pecho constituye el primer sistema de aviso de la arteriopatía coronaria. Aparece cuando una arteria está tan obliterada que la sangre tiene dificultad para llegar al corazón. La mayoría de los que sufren una angina de pecho experimentan dolor cuando algo provoca un aumento del ritmo cardíaco, lo que incrementa su necesidad de oxígeno. El desencadenante podría ser la subida de un tramo de escaleras, un revés emocional, frío, una comida copiosa o el sexo.

Los síntomas comienzan como una rigidez o una pesadez en el pecho que se convierte en dolor, y que puede extenderse hasta el cuello o el brazo izquierdo. Por lo general, desaparece tras algunos minutos de descanso o después de utilizar la medicación adecuada. Sin embargo, en algunas ocasiones los síntomas aparecen incluso cuando se está sentado o descansando. En estos casos se denomina angina inestable, y sugiere que la obliteración ha empeorado. La angina puede alertarle sobre el estado de sus arterias y dar lugar a un cambio de hábitos.

El corazón late de forma regular y con fuerza gracias a las dos arterias coronarias que le proporcionan sangre. Cuando las paredes de las arterias se llenan de depósitos ateromatosos (residuos grasos), la sangre ve dificultado su paso. Si se forma un coágulo en una de estas arterias, el resultado será un infarto. Parte del músculo cardíaco muere, y la zona afectada resulta sustituida por tejido cicatrizal.

INFARTO DE MIOCARDIO

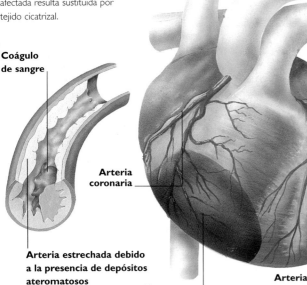

Coágulo de sangre

Arteria coronaria

Arteria estrechada debido a la presencia de depósitos ateromatosos

Zona muerta

Arteria coronaria

INFARTO

El infarto de miocardio se produce cuando una arteria coronaria queda obstruida por un coágulo o una placa de ateroma, y una parte del músculo cardíaco se ve privada de oxígeno y muere. Esta situación puede complicarse si el daño sufrido por el músculo afecta al pulso eléctrico del corazón y desencadena una arritmia. El tipo más serio es la fibrilación ventricular: la contracción de los ventrículos cardíacos se descoordina y éstos dejan de bombear correctamente.

La resucitación cardiopulmonar y un tratamiento de shock llamado desfibrilación resultan vitales para salvar la vida de la persona afectada. A las víctimas de un infarto se les recetan trombolíticos, que disuelven el coágulo y limitan el daño provocado al músculo. Después de un infarto, la zona muerta del músculo cardíaco se sustituye por tejido cicatrizal. Perder una pequeña porción de músculo no interfiere en la vuelta a las actividades normales, aunque la reducción de los factores de riesgo resulta esencial para evitar otro infarto.

INSUFICIENCIA CARDÍACA

Este término abarca aquellos estados en los que el corazón se debilita y no puede bombear sangre de manera adecuada. Los daños provocados por un infarto, las enfermedades como la cardiomiopatía, las infecciones víricas y la hipertensión debilitan el músculo cardíaco. Cuatro válvulas unidireccionales del corazón garantizan que la sangre fluya en una sola dirección. Si una de ellas no consigue abrirse o cerrarse del todo, esta alteración valvular puede provocar una insuficiencia cardíaca.

La insuficiencia cardíaca debilita la circulación de la sangre y provoca la acumulación de líquido en algunas partes del cuerpo, sobre todo en las piernas y en los pulmones. Esto provoca síntomas como fatiga, falta de aliento y tobillos hinchados. No existe una cura para la insuficiencia cardíaca, pero los fármacos y los cambios de hábitos pueden aliviar los síntomas.

El latido del corazón también puede verse alterado debido a fallos en las células marcapasos que desencadenan la contracción coordinada de los miles de millones de células del músculo cardíaco. La implantación quirúrgica de un «marcapasos» eléctrico diminuto para estimular artificialmente el latido correcto ofrece a los pacientes la posibilidad de llevar una vida normal.

FACTORES DE RIESGO

Cuantos más factores reúna, mayores serán las posibilidades de sufrir un infarto de miocardio. Los más importantes son la historia familiar de infartos, una dieta rica en grasas, el tabaco y la hipertensión arterial.

IDENTIFICAR EL PROBLEMA

Los infartos de miocardio, los accidentes vasculares cerebrales y los ataques epilépticos suelen confundirse. Debe aprender a identificar los síntomas de estas dolencias para saber cómo actuar en caso de emergencia:

Infarto
Síntomas Dolor repentino, persistente y opresivo en el centro del pecho que puede extenderse al brazo izquierdo y a la mandíbula, el cuello, el otro brazo, el abdomen o la espalda. La persona afectada puede sentirse mareada, palidecer y respirar de forma superficial y rápida. Puede desmayarse sin previo aviso. Puede producirse un paro cardíaco.
ADVERTENCIA No ofrezca líquidos a la persona afectada. Coloque al enfermo en la posición preventiva (*véase* pág. 301). Si cree que la ayuda tardará en llegar, esté preparado para practicar una reanimación en caso de parada cardíaca (*véanse* págs. 296-297).

Accidente vascular cerebral (AVC)
Síntomas La persona afectada puede parecer borracha y desorientada, vocaliza mal, manifiesta un dolor de cabeza intenso y repentino, pierde el equilibrio y se encuentra débil o paralizada. Puede babear, perder el control de los esfínteres y presentar las pupilas de diferente tamaño.
ADVERTENCIA No dé nada de comer o de beber a la persona afectada. Ayúdela a colocarse en la posición de recuperación (*véase* pág. 301).

Ataque epiléptico
Síntomas Si afecta a un niño, éste sufre espasmos musculares violentos y fiebre. Si se trata de un adulto, manifestará rigidez, convulsiones y pérdida de consciencia.
ADVERTENCIA No utilice la fuerza para dominar a la persona afectada. Cuando el ataque finalice, coloque al afectado en la posición preventiva (*véase* pág. 300).

DISMINUIR EL RIESGO DE SUFRIR ENFERMEDADES CARDÍACAS

Qué hacer	¿Por qué?	¿Cómo?
Practicar ejercicio	El ejercicio regular incrementa el colesterol beneficioso de lipoproteína de alta densidad (HDL), que protege contra la aterosclerosis. También incrementa la eficacia del corazón, disminuye la tensión arterial, ayuda a controlar el peso, equilibra los factores de coagulación de la sangre y reduce el estrés.	Practique 15 minutos de ejercicio moderado (jardinería, tareas domésticas, paseo rápido, baile o natación) dos veces al día, cinco días a la semana. El ejercicio moderado debe hacerle sudar ligeramente y respirar más rápidamente de lo normal.
Mejorar la dieta	Las dietas con poca grasa favorecen un buen equilibrio de grasas en la sangre y ayudan a mantener un peso sano.	Sustituya las grasas saturadas, como la mantequilla, por grasas insaturadas. Tome frutas y verduras. Reduzca el consumo de sal.
Mantener el peso adecuado	Previene la aparición de diabetes, la hipertensión y la acumulación de grasas de alto riesgo. La grasa alrededor del abdomen es la que más afecta al corazón.	Combine una dieta sana con ejercicio regular. Si es posible, implique a toda la familia y busque el apoyo de algún grupo si necesita perder peso.
Dejar de fumar	Éste es el factor de riesgo modificable más importante. Los fumadores menores de 50 años tienen el doble de probabilidades de morir de un infarto que los no fumadores. El tabaco incrementa la cantidad de adrenalina y el ritmo cardíaco, eleva la tensión, reduce la capacidad de transportar oxígeno de la sangre y favorece la trombosis (coágulos de sangre).	Utilice parches de nicotina, chicles, acupuntura, meditación y enfoques psicológicos o voluntad para dejar de fumar. Pida ayuda a su médico y busque el consejo de amigos o parientes que hayan conseguido dejar el hábito. Cuantos más cigarrillos y más años fume, mayores serán las probabilidades de morir de infarto de miocardio.
Disminuir la tensión arterial	Hasta el 20 % de adultos tienen la tensión alta. Somete al corazón a mucha tensión y favorece el endurecimiento de las arterias, lo que eleva todavía más la tensión arterial. Es hereditaria, aunque también constituye el resultado de los hábitos de vida.	Reduzca su peso y el consumo de grasas y de sal, deje de fumar, beba con moderación y reduzca sus niveles de estrés. Si los cambios de hábitos no dan resultado, tal vez necesite un tratamiento médico a largo plazo.
Beber con moderación	Las investigaciones sugieren que los consumidores moderados de alcohol tienen menos probabilidades de sufrir una enfermedad cardíaca que los abstemios y que las personas que beben mucho.	El consumo moderado de alcohol se define como cuatro unidades de alcohol por día para los hombres y tres para las mujeres (véase pág. 255). Una unidad equivale a un cuarto de litro de cerveza, un vaso de vino o una medida de licor.
Reducir el estrés	Un poco de estrés nos mantiene despejados y motivados, pero el estrés prolongado eleva los niveles de adrenalina, el ritmo cardíaco y la tensión arterial. El estrés no provoca enfermedades cardíacas, pero puede ser un desencadenante si las arterias ya están estrechadas.	Aprenda a reducir el nivel de estrés utilizando técnicas como la relajación y la meditación. Evite el exceso de estrés planificando el trabajo, imponiéndose objetivos realistas y compartiendo cargas como el cuidado de los hijos y las tareas domésticas.
Controlar la diabetes	La diabetes duplica el riesgo de infarto de miocardio y de AVC, posiblemente porque está relacionada con el aumento de peso, el colesterol alto, la hipertensión y la mala circulación.	Seguir un modelo de comidas sanas y una estrategia de hábitos positivos puede reducir significativamente el riesgo de enfermedades cardíacas y otras dolencias si padece diabetes.
Disfrutar el sexo	Una combinación de esfuerzo y excitación puede provocar una angina de pecho, pero el sexo también libera el estrés y constituye un buen ejercicio.	Si puede subir y bajar 13 escalones sin que aparezca dolor torácico es muy poco probable que el sexo pueda provocarle algún daño, aunque antes de practicarlo debe tomar la medicación que le haya recetado el médico.

ANGIOPLASTIA

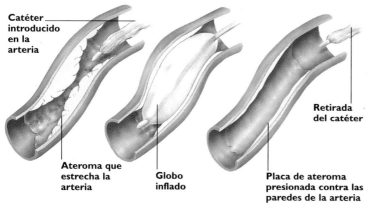

Catéter introducido en la arteria

Ateroma que estrecha la arteria

Globo inflado

Retirada del catéter

Placa de ateroma presionada contra las paredes de la arteria

La angioplastia ensancha la arteria coronaria para que la sangre pueda fluir mejor. La operación consiste en introducir en la zona estrechada de la arteria un catéter (un tubo flexible) con un globo desinflado en la punta. Después, el globo se infla y empuja los depósitos grasos contra las paredes de la arteria.

Estos factores están relacionados con otros como la diabetes, el sobrepeso, la falta de ejercicio o el estrés.

Tendrá más posibilidades de sufrir un infarto si tiene algún pariente cercano que haya padecido uno, sobre todo si era menor de 55 años cuando tuvo el ataque. Los miembros de una misma familia tienden a compartir los mismos hábitos negativos, por ejemplo, seguir la misma dieta grasa. También es posible que hayan heredado alteraciones como la hipercolesterolemia. Debido a esta enfermedad, los procesos que eliminan el colesterol de la sangre han perdido la mitad de su efectividad. Los niveles elevados de

colesterol, si no se corrigen, pueden provocar angina de pecho, infarto de miocardio y muerte en adultos jóvenes o niños aparentemente sanos. La hipercolesterolemia hereditaria afecta a una de cada 500 personas. Si una persona la padece, el resto de los miembros de su familia deben someterse a un análisis para tomar medidas preventivas. Si la enfermedad se detecta pronto y se trata con una dieta rigurosa baja en grasas y medicación, la persona podrá vivir muchos años.

En las sociedades occidentales, la principal razón dietética para desarrollar un nivel elevado de colesterol se halla en el consumo excesivo de grasas saturadas. Existen evidencias científicas de que una combinación de dieta baja en grasas, ejercicio y métodos de relajación puede hacer desaparecer las enfermedades coronarias.

DIAGNÓSTICO

El médico examinará su historia familiar y su estilo de vida como ayuda para establecer un diagnóstico. Le tomará la tensión y muestras de sangre para analizar los niveles de colesterol. Tal vez investigue el funcionamiento y las estructuras del corazón.

El electrocardiograma (ECG) registra la actividad eléctrica del corazón. La prueba puede combinarse con una sesión de bicicleta estática o de carrera sobre una cinta (prueba de esfuerzo) para comprobar qué ocurre cuando realiza un esfuerzo físico. El ecocardiograma utiliza ultrasonidos para transmitir imágenes detalladas del corazón en movimiento. Se emplea para investigar a pacientes con enfermedades vasculares o con defectos estructurales. Las técnicas actuales incluso pueden detectar defectos antes del nacimiento.

El angiograma es una radiografía del corazón que se toma una vez inyectada en el paciente una sustancia opaca que revela exactamente dónde y en qué proporción se han estrechado los vasos del corazón. Es esencial antes de practicar cualquier operación.

El electrocardiograma (ECG) detecta las alteraciones del ritmo cardíaco y los infartos antiguos o recientes, y proporciona información sobre el funcionamiento del corazón. Puede combinarse con una prueba de resistencia física para reproducir el ejercicio normal, y en ocasiones se prolonga durante 24 horas mediante el uso de una máquina portátil.

TRATAMIENTO

Existen diferentes medicamentos para tratar las enfermedades cardíacas (*véase* inferior). Otros tratamientos implican cirugía. En el caso de la angioplastia, las arterias coronarias se ensanchan para que la sangre fluya libremente de nuevo. En ocasiones, los médicos colocan una malla en la sección de arteria para retirar los sedimentos. La angioplastia es una operación sencilla, y por lo general sólo obliga a permanecer ingresado un día. Puede ser muy efectiva, pero cabe la posibilidad de que la arteria ensanchada vuelva a estrecharse.

Si las arterias están seriamente bloqueadas y los fármacos o la angioplastia no alivian el dolor, tal vez sea necesario implantar un bypass. El cirujano añade mediante sutura porciones de arteria o de vena, por lo general tomadas de las piernas, para evitar el bloqueo. La operación se realiza en unas cinco horas y bajo anestesia general. Es necesario parar el corazón, y sus funciones las asume una bomba corazón-pulmón. Después, el paciente pasa de dos a cuatro días en la unidad de cuidados intensivos. Por lo general, el enfermo recibe el alta una semana más tarde, y puede volver a su vida normal al cabo de seis semanas.

Las enfermedades que afectan al ritmo cardíaco suelen tratarse con la implantación bajo anestesia local de un marcapasos, un generador eléctrico que estimula el latido. Es habitual una recuperación completa. ∎

MEDICACIÓN PARA LAS ALTERACIONES CARDÍACAS

Alteración	Tipo de fármaco	Efectos
Infarto de miocardio	Trombolíticos y anticoagulantes como la aspirina, la estreptoquinasa, la heparina y la warfarina.	Disuelven los coágulos de sangre y evitan que se formen más al reducir la densidad de las células sanguíneas. Inicialmente se utiliza para deshacer la obstrucción, así como a largo plazo.
Angina	Nitratos	Alivian rápidamente los ataques al relajar las paredes de las arterias e incrementar el riego sanguíneo hasta el corazón.
	Betabloqueantes	Reducen el ritmo de los latidos y la fuerza del corazón, con lo que también disminuye su necesidad de oxígeno. Se utiliza a largo plazo para evitar los ataques.
	Antagonistas del calcio	Relajan las paredes arteriales y aumentan el flujo de sangre hasta el corazón. Algunos provocan el descenso del ritmo cardíaco y de la presión arterial.
	Abridores de los canales de potasio	Incrementan el riego sanguíneo al corazón y reducen el volumen de carga.
Insuficiencia cardíaca	Inhibidor del ACE (enzima convertidora de la angiotensina)	Relaja los vasos sanguíneos mediante la inhibición de la angiotensina, una sustancia química con un potente efecto vasoconstrictor.
	Digoxina	Derivan de la digital o dedalera, y provocan el descenso del ritmo cardíaco.
	Diuréticos	Reducen la cantidad de agua y de sal al incrementar la producción de orina.
Coronariopatía	Astatina	Reduce la producción de colesterol en el hígado.
	Resina	Provoca la disminución de los niveles de lípidos al detener la reabsorción de las sales biliares (el colesterol las sustituye).
	Fibratos	Reducen la producción de triglicéridos y de lipoproteínas de baja densidad (LDL) en el hígado.
Hipertensión	Betabloqueantes; antagonistas del calcio, inhibidores del ACE y diuréticos.	Fármacos preventivos que reducen la hipertensión arterial.

Distensiones ligamentosas

Los ligamentos son piezas resistentes de tejido fibroso y elástico que sujetan los huesos entre sí, mantienen unidas las articulaciones y limitan su gama de movimientos. Varios ligamentos sujetan cada articulación. Si un ligamento se estira excesivamente o se rompe, el daño producido se conoce como distensión (que no debe confundirse con un esguince).

Una distensión puede ser «aguda» o «crónica». La distensión aguda se presenta cuando se produce por un traumatismo único, pero si un ligamento se ve sometido a una tensión persistente debido a ciertas actividades o movimientos repetidos, la distensión puede convertirse en crónica.

Las distensiones se producen cuando una articulación se ve sometida a una extensión excesiva. Cuando esto ocurre, las fibras del ligamento y algunos vasos sanguíneos muy pequeños se rompen, y la articulación se hincha y ofrece un aspecto magullado. Cuando tejidos blandos como los ligamentos, los músculos o los tendones resultan dañados, la herida desencadena un proceso inflamatorio caracterizado por cuatro síntomas principales: rubor, dolor, calor e hinchazón. Cada uno de estos síntomas representa una parte importante del proceso curativo.

LOS SÍNTOMAS

La severidad de los síntomas varía según el grado de la distensión. El dolor está provocado por el daño que han sufrido las fibras nerviosas en el punto dañado, por la irritación que sufren las terminaciones nerviosas debido a las sustancias tóxicas que libera el tejido afectado, y por la presión sobre las terminaciones nerviosas a causa del aumento de irrigación en la zona dañada.

El rubor de la piel se debe en parte a la ruptura de pequeños vasos sanguíneos. La zona afectada está caliente debido a que los vasos sanguíneos que rodean el tejido dañado se dilatan para incrementar el suministro de nutrientes y de sustancias curativas. El aumento del riego sanguíneo también contribuye a la eliminación de las sustancias tóxicas de desecho producidas por la herida, aunque al mismo tiempo provoca hinchazón.

Las distensiones pueden afectar a cualquier articulación, incluyendo el tobillo, la muñeca, la rodilla y el codo. El tobillo resulta especialmente vulnerable porque se somete a una amplia gama de movimientos y además debe soportar todo el peso del cuerpo. Las distensiones forman aproximadamente el 80 % de lesiones sufridas por el tobillo.

LA ARTICULACIÓN DEL TOBILLO

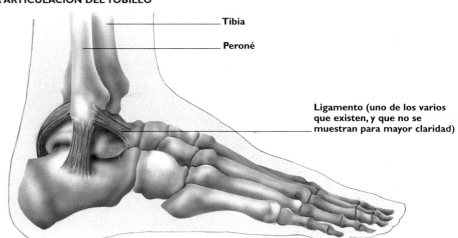

Tibia

Peroné

Ligamento (uno de los varios que existen, y que no se muestran para mayor claridad)

Cuando el dolor es intenso, la articulación debe ser inmovilizada. Otra posibilidad es que el ligamento necesite una reconstrucción mediante artroscopia. Esta intervención consiste en introducir en la articulación un endoscopio a través de una pequeña incisión. A través de otra incisión se introducen los instrumentos necesarios para reparar el daño.

TRATAMIENTO DE LA DISTENSIÓN

En el caso de distensiones menos severas, el tratamiento puede aliviar el dolor, minimizar la hemorragia y recuperar la funcionalidad de la articulación. El tratamiento que suele dar mejores resultados consiste en reposo, aplicación de hielo, un vendaje compresivo y la elevación de la extremidad lesionada. El primer paso consiste en aplicar hielo en la zona afectada. Éste provoca la contracción de los vasos sanguíneos y la disminución del riego sanguíneo en la zona lesionada. Para evitar las quemaduras que puede provocar el hielo, envuelva éste en un trapo fino húmedo y aplíquelo durante 15-20 minutos.

A continuación, puede proteger o comprimir la zona con un vendaje elástico cuyo fin es reducir la acumulación de líquido alrededor del tejido dañado. Además, aliviará el dolor provocado por la presión del exceso de líquido en las terminaciones nerviosas. El vendaje debe estar lo suficientemente tenso para crear cierta presión contra la piel, pero no hasta el punto de provocar más dolor o de obstaculizar la circulación sanguínea.

El miembro afectado debe elevarse a una posición horizontal para evitar que la sangre se acumule alrededor de la herida debido a la acción de la gravedad y para facilitar el flujo de la sangre. Resulta crucial el reposo de la zona afectada con el fin de que las fibras lesionadas tengan tiempo para repararse. Una distensión del tobillo puede tardar entre 6 y 12 semanas en curarse, y tal vez deba recurrir a la fisioterapia.

ALIVIAR EL DOLOR

Puede tomar antiinflamatorios no-esteroideos, como el ibuprofeno, que también actúan como analgésicos; los encontrará en la farmacia. Recuerde, no obstante, que aunque el dolor puede quedar mitigado por efecto de los fármacos, no debe reanudar una actividad intensa cuando se sienta mejor: la parte afectada podría empeorar.

Dependiendo de la severidad de la distensión, el dolor puede durar de cinco a siete días, aunque va remitiendo. Preste atención a su cuerpo: si la distensión todavía le duele, continúe con el reposo. Si la nota rígida, algunos movimientos suaves le resultarán beneficiosos. La hinchazón puede durar más. Es importante consultar con el médico si el dolor no disminuye, en cuyo caso el hecho de cojear podría incrementar el daño de la articulación. Puede resultar difícil distinguir una distensión de una ligera fractura; se necesitarán radiografías. ∎

SOLUCIONES A PROBLEMAS MUSCULOESQUELÉTICOS

Es importante seguir el tratamiento mencionado para tratar cualquier distensión. No obstante, existen tratamientos complementarios para las distensiones que pueden ayudar a aliviar los síntomas o a reducir el período de recuperación.

- Los masajes suaves (*véanse* págs. 206-209) varios días después de sufrir la distensión pueden mejorar la circulación de los tejidos lesionados, lo cual producirá un aumento del calor en la zona y ayudará a acelerar el proceso de curación.

- Se han realizado estudios que han demostrado que la acupuntura (*véanse* págs. 212-213) puede reducir el dolor y la hinchazón, y podría ayudar a acelerar el proceso curativo. Los especialistas la utilizan para tratar los dolores musculares y de las articulaciones.

- Los osteópatas (*véanse* págs. 230-232) y los quiroprácticos (*véanse* págs. 234-235) se sirven de la manipulación para aliviar la rigidez de los músculos y de las articulaciones. Dependiendo de su postura o de sus actividades laborales, que pueden contribuir al problema, estos especialistas le sugerirán unos determinados ejercicios

- Los homeópatas (*véanse* págs. 196-201) utilizan Árnica o Ruta para ayudar a la curación de un traumatismo, *Rhus toxicodendron* para la rigidez de las articulaciones provocadas por un movimiento brusco, y *Bryonia* para el dolor que empeora a causa del movimiento.

- Muchos especialistas en técnicas complementarias atribuyen los problemas inflamatorios prolongados en las articulaciones a la dieta.

VÉASE TAMBIÉN

Distensiones
  ligamentosas   40-41
Microtraumatismos   44
Homeopatía   196-201
Acupuntura   212-213
Hidroterapia   236-237

Esguinces

Las fibras de los músculos o de los tendones, que sujetan el músculo al hueso, pueden estirarse en exceso o incluso rasgarse. Este tipo de lesión se denomina esguince. En la zona afectada aparece dolor, sensibilidad excesiva e hinchazón.

Los músculos y los tendones se exponen a un mayor riesgo de sufrir un esguince cuando están fríos y tensos, sobre todo a medida que envejecemos. Las lesiones suelen producirse cuando se realiza un movimiento brusco con excesiva rapidez. Las personas que practican ejercicio muy activo sin calentamiento previo son muy vulnerables a los esguinces. La práctica de ejercicio con una técnica incorrecta o con un equipo inadecuado (sobre todo el calzado), o sobre superficies irregulares o duras, expone a las extremidades a sufrir esguinces. Algunas personas manifiestan un desequilibrio mecánico, como una pierna más larga que otra, que puede provocar que el cuerpo lo compense y se exponga a una lesión.

Si un músculo se estira en exceso puede ponerse tenso y doler hasta provocar un espasmo. Dado que los espasmos musculares restringen la circulación, puede formarse un círculo vicioso de dolor y espasmos. La mayor parte de las articulaciones están envueltas y protegidas por músculos. Debido a que las articulaciones pueden lesionarse fácilmente, los tendones y los músculos también se ven expuestos a la lesión.

Los músculos necesitan sangre que les proporcione oxígeno para contraerse, por lo que contienen un elevado número de vasos sanguíneos. Éstos sangran si un tejido muscular se desgarra, pero por lo general no se aprecia ninguna lesión externa.

DE AGUDO A CRÓNICO

Los esguinces son el resultado de forzar un músculo de manera repentina y violenta («agudos»), o bien se desarrollan durante un largo período de tiempo («crónicos»). El esguince agudo menos dañino es el causado por un traumatismo menor. Al producirse el desgarro de algunas fibras musculares, puede aparecer un ligero hematoma. Un traumatismo más importante o un estiramiento más acusado del músculo o del tendón da como resultado la rotura de más fibras. En algunos casos aparecerá un bulto (de líquido y sangre) alrededor de la lesión.

Los esguinces más severos tal vez exijan la visita al hospital para comprobar si existe fractura. Es muy probable que sienta un dolor considerable, y la zona se hinchará y ofrecerá un aspecto muy amoratado en el plazo de algunas horas.

La rotura completa constituye el tipo más severo de esguince agudo. Por lo general, cuando un tendón se rompe produce un sonido característico, como si hubiese estallado. Si se trata de un músculo, los dos extremos se separarán y podrá apreciar dos

---

¿QUÉ ES LA TENDINITIS?

La tendinitis es una inflamación causada generalmente por el uso excesivo. El tendón de Aquiles, en la parte posterior del tobillo, y los tendones de la muñeca suelen ser los más afectados por esta dolencia, que puede causar o no hinchazón. Algunas personas pueden escuchar cómo «chasquea» el tendón inflamado cuando lo mueven.

La lesión del tendón de Aquiles suele estar provocada por correr cuesta abajo o cuesta arriba con mucha frecuencia. También puede aparecer en personas que han cambiado recientemente sus zapatillas de deporte y el talón de las nuevas roza el tendón durante el ejercicio.

El tratamiento consiste en aplicar hielo durante 15-20 minutos varias veces al día. El reposo es esencial. Cuando el dolor haya desaparecido, los ejercicios que estiran suavemente el tendón resultarán beneficiosos.

bultos con un hueco en medio. Es muy probable que la lesión resulte muy dolorosa, con hematomas e hinchazón considerables, acompañados de espasmos musculares alrededor de la zona afectada. Necesitará atención hospitalaria seguida de un tratamiento de fisioterapia.

Las posturas incorrectas, los desequilibrios mecánicos y el abuso de una parte del cuerpo debido a la actividad laboral pueden provocar esguinces crónicos en los grupos musculares. Si los músculos sufren un esguince y tensión debido a una de estas causas, pueden caer en un estado casi permanente de sensibilidad y provocar dolor. Muchos dolores en la nuca y los hombros y de cabeza se deben a estas lesiones.

En general, los músculos se recuperan más rápidamente que los tendones. Esto se debe a la gran cantidad de sangre que nutre a los músculos con nutrientes y agentes curativos. Durante la curación, los tendones pueden formar nódulos de tejido denso denominados adherencias, capaces de reducir su flexibilidad y provocar problemas futuros. Los fisioterapeutas ofrecen consejos y facilitan ejercicios de rehabilitación.

OTRAS LESIONES

Una fractura de estrés es una pequeña fisura, por lo general en un hueso de la parte inferior de la pierna, y suele estar provocada por una tensión constante. Probablemente, si sufre una fisura notará uno o más puntos sensibles a lo largo de la cresta tibial. La mayor parte de este tipo de fracturas se curan después de tres a seis semanas de reposo, pero las severas pueden necesitar inmovilización con yeso. La radiografía es el único método para confirmar el diagnóstico.

Otra forma de esguince se caracteriza por la aparición de dolor en la cresta tibial. Se trata de un conjunto de varias lesiones, que por lo general refieren al dolor a lo largo de la cara anterior de la pierna. El dolor puede indicar una fractura de estrés. Las lesiones en la cresta tibial están provocadas por inflamación de los tendones de la pierna o del periostio.

TRATAMIENTO

El tratamiento de los esguinces agudos es: reposo de la zona afectada, aplicación de hielo envuelto en un trapo húmedo durante 15 a 20 minutos varias veces al día y aplicación de calor húmedo (vapor). Todos estos métodos ayudan a aliviar el dolor.

Los esguinces crónicos deben ponerse en manos de un fisioterapeuta, un masajista deportivo, un osteópata o un quiropráctico. ■

PROVOCAR UN ESGUINCE

Cuando un músculo se contrae, ejerce presión sobre el hueso (y también sobre el tendón que los mantiene unidos) que mueve la extremidad. Existen más probabilidades de sufrir un esguince cuando una fuerza repentina estira los músculos o el tendón. Por ejemplo, jugar al tenis puede provocar la aparición del «codo de tenista», ya que al estirar los músculos del antebrazo se inflama el tendón que los sujeta al húmero, el hueso de la parte superior del brazo. (El codo del tenista no siempre aparece como consecuencia de jugar al tenis.)

Húmero

Tendón

Cúbito

Músculo

Antebrazo

PRECAUCIÓN

Las lesiones por microtraumatismos recurrentes deben tratarse de inmediato. Algunos investigadores creen que si se dejan sin tratar pueden desembocar en una lesión irreversible en los tejidos.

Utilizar un aparato ortopédico que sujete la muñeca alivia los síntomas. Si trabaja con un ordenador, intente limitar el uso del ratón familiarizándose con las teclas de función y realice un breve descanso cada 20 minutos. Durante estos descansos, también puede «ayudar» a su espalda si se levanta y se estira.

Microtraumatismos

Tema de varias denuncias judiciales por parte de trabajadores contra sus empresas, este tipo de lesiones afecta a muchos trabajadores manuales que desempeñan tareas repetitivas rápidas.

El término se aplica despreocupadamente a una gama de alteraciones relacionadas con el trabajo que afectan al antebrazo, la muñeca y la mano, y en ocasiones a los hombros y al cuello. Por lo general, se acompañan de lesiones crónicas de los músculos del antebrazo, que son los que mueven la muñeca y los dedos.

Los síntomas varían. Algunas personas sienten dolor mientras trabajan, y las molestias desaparecen por la noche o los fines de semana. Otras experimentan un dolor que se desarrolla durante el día y que no desaparece por completo si no se toman un descanso de varias semanas. También hay quienes sufren dolores persistentes que tardan meses o años en mejorar.

Las personas que trabajan en cadena o que utilizan teclados continuamente pueden desarrollar esta alteración si sus músculos se muestran tensos, si su postura de trabajo es incorrecta o si no pueden controlar su propio ritmo de trabajo. El exceso de trabajo, la falta de organización del tiempo, el puesto de trabajo inadecuado y las tareas repetitivas incómodas pueden ser determinantes. Por lo general, los problemas aparecen como consecuencia de un cambio en la situación laboral.

Una forma común de esta dolencia es la tenosinovitis, que consiste en la inflamación de la membrana que recubre el tendón de la muñeca. Esta situación dificulta el movimiento del tendón.

CAMBIO Y DESCANSO

Este tipo de lesiones tienen cura, pero el tratamiento del problema inmediato debe ir acompañado de cambios en el modo de trabajar para evitar una recaída.

El reposo absoluto es la prioridad si el problema está causado por una tenosinovitis aguda. La aplicación de hielo durante 15-20 minutos varias veces al día y el uso de antiinflamatorios puede servir de ayuda. Tal vez sea necesario inmovilizar las muñecas dos o tres días para impedir el movimiento. Una vez controlada la inflamación, ejercite la zona según los consejos de un fisioterapeuta.

Cuando vuelva al trabajo, corrija su posición sentada. Los brazos y las muñecas deben estar en línea con el escritorio o la superficie de trabajo, a 90 º del suelo. Ajuste la altura de su silla según estas normas. Use una almohadilla para las muñecas: asegurará que éstas se encuentren niveladas con las manos. Los pies deben descansar planos sobre el suelo, con las rodillas en ángulo recto con el suelo. La silla debe protegerle la parte baja de la espalda, y los hombros deben descansar relajados. ∎

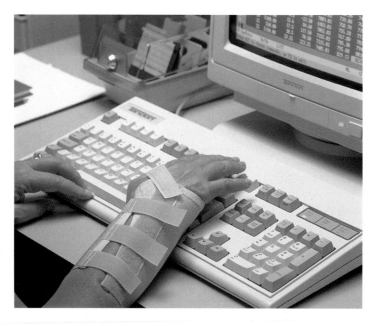

Calambres musculares

Los calambres se producen cundo un músculo o un grupo de músculos se contraen repentinamente. Esta contracción provoca un dolor agudo que sólo desaparece cuando la contracción se alivia.

Los calambres están provocados por diversos factores. El más común tiene lugar durante la práctica de ejercicio, que puede desembocar en una falta de sustancias químicas para que el músculo funcione correctamente. Cuando trabajamos un músculo, las células queman el azúcar de la sangre a mayor velocidad. El azúcar se combina con el oxígeno de la sangre, y la energía se utiliza a medida que el músculo se contrae como resultado de complejos procesos químicos que tienen lugar en las células del músculo. Cuanto más vigoroso o más largo sea el ejercicio, más rápidamente se deben afrontar las exigencias crecientes de los músculos. Si el músculo no puede resolver este proceso con la rapidez necesaria para mantener sus exigencias energéticas, comienza la producción de ácido láctico.

El ácido láctico puede producir energía, pero resulta ineficaz. Si continúa practicando ejercicio, el ácido se acumula con más rapidez de la que puede deshacerse. Esto provoca la detención de las contracciones musculares normales y desencadena la característica sensación de quemazón, contractura y dolor de un calambre. Un músculo tenso, afectado por un calambre, impide la circulación sanguínea adecuada, por lo que el ácido láctico se acumula todavía más.

Un calambre también puede aparecer como resultado de la pérdida de sal y de líquido, lo que altera el equilibrio eléctrico implicado en la actividad muscular. Esta pérdida puede estar provocada por una fiebre alta, sudoración excesiva o ejercicio.

TRATAR UN CALAMBRE

Para aliviar un calambre, debe dejar de practicar ejercicio e intentar estirar suavemente los músculos afectados. Tal vez le parezca que el calambre empeora, pero mejorará gradualmente.

Puede masajear la zona con el fin de incrementar el suministro de sangre a los músculos. La aplicación de calor o tomar un baño caliente también favorecerá el riego sanguíneo. Evite los baños excesivamente calientes o exponerse a temperaturas altas con demasiada rapidez: los cambios repentinos pueden afectar a sus sistemas circulatorio y de control de la temperatura.

Beba mucha agua para mantener el cuerpo hidratado, sobre todo cuando practique ejercicio en días calurosos.

Puede intentar evitar los calambres mediante una dieta sana que proporcione a su cuerpo los nutrientes que mejoran la eficacia química de los músculos. Además, cuanto más en forma esté, más oxígeno podrá suministrar su cuerpo a sus músculos y menos probabilidades tendrá de sufrir calambres. ∎

SÍNDROME DE LAS PIERNAS INQUIETAS

Aproximadamente el 15 % de la población sufre el síndrome de las piernas inquietas, que provoca sensaciones de cosquilleo, quemazón y picor en los músculos de la pierna. Por lo general, el síndrome empeora por la noche, y el estrés y las grandes cantidades de cafeína agudizan los síntomas.

No existe una cura sencilla, pero puede probar a enfriar o calentar las piernas, además de estirar y masajear las pantorrillas. Evite los estimulantes, como el café, el ejercicio y las comidas copiosas, antes de acostarse. Pruebe una rutina de relajación (*véase* pág. 65) o yoga. Como último recurso, su médico podrá recetarle un medicamento.

PRECAUCIÓN

Si cree que se ha lesionado la rodilla, siga el tratamiento estándar (reposo, hielo, vendaje y elevación). No obstante, si nota la articulación inestable, si no puede poner recta la rodilla o si observa una hinchazón considerable, acuda al médico: podría haberse roto un ligamento o tener un menisco desgarrado.

Los ligamentos de la rodilla y los cartílagos articulares en el interior de la articulación y en los extremos de los huesos son los tejidos que más suelen dañarse durante una caída aparatosa. Es posible tener buena movilidad aunque le falte uno de los ligamentos cruzados, pero si la rodilla continúa cediendo, el médico podría sugerirle una operación de cirugía reconstructiva.

Lesiones de rodilla

La rodilla es una estructura compleja con muchas partes móviles. Puede resultar dañada de muy diversas maneras, sobre todo durante la práctica de algunos deportes, casos en los que la rodilla puede sufrir una torcedura repentina.

Una lesión común de la rodilla es el desgarro del menisco. Puede estar provocado por una artritis o por un mecanismo de torsión. En este tipo de lesión, el dolor suele localizarse en la parte anterior de la rodilla, y se tienen dificultades para flexionar la pierna y caminar.

El tratamiento consiste en reposo durante 10 a 14 días con la rodilla vendada. Si el menisco se ha desplazado, la rodilla podría perder la movilidad y recuperarla de forma repentina. En tales casos, tal vez sea necesario extirpar el menisco bajo anestesia general. El ejercicio gradual ayuda a movilizar la rodilla.

LESIONES EN LOS LIGAMENTOS

Uno de los diversos ligamentos de la rodilla, el ligamento lateral interno, recorre el interior de la rodilla en sentido descendente y se encuentra cerca de la piel. Por lo general, resulta dañado o desgarrado como consecuencia de un impacto que empuja la pierna hacia afuera, como en una entrada fuerte en el fútbol. En los pacientes de más edad, la lesión puede ser el resultado de un antiguo esguince o de una degeneración ósea. Al principio es muy probable que pueda caminar cómodamente, pero en el espacio de una hora el dolor será más intenso e irá aumentando a medida que la articulación se inflame. Recurra al tratamiento ya citado para las lesiones traumáticas agudas.

Los ligamentos cruzados anterior y posterior forman una cruz en el interior de la articulación. El cruzado posterior suele resultar lesionado en los accidentes de tráfico, cuando la rodilla golpea el salpicadero y empuja el hueso inferior hacia el muslo.

Las lesiones severas deben tratarse en el hospital. Por lo general, se introduce en la rodilla un artroscopio (una cámara diminuta situada en el extremo de una aguja) para establecer un diagnóstico. La necesidad o no de una reconstrucción quirúrgica depende del grado de deterioro de la estabilidad.

«RODILLA DEL CORREDOR»

El síntoma principal de la rodilla del corredor (síndrome de estrés fémoropatelar) es el dolor alrededor de la rótula. Se produce cuando la rótula no sigue su ruta habitual entre la parte superior y la inferior de la pierna, sino que se desvía bruscamente. La causa es la presión irregular sobre la rótula debido a una relativa debilidad de los músculos anterointernos del muslo. Refuerce el grupo muscular con ejercicios de fisioterapia. ■

ARTICULACIÓN DE LA RODILLA

Fémur

Ligamento cruzado anterior

Ligamento cruzado posterior

Menisco externo

Tibia

Ligamento lateral externo

Ligamento lateral interno

Peroné

Bursitis

Las bolsas serosas son pequeñas cavidades llenas de líquido que actúan como «cojines» entre los huesos y los músculos o los tendones. Estas bolsas evitan que los tendones o los músculos se desgasten debido a la fricción con superficies óseas. Todos nacemos con algunas de estas bolsas, pero otras se desarrollan como respuesta a una fricción. Si se inflaman, el resultado es una bursitis.

Los «cojines» protectores entre el hueso y el músculo o el tendón pueden inflamarse debido a diversos estímulos, incluyendo actividades o ejercicios inusuales, calzado inadecuado, un depósito gotoso o alteraciones inflamatorias como la artritis reumatoide. Los gérmenes que penetran en la sangre también pueden provocar bursitis, así como una contusión importante.

La bursitis se da en todos los grupos de edad, aunque es más habitual entre las personas mayores. Uno de los puntos más comunes es la rodilla. Las personas susceptibles de sufrir bursitis son las que pasan mucho tiempo arrodilladas (por ejemplo, cuidando del jardín o limpiando, de ahí el término «rodilla

del ama de casa»). Otro punto donde se localiza habitualmente la bursitis es el codo. Los estudiantes que pasan mucho tiempo con los codos hincados en la mesa son especialmente vulnerables. Los deportistas pueden padecer bursitis en el tendón de Aquiles debido a la presión del calzado.

El tratamiento depende de la razón de la inflamación. Si es de causa mecánica, como el roce de los zapatos, una contusión o un ejercicio al que no se está acostumbrado, el mejor tratamiento consiste en la simple protección de la zona y en el reposo. La aplicación de hielo y los antiinflamatorios pueden ayudar a acelerar el proceso de recuperación y a reducir la inflamación. Si no se produce una mejora en tres o cuatro días, debe visitar al médico, que posiblemente le recetará una inyección antiinflamatoria.

BURSITIS POR INFECCIÓN

La bursitis debida a una infección se trata como un furúnculo bajo la piel. Si la infección es leve, una dosis de antibióticos podría ser suficiente. En cambio, una infección avanzada puede requerir cirugía, ya sea bajo anestesia general o local, para drenar el pus de la infección. Así, el cuerpo tiene la oportunidad de enfrentarse al resto de la infección por sí mismo. La herida puede tardar algunas semanas en curarse. Más tarde, tal vez necesite someterse a otra pequeña intervención para extirpar la bolsa si existe el riesgo de que la infección se reproduzca. ■

BURSITIS DE LA RODILLA

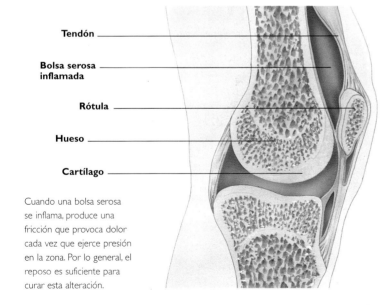

Tendón

Bolsa serosa inflamada

Rótula

Hueso

Cartílago

Cuando una bolsa serosa se inflama, produce una fricción que provoca dolor cada vez que ejerce presión en la zona. Por lo general, el reposo es suficiente para curar esta alteración.

VÉASE TAMBIÉN

Dolor crónico	**64-65**
Osteopatía	**230-232**
Quiropraxia	**234-235**

PRECAUCIÓN

El dolor de espalda acompañado de fiebre o problemas urinarios, o que no se alivie al acostarse, puede deberse a causas no relacionadas con músculos y articulaciones. Busque el consejo del médico si el dolor persiste.

La mayor parte de los tipos de dolor de espalda no son serios y se corrigen por sí solos antes de sentir la necesidad de acudir al médico. En ocasiones, la causa es específica y el dolor está localizado en una región determinada de la espalda.

Dolor de espalda

Se trata de una de las dolencias comunes más persistentes, y sus síntomas abarcan desde un dolor leve hasta insoportable, agudo o crónico. El dolor en la parte baja de la espalda (lumbago) es el responsable de numerosas bajas laborales, sin olvidar sus efectos depresivos sobre el estado de ánimo. Las posturas incorrectas o los movimientos torpes constituyen las causas más frecuentes.

La columna vertebral humana está formada por 26 huesos denominados vértebras. Cada uno está conectado con el siguiente por una serie de pequeñas articulaciones, músculos y ligamentos, además de los discos invertebrados. Los discos separan las vértebras y evitan que se rocen, además de actuar como amortiguadores de los golpes.

Todas las vértebras cuentan con un canal. Por encima de la cintura, el canal contiene la médula espinal. De ésta surgen nervios que se ramifican, dejando la columna vertebral entre cada par de vértebras y extendiéndose hasta los músculos y las articulaciones del cuerpo. Los nervios también se ramifican desde la médula espinal y se prolongan hasta el canal por debajo de ésta. Los nervios que transcurren por la parte externa de la médula espinal controlan el movimiento y la postura, y regulan procesos involuntarios como la digestión. Los nervios que recorren la parte interna de la médula son los responsables de los sentidos, incluyendo la sensación de dolor.

Para permitir el movimiento en todas las direcciones al tiempo que se mantiene una posición erguida, determinadas partes de la columna vertebral son más flexibles. Por ejemplo, los huesos del cuello permiten la rotación de la cabeza y el movimiento hacia arriba y hacia abajo, mientras que los huesos de la parte inferior de la espalda permiten doblar la cintura hacia adelante, hacia atrás y hacia los lados. En consecuencia, estas zonas son más propensas a las lesiones.

LESIONES DE ESPALDA MÁS FRECUENTES

Una forma típica de dolor de espalda es la causada por la distensión de un músculo o un tendón o por el esguince de un ligamento que da apoyo a la columna. Si las estructuras se desgarran o se inflaman tras una lesión severa, aparecerá el dolor, pero en ocasiones éste también está provocado por un nervio pinzado o irritado.

Los espasmos musculares constituyen la causa más común de dolor de espalda agudo.

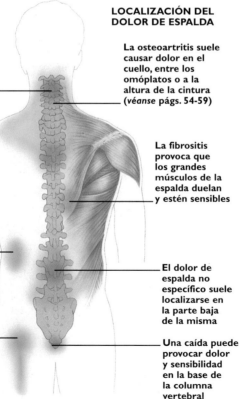

LOCALIZACIÓN DEL DOLOR DE ESPALDA

La osteoartritis suele causar dolor en el cuello, entre los omóplatos o a la altura de la cintura (*véanse págs. 54-59*)

El traumatismo por «latigazo» afecta a la parte posterior del cuello

Una infección de riñón puede producir dolor en la zona lumbar (*véanse págs. 146-147*)

La fibrositis provoca que los grandes músculos de la espalda duelan y estén sensibles

El dolor de espalda no específico suele localizarse en la parte baja de la misma

En la ciática, el dolor se irradia desde la nalga hacia la parte posterior de la pierna y hasta el pie

Una caída puede provocar dolor y sensibilidad en la base de la columna vertebral

Una lesión típica de este grupo es el traumatismo por «latigazo» cervical. Dado que el cuello es flexible y la cabeza pesada, una aceleración o una parada repentina como la que se produce en un accidente de coche provoca una violenta sacudida del cuello hacia adelante y hacia atrás, con el consiguiente estiramiento de los músculos en ambas direcciones. Los músculos y los ligamentos resultan dañados y desgarrados, y la víctima precisará el apoyo de un collar ortopédico durante un tiempo. No obstante, los movimientos repentinos o torpes del cuello o de la espalda pueden provocar un espasmo muscular que resultará doloroso, incluso si no se produce una inflamación o un desgarro. Cuando esto ocurre, los músculos que rodean la zona dañada pueden contracturarse, una acción refleja cuyo objetivo es evitar una lesión mayor. La parte afectada de la espalda se pone rígida, lo que provoca más dolor.

El desgaste de las pequeñas articulaciones que unen las vértebras puede provocar la aparición de artritis en la columna. El dolor de espalda resultado de esta condición suele ser más intenso cuando se sienta o permanece de pie mucho rato, pero los ejercicios suaves de estiramiento y refuerzo pueden resultar de ayuda.

Causas más frecuentes

El dolor de espalda puede estar causado por diversos factores, pero la causa suele ser muy simple: cualquier movimiento o serie de acciones que ejercen una tensión o suponen una carga anormal para la columna. El dolor de espalda puede aparecer a consecuencia de una sobrecarga repentina. Otra causa puede ser la tensión inusual o acumulativa (por ejemplo, estirarse repetidamente sobre una mesa en un ángulo incómodo). La infección de riñón también puede provocar dolor en el lateral de la espalda.

Tendrá más posibilidades de sufrir dolor de espalda si se sienta o permanece de pie en posiciones incorrectas o con los hombros caídos con mucha frecuencia. Las malas posturas transfieren su peso a los músculos equivocados, que se van tensando a lo largo de los años mientras otros son cada vez más débiles. Estos factores pueden sentar la base para esguinces de músculos y de tendones, nervios pinzados y lesiones discales.

¿Cuáles son los grupos de riesgo?

El dolor de espalda simple puede afectar a cualquier persona de cualquier edad. Las enfermeras, los trabajadores manuales, los

HERNIA DE DISCO

Si la parte externa de uno de los discos de la médula espinal se abre o se desgarra, parte del núcleo puede sobresalir de la cubierta y presionar en los nervios adyacentes. Esta lesión (conocida como hernia de disco o discal) puede estar provocada por una torsión repentina (después de levantar un objeto pesado o de estirarse en una mala posición durante la práctica de ejercicio). En la mayoría de los casos afecta a hombres menores de 50 años.

La hernia de disco puede provocar un dolor agudo y repentino que se siente a lo largo del nervio y que se prolonga durante semanas (por ejemplo, en el caso de la ciática). Puede tratarse con antiinflamatorios, pero tal vez sea preciso recurrir a la cirugía si el nervio está pinzado.

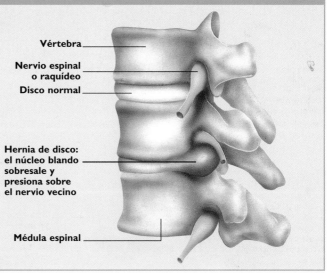

Vértebra

Nervio espinal o raquídeo

Disco normal

Hernia de disco: el núcleo blando sobresale y presiona sobre el nervio vecino

Médula espinal

empleados en oficinas o las personas que trabajan en casa forman parte del grupo de riesgo, por lo general debido a los malos hábitos en el modo de levantar pesos: doblarse para coger un objeto pesado, sobre todo si gira el cuerpo, suele desencadenar un dolor de espalda. Incluso los niños que transportan una mochila pesada colgada de un hombro pueden lesionarse la espalda. Las personas con sobrepeso son más propensas a esta dolencia, al igual que las mujeres embarazadas.

Las personas que practican deportes como el golf, el tenis y el squash pueden ser especialmente propensas a sufrir dolor de espalda debido a todos los giros y flexiones que realizan. Los remeros, los jugadores de rugby y los entusiastas de las artes marciales son incluso más susceptibles a estas lesiones, ya que sus actividades implican no sólo rotaciones, sino también soportar cargas pesadas. Sea cual sea el deporte que practique, prescindir del calentamiento e ir más allá de sus posibilidades son factores que provocarán problemas de espalda.

Las personas aquejadas de dolencias serias, como artritis reumatoide, osteoporosis, espondilitis anquilosante (inflamación de los ligamentos espinales) y cáncer de huesos secundario pueden experimentar dolores de espalda intensos. La tensión muscular asociada con el estrés mental, la depresión y la ansiedad constante también pueden provocar dolor de espalda.

TRATAR EL DOLOR EN SUS PRIMERAS ETAPAS

La mayoría de dolores agudos de espalda duran una o dos semanas. Puede resultar difícil establecer una causa exacta, incluso para un especialista. Una lesión muscular provoca dolor en el momento en que se produce; en este caso, el hielo puede servir de ayuda. Las contracturas musculares se desarrollan más lentamente y se alivian con calor. Si se producen contracturas musculares abundantes en las primeras etapas (las primeras 12 a 24 horas), lo mejor es descansar en una posición cómoda y tomar analgésicos suaves.

En el pasado era habitual recomendar el reposo en cama para el dolor de espalda, pero hoy se sabe que resulta contraproducente porque los músculos se tensan y acaban por debilitarse. Las investigaciones sugieren que, tras el reposo inicial, el dolor de espalda se resuelve por sí solo con mayor rapidez si se reanuda la actividad y se incrementa gradualmente.

CONSEJOS PARA EVITAR EL DOLOR DE ESPALDA

Es mucho mejor evitar el dolor de espalda desde el principio que tener que experimentar el doloroso y lento proceso de curarlo. Existen algunos métodos sencillos para cuidar de su espalda.

No se incline ni gire el cuerpo cuando cargue un objeto pesado. En su lugar, agáchese con la espalda recta y levante el objeto haciendo fuerza con las piernas.

Distribuya los objetos pesados, como las bolsas de la compra o las maletas, entre las dos manos. También puede utilizar una mochila. Evite las maletas grandes y pesadas: el peso desequilibrará su columna.

Los fisioterapeutas, los osteópatas y los quiroprácticos recomiendan unos sencillos ejercicios de estiramiento para ayudar a la espalda a recuperar la movilidad, y sugieren los paseos, pedalear y nadar para ayudar a reforzar los músculos. La natación resulta especialmente útil porque el agua soporta el peso del cuerpo y evita que se ejerza una excesiva presión sobre los músculos.

TONIFICACIÓN

Tan pronto como note una mejora, pida consejo a su médico o a su fisioterapeuta sobre los ejercicios adecuados para tonificar los músculos de la espalda y del abdomen. Resulta importante realizar los dos tipos de ejercicios, ya que si se refuerzan los músculos de la espalda sin ejercitar los abdominales como contrapeso, la columna podría perder la vertical. Si realmente desea volver a sus actividades normales mientras todavía siente dolor, las ayudas como los corsés pueden aliviar provisionalmente el dolor y ofrecerle apoyo.

La mayor parte de los dolores de espalda leves se solucionan en el plazo de un mes, pero si en este tiempo no se encuentra mejor, debe consultar con el médico. La fisioterapia y los ejercicios suelen ser ayuda suficiente.

Incluso la hernia discal tiende a recuperarse de manera espontánea, aunque puede tardar varios meses. Si se trata de un caso severo, tal vez sea necesario operar para aliviar la presión en un nervio. Las pruebas están reservadas para los casos severos o inusuales de dolor de espalda. Incluyen radiografías y tomografías que permiten observar más de cerca los huesos y los tejidos.

CUIDADOS A LARGO PLAZO

Cualquier especialista al que acuda para someterse a un tratamiento deseará saber los detalles de su dolor. Resulta aconsejable ir anotando todos esos detalles (por ejemplo, si se trata de un dolor sordo o agudo, dónde se localiza, cuándo comenzó, qué podría haberlo causado, si ha estado enfermo antes y si ha tenido dificultades para tragar agua, alteraciones digestivas o problemas ginecológicos antes de que el dolor comenzase).

Se recomienda un programa de ejercicios o de fisioterapia a largo plazo. Los masajes (*véanse* págs. 206-209), la manipulación, el tratamiento con calor y la hidroterapia (*véanse* págs. 236-237) pueden resultar beneficiosos para los dolores de espalda crónicos de causa mecánica. ■

Cuando se siente en una silla, asegúrese de que la espalda está bien apoyada, sobre todo en el trabajo. Siéntese recto, con la parte inferior de la espalda descansado contra el respaldo de la silla.

No empuje un objeto grande y pesado con las palmas de las manos (esta operación ejerce una gran presión en la espalda). Por el contrario, apoye su espalda contra el objeto y utilice las piernas para realizar el esfuerzo.

Dolor de hombros y de cuello

Los potentes músculos de los hombros proporcionan una gran flexibilidad, pero pueden hacer que la zona resulte susceptible a las lesiones. Los dolores en el cuello y en los hombros pueden estar provocados por posturas incorrectas.

Uno de los tipos más habituales de problema de hombros es la lesión del «manguito de los rotadores», que provoca daños en uno o varios músculos de los que rodean la articulación del hombro cuando se sufre una caída o se ven sometidos a tensión o a dolor debido al abuso. En la articulación existen varias bolsas serosas, además de tendones, que pueden irritarse, y el revestimiento de la propia articulación también puede acabar inflamándose.

El dolor cervical suele estar provocado por una tensión muscular debida a posturas incorrectas más que por una lesión específica. Procesos como la osteoporosis y la osteoartritis pueden ser también causantes.

Un fisioterapeuta, un quiropráctico o un osteópata determinarán qué estructura está implicada en el dolor y le sugerirán un programa de tratamiento. En el caso de casi todos los dolores de hombros y de cuello, el tratamiento sigue un modelo similar. Si se trata de una lesión en tejidos blandos, el dolor suele desaparecer por sí mismo sin tratamiento transcurridos algunos días de reposo y tomando analgésicos. Siga el tratamiento descrito para las lesiones musculares agudas y utilice un cabestrillo si el miembro afectado es un brazo y no puede prescindir de utilizarlo. Los antiinflamatorios, como el ibuprofeno, pueden ayudar si el dolor es muy intenso. Cuando éste haya cesado, practique ejercicios suaves para evitar la rigidez.

Si el dolor se prolonga más de tres o cuatro días, el médico tal vez le sugiera una infiltración de esteroides para relajar el tendón afectado. Si el dolor cervical o de espalda representa un problema crónico, los tratamientos a base de fisioterapia, osteopatía o·quiropráctica pueden servir de ayuda.

POLIMIALGIA REUMÁTICA

Esta alteración, con síntomas de dolor y rigidez en los hombros, el cuello, la espalda y los brazos, es la pesadilla de muchas mujeres mayores. Afecta tres veces más a las mujeres que a los hombres, y se trata de una dolencia extraña con pocas evidencias físicas de problemas musculares, aunque se ha relacionado con alteraciones arteriales.

El dolor suele ser intenso al levantarse de la cama o después de permanecer sentado durante un rato. Por lo general se acompaña de una falta general de bienestar, febrícula, anemia y pérdida de apetito. No obstante, la dolencia responde rápidamente a la terapia con corticoides. ∎

ALIVIAR LA RIGIDEZ

Si una postura incorrecta provoca rigidez, pruebe a aplicarse calor con una bolsa de agua caliente. Un baño caliente, unas friegas con linimento o un masaje también pueden ayudar a relajar los músculos. El médico tal vez le recomiende medicamentos que produzcan esta acción relajante, o quizá necesite utilizar un collar ortopédico durante algunos días. Un fisioterapeuta le ayudará a aliviar el dolor a través de la manipulación.

VÉASE TAMBIÉN

Artritis · · · · · · **54-59**

Los pequeños cristales de ácido úrico se forman en la cápsula de la articulación cuando el riñón no es capaz de excretar esta sustancia con suficiente rapidez. Los cristales, aumentados 30 veces en esta fotografía, irritan los tejidos y provocan inflamación y dolor.

Gota

Siempre se había creído que la gota afectaba a las personas que abusaban de la comida y del alcohol. Estos dos factores no ayudan a aliviar los síntomas, pero no son la causa principal de esta enfermedad, un tipo de artritis.

El mecanismo interno de las articulaciones puede verse afectado por la gota. Una articulación se compone de huesos ubicados en el interior de una cápsula. Los tejidos de esta cápsula fabrican un líquido lubricante (sinovial) que ayuda a la articulación a moverse con suavidad. Este líquido nutre a los tejidos presentes en el interior de la cápsula, como el cartílago que separa los huesos. La gota aparece cuando el cuerpo produce demasiado ácido úrico y se forman cristales de dicho ácido en el interior de la cápsula.

La gota afecta primero al dedo gordo del pie. Si no se trata, provoca un dolor muy intenso que puede durar días o semanas. Los ataques son cada vez más frecuentes hasta que la dolencia se convierte en crónica. Los cristales se extienden a otras articulaciones, como las rodillas, los codos y los nudillos, y a los tejidos. Pueden depositarse en la piel.

Aproximadamente el 75 % de los casos de gota están provocados por una alteración heredada que evita la correcta eliminación del ácido úrico. La gota es más común entre los hombres y rara entre las mujeres antes de la menopausia y en los niños.

Algunos hábitos alimentarios (comer ciertos alimentos ricos en proteínas, sobre todo los que contienen niveles elevados de purina como las carnes, el pescado graso, el marisco, las espinacas, los espárragos y la mayoría de legumbres secas) pueden elevar los niveles de ácido úrico en la sangre y desencadenar el proceso de cristalización, al igual que la deshidratación en climas cálidos, las enfermedades, el cansancio excesivo o las lesiones. Las personas con enfermedades renales pueden presentar niveles altos de ácido úrico. No obstante, no todo el que tiene el ácido úrico alto sufre de gota.

DIAGNÓSTICO Y TRATAMIENTO

Los médicos basan el diagnóstico en los análisis de sangre que miden los niveles de ácido úrico y en el examen del líquido de la articulación inflamada. Estos dos exámenes ayudan a descartar otros problemas en las articulaciones.

Por lo general, el tratamiento consiste en administrar antiinflamatorios no-esteroideos con la mayor brevedad posible. La colchicina, un fármaco producido a partir del cólquico, se utiliza en caso de que existan problemas de estómago que impidan el empleo de antiinflamatorios no-esteroideos. Si padece ataques frecuentes de gota o tiene el ácido úrico alto, le ofrecerán un fármaco preventivo llamado alopurinol, que reduce los niveles de ácido úrico en la sangre. Los cambios en la dieta pueden suponer una parte importante del tratamiento. ∎

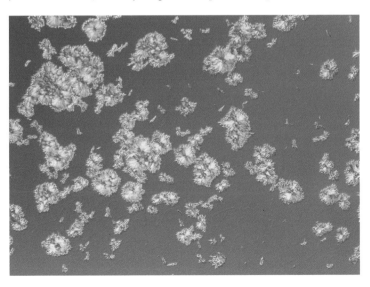

Artritis

Más de cien enfermedades distintas que provocan dolor, hinchazón y limitación de movimientos en las articulaciones y en los tejidos conectivos de todo el cuerpo reciben la denominación de artritis. Se trata de una dolencia crónica: es muy poco probable que desaparezca. No obstante, existen tratamientos efectivos que permiten llevar una vida plena sin apenas dolor o incapacidad.

Los principales síntomas de la artritis son el dolor en la articulación, rigidez, incapacidad de mover una articulación con normalidad y, en ocasiones, inflamación que dura más de dos semanas. Las causas de gran parte de los tipos de artritis todavía se desconocen, y las teorías varían. Las dos formas más frecuentes son la osteoartrosis y la artritis reumatoide.

OSTEOARTROSIS

Se trata de una enfermedad degenerativa de las articulaciones que se produce cuando el cartílago que protege los extremos de los huesos de una articulación se deteriora. Esto provoca dolor y pérdida de movimiento, ya que el hueso se roza contra otro hueso. Por lo general, la enfermedad afecta a personas de mediana edad y mayores. Los síntomas pueden variar desde dolor leve a agudo, y se presentan en las manos y en las articulaciones que soportan peso, como las caderas, las rodillas, los pies y la espalda.

Aunque la edad es un factor de riesgo decisivo, las investigaciones demuestran que la osteoartrosis no constituye una parte inevitable del envejecimiento y que varios factores contribuyen a su desarrollo. El sobrepeso puede provocar osteoartrosis en las rodillas; las personas que se han visto afectadas de lesiones en las articulaciones también son más propensas a esta enfermedad. La actividad física normal no provoca artritis: no es posible desgastar uno mismo las articulaciones. Al parecer, el historial familiar influye en el desarrollo de la osteoartrosis, y las reacciones alérgicas a ciertos alimentos pueden contribuir a intensificar el dolor y las consecuencias negativas.

Una teoría sobre la causa global de la osteoartrosis afirma que las células del cartílago liberan una forma anormal de enzimas que provocan la rotura del cartílago y la destrucción de la articulación. Otra teoría sugiere que algunas personas nacen con una producción excesiva de enzimas, cartílagos defectuosos o ligeras imperfecciones en las articulaciones. Estas alteraciones pueden provocar la rotura del cartílago a medida que la persona envejece.

El diagnóstico se basa en el historial de los síntomas y en el examen físico. Para confirmar el diagnóstico se recurre a las radiografías: la mayoría de las personas mayores de 60 años muestran evidencias de osteoartrosis, aunque

ARTICULACIÓN SANA

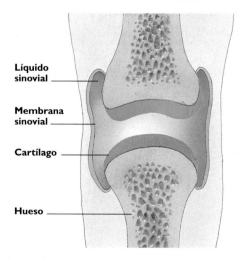

Líquido sinovial

Membrana sinovial

Cartílago

Hueso

se desconocen las razones por las que sólo un tercio manifiesta síntomas.

ARTRITIS REUMATOIDE

No debe confundir el reumatismo, que significa simplemente dolor muscular, con la artritis reumatoide, la forma más severa e incapacitante de artritis. Cuando esta enfermedad aparece, el revestimiento de la articulación (membrana sinovial) se inflama a causa de una reacción anormal del sistema inmunológico. La inflamación por sí sola provoca dolor, sensación de calor, rigidez, rubor e hinchazón exterior visible, pero la membrana inflamada también puede invadir y dañar el hueso y el cartílago. Esto hace que la articulación afectada pierda su forma y su posición y provoque pérdida de movimiento, más dolor y, en algunos casos, destrucción de la articulación.

La artritis reumatoide es una enfermedad sistémica: puede afectar a muchas articulaciones además de a otros órganos. Comienza en la edad adulta (en ocasiones antes) y afecta tres veces más a las mujeres que a los hombres. La causa principal es que, por alguna razón, el sistema inmunológico comienza a percibir como «extraño» el tejido de la articulación sana y lo ataca, provocando la inflamación y el consiguiente daño a la articulación. Se cree que las células inflamatorias liberadas por el sistema inmunológico producen una enzima que digiere el hueso y el cartílago.

Los investigadores sospechan que el causante de la artritis reumatoide en las personas con predisposición genética a la enfermedad podría ser un virus. Un 80 % de los adultos afectados presentan en la sangre una proteína conocida como «factor reumatoide». No obstante, dicha proteína también puede estar presente en personas que no desarrollan la enfermedad. Alrededor del 10 % de las personas que sufren artritis reumatoide experimentan una recuperación espontánea y completa hasta dos años después del diagnóstico.

Los médicos basan el diagnóstico en el patrón sintomático, el historial médico, el examen físico y la analítica, incluyendo los análisis que indican la presencia de actividad inflamatoria y el factor reumatoide. En las primeras etapas de la enfermedad, los afectados padecen fatiga generalizada, dolor y rigidez. El dolor se produce de forma simétrica en las mismas articulaciones a ambos lados del cuerpo y comienza en las manos o en los pies. Sin embargo, también puede afectar a las muñecas, los codos, los hombros, el cuello, las rodillas, las caderas y los tobillos. Otros síntomas incluyen bultos (nódulos reumatoides), que se desarrollan

ARTICULACIÓN CON OSTEOARTROSIS   **ARTICULACIÓN CON ARTRITIS REUMATOIDE**

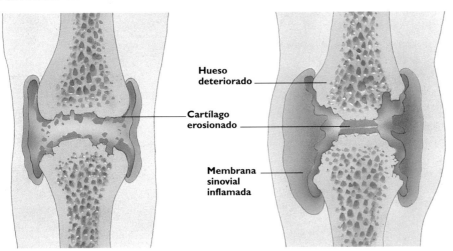

Hueso deteriorado

Cartílago erosionado

Membrana sinovial inflamada

En una articulación sana (página anterior), el cartílago protege los extremos de los huesos, y una membrana conocida como sinovial cubre la cavidad de la articulación y la lubrica con líquido sinovial. Si el cartílago se deteriora con el paso de los años, el resultado es la osteoartrosis, provocada por el roce doloroso de los huesos. En la artritis reumatoide, la articulación se hincha porque la membrana sinovial se inflama y secreta exceso de líquido.

Los analgésicos como la aspirina y los antiinflamatorios no-esteroideos (por ejemplo, el ibuprofeno) son los fármacos más recomendados. Reducen la inflamación y, por tanto, alivian el dolor y la rigidez. Debe tomar precauciones cuando tome alguno de estos fármacos, ya que los problemas gástricos (como las úlceras) constituyen un efecto secundario frecuente. Las inyecciones de corticoesteroides también reducen la inflamación, y los relajantes musculares pueden ayudar a evitar el dolor provocado por los espasmos.

AYUDA CONTRA LA ARTRITIS REUMATOIDE

Los analgésicos, los antiinflamatorios no-esteroideos y los corticoesteroides alivian el dolor, la rigidez y la hinchazón en las personas aquejadas de artritis reumatoide. Además, existe una variedad de fármacos que, si se administran de forma precoz, pueden frenar la evolución de la enfermedad o minimizar los daños. Estos medicamentos incluyen la sulfasalacina, las sales de oro, la penicilamina y la cloroquina (más utilizada para evitar la malaria).

Se sabe muy poco acerca del efecto de estos fármacos, y puede pasar algún tiempo hasta encontrar el mejor tratamiento y la manera ideal de tomarlos. Las sustancias que bloquean la respuesta del sistema inmunológico, como la azatioprina y el metotrexate, pueden servir de ayuda. Estos potentes fármacos resultan especialmente útiles en condiciones severas e incapacitantes en las que sus beneficios compensan los efectos secundarios potenciales.

Las friegas y los linimentos contra el reúma, como el bálsamo de gaulteria o el bálsamo del tigre, pueden aliviar el dolor de manera temporal. También pueden servir de ayuda las lámparas de calor, las botellas de agua caliente y la antigua práctica de la hidroterapia. Las friegas con cremas que contengan antiinflamatorios alrededor de las articulaciones y los tendones inflamados dan alivio temporal.

La hidroterapia constituye un buen método para aliviar los síntomas de la artritis. Al realizar los ejercicios en una piscina, el agua disminuye el peso corporal, lo que permite estirar las articulaciones sin forzarlas.

bajo la piel en zonas que reciben presión, como los codos.

TRATAMIENTO

Aunque todavía no existe una cura total para la artritis, es posible reducir su impacto en la vida cotidiana de diversas maneras. La clave para el tratamiento es el diagnóstico precoz y un plan personalizado. El objetivo es reducir la hinchazón, aliviar el dolor y la rigidez y mantener el funcionamiento normal de las articulaciones. La mayor parte de los programas terapéuticos contra la artritis incluyen una combinación de medicación, ejercicio, terapia de calor y frío, reposo, técnicas de protección de las articulaciones y, en algunos casos, cirugía.

Las terapias farmacológicas contra la artritis se dividen en dos categorías: las que alivian los síntomas y las que actúan directamente sobre la enfermedad. El papel de los fármacos en la osteoartrosis consiste principalmente en aliviar los síntomas durante los brotes de inflamación.

VIVIR CON LA ARTRITIS

La práctica regular de ejercicio puede ayudar a mantener flexibles las articulaciones. Combinada con una dieta sana, también puede ayudar a mantener el peso adecuado, lo cual evitará más estrés sobre las articulaciones que soportan peso. Para prevenir las lesiones, utilice muñequeras, rodilleras o zapatos con alza.

Los terapeutas ocupacionales pueden ayudarle a encontrar el modo de adaptar su vida a sus capacidades. Algunos métodos incluyen el uso de bastones y la amplia gama de aparatos de ayuda para tareas cotidianas.

Existen, además, otros tratamientos. Por ejemplo, los estudios sobre un extracto del mejillón de labio verde de Nueva Zelanda resultan esperanzadores. Ambos tipos de artritis (pero especialmente la osteoartrosis) responden en algunos casos a la acupuntura, sobre todo si el tratamiento comienza en una etapa temprana. Existen evidencias científicas que sugieren que las dietas bajas en antígenos (que son difíciles de seguir porque excluyen muchos de los alimentos presentes en nuestra sociedad) pueden representar un gran beneficio a largo plazo. Algunas investigaciones afirman que las cápsulas de aceite de pescado pueden ayudar a reducir los procesos inflamatorios.

El clima puede agravar los síntomas de la artritis. El clima cálido y estable hace que los enfermos se encuentren mejor, mientras que los climas húmedos, con muchos cambios de presión, resultan incómodos para algunas personas con artritis. Según se cree, esto se debe a las fluctuaciones de la presión atmosférica, que afectan a la presión en el interior de la articulación afectada y ésta, a su vez, presiona a los nervios expuestos.

CIRUGÍA

En algunos casos de artritis severa, es posible recurrir a la cirugía para reparar las articulaciones. Para la mayoría de los pacientes, el alivio del dolor constituye la principal razón para operarse. Es posible que sea necesario mejorar el movimiento y la capacidad de utilizar las articulaciones, o simplemente arreglar las deformadas (sobre todo las de las manos).

Existen tres tipos principales de cirugía para la artritis. La osteotomía es una operación en la que el hueso próximo a la articulación afectada se corta y después se recoloca en una posición ligeramente modificada. Por lo general, se emplea en las rodillas y en los pies. La sinovectomía implica la eliminación de la membrana sinovial (membrana de la articulación) si está tan inflamada que impide el funcionamiento de la articulación o daña los tendones o los ligamentos. La operación conocida como artrodesis consiste en injertar, atornillar o sujetar con alambre dos partes de una articulación de manera que no se mueva y deje de doler. En ocasiones, esta operación se realiza para disminuir el dolor de una articulación que ya ha perdido movilidad.

La cirugía de la mano es difícil y delicada. Los cirujanos pueden realizar muchas operaciones en las manos, incluyendo la liberación y la reparación de tendones, la descompresión de nervios atrapados, la fusión de una muñeca dolorida

HACER EJERCICIO

Encontrar el equilibrio adecuado entre el reposo de una articulación artrítica y el ejercicio puede ayudarle a vivir con la enfermedad. Mientras que las articulaciones inflamadas necesitan reposo durante los brotes, la falta de movimiento provocará rigidez y los músculos se tornarán débiles.

■ Una regla general consiste en guardar reposo mientras la inflamación se encuentra en su punto álgido, pero realizar alguna actividad cuando la hinchazón baja.

■ Debe intentar poner en movimiento todas sus articulaciones al menos una vez al día.

■ Los ejercicios en el agua, donde el peso es mucho menor, resultan ideales para las personas artríticas, y los fisioterapeutas pueden enseñar ejercicios especiales para mantener y mejorar la fuerza, el movimiento y la función de las articulaciones.

■ Los fisioterapeutas administran tratamientos de calor o de frío, así como masajes, para aliviar temporalmente el dolor.

En la cadera de un paciente con artritis reumatoide (derecha), el cartílago y el hueso están desgastados. Durante una operación de sustitución de la cadera, el cirujano sustituye la cabeza del fémur y la cavidad articular del coxal por una prótesis (extremo derecha). Así se recupera la movilidad de la cadera.

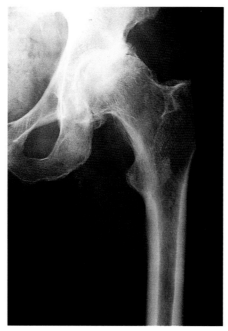

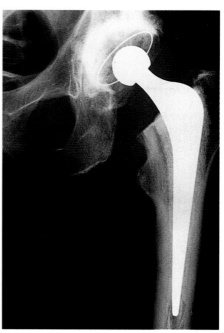

Una prótesis de cadera consiste en una esfera de metal que encaja en una cavidad de plástico.

y la sustitución de articulaciones pequeñas. El mantenimiento de la movilidad de los dedos es siempre la principal preocupación.

Para las personas afectadas de artritis reumatoide, una de las operaciones de mayor éxito es la eliminación de las articulaciones dañadas en la base de los dedos de los pies, lo que permite a los pacientes caminar de nuevo sin dolor.

PRÓTESIS ARTICULARES

Un procedimiento quirúrgico más complicado es el de la eliminación de la articulación y su sustitución con una prótesis. El arte de la sustitución de articulaciones es cada vez más sofisticado, tanto en lo que se refiere a la técnica como a la tecnología de los materiales, y los resultados suelen ser muy satisfactorios. Las articulaciones de las caderas y las de los dedos son las que se sustituyen con mayor frecuencia (las de los hombros, codos y tobillos también).

La sustitución de las caderas tiene tanto éxito que ha superado a todos los procedimientos quirúrgicos para los problemas en esta parte del cuerpo. Se realiza cuando existe dolor intenso o incapacidad que no responden a otro tratamiento. La

sustitución de una cadera puede devolver completamente la movilidad normal.

Los principios de la sustitución son los mismos para la cadera y para los dedos. El cirujano retira la cavidad y la cabeza de la articulación (en la cadera, la cabeza natural del fémur) y pega o atornilla una cavidad de plástico en su lugar. En el extremo del fémur natural se coloca una prótesis metálica en ángulo. Ésta termina con una cabeza redondeada y lisa de polietileno duro o de una aleación de metal, y encaja perfectamente en el hueco. Por lo general, las articulaciones reparadas funcionan con éxito durante un mínimo de 15 años, dependiendo de dónde se encuentren.

La cirugía para la sustitución de la rodilla todavía no resulta satisfactoria. La rodilla actúa como bisagra que proporciona movilidad entre el muslo y la pierna. Durante la sustitución total de una rodilla, el cirujano cambia el extremo del fémur por una estructura metálica. También elimina el extremo de la tibia y la sustituye con una pieza de plástico con un tallo de metal. Dependiendo del estado de la porción de rótula de la articulación, puede añadir un «botón» de plástico para sustituirla. ∎

OTRAS ALTERACIONES DE LAS ARTICULACIONES

Alteración	Descripción	A quién afecta	Síntomas	Tratamiento
Espondilitis anquilosante	Inflamación que provoca la fusión de los huesos de la columna.	Principalmente a hombres adultos jóvenes (fuerte tendencia genética).	Dolor de espalda e incapacidad creciente.	Fármacos para reducir la inflamación o suprimir la inmunidad; fisioterapia y ejercicio.
Lupus eritematoso sistémico	Inflama y destruye las articulaciones y otros tejidos conectivos de todo el cuerpo.	Alteración autoinmune que afecta sobre todo a mujeres, y en especial a las que están en edad de procrear, pero también a algunos hombres.	Dolor artrítico simétrico en dedos, rodillas, codos y tobillos. Fiebre, fatiga, caída de cabello y erupción en «alas de mariposa» (en la nariz y en las mejillas).	Esteroides e inmunosupresores.
Enfermedad de Paget	La pelvis, los huesos de las piernas, la columna lumbar y el esqueleto pueden ablandarse, alargarse y deformarse debido al crecimiento y a la disolución de los huesos.	Rara antes de los 40, más frecuente entre las personas mayores. Afecta más a hombres que a mujeres. Podría existir un componente genético.	En ocasiones, dolores; por lo general, sólo se manifiesta por la deformidad visual.	La calcitonina o el etidronato disódico alivian el dolor, regulan la formación y la destrucción del hueso y pueden reducir los daños en los nervios provocados por el aumento de tamaño de los huesos.
Polimialgia reumática	Causas desconocidas. El estudio de los músculos y de anticuerpos dan resultados normales. La sangre muestra alguna alteración en los niveles de sedimentación, y el 40 % de los afectados experimentan alteraciones patológicas en las arterias.	Afecta tres veces más a las mujeres que a los hombres. Poco frecuente antes de los 50.	Rigidez persistente en los hombros, la espalda y el cuello que empeora al caminar; es tan severa que la persona afectada puede verse obligada a guardar cama. Fiebre, dolor de cabeza, pérdida de apetito, malestar y ceguera temporal.	Alivio espectacular y duradero con esteroides en pastillas.
Síndrome de Reiter	Se produce de una a tres semanas después de una infección por clamidia o de otro tipo de infección venérea, así como después de una crisis de disentería bacteriana.	Las personas genéticamente vulnerables al agente infeccioso. La causa más común de artritis entre los hombres jóvenes.	Inflamación de las articulaciones, por lo general en las rodillas o en los tobillos; fiebre, secreciones por el pene o la uretra y conjuntivitis.	Analgésicos, antiinflamatorios no-esteroideos. Son frecuentes las recaídas.
Artritis psoriásica	Relacionada con la psoriasis cutánea.	Al 6 % de las personas con psoriasis. Afecta por igual a hombres y a mujeres entre los 10 y los 30 años. Las personas que presentan psoriasis en las uñas tienen más riesgos de sufrir la enfermedad.	Difiere de las otras formas de artritis en que se hincha todo el dedo de la mano o del pie, y no sólo la articulación.	Analgésicos, antiinflamatorios no-esteroideos. Sulfasalacina en casos severos.

PRECAUCIÓN

Por regla general, los dolores de cabeza desaparecen por sí solos. Es preciso acudir al médico cuando padece un nuevo tipo o patrón de dolor de cabeza, si el dolor es inusual o si comienza de repente. Acuda de inmediato al médico cuando sufra un dolor de cabeza con los síntomas de una meningitis (véase página siguiente).

Dolor de cabeza

Existen pocas personas que puedan afirmar que nunca han tenido un dolor de cabeza: se trata de una de las dolencias más cotidianas. Existen muchas causas por las que aparece, y cuando conozca la causa, podrá evitar los desencadenantes. Una cefalea no representa más que una inconveniencia; sólo una pequeña proporción son señal de una enfermedad seria.

El dolor de cabeza no procede del mismo cerebro, sino que está provocado por espasmos de los músculos de la cabeza y del cuello. La causa más común de estos espasmos musculares, y de un 90 % de los dolores de cabeza no migrañosos, es la tensión.

Caracterizadas por una sensación de apretón o de presión, las cefaleas tensionales suelen aparecer al final del día o cuando los niveles de estrés son altos. Están provocadas por una de las reacciones automáticas del cuerpo ante el estrés: la contracción sostenida de los músculos de la cara, el cuero cabelludo, el cuello y los hombros. A diferencia de la migraña, lo que permite diferenciarlos, el dolor de cabeza provocado por la tensión suele afectar a ambos lados de la cabeza y resulta bastante constante, aunque el aumento de estrés y de cansancio puede empeorarlo. El dolor de cabeza puede persistir como una ligera molestia y una sensación de malestar general durante una o dos horas, o tanto como varios días.

Los dolores de cabeza pueden estar provocados por tensión física o mental. Del mismo modo que otros músculos del cuerpo se tornan rígidos y duelen debido al esfuerzo o al uso indebido, también los de la cabeza y del cuello acusan esta rigidez. Este tipo de dolor de cabeza es frecuente entre las personas que se ven obligadas a mantener una única posición en su trabajo (por ejemplo, las personas que pasan mucho tiempo ante un teclado y los trabajadores de las cadenas de producción).

Otra causa del dolor de cabeza se conoce como «dolor remitido», cuando el problema está en otra parte del cuerpo, como en los ojos, los oídos, los senos nasales, los dientes, una mandíbula desencajada o músculos tensos de la columna. Aunque el tratamiento se concentrará en la causa raíz del dolor, se pueden tomar analgésicos para aliviar el dolor hasta que se haya resuelto la causa.

DESENCADENANTES

Existen varios factores que, según se cree, son responsables del restante 10 % de los dolores de cabeza. Los niveles bajos de azúcar en sangre debidos al hambre o al ejercicio; los ambientes cargados, con humo o húmedos; los gases contaminantes o de los perfumes; los cambios en la presión atmosférica o en la

Las cefaleas tensionales suelen estar provocados por rigidez muscular en la cabeza o en el cuello. El dolor puede estar localizado o extendido por el cuero cabelludo.

CEFALEA TENSIONAL

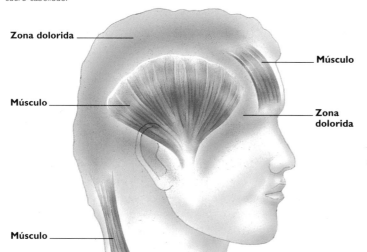

Zona dolorida

Músculo

Músculo

Músculo

Zona dolorida

temperatura; un exceso o un defecto de sueño y los efectos secundarios de algunos fármacos pueden ser responsables. Muchas mujeres sufren dolores de cabeza premenstruales. Se cree que los dolores de cabeza provocados por una resaca se deben a una combinación de elementos químicos, nivel bajo de azúcar y oxígeno en la sangre, deshidratación y exceso de dióxido de carbono.

Las intolerancias alimentarias y los aditivos en los alimentos también provocan dolores de cabeza. El glutamato monosódico, un producto químico utilizado para realzar el sabor y frecuente en la cocina oriental y en muchos platos y salsas procesados, tiene su propia categoría de dolor de cabeza: el síndrome del «restaurante chino». Si sus dolores de cabeza están provocados por esta sustancia, evite los alimentos cuyas etiquetas hablen de «aromatizante natural».

CEFALEA DE CLUSTER

Esta cefalea afecta más a los hombres que a las mujeres. Aunque suele confundirse con las migrañas, este tipo de dolor de cabeza ocupa una categoría por sí solo.

Este dolor de cabeza está caracterizado por un dolor retrocular. Este dolor despierta cada día a la persona afectada a primera hora de la mañana durante un período de hasta dos meses. El dolor se intensifica transcurridos algunos minutos, y el ojo afectado enrojece y lagrimea, mientras el orificio nasal del mismo lado se bloquea o bien gotea. Los ataques duran entre 20 minutos y dos horas. Además de ser preocupante, este tipo de dolor de cabeza puede dificultar seriamente la vida de la persona afectada. No obstante, la carbamazapina (una anticonvulsivante) puede dar buenos resultados.

ENCONTRAR UNA CURA

La cura para la mayoría de los dolores de cabeza no se encuentra en una caja de pastillas, sino en la detección y la eliminación de la fuente del problema. Si padece dolores de cabeza frecuentes, anote la información sobre las circunstancias en las que se producen; así ayudará a identificar la causa. La clave para eliminar sus dolores de cabeza podría radicar en las técnicas de eliminación del estrés (*véanse* págs. 12-15 y 76-77), que le ayuden a enfrentarse a la tensión, o bien en corregir su postura en el trabajo.

Los analgésicos sin receta médica, como la aspirina, el paracetamol o el ibuprofeno, pueden resultar efectivos para mitigar el dolor el tiempo suficiente para mantener a raya la causa raíz de la dolencia. Los dolores de cabeza tensionales no desaparecen con los analgésicos, pero sí pueden responder si el fármaco provoca la relajación de los músculos tensos. Debe buscar la ayuda del médico si los dolores de cabeza recurrentes interfieren en su vida o en su estado de ánimo (la solución podría ser muy sencilla).

Contrariamente a la creencia popular, los dolores de cabeza rara vez son un síntoma de una enfermedad seria. Por ejemplo, no representan una señal temprana de un tumor cerebral. Aunque la tensión arterial muy alta, la rotura de un vaso sanguíneo del cerebro o el aumento de presión intracraneal podrían provocar un dolor de cabeza intenso, debe recordar que estas situaciones son poco frecuentes. ■

PRECAUCIÓN

Nunca trate con aspirina a un niño menor de 12 años: está relacionada con una alteración peligrosa conocida como síndrome de Reye. Trate la fiebre o los dolores con paracetamol.

RECONOCER LA MENINGITIS

La meningitis es la inflamación de las membranas que recubren el cerebro y está provocada por una infección vírica o bacteriana. Se trata de una enfermedad poco frecuente, pero la meningitis bacteriana puede ser fatal si no se trata pronto. Uno de los síntomas clave es un dolor de cabeza que se desarrolla gradualmente y que después se estabiliza; se siente en toda la cabeza y empeora cuando se flexiona la cabeza hacia adelante. Está acompañado de fiebre, vómitos, fotofobia y rigidez de nuca.

Los síntomas típicos en un niño incluyen dificultad para levantarse, llanto agudo, vómitos y manchas en la piel. Para más detalles sobre la meningitis infantil, *véase* pág. 183. Si sospecha que usted o algún miembro de su familia tiene meningitis, contacte con su médico de inmediato o acuda al departamento de urgencias de un hospital.

Migraña

Aproximadamente una de cada diez personas sufre migrañas, una alteración compleja con una amplia gama de síntomas. Tres veces más mujeres que hombres se ven afectadas por las migrañas, y también el 5 % de los niños las padecen. Los desencadenantes más conocidos son el chocolate, el queso y las naranjas, pero la falta de alimento, el estrés y las hormonas son otros responsables.

Las crisis de migraña pueden estar provocadas por un solo factor o por una combinación de varios, los cuales varían mucho entre los distintos individuos. La causa primaria de la migraña no está clara. Algunos expertos sugieren que se trata de un problema vascular, desencadenado por la constricción de arterias que suministran sangre al cerebro. Otros creen que un problema neurológico desencadenado por una actividad cerebral anormal podría provocar la oclusión de las arterias.

Los estudios recientes se han centrado en los niveles de ciertos mensajeros químicos, conocidos como neurotransmisores, en el cerebro, y que controlan las funciones de éste. La serotonina (5TH) es uno de ellos. Muchos fármacos que son efectivos para prevenir los ataques de migraña bloquean las acciones de los mensajeros químicos.

FASES

Una crisis migrañosa suele desarrollarse en cinco fases distintas. En primer lugar, muchos aquejados de migraña experimentan una premonición o aviso del ataque, en ocasiones con 24 horas de antelación. Estos signos pueden incluir bostezos sin estar cansado, confusión, hambre, ansiedad de alimentos dulces o carbohidratos (por lo general, chocolate), sed, pesadez muscular y cambios de humor. Algunas personas se sienten el centro del universo, llenas de energía; otras se muestran tensas, irritables y deprimidas. La siguiente etapa es la del aura, que trae consigo los síntomas visuales asociados en ocasiones con la migraña.

La fase de dolor de cabeza suele comenzar en la hora siguiente. La diferencia clave entre una migraña y un dolor de cabeza provocado por otras causas es que el dolor de la migraña suele limitarse a un lado de la cabeza. El dolor se torna punzante, como si la cabeza fuese a estallar, y suele ir acompañado de náuseas y sensibilidad extrema a la luz, los olores o los ruidos. Algunas personas se sienten completamente confundidas, incapaces de recordar datos sencillos como su propio número de teléfono. Otras consiguen superar la crisis con la ayuda de analgésicos.

La cuarta fase es la de resolución del ataque, cuando los síntomas desaparecen lentamente después de 2 a 72 horas. Aproximadamente la mitad de las personas que sufren migrañas encuentran alivio cuando duermen o descansan en una

En esta obra, realizada por una persona aquejada de migraña, se refleja una interpretación de la fase de «aura». Algunos pacientes ven destellos o brillos, o puntos ciegos, durante 5 a 20 minutos. Estas auras significan, por lo general, que el dolor comenzará en el plazo de una hora.

habitación oscura. Otros vomitan o lloran, inmediatamente después de lo cual se encuentran mejor.

La fase cinco es la de las secuelas: a pesar del alivio del dolor, muchos afectados se sienten «vacíos» y necesitan descansar durante un día después de la crisis.

TRATAR LA MIGRAÑA

Los fármacos pueden servir de ayuda durante una crisis de migraña. Los analgésicos sin receta como el paracetamol, el ibuprofeno y la aspirina pueden detener el proceso de la migraña. No obstante, deben tomarse al principio del ciclo para que resulten efectivas, ya que el sistema digestivo (cuya acción se ralentiza durante una crisis) puede tardar mucho en absorberlas.

Un nuevo tipo de fármaco con receta conocido como antagonista de la 5HT puede resultar muy efectivo, incluso cuando la crisis está muy avanzada. Algunos médicos recetan analgésicos fuertes y medicamentos contra las náuseas para acelerar la acción de otros fármacos.

Si las migrañas frecuentes alteran su vida de manera significativa, su médico podría recomendarle que tome a diario alguna medicación como betabloqueantes, bloqueantes de la serotonina o incluso antidepresivos para intentar evitar las crisis. El mecanismo de acción de estas sustancias en relación con la migraña no está claro, aunque existen evidencias de que pueden romper el ciclo.

Algunas terapias complementarias, como la acupuntura o la osteopatía (*véanse* págs. 230-232), pueden ayudar a tratar tanto las crisis agudas como los ciclos en marcha.

El modo más eficaz de impedir la aparición de una migraña consiste en descubrir y evitar los desencadenantes que le afectan (*véase* recuadro, derecha). No obstante, si se produce una crisis, estar atento a los signos de aviso le brindara la oportunidad de tomar los medicamentos para evitar que se desarrolle todo el ciclo. ■

CÓMO SE PRODUCE UNA MIGRAÑA

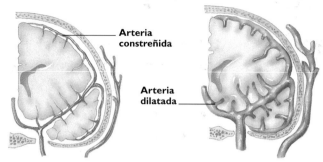

Arteria constreñida

Arteria dilatada

Para los afectados de migraña, un desencadenante (como el chocolate, el vino tinto o el cansancio) provoca la cadena de acontecimientos en el cuerpo que provocan una migraña. Las arterias de la base del cerebro se contraen (superior izquierda), después se dilatan (superior derecha). Al mismo tiempo, se liberan sustancias químicas y el dolor de la migraña comienza.

IDENTIFICAR SUS DESENCADENANTES

Uno de los métodos más efectivos para evitar una migraña consiste en saber qué puede provocarla y evitar esos factores. Anote todos los pasos de su vida cotidiana durante algunos meses. Su diario debe incluir una lista de acciones junto a la hora del día en que se realizan: por ejemplo, qué come y bebe, qué medicamentos toma y cómo está su tránsito intestinal. Anote las condiciones climáticas, los viajes o el ejercicio extras, su estado de ánimo y sus actividades sociales y laborales. Apunte la hora de cada fase de su migraña cuando se produzca una. A continuación se ofrece una lista de desencadenantes comunes:

■ Ansiedad y estrés, trastornos emocionales, excitación y depresión.

■ Cansancio físico o mental.

■ Condiciones ambientales: calor, frío, luz, ruido, olores.

■ Comidas retrasadas o no realizadas, dietas.

■ Ciertos alimentos, incluyendo chocolate, fritos, cítricos, queso, café, té, frutos secos y glutamato monosódico.

■ Alcohol, en especial el vino tinto.

■ Menstruación.

■ Cambio de rutina (vacaciones, cambio de trabajo).

■ Falta o exceso de sueño.

■ Viajes o ejercicio.

■ Medicamentos con receta, como los anticonceptivos orales y la medicación contra la hipertensión.

Dolor crónico

Cualquier dolor persistente que dure más de seis meses se denomina crónico. Puede ser debido a una enfermedad activa como la artritis, el cáncer o un nervio dañado. Puede tratarse del resultado a largo plazo de una alteración aparentemente curada. El dolor crónico puede estar provocado por la tensión emocional. Sea cual sea la causa, existen medios para aliviarlo.

El dolor agudo aparece cuando las terminaciones nerviosas llamadas nociceptores reciben la estimulación de sustancias químicas liberadas por tejidos inflamados o dañados. Estos mensajes le advierten de que algo va mal: por ejemplo, ha pisado una chincheta, está demasiado cerca de un fuego o tiene un músculo dañado, el apéndice inflamado o un corte en un dedo.

El dolor persistente resulta más complicado. Los nociceptores estarán implicados, sin duda, si existe una enfermedad activa que daña algún tejido: por ejemplo, presión en el nervio debido a una hernia discal o destrucción de un hueso provocada por un tumor maligno. No obstante, algunos tipos de dolor persisten incluso cuando los tejidos parecen haber curado o, lo que resulta más confuso, cuando nunca han existido evidencias de un tejido dañado.

Los tratamientos médicos contra el dolor agudo incluyen antiinflamatorios no-esteroideos y analgésicos. Ciertos tipos de dolor persistente pueden suavizarse con anticonvulsivantes y antidepresivos, pero el tratamiento a largo plazo para la mayoría de dolores crónicos exige no sólo soluciones médicas, sino también un enfoque holístico que incluya factores psicológicos y de estilo de vida. La terapia física puede ayudar a las personas aquejadas de dolor articular o muscular crónico.

EL DOLOR Y LA TEORÍA DEL CONTROL DEL UMBRAL

Cuando los nociceptores, o receptores del dolor, se estimulan (*véase* superior), envían señales a través de una vía del dolor. Viajan a lo largo de un nervio sensorial hasta la médula espinal y después hasta el cerebro, donde se recibe el dolor. Normalmente, el dolor se registra sólo si supera un cierto nivel.

El hecho de que el dolor se perciba o no dependerá del «umbral del dolor» de la médula espinal y del cerebro. Varios factores controlan las vías. Uno de ellos son las endorfinas, los analgésicos naturales del cuerpo humano, que pueden encontrarse en el cerebro, en la médula espinal y en las terminaciones nerviosas. Pueden establecer en qué medida aumenta o disminuye el «umbral». El nivel de endorfinas que circulan en el cuerpo se ve afectado, por ejemplo, por el estado de ánimo y el ejercicio, así como por la experiencia de dolor previa. Una explicación para algunos tipos de dolor crónico es que una vez establecida una vía de dolor, resulta más fácil activarla de nuevo, incluso después de curar el problema original. Por alguna razón, los «umbrales» a lo largo de la vía de dolor quedan abiertos. Un tratamiento psicológico, además de físico, podría servir de ayuda.

HACER EJERCICIO

Un modo efectivo y no farmacológico de combatir el dolor es la fisioterapia y el ejercicio. El equilibrio entre el descanso y el ejercicio constituye un paso importante para afrontar cualquier alteración crónica. La instrucción más habitual cuando se sufre un dolor agudo en situaciones como un ataque de artritis o un esguince muscular es el descanso para evitar que el daño se agrave y para permitir el desarrollo del proceso curativo. Si, en cambio, el dolor es duradero, el descanso por sí solo puede ser peor remedio que la enfermedad. El ejercicio es vital: evita que los músculos se debiliten o se tensen, lo que podría provocar más dolor y nuevos esguinces. El movimiento muscular también favorece la producción de endorfinas, nuestros analgésicos naturales. Los atletas, por ejemplo, permanecen ajenos a la lesión sufrida hasta que termina la competición debido al aumento de los elementos químicos en el cerebro, incluyendo las endorfinas, producidos por el ejercicio y la competición.

Los médicos, los fisioterapeutas, los osteópatas y los quiroprácticos pueden ofrecer consejo sobre el tipo y el nivel de actividad convenientes, así como el desarrollo gradual de una rutina. Los terapeutas ocupacionales pueden aportar ideas para las tareas laborales y domésticas.

APRENDER A RELAJARSE

Otra herramienta esencial para contribuir al propio alivio es la relajación. El dolor crónico puede desencadenar un círculo vicioso de estrés, tensión, miedo, ansiedad, más dolor y más estrés. Como cualquier reacción relacionada con el estrés, ejerce un efecto negativo en la salud, ya que reduce la circulación, incrementa el ritmo cardíaco, tensa los músculos y altera la digestión y los patrones de sueño (todo lo cual contribuye a deteriorar más la capacidad de superar el dolor).

La relajación física y mental profunda ayuda a romper el ciclo. La relajación permite fluir la tensión y las toxinas fuera de los músculos y los órganos, favorece la producción de endorfinas y da al cuerpo la oportunidad de utilizar su propias facultades curativas. Por lo general, la relajación profunda implica una combinación de respiración rítmica y relajación progresiva del cuerpo mediante la tensión y la relajación de cada grupo muscular. A algunas personas les gusta visualizar una escena tranquila o una época en la que se sentían completamente relajadas y felices. La visualización (en ocasiones denominada autohipnosis) también puede ser una herramienta para implantar pensamientos positivos que ayuden a controlar el dolor en la vida cotidiana.

Las terapias complementarias contra el dolor crónico incluyen la psicoterapia cognitiva. La acupuntura puede servir de ayuda contra algunos tipos de dolor crónico. La digitopuntura, los masajes y la aromaterapia pueden ayudarle a relajarse, incrementar los niveles de endorfinas y su tolerancia al dolor.

TRATAMIENTO NEUROLÓGICO

El alivio del dolor sin fármacos puede obtenerse mediante la estimulación nerviosa eléctrica transcutánea. Una pequeña máquina envía impulsos eléctricos a través de electrodos hasta la parte del cuerpo que duele. Puede aportar alivio al provocar la producción de endorfinas o bloqueando la transmisión de la sensación de dolor al cerebro. Puede aliviar el dolor crónico en un tercio de los casos. ■

VISUALIZACIÓN

Pruebe esta técnica para relajarse. Elija una habitación tranquila en la que nadie le moleste durante 10 a 20 minutos.

- Estírese o siéntese en una silla con el respaldo recto, con los pies planos sobre el suelo, y cierre los ojos. Comience arqueando lentamente las cejas y tensando los músculos de la frente; cuente hasta cinco y relaje. Repita.

- Repita el mismo procedimiento con cada parte del cuerpo, tensando y relajando los músculos del cuero cabelludo, la cara, las mandíbulas y el cuello, los hombros, un brazo y la mano y después el otro, la caja torácica, el abdomen, la parte alta y baja de la espalda, las piernas y los pies.

- A continuación, respire profundamente, sintiendo cómo se eleva y baja el abdomen con cada inspiración y espiración.

- Transcurridos algunos minutos, imagine una escena tranquila y agradable como un prado junto a un río o una playa de olas suaves. Escuche los sonidos que le rodean (el canto de los pájaros o el sonido del agua), aspire el perfume de las flores o del aire salado. Sienta cómo se extiende por su cuerpo el calor del sol. A continuación, imagine que el sol se mueve para centrar sus rayos en la parte del cuerpo que le duele. Sienta cómo su calor aporta bienestar y alivio a ese punto concreto. Descanse en silencio mientras disfruta de la experiencia.

- Cuando esté preparado, abra lentamente los ojos y vuelva lentamente a la actividad.

VÉASE TAMBIÉN

Estrés	**76-77**
Aromaterapia	**192-193**
Acupuntura	**212-213**
Posición preventiva	**300-301**

PRECAUCIÓN

Algunos niños sufren convulsiones siempre que su temperatura es alta, pero ello no significa que vayan a ser epilépticos en el futuro. No obstante, cuando un niño padezca una primera convulsión, busque el consejo del médico e informe a éste de los posibles episodios recurrentes. Las convulsiones pueden representar un síntoma de meningitis en los bebés (véase pág. 183), por lo que resulta especialmente importante acudir al médico.

Epilepsia

Durante una crisis epiléptica, la persona afectada puede perder el conocimiento durante sólo unos segundos o hasta varios minutos. La epilepsia es una alteración del cerebro que provoca crisis recurrentes; éstas resultan alarmantes para las personas que los contemplan y confusos para el que los sufre. En la actualidad es posible controlar casi por completo estas crisis con fármacos.

Las crisis epilépticas se producen cuando la actividad del cerebro se altera brevemente, mezclando sus redes de mensajes y alterando su control normal del cuerpo. El cerebro consiste en millones de células nerviosas, o neuronas, que regulan cada una de nuestras acciones: pensar, sentir, ver y mover los músculos.

Los patrones de actividad eléctrica, bien ordenados, pasan de un nervio a otro en redes que funcionan con gran velocidad, y todas estas redes dependen de la acción de los mensajeros químicos conocidos como neurotransmisores, que controlan todas las funciones del cerebro. Cuando se produce una crisis epiléptica, la alteración de la química del cerebro provoca que algunas neuronas se disparen con más rapidez de lo habitual y completamente desincronizadas. El resultado es un ataque o convulsiones.

De entre las varias formas de epilepsia, las más comunes son la tónicoclónica (el afectado pierde el conocimiento), la compleja parcial y la de ausencia. Las crisis tónicoclónicas en particular pueden resultar aterradoras para el observador, aunque rara vez provocan daños en el cerebro. Una vez superado el ataque, la persona que lo ha sufrido vuelve gradualmente a su estado normal sin sufrir ningún efecto de enfermedad. Con respecto a otros tipos de crisis, *véase* página siguiente.

¿CUÁNDO SE PRODUCE UNA CRISIS DE EPILEPSIA?

En los niños menores de cinco años, la fiebre puede provocar convulsiones febriles, que son similares a las crisis tónicoclónicas, pero no son epilépticas. Puede reducir el riesgo de convulsión febril intentando bajar la fiebre del niño en el preciso momento en que aparezca. Bañar al niño con agua tibia y darle paracetamol puede servir de ayuda. No obstante, en el caso de los niños mayores de cinco años, debe considerar la posibilidad de la epilepsia cuando se produzca cualquier tipo de crisis.

Aproximadamente 1 de cada 200 adultos sufre de epilepsia, y el 70 % de éstos tienen su primera crisis antes de los 20 años. Las personas que padecen crisis epilépticas cuando son jóvenes suelen experimentar una reducción en la intensidad y la frecuencia de las crisis a medida que envejecen, e incluso llegan a desaparecer por completo.

¿QUÉ PROVOCA UN ATAQUE?

Algunas personas heredan una característica que les hace ser más propensas a las crisis epilépticas. También puede significar que son susceptibles a circunstancias que no provocarían un ataque en personas sin esta tendencia. Por ejemplo, algunos individuos son sensibles a la alteración de los patrones de sueño. Si experimentan una falta o un exceso de sueño, pueden sufrir una crisis.

Otros factores que provocan crisis incluyen el exceso de alcohol, el estrés emocional y la temperatura alta durante una enfermedad. Se cree que la sensibilidad a la luz (como los rayos que provienen de la televisión, los vídeojuegos, el flash de una cámara, las luces de una discoteca o la luz del

RECONOCER LAS CRISIS EPILÉPTICAS

Tipo	Zona afectada	Qué ocurre	Secuelas
Crisis tónicoclónica (antiguamente «Gran mal»)	Implica todo el cerebro.	Todo el cuerpo se pone rígido. La persona pierde el conocimiento y cae al suelo, donde sufre sacudidas y espasmos. También es posible que emita sonidos extraños, babee o padezca incontinencia, y la cara puede ponerse azul debido a la falta de oxígeno. Tal vez vomite o se muerda la lengua, y puede autolesionarse si se golpea con algún objeto cercano.	El ataque normalmente desaparece al cabo de varios minutos. La persona se sentirá confundida y soñolienta a medida que se recupera. Tal vez tenga dolor de cabeza o dolores musculares debido a la violencia de las contracciones, y quizá desee dormir algunas horas.
Crisis parcial simple	Sólo se observa actividad eléctrica anormal en una zona del cerebro. No altera el estado de conciencia.	La persona afectada se mantiene consciente, pero experimenta síntomas como sacudidas, punzadas, náuseas o alteraciones de la visión, el olfato o el gusto, dependiendo de la zona afectada del cerebro.	Por lo general dura varios segundos y después desaparece sin ningún efecto negativo.
Crisis parcial compleja	Se origina en uno de los lóbulos temporales del cerebro, responsables de muchas funciones cerebrales. Altera la conciencia.	El afectado parece confundido y alejado de su entorno. Puede actuar de manera extraña: por ejemplo, tirándose de la ropa, mordiéndose los labios, tragando repetidamente o dando tumbos como si estuviese borracho.	La persona afectada puede sentirse desorientada y no recordar nada de la crisis.
Crisis de ausencia (antiguamente «Petit mal»)	Desconocida. Más común entre los niños, que pueden padecer crisis repetidas.	El enfermo observa fijamente un punto con la mirada vacía y pierde el contacto con su entorno durante algunos segundos, pero rara vez cae al suelo. Puede poner los ojos en blanco o abrirlos y cerrarlos nerviosamente.	Los niños afectados suelen ser acusados de descuidar sus tareas escolares y pasarse el día soñando despiertos. Puede transcurrir mucho tiempo hasta descubrir que el niño tiene un problema médico específico.
Crisis atónica	Desconocida.	Breve pérdida repentina de tono muscular y de conciencia, lo que provoca la caída al suelo del afectado.	Dura tan solo algunos segundos, y la persona suele sentirse bien inmediatamente.
Crisis mioclónica	Una forma hereditaria de epilepsia.	Espasmos repentinos y severos de ciertos músculos o de todo el cuerpo. Puede parecer que la persona afectada se dobla hacia delante repentinamente o mueve la cabeza. Si se pierde el conocimiento, sólo ocurre durante algunos segundos.	Se desconocen.
Estado epiléptico	Raro, en su mayoría afecta a personas con enfermedades cerebrales, aunque puede aparecer debido a una retirada brusca o al uso irregular de medicación antiepiléptica.	Una serie de crisis mayores que ocurren sin recuperación entre uno y otro. Se necesita tratamiento médico urgente para detener los ataques y despejar las vías respiratorias.	El paciente suele hospitalizarse hasta su recuperación.

sol que penetra por entre los árboles) provoca crisis epilépticas. No obstante, la sensibilidad a la luz sólo afecta a menos del 5 % de las personas con epilepsia.

Muchas mujeres afirman que sus crisis están relacionadas con su ciclo menstrual y, por lo general, se acumulan en los días en que se tiene el período. Los cambios hormonales que se producen durante la pubertad también pueden afectar a la frecuencia o bien al patrón correspondiente de las crisis.

REGLAS A SEGUIR DURANTE UNA CRISIS

Si una persona sufre una crisis epiléptica, siga los siguientes consejos para ayudarle a estar segura y cómoda hasta que termine el ataque.

Sí

- Desabroche las prendas ajustadas alrededor del cuello.

- Proteja a la persona contra los posibles daños retirando los objetos afilados o duros que se encuentren a su alcance.

- Coloque un cojín bajo la cabeza de la persona afectada si ésta cae al suelo.

- Ayude a respirar a la persona afectada colocándola en la posición preventiva (*véase* pág. 300).

- Acompañe al afectado hasta que se haya recuperado completamente.

- Si se trata de una crisis parcial compleja, aleje suavemente a la persona del peligro si es necesario y háblele con calma para tranquilizarla.

- Si es una crisis de ausencia, informe suavemente a la persona afectada cuando se recupere de lo que ha sucedido.

- Llame a una ambulancia o a un médico sólo si una crisis dura más de unos minutos o si una crisis tónicoclónica sigue a otra sin que la persona recupere el conocimiento.

No

- Intente refrenar al paciente o hacer que deje de agitarse. No es posible detener o acortar una crisis.

- Intente forzar la boca o colocar un objeto entre los dientes de la persona afectada. Intentar abrir la boca puede provocar la rotura de dientes y dañar los tejidos de la boca y la garganta.

- Intente mover a la persona, a menos que esté en peligro.

- Ofrezca al afectado nada de beber.

La epilepsia puede ser el resultado de diversas causas como una infección, traumatismos craneales, nivel bajo de glucosa en sangre, un AVC o el uso de fármacos. Cuando una persona es susceptible, la crisis puede estar desencadenada por diversos factores.

DIAGNÓSTICO Y TRATAMIENTO

La epilepsia es difícil de diagnosticar. No puede identificarse a partir de una crisis; es raro que el médico le vea durante una crisis, y existen muchas razones por las que se pierde el conocimiento además de la epilepsia, incluyendo el estrés, la fiebre, las drogas, una intoxicación o un AVC. Aproximadamente una de cada 20 personas sufre una crisis similar a una de epilepsia en algún momento de su vida.

Si padece una crisis, es muy probable que después no recuerde nada de lo sucedido. Debe preguntar a la persona que le atienda qué ha ocurrido o bien acudir al médico con la persona que haya presenciado su crisis. Si el médico sospecha que puede tratarse de una crisis epiléptica, existen varios exámenes para investigar la situación más a fondo.

El electroencefalograma (EEG) consiste en colocar electrodos (pequeños receptores de señales) en el cuero cabelludo con el fin de registrar la actividad eléctrica del cerebro. El problema es que un electroencefalograma sólo informa de lo que sucede en el cerebro en el momento en que se practica, no lo que ocurre durante una crisis (a menos que sufra una mientras se encuentra conectado a la máquina). No obstante, puede ayudar al médico a determinar qué tipo de epilepsia padece y cuál podría ser el tratamiento más adecuado. En ocasiones se utilizan máquinas portátiles para realizar la prueba mientras se realizan las tareas cotidianas.

Entre las revisiones más sofisticadas se encuentran la tomografía computerizada, que implica la obtención de radiografías desde diferentes ángulos y su uso con una computadora para producir imágenes de cortes seriados del cerebro, y la resonancia

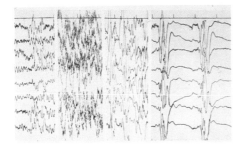

Los patrones del cerebro recogidos por un electroencefalograma ayudan a determinar qué tipo de epilepsia sufre el paciente. Las ondas que se muestran en esta imagen son características de la crisis tónicoclónica, una de las más comunes.

magnética nuclear (RMN), que crea una imagen similar del cerebro sin utilizar radiaciones. Ambos métodos pueden revelar si existen zonas dañadas en el cerebro que puedan ser las responsables de los ataques. Un análisis de sangre también sirve para descartar otras dolencias que podrían ser responsables, como disfunciones renales o nivel bajo de glucosa en sangre.

Aunque la medicación no puede curar la epilepsia, aproximadamente el 80 % de las personas que sufren la enfermedad pueden reducir o controlar por completo sus crisis mediante fármacos. Existe una amplia gama de productos antiepilépticos, y funcionan de diversas maneras. Las formas más nuevas actúan refrenando ciertos neurotransmisores, que suavizan la actividad eléctrica excesiva en el cerebro, o elevando el umbral de las crisis. En general, éstos pueden controlarse con sólo tomar un fármaco de forma regular.

El hecho de cambiar ciertos elementos relacionados con el estilo de vida (las horas de sueño necesarias, el control del estrés, la dieta y la limitación del alcohol) también puede ayudar a controlar la epilepsia. Para un pequeño porcentaje de personas, la cirugía puede representar una ayuda.

DIETA PARA LOS NIÑOS

Algunos médicos sugieren que tomar una dieta «cetogénica» restringida ayuda a reducir los ataques, sobre todo en los niños. Esta dieta es muy rica en grasas y aceites.

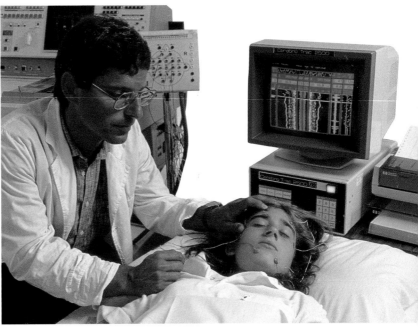

La combinación inusual crea un estado en el cuerpo conocido como «cetosis», que puede incrementar el umbral de las crisis. Las calorías y el líquido también están limitados en las dietas cetogénicas. El proceso exige un seguimiento detallado del médico, una preparación esmerada y una gran dosis de compromiso para que el resultado sea satisfactorio. Por contra, algunos niños experimentan un control mucho mayor de sus crisis con esta dieta que con las terapias farmacológicas convencionales.

APRENDER A RELAJARSE

Aproximadamente el 30 % de las personas epilépticas padecen más crisis en épocas de estrés. Las terapias complementarias como el yoga, la meditación y el masaje pueden ayudarles a relajarse.

La acupuntura también puede ser beneficiosa en la reducción del estrés y la ansiedad. Las investigaciones en aromaterapia sugieren que los aceites esenciales de ylang-ylang (las flores de un árbol tropical), manzanilla y lavanda resultan especialmente beneficiosos para las personas que sufren de epilepsia. ∎

El electroencefalograma registra la actividad eléctrica del cerebro a través de las diferencias en las lecturas que recogen los electrodos colocados en el cuero cabelludo. Las ondas resultantes se imprimen en una tira de papel continuo o se computan y se calcula la media.

PRECAUCIÓN

No deje de tomar la medicación contra la epilepsia, a menos que se lo aconseje el médico. La interrupción brusca puede provocar varias crisis peligrosas.

VÉASE TAMBIÉN
Enfermedades
  cardíacas   35-39
Posición
  preventiva   300-301

Accidente vascular cerebral

Aproximadamente cada cinco minutos un habitante del mundo desarrollado sufre un accidente vascular cerebral (AVC). Sin embargo, la mitad de estos episodios podrían evitarse con la reducción de los factores de riesgo comunes.

El AVC se produce cuando el suministro de sangre al cerebro se ve interrumpido repentinamente, con el consiguiente daño o destrucción de zonas de tejido cerebral. El resultado es que pueden desaparecer las funciones corporales controladas por las partes dañadas. Las personas mayores son más propensas a los derrames cerebrales, aunque afecta a grupos más jóvenes.

La causa más común es un coágulo de sangre que bloquea una arteria del cerebro. Esta condición se conoce como AVC isquémico. Los coágulos se forman generalmente cuando la pared arterial está dañada debido a una aterosclerosis. Los coágulos se forman allí donde se desarrollan costras sobre una parte de arteria dañada o cuando una acumulación de grasa pasa a la sangre. La segunda causa de AVC es una hemorragia en el cerebro. Ésta se produce cuando se rompe una arteria cerebral. La hemorragia puede estar provocada por la presión arterial alta o porque existe un punto débil en la pared de la arteria, lo que se conoce como aneurisma. Estos episodios pueden requerir un tratamiento urgente o cirugía para detener la hemorragia. Los AVC provocados por coágulos sanguíneos suelen presentarse sin dolor, pero los que son consecuencia de una hemorragia pueden provocar un dolor de cabeza intenso.

Las secuelas de un AVC cerebral dependen del punto donde ha tenido lugar y del grado de irreversibilidad de la lesión causada al cerebro. Por lo general, incluyen debilidad o parálisis de un lado del cuerpo, deformaciones faciales, pérdida del equilibrio, visión alterada, pronunciación dificultosa, incontinencia y dificultad para tragar. Muchos enfermos tienen dificultades para coordinar los movimientos y algunos se sienten confusos, son menos estables emocionalmente, se ven incapaces de entender palabras o se tornan olvidadizos.

LOS FACTORES DE RIESGO

Muchos de los factores que incrementan el riesgo de sufrir un AVC son los mismos que los que influyen en las enfermedades cardíacas; por tanto, tomar medidas preventivas puede verse doblemente recompensado. La presión sanguínea elevada

REDUCIR LA SAL EN LA DIETA

El sodio presente en la sal constituye un factor clave en el mantenimiento del equilibrio hídrico del organismo y de la presión sanguínea. Existe una controversia sobre el papel que desempeña el consumo excesivo de sal en el aumento de la presión sanguínea, pero sí se coincide en señalar que reducir el consumo es aconsejable.

Incluso una cantidad tan pequeña como media cucharadita rasa (3 g) de sal al día puede provocar un aumento de la presión sanguínea en los individuos propensos. El consumo medio de sal es de una cucharadita y media (9 g) al día en la mayoría de países desarrollados; es recomendable reducirlo a una cucharadita (6 g).

Más del 75 % de la sal que consumimos se encuentra oculta en los alimentos preparados, por lo que debe intentar convertirse en un «experto en sal». Muchos alimentos envasados contienen grandes cantidades de sodio, incluso aunque su sabor no sea salado, por lo que siempre debe leer las etiquetas. Busque las palabras «soda» (que se refiere al bicarbonato sódico o bicarbonato de soda), «sodio» y el símbolo «Na».

Es importante romper con el hábito de cocinar con demasiada sal o servirla en la mesa. Existen productos que sustituyen a la sal y también sal baja en sodio que le pueden ayudar a ajustar el consumo.

CÓMO SE PRODUCE UN AVC

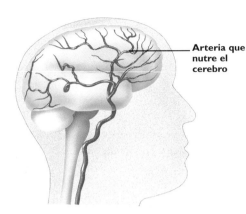

Arteria que
nutre el
cerebro

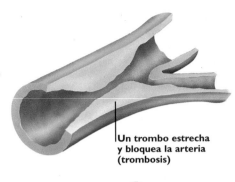

Un trombo estrecha
y bloquea la arteria
(trombosis)

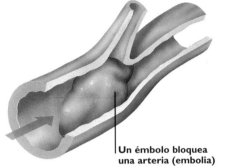

Un émbolo bloquea
una arteria (embolia)

Desgarro de
la arteria
(hemorragia)

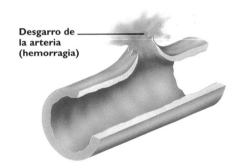

La trombosis cerebral tiene lugar cuando un trombo (un coágulo de sangre que se forma en la pared de una arteria, en el cerebro) bloquea la circulación. Entre el 40 % y el 50 % de los AVC se producen de este modo. La embolia cerebral (un bloqueo provocado por un émbolo o coágulo móvil) es responsable de entre el 30 % y el 35 % de los casos. El 15 %-25 % restante está provocado por una hemorragia cerebral (cuando la sangre de una arteria que se ha desgarrado invade el cerebro).

es el factor de riesgo conocido más importante en la aparición del AVC. Aproximadamente el 50 % de los AVC están relacionados con esta alteración. Una persona de 40 años con la presión sanguínea alta tiene 30 veces más posibilidades de sufrir un AVC que una persona con un resultado normal. Dado que la presión arterial elevada no presenta síntomas por sí sola, todas las personas mayores de 40 años deberían someterse a una revisión anual. Reducir el consumo de sal constituye un modo de contribuir a mantener una presión sanguínea sana, pero en algunos casos es necesario un tratamiento con medicación para reducir y controlar el nivel.

Una dieta baja en grasas y rica en fibra ayuda a mantener un peso sano y a evitar la aterosclerosis. Evite el consumo excesivo de alcohol. Las grandes cantidades de alcohol pueden ejercer un efecto muy negativo en la presión sanguínea. Fumar es otro factor de riesgo debido a sus efectos sobre la circulación y la salud arterial.

Practicar ejercicio con regularidad también resulta beneficioso. No tiene que correr maratones o realizar rutinas intensivas en el gimnasio: pasear a paso rápido, bailar, nadar o incluso realizar las tareas de la casa y de jardinería con energía puede ser suficiente si es constante. Parte del beneficio proviene de la mejora de la circulación y de la eliminación de toxinas con mayor eficacia, pero el ejercicio ayuda a mantener el peso adecuado.

CAUSAS SECUNDARIAS

Otros factores que incrementan el riesgo de un AVC incluyen la diabetes severa y los altos niveles de estrés. Éste no supone un desencadenante en sí mismo, pero puede afectar negativamente a la presión sanguínea y a los procesos de coagulación de la sangre. Estar embarazada y tomar anticonceptivos orales son otros dos factores de riesgo. Las mujeres con la presión alta o que fuman mucho deberían buscar otro método anticonceptivo alternativo. La terapia de sustitución hormonal que se realiza tras la menopausia, en cambio, puede reducir el riesgo de sufrir un AVC.

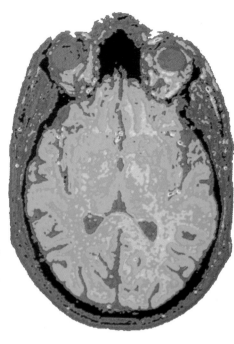

La tomografía axial computerizada (TAC) produce imágenes de secciones transversales del cerebro mediante la combinación de rayos X y una computadora. El paciente debe estirarse sobre una camilla que se desliza hasta el interior de la máquina antes de tomar las radiografías. Los resultados se examinan después en una pantalla.

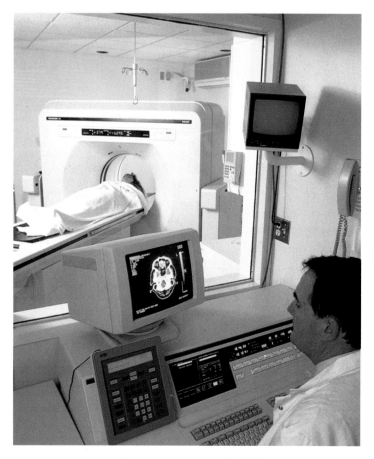

RIESGOS COMBINADOS

El problema de los factores de riesgo que afectan a los AVC es que no se limitan a sumarse, sino que se multiplican. Si fuma, duplica el riesgo de sufrir un AVC con respecto a un no fumador. Si fuma y tiene la presión alta (una combinación frecuente), multiplica el riesgo por seis. Si está afectado por estos dos factores de riesgo y no practica ejercicio, corre 16 veces más el riesgo de sufrir un AVC. La buena noticia es que la reducción de dos factores (por ejemplo, fumar y perder el peso que sobra) puede representar una enorme diferencia en lo que respecta a los niveles de riesgo.

RECUPERACIÓN

Dos tercios de las personas que sufren un AVC sobreviven, y si toman medidas para reducir los factores de riesgo, tal vez nunca sufran otro AVC. Algunas personas se recuperan completamente mientras que otras logran recuperarse pero conservan una incapacidad permanente de algún tipo.

Aunque las células del cerebro que mueren nunca se recuperan, las que se ven afectadas por una inflamación local pueden curarse y comenzar a funcionar de nuevo. Además, es posible «convencer» a las partes del cerebro no dañadas de que asuman parte del trabajo de las células que han sufrido daños irreparables. Con la ayuda adecuada, una persona que haya sufrido un AVC puede adaptarse a su pérdida de funciones y encontrar nuevos modos de desarrollar sus tareas. El progreso depende de la severidad de la lesión y de la motivación del individuo. La mayor parte de la recuperación se produce dentro de las dos primeras semanas, aunque algunas personas siguen mejorando varios meses después.

TRATAMIENTO

Los cuidados médicos comienzan con revisiones para investigar el tipo y el alcance del AVC. Estas revisiones pueden incluir una tomografía axial computerizada o una resonancia magnética. Ambos métodos proporcionan imágenes del tejido cerebral y del daño sufrido. El médico también puede realizar otras revisiones para determinar la causa del AVC.

Hasta la fecha no existe un tratamiento médico definitivo para el AVC en sí mismo, pero es posible recurrir a la medicación o los consejos para reducir los factores de riesgo. Por ejemplo, el médico puede recetar una dosis diaria de aspirina (150-300 mg) o de warfarina para reducir la densidad de la sangre, lo que ayuda a evitar los coágulos. También puede recetar sustancias para disminuir la presión sanguínea y recomendar algunos cambios en el estilo de vida (por ejemplo, seguir una dieta más sana y practicar ejercicio). Las investigaciones actuales se centran en los medicamentos que eviten la formación de coágulos o que disuelvan los que ya se han formado (similares a los que se utilizan en los casos de infarto de miocardio), o bien en sustancias que estimulen la función del cerebro después del derrame.

REHABILITACIÓN

El aspecto más importante de cualquier tratamiento de un AVC es la rehabilitación. Cuanto antes comience, mayores serán las posibilidades de lograr una recuperación completa. La práctica habitual consiste en favorecer el movimiento y el habla casi inmediatamente después del AVC, tanto si la persona está en un hospital como en casa. La estrategia tiene dos vertientes: en primer lugar, estimular las células cerebrales que se han visto afectadas sólo temporalmente por los efectos del AVC para que vuelvan a su actividad con la mayor brevedad posible; en segundo lugar, hacer que otras células asuman las tareas de las que han quedado destruidas.

Por lo general, los programas están dirigidos por especialistas. Los fisioterapeutas ayudan al afectado a recuperar la postura y el equilibrio, la movilidad y la capacidad de realizar tareas cotidianas como vestirse, comer y lavarse, a través del ejercicio y de la práctica. Los terapeutas ocupacionales son los responsables de proporcionar métodos prácticos para adaptarse a vivir con las

discapacidades provocadas por el AVC. Los logopedas pueden servir de ayuda si es esta parcela la que ha resultado afectada.

La familia y los amigos desempeñan un papel clave, no sólo en los cuidados de la persona afectada y en ayudarle con las tareas que no puede realizar por sí sola, sino también en la motivación y el ofrecimiento de apoyo moral. Muchas de las personas que sufren un AVC severo se sienten mental y emocionalmente destrozadas debido al cambio tan repentino que experimentan sus vidas y sus capacidades; no obstante, resulta vital no convertir a las víctimas de un AVC en inválidos. Los AVC suelen dejar intactos el intelecto y los recuerdos de las personas que los sufren. La actitud positiva y el apoyo para que hagan cosas por sí mismas les hará mucho más bien que la sobreprotección exagerada (que puede provocar un atraso en la rehabilitación).

Si usted cuida de una persona que ha sufrido un AVC, asegúrese de que cuenta con apoyo práctico y emocional, además de momentos para descansar y relajarse. Puede convertirse en una tarea muy absorbente, en ocasiones muy traumática. ∎

CRISIS ISQUÉMICA TRANSITORIA

La isquemia significa falta de sangre, y las crisis isquémicas transitorias son «microtrombosis o microembolias» provocadas por coágulos diminutos o por espasmos arteriales que interrumpen momentáneamente la circulación. Los síntomas dependen del vaso sanguíneo que esté bloqueado y del lado del cerebro afectado. Son similares a los de un auténtico AVC, aunque por lo general sólo duran unos minutos.

La isquemia transitoria puede ser aterradora, pero no provoca daños permanentes. No obstante, sí suponen un serio aviso de que podría estar en camino un AVC más serio: si la sangre puede formar un coágulo diminuto, también puede dar lugar a uno más grande. El hecho de sufrir una crisis de este tipo también es una señal de un incremento del riesgo de sufrir un infarto de miocardio, ya que sugiere que sus arterias se están estrechando.

Acuda al médico inmediatamente con el fin de emprender las medidas preventivas necesarias para reducir los riesgos. Por lo general, estas medidas incluyen dejar de fumar, controlar la presión sanguínea y, posiblemente, tomar aspirina para impedir que la sangre se espese.

VÉASE TAMBIÉN

Estrés	76-77
Depresión	78-79
Ansiedad y crisis de pánico	84

Enfermedad de Alzheimer

Contrariamente a la creencia popular, la demencia (falta de memoria y confusión) no constituye una parte inevitable del proceso de envejecimiento. La causa más común de la demencia en las personas mayores es la enfermedad de Alzheimer, resultado de un proceso que destruye gradualmente las células del cerebro. La causa de esta alteración todavía no se entiende en su totalidad.

Examinado con un microscopio, el tejido cerebral afectado por la enfermedad de Alzheimer revela zonas de conexiones nerviosas enmarañadas y placas endurecidas de una proteína anormal llamada beta-amiloide que destruyen las conexiones vitales del cerebro. Asimismo, se òbserva un descenso notable del volumen del cerebro.

La enfermedad de Alzheimer rara vez afecta a personas menores de 50 años. Las evidencias sugieren que entre el 10 % y el 15 % de personas mayores de 65 años sufren esta enfermedad, porcentaje que aumenta hasta el 20 % en el caso de los mayores de 80 años.

La imagen computerizada de una TAC muestra un corte vertical en el cerebro. El del paciente con Alzheimer aparece considerablemente más pequeño y desigual en comparación con el de una persona sana.

¿QUÉ LA PROVOCA?

Se cree que existen varios factores que podrían provocar la enfermedad de Alzheimer, y difieren de un individuo a otro. En un pequeño número de familias se ha definido una causa genética, responsable de un tipo raro que afecta a personas de 40 a 50 años. No obstante, también se han encontrado puntos de unión con un gen llamado apolipoproteína E4 (ApoE4), y algunos investigadores creen que podría estar implicado en un 30-40 % de los casos. Otra vía de investigación especula con la posibilidad de que la enfermedad podría estar provocada por un virus.

Una tercera teoría sugiere que la enfermedad de Alzheimer está relacionada con la exposición al aluminio. Los estudios realizados en comunidades donde existen elevadas concentraciones de aluminio en el agua han descubierto un gran número de casos de Alzheimer. Otros creen, más discutiblemente, que existe un vínculo con el mercurio utilizado para los empastes dentales.

Sea cual sea la causa, la enfermedad de Alzheimer comienza de manera gradual, tanto que los familiares y los amigos del paciente reconocen los síntomas mucho tiempo después de realizado el diagnóstico.

IDENTIFICAR LOS SÍNTOMAS

Las personas afectadas pueden tornarse tan olvidadizas con respecto a hechos recientes que pueden repetirse mucho cuando mantienen una conversación y tienen menos capacidad de captar nuevas ideas. También

CÓMO AFECTA EL ALZHEIMER AL CEREBRO

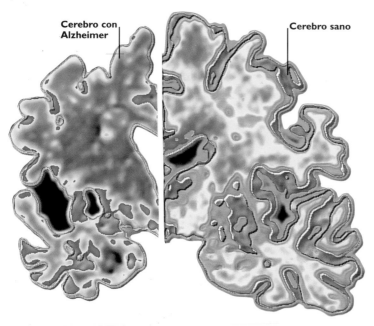

Cerebro con Alzheimer

Cerebro sano

pueden parecer aisladas o confusas, y quizá más ansiosas ante la toma de decisiones. A medida que la enfermedad avanza, la pérdida de memoria resulta más evidente.

Las personas con la enfermedad de Alzheimer en una fase más avanzada sufren de desorientación y por lo general se muestran confusas sobre el tiempo o el espacio, confunden el día con la noche o se pierden. Comienzan a tener dificultades para comunicarse, ya sea porque olvidan su propio proceso de pensamiento y se sienten confusos, o porque no consiguen entender lo que se les dice. Pierden habilidades prácticas como la capacidad de lavarse, vestirse o comer. Estos síntomas tienen implicaciones obvias en la casa. Los enfermos pueden salir de casa para hacer un recado y olvidar a dónde iban o no saber volver.

El comportamiento y la personalidad también pueden cambiar. Una persona afectada puede convertirse en un ser malhumorado, agitado, preocupado o aislado, o bien comportarse de manera extraña. Las características subyacentes de la personalidad, como la tendencia a preocuparse o a ser verbalmente agresivo, pueden acentuarse. El paciente también puede estar despierto por la noche y dormir durante el día.

En las etapas más avanzadas, las personas afectadas pueden no reconocer a sus familiares más allegados. Dependen más de la persona que las cuida, y cada vez resulta más difícil esa tarea, ya que se tornan desconfiados y exigentes.

DIAGNÓSTICO Y TRATAMIENTO

No debe darse por sentado que todas las personas mayores que parezcan confusas o seriamente olvidadizas padecen la enfermedad de Alzheimer. Estos síntomas pueden estar provocados por diferentes alteraciones tratables como una malfunción de la tiroides, una depresión o aterosclerosis en el cerebro. Los médicos excluirán la posibilidad de otras enfermedades antes de diagnosticar Alzheimer. Los síntomas y las revisiones del estado mental también ayudarán al especialista

a realizar un diagnóstico. El especialista podría pedir una TAC del cerebro. En ocasiones, el diagnóstico sólo puede confirmarse a través de un estudio histológico del cerebro una vez fallecido el paciente.

No existe un tratamiento efectivo contra la enfermedad de Alzheimer. Los tranquilizantes y otros fármacos para el control del estado de ánimo pueden aliviar los síntomas. Los medicamentos más recientes retrasan la pérdida de capacidades cognitivas a corto plazo. ∎

CÓMO CUIDAR A UN ENFERMO DE ALZHEIMER

■ Haga que las cosas resulten sencillas. Siga las costumbres familiares y utilice recordatorios para que la persona pueda orientarse en su entorno. Deje notas en la nevera para recordar al paciente que debe comer, ponga una etiqueta a cada habitación (sobre todo al cuarto de baño) y aporte pistas para las tareas cotidianas como tener a mano el cepillo de dientes.

■ Convierta las tareas rutinarias en pasos sencillos para que el enfermo pueda participar al máximo. Ayúdele a controlar su vida tanto como sea posible.

■ Asegúrese de que la casa es segura y que existe un ambiente de seguridad. Elimine los peligros como las alfombras sueltas, y considere la posibilidad de instalar dispositivos de seguridad como desconectadores automáticos de la electricidad o del gas. Reduzca la temperatura del agua para evitar quemaduras.

■ Compruebe que el enfermo le atiende antes de comenzar a hablar; mírele a los ojos y hable lentamente y con claridad. Mantenga conversaciones sencillas y utilice preguntas de respuesta sí/no siempre que sea posible. Repita la información y muéstrele, además de decirle, lo que debe hacer.

■ Recuerde mantener un leve contacto físico y utilizar el lenguaje corporal, como coger al enfermo de la mano o sonreír al hablar. Preste atención a la expresión de la cara del enfermo y responda a sus estados de ánimo y sus sentimientos.

■ Presente a todas las visitas con su nombre, explicando quiénes son aunque piense que el enfermo los conoce bien. Intente incluir al paciente: resulta doloroso ser ignorado porque se tienen dificultades para comunicarse.

■ Ayude al paciente a mantenerse activo y mantenga el contacto con la familia y los amigos mediante la participación en actividades sociales como escuchar música y disfrutar de las salidas.

■ Recurra a la persuasión sutil. Nunca aplique la fuerza.

VÉASE TAMBIÉN
Vida emocional   12-13
Aromaterapia   192-195
Acupuntura   212-213

Estrés

El término «estrés» engloba cualquier estado que altere el equilibrio vital. No obstante, el estrés en sí mismo no es malo o peligroso. Se trata de una reacción corporal y mental natural ante los retos o los cambios, y en cantidades moderadas puede convertirse en un estimulante. Los problemas aparecen únicamente cuando la respuesta de estrés es excesiva o implacable.

La respuesta de estrés tiene su origen en el antiguo mecanismo «lucha o huida», que permitía a los humanos reaccionar instintivamente ante una amenaza. La adrenalina fluye, el ritmo cardíaco y la respiración se aceleran y la mente se dispara. En el pasado, las amenazas eran los animales salvajes; hoy, pueden ser un atasco que le hace llegar tarde a una cita importante, un plazo de trabajo, una afluencia de facturas, las exigencias de los hijos, un embarazo o un traslado, sin olvidar crisis importantes que alteran la existencia como un despido, una ruptura sentimental o una muerte. En situaciones más primitivas, cuando los peligros eran reales e inmediatos, la adrenalina se

LA REACCIÓN LUCHA O HUIDA

En una situación de estrés, las glándulas suprarrenales liberan adrenalina, que desencadena una multitud de cambios cuyo fin es preparar el cuerpo para la «lucha o huida».

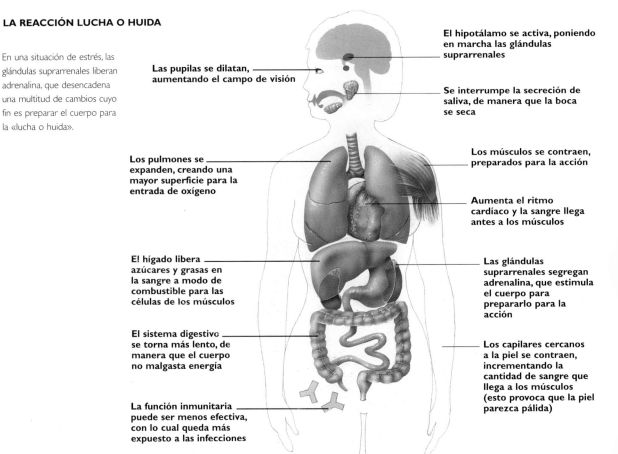

Las pupilas se dilatan, aumentando el campo de visión

El hipotálamo se activa, poniendo en marcha las glándulas suprarrenales

Se interrumpe la secreción de saliva, de manera que la boca se seca

Los pulmones se expanden, creando una mayor superficie para la entrada de oxígeno

Los músculos se contraen, preparados para la acción

Aumenta el ritmo cardíaco y la sangre llega antes a los músculos

El hígado libera azúcares y grasas en la sangre a modo de combustible para las células de los músculos

Las glándulas suprarrenales segregan adrenalina, que estimula el cuerpo para prepararlo para la acción

El sistema digestivo se torna más lento, de manera que el cuerpo no malgasta energía

Los capilares cercanos a la piel se contraen, incrementando la cantidad de sangre que llega a los músculos (esto provoca que la piel parezca pálida)

La función inmunitaria puede ser menos efectiva, con lo cual queda más expuesto a las infecciones

disipaba mediante la «lucha» o la «huida», en sentido literal. Por desgracia, hoy nos vemos obligados a contener la reacción instintiva: no podemos escapar de los problemas. La presión mental y física puede acumularse.

Algunos tipos de estrés son internos: por ejemplo, la preocupación por una enfermedad física, pagar la hipoteca o compaginar el cuidado de los niños con el trabajo. Otros tipos vienen del exterior: un teléfono que suena constantemente, la contaminación o un conflicto en el trabajo. El hecho de que un acontecimiento provoque o no estrés depende menos de la causa en sí que del éxito con que lo afronte. Un pequeño problema que encuentre imposible de solucionar puede causarle mucho más estrés que un gran contratiempo ante el cual se siente seguro. Es más, las discusiones diarias pueden acumularse y provocar tantas dificultades como los cambios vitales más significativos.

RECONOCER LOS SÍNTOMAS

El estrés afecta a las personas de muy diversas maneras. Puede ocurrirle que esté de mal humor, impaciente o lloroso, que le resulte difícil pensar con claridad o tomar decisiones, o que se sienta deprimido y desmotivado. Las preocupaciones normales pueden convertirse en enormes, y tal vez pierda el apetito y encuentre dificultades para relajarse o dormir bien. A causa del estrés, algunas personas se sienten físicamente enfermas, con dolores de cabeza o musculares. Con el tiempo, se sentirá agotado y será más vulnerable a las enfermedades.

Todos estos síntomas pueden dificultar todavía más el enfrentamiento con la vida cotidiana y sus frustraciones y problemas. La reacción de estrés también afecta al equilibrio químico del cuerpo y puede contribuir a alteraciones como el infarto de miocardio, el asma, la psoriasis y la artritis reumatoide.

Si siente que los síntomas del estrés le afectan, su cuerpo podría enviarle señales de aviso. Es el momento de encontrar el modo de reducir su estrés. ■

REDUCIR LOS NIVELES DE ESTRÉS

■ Identifique los acontecimientos que le resultan estresantes y encuentre el modo de evitarlos. Ensaye estrategias para problemas comunes y anticípese a la respuesta de los demás.

■ Intente no comprometerse en exceso. Nadie puede hacerlo todo; delegue responsabilidades siempre que pueda. Organícese, establezca prioridades y confeccione listas. Decida qué debe hacer el día siguiente y deje lo demás para más tarde. Planificar con tiempo ayuda a evitar el pánico y le aporta una sensación de control. Tratar cada tema por separado puede hacer que el conjunto resulte menos abrumador y le ayudará a identificar las prioridades realmente esenciales.

■ Intente no acumular problemas con la esperanza de que desaparezcan. Enfrentarse a un problema y tomar una decisión es mejor que tener los problemas presentes constantemente.

■ Tómese un descanso y realice un poco de actividad física cada día, aunque sólo sea un paseo rápido. El ejercicio ayuda a acabar con las hormonas del estrés y refresca el cerebro.

■ Siga una dieta adecuada y sana: no se mantenga a base de bocadillos, café, tabaco y comida basura. Su cuerpo necesita el combustible adecuado para satisfacer sus necesidades.

■ Aprenda técnicas rápidas para liberar la tensión: por ejemplo, tense todo el cuerpo y a continuación reléjelo al tiempo que respira profundamente (*véase* pág. 65). Reserve al menos 20 minutos cada día para la relajación física y mental profunda, como el yoga (*véanse* págs. 218-223) o la meditación (*véanse* págs. 216-217).

■ Consiga tiempo cada semana para hacer lo que le gusta. Ver una película, cenar con los amigos, pintar, leer, coser... : cualquier actividad que no implique obligación o competición, sólo placer.

■ Intente desarrollar un sentido de perspectiva sobre las presiones que le afectan y piense positivamente en los cambios. En lugar de ver amenazas, busque oportunidades, nuevas experiencias o conocimiento.

■ Busque ayuda o consejo si siente la necesidad. Comparta sus pensamientos con amigos, familiares, colegas o especialistas. Si tiene un problema, tal vez exista un grupo de autoayuda con el que pueda compartir sus experiencias y estrategias para ayudarle a reducir la tensión.

■ No tome alcohol en exceso ni tranquilizantes. El alcohol ejerce un efecto depresivo y los fármacos tratan los síntomas, pero no la causa.

VÉASE TAMBIÉN

Trastornos del sueño	80-81
Trastornos de la alimentación	82-83
Aromaterapia	192-195
Acupuntura	212-213

Depresión

Todos nos sentimos cansados y deprimidos en algún momento: este tipo de depresión es común y normal. Por lo general, existe una razón obvia y el sentimiento desaparece o algo le saca de ese estado. La depresión clínica consiste en un estado de ánimo muy bajo que afecta al cuerpo y a la mente y que dura semanas o meses. Es una enfermedad, y es preciso buscar ayuda.

Desde el punto de vista de la bioquímica, la depresión parece estar provocada por una alteración en la química corporal que conduce a un descenso de los neurotransmisores que desencadenan la actividad de comunicación entre las células del cerebro. De especial importancia son las monoaminas, incluyendo la noradrenalina, la serotonina y la dopamina.

Una circunstancia dolorosa, como la soledad o una muerte, puede desencadenar una depresión. También puede estar provocada por una enfermedad física. Las infecciones víricas, incluyendo la gripe, la fiebre glandular y el síndrome de fatiga crónica (encefalomielitis miálgica), suelen estar relacionadas con la depresión. Padecer una enfermedad mortal o crónica también puede provocar depresión. Algunos fármacos, incluyendo los anticonceptivos orales, los que llevan corticoesteroides y los betabloqueantes, pueden provocar depresión, al igual que el alcohol.

Aproximadamente una de cada diez personas que sufren una depresión seria experimenta períodos de hiperactividad y euforia. Es lo que se conoce como trastorno bipolar.

GRUPO DE RIESGO

Al parecer, las mujeres sufren más depresiones que los hombres. Esto podría deberse a que las mujeres admiten más sus sentimientos que los hombres o porque los médicos tienden a diagnosticar más esta alteración en las mujeres que en los hombres. Puede estar relacionada con los cambios hormonales que se producen durante la menstruación, el embarazo y la menopausia. Algunas mujeres se sienten deprimidas antes de tener la regla. También es posible sufrir una depresión severa después de un parto.

Existen muchos tratamientos. Los antidepresivos se utilizan ampliamente para tratar la depresión clínica, pero pueden tardar una o dos semanas en hacer efecto. Tal vez necesite probar varios tratamientos hasta encontrar el adecuado.

SÍNTOMAS DE DEPRESIÓN

Se calcula que el 30 % de las personas padecen depresión clínica en algún momento de sus vidas. Hable con un profesional si experimenta una combinación de los siguientes síntomas:

- Muy baja autoestima o sentimientos inexplicables de culpabilidad, vergüenza, falta de mérito o suciedad.

- Dolores persistentes e inexplicables, u otros síntomas físicos sin explicación, incluyendo cansancio constante y falta de energía.

- Sueño alterado, sobre todo si se despierta muy temprano y ya no puede conciliar el sueño.

- Pérdida de apetito o de deseo sexual.

- Inquietud o ansiedad inexplicables.

- Cambios de humor, un cambio notable de estado de ánimo en diferentes momentos del día o subidas y bajadas inexplicables en su nivel de energía o de emociones.

- Sentimientos constantes de desaliento o pensamientos suicidas.

TERAPIAS Y FÁRMACOS CONTRA LA DEPRESIÓN

Tipo	Mecanismo de acción	Ventajas	Inconvenientes
Psicoterapia y asesoramiento	Incluye el diálogo sobre los sentimientos o preocupaciones con un terapeuta experto cuyo objetivo es descubrir la causa primaria de la depresión, y que el paciente tal vez sea incapaz de reconocer o afrontar.	Hablar puede ayudar a poner en orden los sentimientos. Disponer de la atención y la comprensión de otra persona puede aportar alivio y ayudar al paciente a sentirse mejor consigo mismo.	Exige tiempo y compromiso.
Terapia cognitiva	Enseña al paciente a evitar los patrones negativos de pensamiento que desencadenan la depresión.	(*Véase* superior)	(*Véase* superior)
Inhibidores de la monoaminoxidasa (IMAOs)	Sustancias antidepresivas que aseguran que importantes elementos químicos permanezcan más tiempo en las células del cerebro.	En ocasiones hace efecto allí donde no llegan otros fármacos.	Interacciona con la carne y con los extractos de levadura, con el queso y con el vino tinto, provocando dolores de cabeza intensos y rápidas subidas de la presión sanguínea.
Antidepresivos tricíclicos	Un gran grupo de fármacos antidepresivos, divididos entre los que funcionan estimulando el cerebro y los que ejercen un efecto sedante.	Esta amplia gama de medicamentos se ha sometido a una investigación exhaustiva y los médicos están familiarizados con ella. Ofrece la posibilidad de encontrar una opción efectiva para la mayoría de las personas.	Una sobredosis puede ser peligrosa. Puede provocar sequedad de boca, visión borrosa, estreñimiento, sudor, hipotensión arterial, aumento de peso y disfunción sexual.
Inhibidores selectivos de la recaptación de la serotonina	Este antidepresivo incrementa la serotonina presente en las células del cerebro.	Puede ser adecuado para las personas excesivamente sedadas con tricíclicos. Menos efectos secundarios y no provoca aumento de peso. Menos tóxico en caso de sobredosis.	Los efectos secundarios incluyen náuseas e indigestión.
Litio	Sustituye al sodio en las células del cuerpo, pero se desconoce cómo trata la depresión exactamente.	Efectivo en los casos de depresión severa y trastorno bipolar. Puede emplearse en lugar de la terapia electroconvulsiva para evitar las crisis depresivas.	Delicado equilibrio entre la dosis correcta y la tóxica. Los efectos secundarios incluyen manos temblorosas, aumento de peso, sequedad de boca y cansancio.
L-triptófano	Suplemento dietético que el cuerpo convierte en serotonina, aumentando así los niveles de esta sustancia en el cerebro.	Se utiliza para activar otros antidepresivos o por sí solo en los casos de depresión leve.	Ninguno.
Extracto de hipérico	Las investigaciones sugieren que este extracto vegetal puede resultar útil como antidepresivo.	Puede ser efectivo en los casos de depresión leve a moderada.	Puede incrementar los efectos secundarios de los fármacos antidepresivos si se toman juntos. Por sí solo no provoca efectos secundarios obvios.
Ejercicio	Puede estimular ciertos elementos químicos presentes en el cerebro.	Puede ser tan efectivo como los tricíclicos en los casos de depresión leve a moderada.	Exige tiempo y disciplina.
Terapia electroconvulsiva	Tratamientos de corriente eléctrica en el cerebro para alterar los mensajes químicos de éste.	Se utiliza contra la depresión severa si otros tratamientos no dan resultado. Puede devolver a las personas a la normalidad, pero la mayoría necesitan fármacos.	Confusión inmediata. Los problemas de memoria pueden durar algunos meses. Puede provocar efectos a largo plazo en la inteligencia o en la memoria.

Trastornos del sueño

El sueño permite al cuerpo reponerse, descansar y regenerarse a sí mismo.
Por eso, el insomnio severo puede afectar a la sensación de bienestar global.

Las necesidades individuales de sueño varían considerablemente: de 4 a 10 horas. Por lo general, las personas mayores necesitan menos horas de sueño porque los procesos corporales se tornan más lentos y se reduce la necesidad de períodos de regeneración prolongados durante la noche. Por el contrario, si sufre de estrés o está enfermo, sus necesidades de sueño podrían aumentar.

Generalmente, el insomnio es un síntoma de otro problema (el sueño es tan sensible a su estado de ánimo como el apetito). La ansiedad, la presión o la tensión que crea una situación en el trabajo, en el colegio o en la familia dificultan la relajación. Siempre se produce la tendencia a darle vueltas al problema, un proceso que impide el sueño. Las crisis emocionales, como las producidas por una pérdida o por problemas en una relación, o una enfermedad dolorosa también dificultan la relajación y el sueño. Una persona afectada de depresión encontrará dificultades para dormir. Se despertará pronto, con lo que dispondrá de mucho tiempo para preocuparse. Pasar algunas noches sin dormir provoca ansiedad sobre la falta de sueño, dando como resultado el insomnio.

PATRONES DEL INSOMNIO

El paso más importante para tratar el insomnio consiste en encontrar la verdadera causa. Si se trata de preocupaciones o presiones que nos han afectado durante el día, encontraremos ayuda en las técnicas de relajación como los ejercicios de respiración, la visualización y la relajación muscular gradual, además de intentar desarrollar una rutina relajante antes de irse a dormir.

Podría ser beneficioso mantener un diario de sueño durante un par de semanas, anotando información como el tiempo que cree haber dormido, a qué hora se acostó, cuántas veces se ha despertado y cómo se sentía al levantarse. Estas notas pueden ayudarle a entender su propio patrón de sueño y a identificar las razones concretas por las que tiene dificultades para dormir. También le servirán de ayuda si necesita consultar con el médico.

Está ampliamente aceptado que los fármacos para ayudar a dormir sólo resultan útiles en casos de crisis o estrés emocional,

NORMAS PARA UN SUEÑO REPARADOR

- Asegúrese de que su dormitorio está bien ventilado y es silencioso, y que en la cama no pasa frío ni calor.

- Levántese y acuéstese cada día a la misma hora: le ayudará a establecer patrones diurnos y nocturnos.

- Evite las siestas.

- Tome un vaso de leche caliente para favorecer la producción de los elementos químicos del cerebro que provocan sueño. Evite las bebidas con cafeína (café, té, cacao y cola). Aunque el alcohol puede hacerle sentir sueño, es habitual que la persona que ha bebido se despierte a mitad de la noche cuando sus efectos hayan desaparecido.

- Establezca una rutina tranquilizadora a la hora de irse a la cama: evite trabajar, las cenas abundantes, las discusiones apasionadas y ver la televisión hasta muy tarde.

- Dé un paseo o practique alguna forma de ejercicio físico a última hora de la tarde o a primera de la noche.

- Resérvese un momento a primera hora de la noche para repasar el día y planificar la siguiente jornada; no lo haga al irse a la cama.

- Utilice el dormitorio únicamente para actividades relacionadas con el sueño; el hecho de entrar en él no debe hacerle pensar en trabajo, facturas o compromisos.

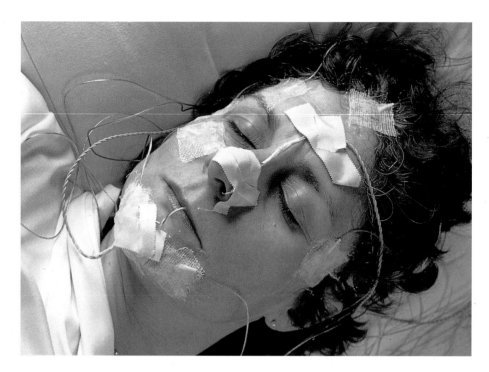

En los casos severos de trastornos del sueño, el paciente puede ser invitado a visitar un laboratorio del sueño, donde se someterá a una prueba para controlar sus patrones de sueño.

utilizados a corto plazo. Tomar somníferos durante mucho tiempo reduce la tolerancia del cuerpo a estas sustancias, con lo que es necesario aumentar la dosis para conseguir el mismo efecto. Esto provoca una adicción y perjuicios para la salud mental y física.

RONCAR Y APNEA DEL SUEÑO

Los ronquidos son la causa de muchas horas de insomnio, aunque no siempre para la persona que ronca. El ruido asociado con los ronquidos está provocado por el aire que hace vibrar el tejido conocido como paladar blando. Cualquier cosa que evite la respiración normal por la nariz puede provocar los ronquidos. Éstos tienen más probabilidades de producirse si la persona dormida descansa sobre su espalda, ya que la boca tiende a quedar abierta y la lengua cae hacia atrás, dificultando así el paso de aire.

Existen diversos aparatos para dejar de roncar, desde sencillas pinzas para la nariz (que mantienen los orificios nasales abiertos) hasta máscaras a través de las cuales se bombea oxígeno (para los casos más serios). Como solución más sencilla, algunas personas cosen un cepillo para el pelo en la espalda del pijama del roncador con el fin de persuadirlo de que duerma de lado. En casos muy aislados se recurre a la cirugía.

Ocasionalmente, el hecho de roncar puede conducir a una alteración más seria conocida como apnea del sueño: la respiración de la persona dormida se para espontáneamente muchas veces a lo largo de la noche, de manera que se despierta de manera constante. Aunque el afectado puede no ser consciente de esta situación, su sueño se verá alterado y el cuerpo carecerá de oxígeno; como resultado, el agotamiento y la irritabilidad pueden influir negativamente en la vida cotidiana.

La apnea del sueño puede estar provocada por una obstrucción de las vías respiratorias o, lo que es más grave, por un fallo de los impulsos nerviosos que desencadenan la respiración. Es más frecuente entre los hombres con sobrepeso de edades comprendidas entre 30 y 50 años. El tratamiento implica una pérdida de peso, ventilación artificial nocturna o cirugía para eliminar las amígdalas o las adenoides, o bien para acortar el paladar blando. ■

Trastornos de la alimentación

Aunque los trastornos de la alimentación suelen definirse como enfermedades relacionadas con una ingesta insuficiente de alimentos, en el mundo desarrollado es más frecuente el abuso.

Las dos alteraciones principales asociadas con comer muy poco (anorexia nerviosa y bulimia) no se basan primariamente en la comida: son síntomas de una presión emocional y psicológica subyacente. Aunque 9 de cada 10 personas afectadas de anorexia son mujeres jóvenes, estas alteraciones también afectan a los hombres. La enfermedad suele comenzar con la dieta habitual que forma parte de la vida de cualquier adolescente, pero las anoréxicas siguen perdiendo peso después de lograr un peso corporal deseable. Adelgazan en exceso, eluden el tema de la cantidad de alimentos que consumen e incluso evitan comer en público. Algunas anoréxicas practican ejercicio con ahínco, toman pastillas para adelgazar o laxantes y se apartan de la vida social.

La bulimia suele afectar a un grupo de edad ligeramente más avanzada, y tiene su origen en miedos similares. En lugar de pasar hambre, la persona con bulimia ingiere enormes cantidades de alimentos que engordan y que normalmente no se permitiría comer, y después se provoca el vómito o utiliza laxantes. A continuación se siente culpable y deprimida. A diferencia de las anoréxicas, el peso de las personas bulímicas suele ser normal.

ADELGAZAMIENTO EXCESIVO

Existen varias teorías sobre los factores que provocan la anorexia nerviosa y la bulimia. Algunas sugieren que estos dos trastornos de la alimentación tienen su origen en la actual moda imperante en los países occidentales que asegura que «lo delgado es bello». Otras creen que ponerse a dieta es un método utilizado por las personas que se sienten inseguras ante el hecho de controlar su vida, llamar la atención o posponer el paso a la madurez. La anorexia o la bulimia puede estar provocada por un acontecimiento traumático (el fin de una relación) o porque es víctima de una depresión y siente alivio cuando come.

Ambas alteraciones tienen consecuencias médicas graves. Las anoréxicas se convierten en personas hiperactivas, y dejan de tener la regla. Pueden padecer dolor de estómago, estreñimiento agudo, mareos e hinchazón del estómago, los tobillos y la cara. Los vómitos de los bulímicos pueden provocar úlceras, alteraciones gástricas e intestinales, irritaciones

La persona anoréxica sigue adelgazando mucho después de conseguir un peso deseable debido a una percepción distorsionada de sí misma y al miedo exagerado a engordar. Para las personas afectadas de anorexia, la vida está dominada por el peso y por evitar comer.

de la garganta y pérdida de cabello, mientras que la presencia continua de ácidos provoca la erosión del esmalte dental. El equilibrio mineral del cuerpo también se ve alterado, lo que perjudica al corazón y a los riñones. Tanto la anorexia como la bulimia se caracterizan por la angustia mental, la baja autoestima y la fatiga, y ambas enfermedades pueden ser mortales.

Por lo general, la terapia para tratar la anorexia y la bulimia implica una investigación psicológica y psicoterapia o medicación para atajar los problemas subyacentes.

OBESIDAD

Se ha especulado mucho sobre la posibilidad de que la tendencia a padecer de sobrepeso sea un problema genético. Los estudios realizados con animales han demostrado que los ratones que tienen una baja cantidad de la hormona llamada leptina comen en exceso de manera crónica. No obstante, aunque se sabe que la obesidad puede darse en varios miembros de una misma familia, todavía no se ha identificado un «gen de la obesidad» en los humanos y, a fin de cuentas, los miembros de una familia suelen tomar los mismos alimentos y manifiestan actitudes similares ante el ejercicio físico.

Una persona presenta sobrepeso cuando la ingesta de alimentos excede el gasto energético durante un período prolongado de tiempo y las calorías excesivas se almacenan en forma de grasa. La solución «sencilla» para reducir la grasa consiste en comer menos de lo que se necesita de manera que el cuerpo comience a utilizar sus reservas. Sin embargo, reducir el consumo de alimentos es más fácil de decir que de hacer.

El aumento de peso suele producirse a lo largo de varios años, y en cambio muchas personas esperan que las reservas de grasa bajen en cuestión de unas semanas. El modo más efectivo y sano de perder peso y mantener el adecuado no consiste en pasar hambre, sino en una estrategia a largo plazo que combine una dieta moderadamente baja en grasas y rica en fibras con el aumento de

la actividad física. (Si desea más información sobre nutrición, comida sana y pérdida de peso, *véanse* págs. 238-291.)

MEDIDAS DRÁSTICAS

Existen fármacos que ayudan a perder peso, pero presentan dos inconvenientes principales. Si no cambia sus hábitos alimentarios y de ejercicio físico al mismo tiempo, recuperará el peso perdido tan pronto como deje de tomar los fármacos. Además, la mayoría de estas sustancias tienen efectos secundarios potencialmente graves.

En términos generales, los médicos tienden a recetar los tratamientos farmacológicos (como los supresores del apetito, los que aumentan el gasto energético o los que bloquean la digestión o la absorción de grasas) únicamente a las personas con un sobrepeso peligroso. También en estos casos sería conveniente combinar estos medicamentos con unos cambios significativos en el estilo de vida. ∎

PRECAUCIÓN

Si su hijo o hija parece obsesionado con la dieta o preocupado por la comida, y pierde mucho peso o acude con frecuencia al cuarto de baño, podría padecer anorexia o bulimia. Estas dos enfermedades requieren ayuda profesional para evitar sus graves consecuencias.

LOS PELIGROS DE LA OBESIDAD

El exceso de grasa corporal puede tener efectos muy negativos en el cuerpo, y algunos de ellos pueden ser graves:

- El sistema cardiovascular está sometido a tensión, contribuyendo así a un aumento de la presión arterial y a los infartos de miocardio (págs. 35-39).

- Las personas obesas tienen el doble de posibilidades de sufrir un AVC.

- El almacenamiento del exceso de grasa puede provocar un aumento del tamaño del hígado.

- La diabetes en los adultos (págs. 102-107) puede estar provocada por un aumento de peso moderado.

- Cuanto más obeso es un hombre, mayor es el riesgo de desarrollar cáncer de próstata, colon y recto.

- Cuanto más obesa es una mujer, mayor es el riesgo de desarrollar cáncer de mama, útero y cérvix.

- El exceso de peso puede afectar a la espalda, las caderas y las rodillas.

- La obesidad suele considerarse un estigma social que puede acarrear problemas psicológicos de falta de autoestima.

VÉASE TAMBIÉN

Aromaterapia	192-195
Acupuntura	212-213
Meditación	216-217
Yoga	218-223

PRECAUCIÓN

Resulta aconsejable aceptar los tranquilizantes sólo como una medida de emergencia a corto plazo. Pueden crear adicción tras sólo dos semanas de uso, y en ocasiones provocan efectos secundarios y síntomas de síndrome de abstinencia tan dolorosos como los que provoca el problema que pretenden curar.

Ansiedad y crisis de pánico

Con moderación, la ansiedad nos ayuda a desempeñar las tareas mejor y más rápidamente. Si la ansiedad se produce sin necesidad o resulta abrumadora o persistente, busque ayuda, ya que hace que la vida sea desdichada.

Las reacciones cotidianas de la respuesta del estrés pueden estimular el cuerpo y la mente para afrontar los retos, lo cual resulta útil en los momentos oportunos. Por desgracia, aproximadamente 1 de cada 10 personas se ve afectada por una ansiedad problemática o alguna fobia en algún momento de su vida.

En ocasiones, la causa resulta obvia —un examen, un conflicto con el jefe, un problema familiar por resolver, la menopausia—, y una vez que la tensión ha finalizado, la ansiedad desaparece. En otros casos, un acontecimiento puede resultar tan traumático y amenazador que provoca ansiedad mucho después de su resolución. Este fenómeno se conoce como síndrome del estrés postraumático, y suele producirse después de una situación de amenaza para la vida como un accidente de coche, un incendio o una agresión violenta.

En la mayoría de los casos, sin embargo, una persona puede no ser consciente de la causa de su ansiedad. Existen varias teorías sobre el motivo de este fenómeno. Por ejemplo, algunas personas tienden a sentir ansiedad más fácilmente que otras. Y cabe la posibilidad de que existan acontecimientos pasados, no necesariamente recordados, que contribuyan a un profundo sentimiento de desasosiego. Sea cual sea la causa, estas personas tenderán a malinterpretar situaciones que no necesariamente inducen al temor en sí mismas. Los psicólogos creen que ayudar a la persona afectada a explicar y reafirmar esa situación a través de la terapia cognitiva/conductual contribuirá a hacer desaparecer la ansiedad.

Los tranquilizantes resultan efectivos para aliviar la ansiedad aguda, y el médico los recetará para un breve período en algunos tipo de ansiedad extrema. Aprender a relajarse y reducir el estrés puede ser de gran ayuda.

CRISIS DE PÁNICO

Algunas personas experimentan crisis repentinas de ansiedad, conocidas como crisis de pánico. Alguno o todos los desagradables síntomas de la ansiedad se producen de manera simultánea y extrema, sumados a un intenso sentimiento de temor. Las crisis pueden durar hasta una hora y provocar una gran tensión, no sólo debido a los síntomas sino también porque los afectados temen hacer el ridículo si se desmayan o vomitan. Por lo general, las crisis de pánico no tienen un motivo aparente, a diferencia del pánico asociado con una fobia.

El tratamiento contra las crisis de pánico suele implicar la terapia cognitiva/conductual con un especialista. Éste ayudará al paciente a entender los pensamientos y los sentimientos que desencadenan y perpetúan el pánico, y le enseñará estrategias para superarlos.

Algunos antidepresivos sirven para evitar las crisis de pánico. También pueden emplearse para tratar un tipo de ansiedad que constituye un síntoma de depresión. ∎

CÓMO RECONOCER LA ANSIEDAD

Las síntomas emocionales consisten en una preocupación constante y miedo, irritabilidad, cansancio pero sueño poco profundo e incapacidad para concentrarse u organizarse. Los síntomas físicos incluyen hiperventilación, palpitaciones, falta de aliento, sudor, diarrea, boca seca, rigidez en el pecho, náuseas, mareos y dolor muscular.

VÉASE TAMBIÉN
Vida emocional   12-13
Ansiedad y crisis
de pánico   84

Fobias

Un miedo intenso e irracional sin una razón real provoca un tipo de ansiedad conocido como fobia. A diferencia de las crisis de pánico, la fobia sólo provoca ansiedad cuando el afectado se enfrenta al motivo de su miedo.

La persona que padece una fobia suele comenzar a preocuparse de que sufrirá una humillación si los demás ven su reacción, y a menudo intenta evitar las situaciones que sospecha puedan desencadenar la fobia, lo cual sólo la refuerza. El hecho de evitar el miedo puede hacer que la vida de la persona afectada se vea dominada por las precauciones.

CÓMO COMBATIR LAS FOBIAS

Las fobias son frecuentes, pero si siente fobia de un objeto o una situación común que le lleva a evitar objetos familiares o actividades cotidianas, es importante buscar ayuda. Por lo general, las fobias se tratan con terapia conductual. Ésta implica la exposición gradual de la persona afectada al objeto de sus miedos, el análisis de lo que ocurre y de lo que piensa que va a ocurrir, y la reprogramación de estas expectativas. Los psicoterapeutas pueden ayudarle a utilizar las siguientes estrategias:

■ Estrategias tranquilizadoras: por ejemplo, control de la respiración, tensar y relajar los músculos o imaginar una escena agradable como encontrarse tumbado en una playa.
■ Tarjetas a las que acudir cuando sienta pánico: le ayudarán a aprender a enfrentarse a las sensaciones. Se le pedirá que escriba cómo se siente cuando tiene miedo.
■ Exponerse al miedo: al principio, lo hará con alguien en quien confíe. Se le pedirá que permanezca con su miedo tanto tiempo como le sea posible, utilizando para ello sus estrategias. Más tarde, deberá anotar cómo se sentía y puntuar el miedo en una escala del 1 al 10. Hable sobre ello y anote cuáles son sus objetivos para la próxima vez. ■

Las multitudes (la pesadilla de muchas personas) pueden provocar oclofobia, agorafobia, fobia social (miedo de la humillación y el ridículo) y claustrofobia. Estos miedos suelen estar asociados con el temor de que ocurra algo terrible.

LLAMAR A LOS MIEDOS POR SU NOMBRE

Las fobias aparecen de muy diversas maneras, y existen nombres para la mayoría de ellas:
Agorafobia: miedo a los espacios abiertos, de estar solo o de los lugares públicos.
Claustrofobia: miedo a los espacios cerrados.
Oclofobia: miedo a las multitudes.
Hidrofobia: miedo al agua.
Acrofobia: miedo a las alturas.
Aracnofobia: miedo a las arañas.
Gatofobia: miedo a los gatos.
Nictofobia: miedo a la noche.

VÉASE TAMBIÉN
Hábitos alimentarios
correctos **262-263**

Dientes y encías

Un diente está formado por una capa externa de esmalte, una media de dentina (más dura que un hueso, pero menos que el esmalte) y la pulpa interna que contiene los nervios sensoriales sensibles al calor, el frío, la presión y el dolor.

Las dos enfermedades más frecuentes de la boca son la caries dental y la gingivitis (inflamación de las encías). La caries aparece cuando la placa dental se acumula y provoca la aparición de agujeros en el esmalte y en la dentina. La placa es una mezcla de saliva seca, restos de alimentos y bacterias, y se forma allí donde los dientes entran en contacto con las encías.

Si no se limpia los dientes con regularidad, la placa se endurece hasta formar una costra que no sólo contribuye a acumular más placa, sino que además

Cuando una infección penetra en una cavidad y llega hasta la pulpa, puede alcanzar el canal de la raíz y la cavidad ósea del diente, donde se acumulará pus y provocará un absceso. Esto puede provocar un dolor agudo y molestias al masticar. La extracción del diente resolvería el problema, aunque puncionar el absceso para liberar el pus puede salvar el diente.

EL DIENTE

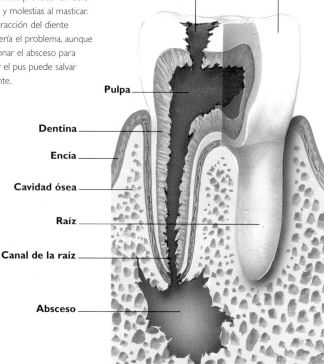

Cavidad · Esmalte · Pulpa · Dentina · Encía · Cavidad ósea · Raíz · Canal de la raíz · Absceso

acumula bacterias cerca de los dientes y las encías, donde no pueden eliminarse ni siquiera con un cepillado vigoroso. Estas bacterias producen ácidos al digerir los residuos de alimentos, sobre todo de los que contienen azúcares procesados. Este ácido, que penetra en el esmalte y la dentina, es el que crea las cavidades en los dientes.

Estas cavidades reducen la protección de los dientes y hacen que éstos resulten sensibles a estímulos como el frío, el calor y los dulces. Si se pasan por alto, pueden crecer y permitir que las infecciones lleguen a la pulpa, donde pueden provocar dolor e inflamación y dañar los finos vasos sanguíneos y los nervios de los que depende la supervivencia del diente. Si la pulpa se destruye, el diente muere.

GINGIVITIS

La acumulación de placa o de restos de alimentos incrustados alrededor del cuello del diente puede provocar gingivitis. Las encías se hinchan, adquieren un tono rosa intenso y se tornan sensibles. Sangran fácilmente después de comer o durante el cepillado, y en los casos severos, si el tejido comienza a morir, se produce mal aliento. Fumar empeora el estado de las encías enfermas. Si la gingivitis no se trata mediante la eliminación de la placa y la limpieza regular con cepillo e hilo dental, puede dañar a la membrana protectora y perder el diente (periodontitis).

PREVENCIÓN

Estas enfermedades dentales y de las encías pueden evitarse fácilmente o bien aliviarse visitando al dentista cada seis meses y mantendiendo una buena higiene bucal. Un cepillado completo tras las comidas y la limpieza regular con hilo dental evitan la acumulación de placa y cortan de raíz el proceso de la caries. También es fundamental el tratamiento precoz de las cavidades incipientes mediante un empaste. Así se puede salvar el diente.

CONSUMO DE AZÚCAR

El flúor, ya sea añadido al agua o en la pasta dental, ayuda a remineralizar y reforzar el esmalte dental. No obstante, no puede proteger a los dientes contra una corriente uniforme de ácido producido por el consumo frecuente de azúcar, como los 14 terrones presentes en una lata de cualquier refresco.

Los azúcares artificiales, incluso los que se extraen «naturalmente» de las frutas, son los mayores culpables. Se encuentran en diversas formas, incluyendo la dextrosa, la glucosa, la fructosa, la sacarosa y la maltosa. Estos azúcares atacan al diente cada vez que penetran en la boca. Limitar el número de veces al día que el azúcar inunda toda la boca mediante la restricción de los alimentos y las bebidas dulces a las horas de las comidas reduce el riesgo de caries.

COMENZAR PRONTO

La caries comienza a edades muy tempranas. Se calcula que en España aproximadamente el 6 % de los niños de dos años tienen caries en sus dientes de leche. Lo mismo ocurre con la dentadura definitiva: el 10 % de los niños de seis años tienen caries en los dientes acabados de salir. Cuando alcanzan los 15 años de edad, el 85 % tienen algunos dientes cariados que necesitan empastes tras la eliminación de las porciones de diente afectadas.

Para evitar que los niños formen parte de estas estadísticas, establezca unas rutinas dentales sanas en las primeras etapas de la vida. Evite que los niños y los bebés tomen bebidas dulces antes de irse a la cama, por la noche o durante períodos prolongados para tranquilizarlos, ya que dejarán el azúcar en contacto con los dientes durante demasiado

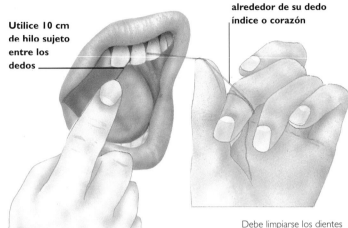

LIMPIAR LOS DIENTES CON HILO DENTAL

Utilice 10 cm de hilo sujeto entre los dedos

Enrolle el hilo alrededor de su dedo índice o corazón

Debe limpiarse los dientes con hilo dental para eliminar la placa y las partículas de alimentos que quedan en los huecos que separan los dientes. Utilizando una pieza de hilo de 45 cm, deslícelo suavemente entre los huecos de los dientes. Frote los lados de cada diente con suavidad.

tiempo. Comience a cepillar los dientes de los bebés tan pronto como aparezcan.

Para los niños mayores y los adultos, los buenos hábitos dentales incluyen la sustitución de alimentos azucarados y dulces por frutas y verduras frescas, así como prescindir de los refrescos en favor del agua y la leche. ■

CÓMO MANTENER LIMPIOS LOS DIENTES

■ Cepíllese los dientes a fondo dos veces al día, utilizando para ello dentífrico y describiendo movimientos suaves de lado a lado.

■ Asegúrese de limpiar cada parte de sus dientes: por delante, por detrás y por encima, y por los lados en el caso de las muelas.

■ Elija un cepillo que llegue hasta los rincones difíciles. Cámbielo cada tres meses.

■ Límpiese los dientes con hilo una vez al día, preferiblemente después de la cena.

■ La placa acumulada, conocida como sarro, puede eliminarse acudiendo al higienista dental o al odontólogo. Éste practicará un tratamiento que consiste en desincrustar el material con un pico en miniatura. Sólo es posible mantener unos dientes realmente limpios si se desincrustan cada seis meses, o con más frecuencia si así se lo recomienda el dentista.

Estreñimiento

Dado que cada persona tiene sus propios hábitos intestinales, lo que se considera estreñimiento en el caso de una persona puede ser normal para otra. Si cambia el ritmo de sus deposiciones, tal vez sufra de estreñimiento si los síntomas incluyen deposiciones menos frecuentes de lo normal, esfuerzo, deposiciones duras y dolorosas o una incómoda sensación de hinchazón en el abdomen.

La falta de fibra en la dieta y las situaciones que distraen a las personas de la necesidad de defecar son las causas clave del estreñimiento.

La fibra se encuentra en las frutas y verduras y en el salvado (la cáscara de los cereales). No se digiere, sino que pasa al intestino grueso o colon, donde funciona como el papel secante, proporcionando agua a las heces. Este agente que gana en volumen absorbe los productos de desecho que quedan una vez extraídos los nutrientes de los alimentos, y también incrementa el número de bacterias beneficiosas presentes en el colon. La fibra y las bacterias juntas aumentan el volumen y suavizan las deposiciones, que pasan con mayor facilidad.

EVITAR EL ESTREÑIMIENTO

El modo más sencillo de evitar el estreñimiento consiste en cambiar la dieta: consuma pan integral en lugar de blanco, abundantes frutas y verduras frescas y un cereal para el desayuno que incluya salvado, todo ello regado con un mínimo de 1,5 l de líquido al día.

Intente establecer una rutina regular para ir al lavabo y no posponga cualquier señal de movimiento de los intestinos. Recuerde que existen muchas diferencias de un individuo a otro. No hay motivo para preocuparse si transcurren uno o dos días sin deposiciones.

Los niños en particular necesitan una buena rutina y mucho líquido, sobre todo durante las enfermedades menores. Los movimientos intestinales dolorosos pueden hacer que los niños eviten ir al lavabo, iniciando así un círculo vicioso.

LAXANTES

Si el aumento de líquido y de fibra no da resultado, el uso ocasional de un laxante suave como el sulfato de magnesio puede servir de ayuda. No obstante, el uso habitual de laxantes puede sobreestimular los intestinos y provocar la inactividad de éstos. Las medidas dietéticas constituyen una alternativa a largo plazo mucho más sana.

Si el estreñimiento no responde a tratamientos sencillos o si sus hábitos intestinales cambian de manera repentina sin una razón obvia (en especial si tiene más de 40 años), consulte con su médico. Esto resulta muy importante si el estreñimiento está acompañado de dolor, pérdida de peso o deposiciones con sangre. El problema podría estar relacionado con una inflamación o un tumor. ∎

CAUSAS DEL ESTREÑIMIENTO

Aparte de no tomar suficiente fibra, factores psicológicos y externos pueden provocar estreñimiento. Un cambio de trabajo, los traumas emocionales y los lavabos poco agradables pueden hacer que las personas ignoren las señales corporales que apuntan a los movimientos intestinales. Si las deposiciones se posponen mucho tiempo, acaban por secarse y endurecerse. El hecho de no tomar suficiente líquido puede tener el mismo efecto. Si esta situación continúa, el intestino acaba llenándose de deposiciones secas, lo cual resulta incómodo e incluso más difícil de expulsar.

Hemorroides

Comúnmente llamadas almorranas, las hemorroides son venas varicosas presentes en el canal anal. Muchas personas sufren de hemorroides en alguna etapa de su vida, pero por lo general sólo causan molestias si sobresalen del ano.

El esfuerzo que se realiza cuando se sufre de estreñimiento puede provocar la aparición de hemorroides, al igual que el paso persistente de deposiciones duras, que pueden dañar el revestimiento del canal anal y la protección normal de las venas. La mala circulación en la zona es otra de las causas, y por eso es tan común durante el embarazo. No están provocadas por sentarse sobre terrenos húmedos o encima de radiadores.

MÉTODOS DE TRATAMIENTO

No se precisa un tratamiento a menos que las hemorroides sobresalgan o si causan irritación, inflamación y hemorragia o producción de mucosidad. En el caso de las personas jóvenes, un aumento de la fibra en la alimentación puede aliviar el estreñimiento y permitir el regreso a la normalidad de los vasos sanguíneos. Existen varias pomadas y supositorios sin receta médica. Sirven para aliviar los síntomas, aunque no curan la causa.

Si se precisa un tratamiento, los enfoques habituales consisten en inyectar una sustancia esclerosante (un producto químico que encoge el vaso) en el interior de las hemorroides o «vendarla» con una banda elástica para cortar la circulación. Ambos métodos pueden provocar molestias y hemorragia que desaparecen en varios días. En los casos graves tal vez sea necesario recurrir a una operación para deshacer las hemorroides o a una hemorroidectomía, una operación que consiste en eliminarlas. Ambas se practican bajo anestesia general.

Si las hemorroides son grandes, es menos probable que respondan a los tratamientos sencillos. En los casos graves, ignorarlas puede conducir a una anemia debido a la pérdida de sangre. Cualquier hemorragia rectal debe ser examinada por un médico. ■

La abundante red de vasos sanguíneos presentes en el canal anal carece de válvulas para regular el flujo, de manera que el peso de la sangre recae en los vasos más bajos, que tienden a estirarse. La acumulación en la parte alta del canal provoca las hemorroides internas. Las más bajas son hemorroides externas, que se prolapsan cuando sobresalen por el ano. Al principio, una hemorroide que sobresale puede retraerse por sí misma, pero más tarde tal vez tenga que empujarla hasta su lugar después de defecar. Finalmente, es posible que ya no vuelva a su sitio nunca más.

TIPOS DE HEMORROIDES

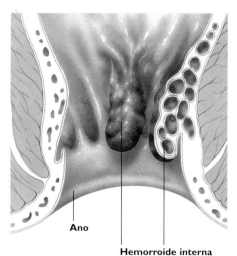

Ano

Hemorroide interna

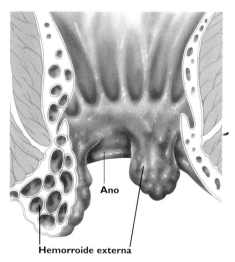

Ano

Hemorroide externa

PRECAUCIÓN

Si los síntomas de la diarrea no desaparecen después de algunos días, visite a su médico.

Diarrea

No es preciso describir los síntomas de la diarrea. La mayoría de nosotros hemos experimentado un ataque de «dolor de barriga», y recordamos claramente las deposiciones líquidas y el deseo de permanecer cerca de un cuarto de baño.

La mayor parte de los casos de diarrea desaparecen en poco tiempo y resultan más incómodos que graves. No obstante, los niños pequeños y las personas mayores pueden llegar a sufrir una peligrosa deshidratación que puede hacer necesaria la ayuda de un médico, sobre todo si la diarrea va acompañada de fiebre, vómitos o falta de apetito.

La diarrea aguda puede tener diversas causas, desde alimentos no habituales hasta infecciones intestinales (gastroenteritis), ansiedad o uso de antibióticos. Desde el punto de vista físico, puede aparecer cuando se produce un paso excesivo de líquido desde la sangre a los intestinos. La ansiedad o una infección pueden impulsar al intestino a mover su contenido con excesiva rapidez, de manera que muy poco líquido regresa a la sangre.

En los niños mayores y los adultos, la diarrea suele desaparecer al cabo de dos días y con un tratamiento mínimo. Es preciso beber muchos líquidos y mantener una buena higiene. La diarrea infecciosa, provocada por organismos como *Escherichia coli*, *Salmonella*, *Giardia lamblia*, puede ser grave y se extiende debido a la falta de higiene.

Puede adquirir medicamentos contra la diarrea sin receta, pero lo más aconsejable es utilizarlos sólo si no tiene la posibilidad de estar cerca de un inodoro. Los preparados de rehidratación que contienen sales esenciales y electrolitos evitan la deshidratación.

CASOS MÁS GRAVES

Los niños pueden sufrir diarrea debido a la intolerancia a la lactosa (azúcar de la leche) o cuando realizan el cambio a la alimentación sólida. Mantener la ingesta de líquidos mediante el uso de fórmulas con un buen contenido de vitaminas y electrolitos puede servir de ayuda. Resulta aconsejable consultar con el médico antes de probar remedios disponibles sin receta, ya que el riesgo de deshidratación es elevado en los bebés.

La diarrea que persiste durante mucho tiempo puede ser más seria y es preciso informar al médico. Aunque suele estar provocada por el síndrome de colon irritable (una alteración del ritmo intestinal que a menudo incluye diarrea, estreñimiento e hinchazón), otras causas menos comunes de diarrea son las alteraciones inflamatorias del sistema digestivo: por ejemplo, la enfermedad de Crohn y la colitis ulcerosa, que pueden necesitar tratamiento. La enfermedad celíaca, una intolerancia al gluten, provoca diarrea severa. Las intolerancias alimentarias menos obvias (sobre todo a la lactosa) son otras de las causas posibles. ■

QUÉ COMER Y BEBER

■ Durante un episodio de diarrea, intente evitar comer durante 24 horas.

■ Asegúrese de mantenerse bien hidratado tomando pequeñas cantidades de agua mineral, té negro poco cargado o infusiones (evite el café) a intervalos de media hora. Puede preparar líquido de rehidratación en casa con 250 ml de zumo de fruta o agua embotellada mezclada con una pizca de sal y una cucharada de azúcar.

■ A medida que los síntomas remitan, tome pequeñas cantidades de alimentos ligeros como arroz hervido, yogur natural sin azúcar, pan tostado y sopas vegetales.

■ Vuelva gradualmente a la dieta normal. Tome sólo pequeñas cantidades de carne y queso, dos alimentos difíciles de digerir, y productos ricos en fibra.

Náuseas y vómitos

El vómito es el método del organismo para eliminar sustancias tóxicas, aunque puede estar relacionado con otros trastornos que poco tienen que ver con el estómago. Por lo general, los vómitos están precedidos por náuseas.

PRECAUCIÓN

■ *Los vómitos repentinos, violentos y persistentes requieren atención médica inmediata.*

■ *Los vómitos persistentes severos pueden deberse a un tumor o a una inflamación del cerebro (encefalitis) como resultado de infecciones víricas (por ejemplo, varicela, paperas y sarampión).*

■ *Los vómitos de sangre requieren atención médica rápida.*

Para vomitar, el diafragma (el músculo que se encuentra entre el abdomen y el pecho) se desplaza hacia abajo de manera repentina. El abdomen se encoge, mientras que el esfínter (la válvula del estómago, que normalmente sólo permite el paso de los alimentos en sentido descendente) se relaja. De esta manera, el contenido del estómago sube hasta el esófago y sale por la boca. La epiglotis evita que los vómitos entren en la tráquea y alcancen los pulmones.

El proceso del vómito está desencadenado por un mecanismo cerebral que recibe el apropiado nombre de «centro del vómito». Éste recibe información del tracto digestivo, de otras partes del cuerpo y de la sangre.

Las náuseas se acompañan de sudoración, salivación excesiva, palidez y mareos. No obstante, sentir náuseas no significa necesariamente que vayan a seguir vómitos. Los síntomas pueden desaparecer con un poco de aire fresco o un sorbo de agua.

EL REFLEJO DEL VÓMITO

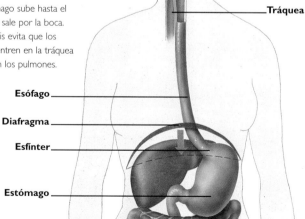

Epiglotis

Tráquea

Esófago

Diafragma

Esfínter

Estómago

CAUSAS Y TRATAMIENTOS

Por lo general, el vómito es un reflejo de otro problema. Por ejemplo, si se excede con las comidas grasas o con el alcohol, su estómago tal vez necesite expulsar parte de su contenido o librarse de las toxinas procedentes de las bacterias o de las sustancias químicas presentes en los alimentos contaminados. Los problemas del sistema digestivo, como una úlcera péptica, los cálculos biliares, la hepatitis o un tumor, pueden provocar vómitos. Los cambios en los niveles de hormonas durante el embarazo (por lo general, entre la sexta y la decimocuarta semana), la diabetes, las migrañas y la ansiedad también pueden provocar vómitos.

El mareo y los vómitos que aparecen al viajar se producen cuando el órgano del equilibrio presente en el interior del oído se sobreestimula mediante el movimiento. Las alteraciones de ese órgano del equilibrio, como la enfermedad de Ménière y las infecciones virales, pueden provocar mareos y náuseas.

Algunos puntos de acupuntura pueden aliviar las náuseas de todo tipo, y existen muñequeras para aplicar presión en esa parte del cuerpo. El médico puede recetar fármacos que controlan los vómitos (antieméticos) si éstos son severos y persistentes o para ayudar a los pacientes a sobrellevar tratamientos como la radioterapia, que también puede provocar vómitos.

Resulta importante identificar la causa de los vómitos severos y persistentes. En el caso de los niños pequeños, se impone una llamada al médico. En el resto de los casos, los vómitos son inofensivos. Deje que el cuerpo actúe por sí solo y siga los consejos dietéticos que se ofrecen en el recuadro de la página anterior. ■

PRECAUCIÓN

La mayoría de las bacterias desaparecen con una cocción adecuada, por lo que es preciso cocinar bien los alimentos.

Intoxicación alimentaria

La causa de las intoxicaciones alimentarias puede radicar en la presencia de bacterias, parásitos o virus, falta de higiene personal o en la cocina y, en ocasiones, por agentes químicos tóxicos.

Los síntomas más comunes son la diarrea y los vómitos, aunque también es posible padecer fiebre, dolor de estómago y deposiciones con sangre. La mayor parte de las infecciones transmitidas mediante alimentos duran poco tiempo y se resuelven sin atención médica. Debe tomar abundantes líquidos y, en los casos severos, las soluciones de rehidratación que contengan sales esenciales pueden favorecer la recuperación. El riesgo de deshidratación peligrosa es mayor entre las personas ancianas y los niños. ■

¿QUÉ PROVOCA UNA INTOXICACIÓN ALIMENTARIA?

Bacterias	Se encuentra en	Síntomas	Duración
Campylobacter	Leche sin pasteurizar contaminada y carne cruda de ave.	Diarrea con sangre, vómitos, dolor de estómago y fiebre.	Hasta una semana después de la infección.
Salmonella	Carne cruda, carne de ave, salchichas y huevos contaminados.	Diarrea y vómitos.	Comienza entre 12 y 24 horas después de la infección; breve, pero se eliminan gérmenes hasta seis semanas después.
Escherichia coli	Las bacterias intestinales del ganado pueden contaminar la carne cruda.	Diarrea con sangre y problemas renales, sobre todo en las personas mayores.	De 6 a 72 horas después de la infección.
Staphylococcus aureus	Puntos o cortes sépticos en los manipuladores de alimentos.	Vómitos y diarrea agudos.	Comienza entre 2 y 6 horas después de la infección; desaparece en 12 horas.
Clostridium perfingens	Carne contaminada.	Vómitos agudos.	Entre 12 y 24 horas después de la infección; breve.
Bacillus cereus	Arroz contaminado.	Vómitos agudos.	Comienza entre 2 y 12 horas después de la infección; breve.
Listeria	Quesos blandos, pescado, marisco, alimentos precocinados, carne de ave poco hecha. Los animales domésticos pueden infectarse.	Incluyen fiebre, conjuntivitis, ganglios inflamados, erupción. La mayoría de los casos son leves; la infección es grave durante el embarazo.	Comienza entre 7 y 30 horas después de la infección.
Hepatitis A	Alimentos y aguas fecales. Falta de higiene.	Fiebre, pérdida de apetito y energía, piel amarillenta, hígado sensible e inflamado.	Comienza 6 semanas después de la infección; la recuperación dura meses.
Shigella (disentería bacteriana)	Agua y alimentos contaminados.	Dolor de estómago, vómitos, diarrea acuosa, dolor, fiebre; deposiciones con mucosidad y sangre.	De 1 a 7 días después de la infección; dura aproximadamente una semana.
Clostridium botulinum (botulismo)	Rara. Carne mal cocinada o conservada.	Músculos débiles, trastornos de la visión, dificultad para tragar y para hablar; parálisis.	Entre 4 horas y una semana después de la infección; puede ser mortal.

Indigestión

Los síntomas de indigestión aparecen cuando el estómago sufre algún trastorno, por lo general debido a las comidas demasiado rápidas, a los alimentos grasos o picantes o a la tensión que supone para el estómago el sobrepeso o el embarazo.

Entre las sensaciones más comunes de indigestión se encuentran el dolor o el malestar en la parte alta del estómago, una incómoda sensación de plenitud o hinchazón (incluso después de tomar una comida ligera) y los eructos. La acidez (*véase* pág. 94), una dolorosa sensación de quemazón detrás del esternón que aparece cuando los jugos digestivos suben desde el estómago, también es una sensación habitual. El tabaco, los estimulantes como el alcohol, el exceso de estrés y los niveles elevados de ansiedad favorecen los síntomas, ya que impulsan al estómago a producir mayor cantidad de ácido y más fuerte.

INDIGESTIÓN AGUDA

La indigestión puede durar varias horas o algunos días. Los antiácidos sin receta que se encuentran disponibles en las farmacias y los supermercados pueden ayudar a aliviar los síntomas inmediatos. Sin embargo, si la indigestión dura más de dos semanas es preciso acudir al médico. Puede deberse a alguna alteración médica, como una hernia de hiato, esofagitis ácida, úlcera péptica o gastritis. Esta última es una irritación aguda e inflamación del revestimiento del estómago, normalmente provocada por fármacos antiinflamatorios como la aspirina o por un exceso de alcohol.

CÓMO EVITAR LA INDIGESTIÓN

Como siempre, la prevención es la mejor cura. Para evitar una indigestión, realice comidas ligeras y frecuentes en lugar de una o dos abundantes al día. Mastique bien los alimentos antes de tragarlos. Intente comer en un ambiente relajado y olvide las prisas mientras come. Evite los alimentos grasos o picantes o aquellos que provocan sus síntomas.

Intente reducir el consumo de estimulantes: no tome café o alcohol, sobre todo si identifica estas sustancias como desencadenantes de su indigestión, e intente dejar de fumar. Sustituya la aspirina por paracetamol y evite en la medida de lo posible los medicamentos antiinflamatorios no-esteroideos. ∎

TODO SOBRE LA FLATULENCIA

La flatulencia suele crear situaciones embarazosas, y que las personas que la padecen creen que expulsan aire con más frecuencia que los demás. En realidad, una persona sana suele expulsar aire por el ano entre tres y diez veces al día, pero la media puede llegar hasta 40 veces al día en el caso de una persona sana. Los episodios pueden aumentar con la edad. El cuerpo humano puede expulsar entre 400 ml y 2000 ml de gas diariamente.

¿De dónde viene todo ese gas? El aire que respiramos incluye nitrógeno y oxígeno, mientras que otros gases como el monóxido de carbono se producen a través de la enorme gama de reacciones químicas que tienen lugar constantemente en los intestinos, que se convierten así en auténticas fábricas de gas. La enorme población de bacterias resulta esencial para una buena salud, pero produce gas cuando ayuda a procesar los carbohidratos y las proteínas sin digerir.

Devorar la comida, beber mucho en las comidas, masticar chicle, fumar y estar tenso aumentan la cantidad de aire que se traga y los gases que se producen. Una dieta rica en fibra produce más gas que una baja, pero también tiene más beneficios para la salud. No obstante, evite el exceso de alimentos famosos por sus propiedades flatulentas, como las judías, las coles de Bruselas, la coliflor y las cebollas. El sorbitol, un endulzante muy utilizado como sustituto del azúcar, produce flatulencias. Los gases que producen olor no necesariamente son una señal de enfermedad, pero sus preferencias (especias, cerveza, zumos de frutas y vino blanco) pueden ser responsables del mal olor.

VÉASE TAMBIÉN

Tabaco y alcohol	**20-21**
Indigestión	**93**
Hernias	**96-97**
Perder peso	**260-261**

Reflujo y acidez de estómago

La indigestión ácida, el reflujo y la acidez son términos que describen lo que ocurre cuando los jugos digestivos ácidos del estómago llegan al esófago.

El reflujo se produce cuando, por alguna razón, se debilita el esfínter de una sola dirección que permite el paso de los alimentos desde el esófago (el pasillo por el cual viajan los alimentos desde la boca hasta el estómago) hasta el estómago. Finalmente, el contenido del estómago y los ácidos consiguen llegar hasta el esófago.

El síntoma característico del reflujo es una sensación de quemazón en el pecho y la garganta, o «acidez». Por lo general se produce inmediatamente después de ingerir alcohol, zumo de frutas, líquidos calientes o comidas grasas calientes, o después de las comidas (sobre todo si se acuesta o se inclina). Los alimentos o los líquidos también pueden subir hasta la boca, sobre todo por la noche, y provocar una sensación de asfixia.

El sobrepeso y el embarazo constituyen dos causas comunes de reflujo, ya que se incrementa la presión ascendente en el esfínter, al igual que llevar prendas ajustadas. Fumar y beber en exceso incrementan la producción de ácido en el estómago, además de debilitar el esfínter. Una hernia de hiato también puede provocar reflujo.

Dado que el esófago no tiene el mismo revestimiento protector que el estómago, la presencia repetida de ácido puede dañar su tejido, que se inflama e incluso acaba por ulcerarse. Esta condición se conoce como esofagitis. A largo plazo, la esofagitis puede marcar y estrechar el esófago y provocar dificultades para tragar.

CUÁNDO RECURRIR A UN TRATAMIENTO

Las medidas sencillas (*véase* recuadro, izquierda) suelen revolver los problemas de reflujo. Si éste no desaparece, existen tratamientos con fármacos que abarcan desde los que neutralizan el ácido o protegen la superficie del esófago hasta productos más fuertes que reducen o bloquean la producción de ácido en el estómago. Por lo general, los medicamentos se toman de manera intermitente.

Si el médico sospecha que está desarrollando una esofagitis, tal vez le recomiende someterse a una endoscopia, una prueba que consiste en introducir en la garganta un tubo flexible estrecho que incluye una luz y un «ojo» con el fin de comprobar si existe enrojecimiento, ulceración o estrechamiento. En los casos graves, es posible reparar el esfínter debilitado mediante una intervención quirúrgica. ■

ALIVIAR LOS SÍNTOMAS DEL REFLUJO

■ Tome una cena ligera al menos algunas horas antes de irse a dormir; así dispondrá de mucho tiempo para hacer la digestión.

■ Eleve la parte superior de la cama entre 15 cm y 20 cm o bien utilice almohadas para ayudar a que el ácido y los alimentos permanezcan en el estómago.

■ Si lo necesita, intente perder peso.

■ Evite el alcohol, el exceso de cafeína, el chocolate y las grasas.

■ No fume.

■ Evite los cinturones y las ropas apretadas.

■ Evite inclinarse demasiado o acostarse después de las comidas.

Úlcera péptica

El tratamiento de la úlcera péptica ha experimentado una revolución con el descubrimiento de que casi siempre está provocada por una bacteria llamada Helicobacter pylori.

Una úlcera péptica es una zona en carne viva similar a una úlcera bucal, pero se desarrolla en el revestimiento del estómago (úlcera gástrica) o en la parte del intestino que se encuentra inmediatamente debajo del estómago (úlcera duodenal). Aparece cuando los ácidos que digieren los alimentos atraviesan la mucosidad que protege el revestimiento del estómago.

Los síntomas son quemazón intensa y dolor abdominal (que, por lo general, se siente en la parte superior del estómago y en ocasiones llega hasta la espalda). El malestar se alivia al comer, pero vuelve una vez que el estómago se vacía. Los síntomas pueden ir acompañados de vómitos y por lo general empeoran por la noche.

Hasta hace poco se creía que la producción de demasiado ácido en el estómago (debido al tabaco, el alcohol, los alimentos pesados o el estrés) provocaba la aparición de úlceras. La única cura consistía en intentar neutralizar el ácido o proteger las paredes del estómago tomando alimentos suaves o medicamentos que bloqueasen los ácidos. Sin embargo, casi toda las úlceras reaparecían.

Hoy se sabe que *Helicobacter pylori* irrita y debilita las paredes gástricas y permite la infiltración del ácido. Se cree que es la causa del 90 % de úlceras pépticas, y también se ha sugerido como una causa de cáncer gástrico. La mayor parte del restante 10 % de úlceras están provocadas por la reacción del estómago a los fármacos antiinflamatorios no-esteroideos.

TRATAR UNA ÚLCERA

El descubrimiento de *H. pylori* implica que, en la actualidad, la mayor parte de úlceras pueden curarse por completo. El tratamiento consiste en una o dos semanas tomando una combinación de dos antibióticos y un fármaco que reduce la producción de ácido. Esta sustancia permite el funcionamiento de los antibióticos y debilita a *H. pylori*, que a diferencia de casi todas las otras bacterias se desarrolla en condiciones ácidas.

Los médicos pueden realizar una prueba para detectar una infección de *H. pylori* mediante un análisis de sangre o del aliento. Dado que muy pocas úlceras se desarrollan sin la bacteria, muchos médicos simplemente diagnosticarán una úlcera a partir de los síntomas y recetarán la cura sin realizar análisis. En el caso de las personas que sufran una úlcera producida por antiinflamatorios no-esteroideos, las terapias con fármacos para aliviar los síntomas constituyen el tratamiento fundamental. ■

Aproximadamente la mitad de los habitantes del mundo industrializado están infectados con *Helicobacter pylori*, y el número es aun mayor en los países subdesarrollados. Los médicos no saben con certeza cómo se transmiten las bacterias. En muchas personas no provocan síntomas, pero casi todos los afectados con una úlcera tienen *H. pylori*. La bacteria que se muestra en la imagen se ha aumentado 7.700 veces.

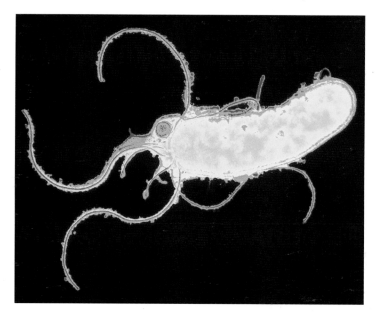

Hernias

Cuando un órgano u otro tipo de tejido protruye a través de una zona débil de músculo o de otro tejido se forma una «hernia». Las hernias pueden afectar a diversos puntos, pero los dos más frecuentes son la ingle, donde se desarrollan las hernias inguinales y femorales, y el diafragma, donde se produce la hernia de hiato.

El término «hernia» suele aplicarse a un abultamiento del intestino a través de la pared abdominal. Las hernias inguinales y femorales se forman cuando el revestimiento de la cavidad abdominal empuja hacia el exterior y forma una pequeña bolsa. La presión en el abdomen hace que esta bolsa crezca cada vez más, y tarde o temprano acaba saliendo una porción de intestino. Lo que se ve y se siente cuando esto ocurre es una hinchazón dolorosa en la ingle. Si no se trata, puede crecer y resultar más dolorosa a medida que más tramo de intestino penetra en la bolsa.

Las hernias inguinales afectan a los hombres. La hinchazón tiende a desplazarse hacia el escroto, a través del canal inguinal, por donde descienden los testículos en las primeras etapas de la vida. En el caso de las hernias femorales, que son más comunes entre las mujeres obesas, la hinchazón afecta al muslo. Ambos tipos de hernias se forman debido a la debilidad de la pared abdominal y de los músculos de la ingle. Esta debilidad puede estar presente desde el nacimiento, pero con más frecuencia se trata del resultado de un esguince, provocado tal vez por una tos crónica, por el esfuerzo para defecar u orinar o por levantar objetos pesados.

TRATAR UNA HERNIA INGUINAL

La cirugía es el principal tratamiento para devolver el tramo de intestino a la cavidad abdominal, eliminar la bolsa y reparar y reforzar el músculo circundante, ya sea con una sutura de refuerzo o con un parche de nailon. Es preciso evitar la actividad intensa durante un mes después de la operación con el fin de no someter la cicatriz a presión, pero la mayoría de las personas están completamente recuperadas después de ese período.

Si la cirugía no es posible por razones de edad o por otras alteraciones médicas, el médico recolocará el intestino en su lugar desde fuera. En este caso será preciso utilizar un braguero (una almohadilla atada con correas contra la zona débil para evitar que la bolsa vuelva a sobresalir).

Ignorar una hernia puede causar graves problemas. El intestino puede quedar atrapado, provocando vómitos y dolor abdominal severo. Si la hinchazón dificulta la circulación sanguínea en la zona, la hernia puede quedar «estrangulada». En ambos casos se recurre a una operación quirúrgica.

HERNIA DE HIATO

Cuando en una hernia está implicado el estómago, se conoce como hernia de hiato. Normalmente, el estómago queda por debajo del diafragma. El estómago está conectado con el esófago (que une la boca con el estómago) a través de una válvula unidireccional, o esfínter, que permite el paso de los alimentos en sentido descendente y evita la subida de los ácidos digestivos del estómago. En el caso de la hernia de hiato, una pequeña porción del estómago asoma a través del diafragma, por lo general como resultado de un tipo de esguince. De esta manera, la válvula no puede funcionar correctamente y permite que el contenido ácido del estómago alcance el esófago.

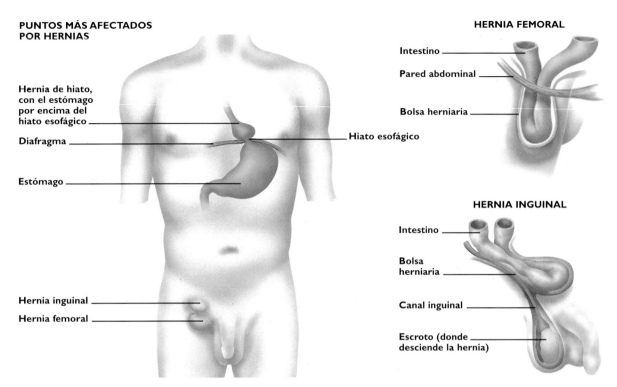

PUNTOS MÁS AFECTADOS POR HERNIAS

Hernia de hiato, con el estómago por encima del hiato esofágico

Diafragma

Estómago

Hiato esofágico

Hernia inguinal

Hernia femoral

HERNIA FEMORAL

Intestino

Pared abdominal

Bolsa herniaria

HERNIA INGUINAL

Intestino

Bolsa herniaria

Canal inguinal

Escroto (donde desciende la hernia)

El síntoma más común de la hernia de hiato es un dolor agudo en el pecho y la garganta conocido como acidez, que empeora después de las comidas, al inclinarse hacia adelante o al acostarse. El dolor puede ser tan intenso que en ocasiones se confunde con un infarto. La hernia de hiato también puede dificultar el acto de tragar. Con el tiempo, las subidas constantes de ácido al esófago pueden dañar el revestimiento de éste y provocar ulceración, hemorragia y, en casos más raros, cambios cancerosos en el tejido.

La hernia de hiato es común entre las mujeres de mediana edad, así como en las personas con sobrepeso y en los fumadores. También puede estar provocada por levantar pesos, estornudos o toses.

TRATAR UNA HERNIA DE HIATO

La gravedad de los síntomas determinará el tratamiento. Si se trata de síntomas leves, tal vez le aconsejen simplemente que evite las comidas copiosas y los alimentos grasos, las ropas ajustadas e inclinarse desde la cintura. Tal vez le aconsejen también que pierda peso o que eleve algunos centímetros la parte superior de su cama para evitar dormir plano. Dejar de fumar es otro factor clave, ya que el tabaco incrementa la producción de ácido.

Si así no mejora su hernia, tal vez le receten algún medicamento. Los antiácidos neutralizan el ácido gástrico y reducen la irritación. El alginato líquido se toma después de las comidas y flota en la superficie del contenido del estómago, protegiendo así el esófago. El médico tal vez le sugiera fármacos para reducir la cantidad de ácido producido. Deben tomarse de manera continuada, y sólo se recetan cuando los síntomas severos contrarrestan los posibles efectos secundarios. Aunque los síntomas deberían mejorar en el plazo de algunas semanas, pueden reaparecer si no soluciona la causa primaria, como el sobrepeso o el tabaco. Como alternativa existe la cirugía, que en este caso consiste en devolver el estómago al lugar adecuado. ■

Las hernias inguinales y femorales son visibles a modo de protuberancia que puede resultar dura o blanda al tacto. Estas hernias pueden aparecer gradualmente o de forma repentina. Aunque la hernia de hiato no es visible, es posible sospechar de su presencia debido a la sensación de acidez, y sí se observa en ciertos tipos de radiografías.

Síndrome de colon irritable

Este trastorno digestivo común afecta hasta el 20 % de los adultos en el mundo desarrollado, y es la segunda causa (después del resfriado común) de absentismo laboral.

Aunque el síndrome de colon irritable (SCI o colitis nerviosa) no produce complicaciones serias a largo plazo, puede comprometer la calidad de vida. Los síntomas varían: por lo general, dominan el dolor y los espasmos abdominales, la sensación de hinchazón o plenitud, la flatulencia y los ruidos intestinales, la sensación de no vaciar por completo los intestinos y diarrea o estreñimiento persistentes, o una alternancia de ambos. Algunos afectados encuentran alivio de los síntomas cuando van al lavabo, pero otros no. Todos los síntomas producen vergüenza, ansiedad y angustia.

La causa exacta del síndrome de colon irritable no se explica del todo. Lo que se sabe es que los afectados desarrollan un intestino más sensible (o irritable) de lo habitual y se muestran exageradamente sensibles ante hechos normales como el paso de gas o de alimentos por el intestino. Esta sensibilidad afecta a las contracciones musculares rítmicas que mueven el alimento en digestión a través de los intestinos. Puede provocar espasmos en los músculos del intestino que detengan el proceso y causen estreñimiento. Por el contrario, es posible que haga trabajar en exceso a los músculos, impulsando el contenido a una velocidad anormalmente rápida.

¿QUÉ LO PROVOCA?

Al parecer, esta sensibilidad está provocada por cualquier factor de entre unos cuantos, dependiendo del individuo. La mitad de los afectados desarrollan el trastorno tras un brote de gastroenteritis o intoxicación. Otros descubren que los síntomas aparecen tras el nacimiento de un hijo o de un acontecimiento estresante, como un divorcio o la pérdida del empleo. Algunos profesionales de terapias complementarias creen que las bacterias intestinales alteradas o una infección por levaduras son la causa primaria.

EL SISTEMA DIGESTIVO

El proceso de la digestión comienza en la boca, donde la saliva y la masticación desmenuzan los alimentos, continúa en el estómago y se completa en los intestinos. Los nutrientes se absorben a través de los pliegues de la pared del intestino delgado. Los productos de desecho pasan al recto, la última parte del intestino grueso, y se eliminan por el ano. El síndrome del colon irritable se produce cuando las contracciones musculares de los intestinos no están sincronizadas.

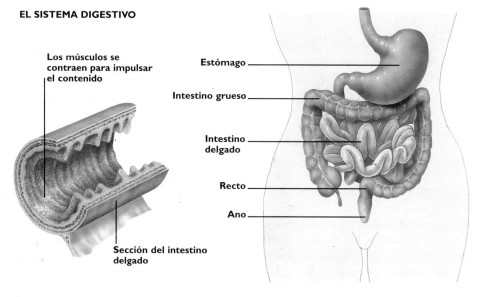

Los músculos se contraen para impulsar el contenido

Sección del intestino delgado

Estómago

Intestino grueso

Intestino delgado

Recto

Ano

Una vez sensibilizado, cualquier agente irritante puede provocar un brote. Los irritantes pueden ser los alimentos picantes y grasos, el exceso o el defecto de fibra alimentaria, el alcohol, el café, el tabaco, la menstruación o un trastorno emocional.

Existe una conexión con el estrés: las investigaciones demuestran que la alteración es más frecuente entre las personas que sufren de ansiedad o depresión o que llevan una vida muy estresada. No siempre está claro si el estrés provoca o es el resultado del trastorno. Por ejemplo, un afectado puede preocuparse pensando si los síntomas son una señal de una enfermedad más seria o si anticipan problemas en un restaurante. Esta preocupación puede desencadenar un brote, de manera que se establece un círculo vicioso.

CONTROLAR EL TRASTORNO

El diagnóstico del síndrome de colon irritable puede ser difícil, ya que presenta una complicada combinación de factores físicos y psíquicos y comparte síntomas con otras alteraciones digestivas. Es posible confundirlo con la enfermedad de Crohn o la colitis ulcerosa. El médico puede sugerirle que se someta a exámenes tales como una endoscopia (un examen interno con un cable flexible de fibra óptica) con el fin de descartar esas posibilidades. El síndrome también manifiesta síntomas similares a los de algunas intolerancias alimentarias, como la de la lactosa (azúcar de la leche) o el trigo, aunque se trata de problemas distintos.

Cuando considere los distintos tratamientos, recuerde que el síndrome de colon irritable no evoluciona con complicaciones graves. Sopese los pros y los contras, sobre todo los de tomar medicamentos. Si sufre crisis poco frecuentes o leves, el simple hecho de informarse más sobre la dolencia puede aliviar la ansiedad y ayudarle a afrontar los síntomas. También pueden servir de ayuda los consejos que se ofrecen en el recuadro. Las investigaciones demuestran que la hipnoterapia aporta alivio a algunas personas, mientras que los cambios

en la dieta funcionan para otras. Existen otros tratamientos complementarios, incluyendo el aceite de hierbabuena, que relaja el sistema digestivo, el jugo de aloe vera y el yogur natural (no industrial).

En los casos más graves, el médico puede recetar antiespasmódicos, laxantes o fármacos para controlar la diarrea. La psicoterapia o los antidepresivos pueden reducir los síntomas si la alteración está relacionada con una depresión o ansiedad. ■

ALIVIO DEL SÍNDROME DE COLON IRRITABLE

Para reducir los síntomas, intente ajustar sus hábitos alimentarios:

- Escriba un diario con información sobre la comida, la bebida y la actividad para comprobar si puede identificar alimentos, aditivos o acontecimientos específicos que desencadenen sus crisis.

- Realice comidas más ligeras y frecuentes.

- Evite los alimentos ricos en grasa, fritos, pesados o picantes. Los aditivos, como el glutamato monosódico, y el edulcorante artificial sorbitol, también pueden ser perjudiciales.

- Consuma fibra con moderación. Si sufre de estreñimiento, el aumento de fibra puede resultar de ayuda, pero los estudios demuestran que las dietas ricas en fibra pueden empeorar el estado de hasta el 50 % de los afectados. Aumente o disminuya la cantidad de fibra de manera gradual, tomando alimentos como frutas, verduras, legumbres y cereales.

Estos cambios en su estilo de vida también pueden aliviar los síntomas:

- Obtenga la mayor cantidad posible de información sobre el síndrome y los factores que provocan sus crisis: el conocimiento le ayudará a sentir que tiene más control.

- Los síntomas de estrés pueden estar relacionados con el síndrome de colon irritable, por lo que resulta aconsejable confeccionar una lista. Ésta debe incluir exceso de trabajo, falta de sueño, familia y trabajo, exceso de cafeína o nada de ejercicio. Piense qué puede hacer para cambiar su situación.

- Aprenda una técnica de relajación. Pruebe terapias complementarias como el masaje (véanse págs. 206-209), el yoga (véanse págs. 218-223) y la aromaterapia (véanse págs. 192-195).

- No fume.

- Practique unos minutos de ejercicio cada día (véanse págs. 10-11) para favorecer la circulación y reducir los niveles de estrés.

Otros trastornos digestivos

Algunos trastornos intestinales —por ejemplo, la enfermedad diverticular— están provocados por una alteración física. Otros, como la enfermedad de Crohn y la colitis ulcerosa, están asociados a factores como una infección.

Los trastornos intestinales suelen compartir algunos síntomas, lo cual dificulta el diagnóstico. Prepare una lista precisa con sus síntomas para ofrecérsela al médico. El diagnóstico puede incluir el uso de una colonoscopia para examinar el revestimiento del colon. Un cable flexible de fibra óptica con una lente diminuta en el extremo se introduce por el ano y se guía hasta el colon. La sigmoidoscopia utiliza un aparato similar, aunque más corto, para revisar pólipos o pequeños bultos en la mucosa del intestino. El médico puede tomar una muestra de la mucosa para examinarla. Puede utilizar una radiografía con enema de bario, que consiste en introducir bario líquido blanco en el intestino para resaltar su contorno.

Si el problema está en el tracto superior, deberá tragar el líquido para realizar una radiografía. ∎

POSIBLES TRASTORNOS INTESTINALES

Trastorno/Causa	Síntomas	Factores de riesgo	Tratamiento
Enfermedad de Crohn Puede afectar a cualquier parte del tracto gastrointestinal, provocando inflamación, ulceración y heridas profundas en la pared intestinal. **Causa** Desconocida. Las teorías incluyen susceptibilidad genética, sarampión crónico, infección por *Mycobacterium paratuberculosis* o ciertos alimentos que debilitan la pared intestinal y permiten que los organismos intestinales y los agentes químicos normales penetren en el tejido.	Dolor abdominal y flatulencia; diarrea (en ocasiones con sangre); obstrucción intestinal que provoca vómitos; fiebre; cansancio; pérdida de peso debido a la dificultad para absorber los nutrientes y por el temor de que comer empeore los síntomas. Se alternan los períodos de buena salud con las crisis prolongadas. En ocasiones puede aparecer una fístula en el intestino inflamado, provocando una infección grave.	Dependiendo del individuo, infecciones comunes como los resfriados, la gripe o la gastroenteritis, medicamentos como los antibióticos y la aspirina, ciertos alimentos como los productos lácteos o los cereales y el estrés (*véanse* págs. 76-77) pueden desencadenar una crisis. Por lo general, fumar empeora la enfermedad de Crohn.	No existe cura: el objetivo de la terapia es alargar los periodos asintomáticos. Los corticoesteroides y la azatioprina se utilizan para disminuir la inflamación aguda, y la sulfasalacina o la mesalina se emplean a largo plazo para evitar la inflamación. En las crisis graves, las dietas líquidas pueden evitar la malnutrición y aliviar los síntomas. Las secciones de intestino muy dañadas pueden extirparse, aunque la enfermedad suele reaparecer en los tejidos vecinos.
Colitis ulcerosa Inflamación y ulceración que afectan a la mucosa del colon y el recto. **Causa** Desconocida, aunque las teorías son similares a las de la enfermedad de Crohn (*véase* superior).	Necesidad frecuente y urgente de defecar, con sangre y mucosidad; diarrea en casos severos, dolor abdominal y cansancio. Los períodos de buena salud se alternan con las crisis agudas. Puede provocar lesiones de la piel, inflamación de los ojos, dolor en las articulaciones y alteraciones hepáticas.	Similares a los de la enfermedad de Crohn: el estrés, la ansiedad, determinados alimentos o la mala salud en general pueden desencadenar una recaída. Sorprendentemente, la nicotina (mejor si es en forma de parches o de chicles) puede aliviar los síntomas.	Terapia con fármacos similar a la de la enfermedad de Crohn. En casos graves, o si se encuentran células precancerosas, el colon se extirpa quirúrgicamente y se sustituye por una «bolsa» interna o externa.

POSIBLES TRASTORNOS INTESTINALES continuación

Trastorno/Causa	Síntomas	Factores de riesgo	Tratamiento
Enfermedad diverticular Trastorno de los intestinos. **Causa** Desconocida. Los músculos intestinales se engrosan y desarrollan una estructura muy contraída. El cambio muscular también estrecha el colon.	Dolor en la parte baja e izquierda del abdomen, estómago hinchado, ritmo deposicional irregular con deposiciones como bolitas y, en ocasiones, pequeñas cantidades de sangre.	Las dietas pobres en fibra, las comidas copiosas y los alimentos pesados y grasos pueden provocar los síntomas.	Incrementar la fibra en la dieta con el fin de que el paso de las deposiciones se produzca sin dificultad. No obstante, algunos individuos se benefician de una reducción de la cantidad de fibra. Los antiespasmódicos relajan los músculos del colon.
Diverticulitis Inflamación de los divertículos (bolsas intestinales). **Causa** Puede aparecer durante la vejez como consecuencia de dietas pobres en fibra, que provocan la producción de deposiciones pequeñas y duras que cambian el patrón de la contracción intestinal. Las infecciones o las infiltraciones a consecuencia de las sustancias químicas presentes en los alimentos provocan inflamación.	Dolor abdominal en la zona de la inflamación, fiebre y náuseas.	Los divertículos resultan peligrosos si se rompen, provocando la aparición de abscesos o infecciones dentro del abdomen (peritonitis) o si perforan hasta penetrar en otro órgano. La cicatriz tras la infección también puede estrechar el intestino.	Antibióticos y, en casos severos, una dieta líquida temporal. Se precisa una intervención quirúrgica urgente si se produce una ruptura o una perforación.
Enfermedad celíaca Daños en la mucosa de los tramos intestinales superiores. **Causa** La sensibilidad al gluten (una proteína presente en los cereales) provoca que las células ciliadas similares a cabellos de la mucosa intestinal se aplanen. De esta manera se perjudica la absorción de nutrientes de los alimentos. Por lo general aparece cuando los niños empiezan a tomar alimentos sólidos.	Pérdida de peso o falta de crecimiento, pérdida de apetito, deposiciones grandes, blandas y claras y más frecuentes, estómago hinchado, piel pálida cansancio e irritabilidad. También se asocia con erupciones cutáneas que producen picor en las rodillas, los codos, los glúteos y la espalda, y que reciben el nombre de dermatitis herpetiforme.	Los afectados suelen padecer déficits nutricionales porque los nutrientes de los alimentos no se absorben bien. Muchas personas pueden padecer alergia al gluten sin saberlo porque manifiestan pocos síntomas.	Puede curarse mediante la supresión definitiva de la dieta de todos los alimentos a base de trigo, centeno o cebada. Dado que los afectados suelen sentirse mucho mejor, el precio que tienen que pagar no parece excesivo.
Pólipos Pequeños bultos que sobresalen de la mucosa del intestino. **Causa** Desconocida, aunque un pequeño número de personas padecen una alteración hereditaria conocida como poliposis adenomatosa familiar.	La mayoría de los pólipos no manifiestan síntomas. Ocasionalmente pueden sangrar con facilidad o secretar una mucosidad visible en las deposiciones. Sin embargo, si no se eliminan algunos tipos pueden desarrollar cáncer.	Existen dos tipos principales de pólipos: los que tienen muy pocas posibilidades de convertirse en cáncer y los que sí pueden llegar a ser malignos. Estos últimos se conocen como adenomas.	Los pólipos se eliminan mediante una colonoscopia (un tubo con un lazo de alambre en el extremo; el lazo se cierra sobre la base del pólipo y después se descarga una corriente eléctrica para separar el bulto del revestimiento). Los exámenes identificarán el tipo de pólipo.
Cálculos biliares Acúmulos parecidos a cristales que contienen colesterol y que se forman en la vesícula biliar. **Causa** Afecta a mujeres embarazadas, personas obesas, diabéticos y mujeres que toman anticonceptivos orales.	Dolor agudo en la parte superior y derecha del abdomen que puede extenderse hasta la espalda; distensión abdominal, gases y náuseas. Si una piedra bloquea la vesícula, puede provocar dolor e inflamación y, posiblemente, ictericia.	Los cálculos biliares pueden provocar una infección del hígado y, en los casos graves, conducir a una insuficiencia hepática. Pueden desplazarse y bloquear los intestinos, y también pueden provocar cáncer de vesícula.	Los fármacos pueden disolver las piedras pequeñas, y también es posible recurrir a los ultrasonidos para deshacerlas. Otra posibilidad es la cirugía, y en los casos graves también es posible extirpar la vesícula.

Diabetes

El número de casos de diabetes es cada vez mayor en muchos países industrializados. Este número se ha triplicado en el período comprendido entre mediados de 1980 y mediados de 1990, y continúa en aumento. No es casualidad que esta tendencia al alza sea paralela a un aumento de los casos de obesidad.

En esta imagen se muestra la sección de una célula de un islote de Langerhans resaltada en color y aumentada 4.800 veces. Los puntos rojos y blancos son gránulos secretores. Los islotes de Langerhans, que se encuentran en el páncreas, son responsables de secretar las hormonas insulina y glucagón, que controlan los niveles de azúcar en sangre.

Comúnmente conocida como diabetes, la diabetes mellitus es una alteración que aparece cuando el páncreas no funciona bien. La digestión de los carbohidratos produce un azúcar simple llamado glucosa. Ésta circula en la sangre y penetra en las células del organismo, que convierten la glucosa en energía. La insulina, una hormona producida por el páncreas, evita que este azúcar de la sangre se dispare.

En los diabéticos, el páncreas no puede producir insulina o sólo produce una cantidad insuficiente. Si la insulina falta, el resultado es un nivel anormalmente alto de glucosa en la sangre. El cuerpo no puede utilizarla o almacenarla, y el exceso provoca los síntomas (*véase* página siguiente). Existen dos tipos principales de diabetes: la diabetes no insulinodependiente (DNID) y la diabetes insulinodependiente (DID).

DIABETES NO INSULINODEPENDIENTE

Este tipo es el más común, ya que afecta al 75-85 % de todos los diabéticos. Aparece cuando el organismo produce muy poca insulina o es incapaz de utilizar adecuadamente la insulina producida. Por lo general, aparece después de los 40 años, razón por la que se le llama la diabetes del adulto.

Dado que este tipo de diabetes se desarrolla lentamente, es habitual que permanezca sin diagnosticar. Se calcula que por cada afectado de este tipo de diabetes diagnosticado, existe otro cuya diabetes se pasa por alto.

TRATAMIENTO

El tipo de diabetes no insulinodependiente suele ser el menos grave; no obstante, resulta importante tratarla. Aproximadamente el 20 % de los enfermos sólo necesitan vigilar su dieta para controlar la diabetes. Los alimentos que deben restringirse o evitarse incluyen el azúcar y otros carbohidratos refinados, como la harina, la pasta y el arroz. Estos productos se digieren con facilidad y se convierten en glucosa, por lo que elevan rápidamente el nivel de azúcar en sangre. Los alimentos sin refinar, como la harina

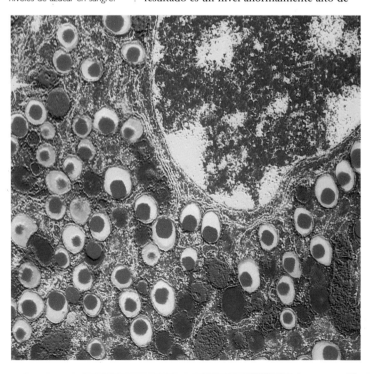

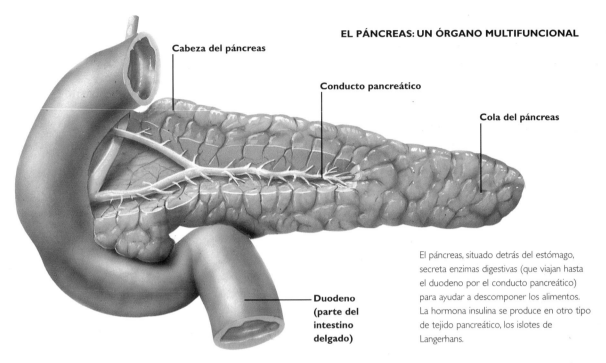

EL PÁNCREAS: UN ÓRGANO MULTIFUNCIONAL

Cabeza del páncreas

Conducto pancreático

Cola del páncreas

Duodeno (parte del intestino delgado)

El páncreas, situado detrás del estómago, secreta enzimas digestivas (que viajan hasta el duodeno por el conducto pancreático) para ayudar a descomponer los alimentos. La hormona insulina se produce en otro tipo de tejido pancreático, los islotes de Langerhans.

integral, el arroz integral y las frutas y verduras frescas, tardan más tiempo en digerirse y no ejercen el mismo efecto en el nivel de azúcar en sangre.

Aproximadamente la mitad de los pacientes se ven obligados a tomar fármacos. Existen cuatro tipos que funcionan de forma distinta. Unos ayudan al páncreas a producir más insulina; otros ayudan al cuerpo a utilizar la insulina producida; el tercer tipo provoca un descenso de la velocidad con que el cuerpo absorbe el azúcar, y el cuarto tipo sirve para incrementar la sensibilidad a la insulina. En algunos casos en necesario tomar una combinación de varios fármacos. Aproximadamente el 30 % de los pacientes también debe complementar su tratamiento dietético con inyecciones de insulina.

PREVENCIÓN

La diabetes no insulinodependiente se desarrolla con mucha más frecuencia en las personas inactivas o con sobrepeso. Se trata de un tipo de diabetes que se puede evitar en gran parte, sobre todo si se mantiene un peso razonable. El índice de masa corporal no debe sobrepasar la cifra de 25 (*véanse* págs.

¿CUÁLES SON LOS SÍNTOMAS?

Si sospecha que puede tener diabetes, es importante pedir hora para el médico de inmediato. Éste le pedirá un análisis de sangre y de orina con el fin de comprobar sus niveles de azúcar.

Los síntomas aparecen en los diabéticos insulinodependientes que no se tratan, pero sólo en un tercio de los que no padecen el tipo de diabetes no insulinodependiente (además, en estos casos, los síntomas son menos severos). En consecuencia, existen muchas personas afectadas de una forma ligera de la enfermedad que no son conscientes de ello hasta que aparecen las complicaciones. Los síntomas de ambos tipos son los mismos e incluyen:

■ sed excesiva y boca seca

■ aumento del apetito

■ necesidad de orinar con frecuencia

■ cansancio

■ pérdida de peso en los diabéticos insulinodependientes

■ visión borrosa

■ furúnculos

■ hormigueo y entumecimiento de las manos y los pies

■ picor genital

260-261). Reducir la cantidad de grasa en la dieta es el modo más sencillo de mantener el peso. Mantenerse activo es otro método importante para controlar el peso, y también le ayudará a reducir el riesgo de hipertensión y enfermedades cardiovasculares.

Si fuma, debería reducir drásticamente el número de cigarrillos o, mejor, dejar de fumar por completo. El tabaco duplica el riesgo de sufrir diabetes.

DIABETES INSULINODEPENDIENTE

Este tipo de diabetes suele comenzar en etapas muy tempranas de la vida, y por lo general se trata de una enfermedad hereditaria. El hijo de un diabético tiene 1 posibilidad entre 20 de desarrollar la enfermedad. Este tipo de diabetes se manifiesta cuando existe muy poca (o ninguna) insulina en el cuerpo porque las células del páncreas que la producen han sido destruidas. A diferencia del otro tipo, esta forma de diabetes se desarrolla con rapidez (por lo general, en cuestión de sólo algunas semanas).

Los objetivos del tratamiento son tres: prolongar la vida, aliviar los síntomas y evitar complicaciones a largo plazo. Es importante tratar la enfermedad con autoinyecciones de insulina tan pronto como se detecte. La

Los diabéticos insulinodependientes deben controlar a diario sus niveles de azúcar en sangre. Se pincha un dedo para impregnar una tira con una gota de sangre. La tira se introduce a continuación en un aparato que proporciona una lectura digital del nivel de azúcar en sangre.

insulina puede obtenerse de animales, y también existe un tipo humano que se prepara artificialmente.

ADMINISTRACIÓN DE LA INSULINA

Las inyecciones de insulina se utilizan para controlar la diabetes desde su descubrimiento, en 1921, y desde entonces se han producido varios intentos de administrarla de un modo más agradable que la inyección. Sin embargo, la insulina no puede administrarse vía oral, ya que se destruye (ya sea debido a la acción de los jugos gástricos en el estómago o del páncreas) antes de llegar a la sangre. Actualmente se investiga la posibilidad de administrarla con aerosoles nasales y parches tópicos.

Existen dos tipos de insulina: una de acción rápida y a corto plazo, y otra de acción más prolongada. El primer tipo es el que se utiliza durante el día y se toma antes de las comidas para contrarrestar el aumento de azúcar en sangre cuando se digieren los alimentos. El segundo tipo suele utilizarse por la noche para mantener un nivel estable de insulina y controlar los síntoma hasta la mañana. Ambos tipos pueden combinarse en una misma inyección, que se administra dos veces al día. Dependiendo del tipo de insulina que se utilice, se necesitan hasta cuatro inyecciones cada 24 horas.

Existen varios modos de inyectar la insulina: con una jeringa tradicional, con un moderno lápiz, con un inyector de chorro o con una bomba portátil. Sin embargo, ninguno de los métodos más nuevos ha demostrado suponer una ventaja significativa sobre la jeringa tradicional.

En el caso de los lápices, la insulina se encuentra en cartuchos desechables que se utilizan de forma muy similar a los de las plumas de escribir. Algunos de estos lápices son desechables. Los inyectores de chorro (utilizados principalmente en Estados Unidos) disparan insulina bajo la piel mediante un fuerte chorro de aire presurizado.

Las bombas portátiles pueden emplearse durante el embarazo, cuando el control minucioso del azúcar en sangre resulta tan importante, y en el caso de la minoría de diabéticos cuyos niveles de azúcar en sangre son propensos a sufrir fluctuaciones repentinas y pronunciadas. La insulina se administra a través de un tubo flexible y estrecho que sale de una funda con la bomba de insulina y va a un punto de la piel, por lo general en el torso.

Si se inyecta demasiada insulina por error, resulta esencial que el enfermo tome inmediatamente algún alimento rico en azúcar con el fin de elevar el nivel de azúcar en sangre. Si no se procede con la rapidez necesaria, el enfermo podría sufrir una crisis hipoglucémica. Aunque las inyecciones de insulina suponen la piedra angular del tratamiento de la diabetes insulinodependiente, deben combinarse con otras medidas de autoayuda (*véase* pág. 107).

NIVELES DE AZÚCAR EN SANGRE

La mayoría de los diabéticos aprenden a reconocer los síntomas del nivel bajo de azúcar en sangre. No obstante, resulta importante controlar el nivel con frecuencia y precisión mediante análisis de sangre o de orina. Ambos pueden realizarse fácilmente en casa.

En el caso del análisis de sangre, se coloca una muestra en una tira tratada químicamente. Un tipo de tira se coloca en una máquina que proporciona una lectura del resultado. Otro tipo de tira cambia de color, y al comparar el resultado en una paleta de color se puede determinar el nivel de glucosa en sangre.

Las muestras de orina también pueden analizarse con una tira que funciona de modo similar a las de los análisis de sangre que cambian de color. Sin embargo, este método resulta menos fiable porque no siempre refleja el nivel de azúcar en el preciso momento en que se realiza el análisis.

Estos análisis suelen llevarse a cabo en horas concretas del día: antes de cada comida

PESO Y EJERCICIO

La diabetes no insulinodependiente ha aumentado espectacularmente en los últimos años. Aunque existe un factor hereditario, la razón se debe probablemente al aumento de la obesidad y al descenso de la actividad en los países industrializados. La Organización Mundial de la Salud (OMS) calcula que desde la década de 1960, los adultos utilizan una media del 20 % menos de energía.

Este tipo de diabetes es más común después de los 40, ya que es durante la madurez cuando las personas tienden a volverse más sedentarias y a aumentar de peso. Aproximadamente el 80 % de los afectados tienen sobrepeso. La grasa corporal somete al páncreas a un esfuerzo. Cuanta más grasa se tiene, más insulina tiene que producir el páncreas para mantener un nivel normal de azúcar en sangre. Esto, a su vez, puede provocar un aumento de la grasa que el cuerpo almacena, perpetuando así un círculo vicioso.

La actividad física también es importante para mantener el buen funcionamiento de la insulina. Cuando los músculos realizan un esfuerzo, utilizan glucosa de la sangre para obtener energía, reduciendo así los excesos. Todos los adultos deberían realizar el equivalente a 20 minutos de ejercicio aeróbico tres veces a la semana.

principal, antes de acostarse, antes y después de practicar ejercicio y a los primeros síntomas de una crisis hipoglucémica. Se realizan con más frecuencia durante los períodos de enfermedad.

CRISIS HIPOGLUCÉMICA

Si cualquiera de los tipos de diabetes no se controla correctamente, el nivel de azúcar en sangre puede descender. El cuerpo reaccionará con una crisis hipoglucémica, que puede provocar debilidad, confusión e irritabilidad, sudoración, convulsiones e incluso pérdida de consciencia. Se trata de un mensaje de aviso para que el enfermo actúe inmediatamente para aumentar el nivel de azúcar.

Las crisis de hipoglucemia pueden aparecer si se inyecta un exceso de insulina, si se omite o se retrasa una comida, si se bebe alcohol sin acompañarlo de algún alimento, si se toma una cantidad insuficiente de carbohidratos o si el ejercicio ha sido

PRECAUCIÓN

Algunos fármacos sin receta pueden influir en los niveles de azúcar en sangre. Si tiene diabetes, consulte siempre con el médico o con el farmacéutico para asegurarse de que el medicamento que vaya a comprar no represente un riesgo para su salud.

excesivamente intenso. Los diabéticos deben evitar estas circunstancias siguiendo los consejos dietéticos para estos enfermos y practicando ejercicio con moderación.

A los primeros signos de una crisis hipoglucémica (*véase* inferior), el diabético debe comer un alimento azucarado. Muchos diabéticos llevan siempre caramelos o pastillas de glucosa (ésta se disuelve rápidamente en la sangre). Si se está en casa, se puede tomar una cucharada de miel, que proporciona al cuerpo un reanimador instantáneo a base de azúcar. A continuación, el enfermo debe tomar otros alimentos que liberen el azúcar más lentamente: pan, cereales para el desayuno, galletas o frutas.

COMPLICACIONES

En ambos tipos de diabetes, el tratamiento debe mantenerse para evitar las complicaciones. Éstas se dividen en dos grupos. El primero afecta a los vasos sanguíneos, que pueden provocar problemas en los ojos, los nervios y los riñones. Si la retina resulta dañada, puede dar lugar a una retinopatía (los diminutos vasos sanguíneos de la retina se inflaman y sangran). El exceso de presión del líquido en el ojo puede provocar glaucoma. En cualquiera de estas alteraciones, existen pocos síntomas aparte de un deterioro gradual de la visión. Si no se tratan, la retinopatía y el glaucoma pueden acabar en ceguera. Las cataratas, que se producen cuando los cristalinos se vuelven turbios, también son más comunes entre los diabéticos. Pueden provocar una visión cada vez más borrosa.

El segundo tipo de complicación afecta a los vasos sanguíneos del corazón, el cerebro y las piernas. Los daños sufridos por los vasos sanguíneos que van al corazón y al cerebro pueden provocar alteraciones graves como enfermedades cardiovasculares y AVC. La mala circulación en las piernas y los pies puede producir úlceras y, en los casos muy graves, gangrena.

EXÁMENES MÉDICOS

Las complicaciones a largo plazo son muy habituales. El 75 % de los diabéticos las experimentan en algún momento. Por tanto, es importante que todos los enfermos se sometan a exámenes regulares.

Las revisiones oculares pueden ayudar a detectar precozmente daños en la retina. Las enfermedades del riñón, que afectan a más de un tercio de los diabéticos, pueden detectarse mediante análisis de orina. Dado que los diabéticos tienen el doble de posibilidades de sufrir hipertensión, que incrementa el riesgo de enfermedades cardíacas y AVC, resulta importante tomarse la tensión con frecuencia.

Debe informar a su médico si experimenta la más mínima pérdida de sensibilidad en las extremidades inferiores. Los hombres también deben informar de cualquier problema relacionado con la erección. Estas dos alteraciones pueden indicar la existencia de daños en los nervios o en los vasos sanguíneos.

SÍNTOMAS DE UNA CRISIS HIPOGLUCÉMICA

Los síntomas de una crisis hipoglucémica difieren de un individuo a otro; no obstante, los más comunes son:

- sudoración
- labios temblorosos
- palpitaciones
- falta de memoria
- inestabilidad
- ansiedad e irritabilidad
- visión borrosa
- palidez

DIABETES EN LA INFANCIA

Existen algunas evidencias de que la incidencia de la diabetes insulinodependiente aumenta entre los niños. La causa todavía no se conoce, pero algunos expertos sospechan que ciertos factores sociológicos (como el descenso de la lactancia materna, que proporciona inmunidad al bebé) podrían desencadenar una susceptibilidad heredada. El aumento de la incidencia causa una gran preocupación: cuanto más largo es el período en que una persona sufre de diabetes, mayor es el riesgo de padecer complicaciones en el futuro.

Los niños diagnosticados con diabetes deben derivarse a un grupo de especialistas en pediatría. Éstos desarrollarán un programa de cuidados para el enfermo y controlarán de cerca su evolución.

Los padres de un niño diabético deben recordar que no es posible dejar en las manos del pequeño el control de su enfermedad. Resulta mucho más difícil para un niño renunciar a los dulces o evitar el ejercicio intenso. También se mostrará menos inclinado a dejar lo que esté haciendo para tomar las medidas oportunas cuando exista la amenaza de una crisis hipoglucémica. Resulta esencial, por tanto, que las personas al cuidado de su hijo, tanto en casa como en el colegio, estén informadas sobre su enfermedad y todas sus necesidades dietéticas y médicas.

DIABETES DURANTE EL EMBARAZO

El control minucioso de la diabetes resulta especialmente importante durante el embarazo. Los partos prematuros, las malformaciones congénitas y los nacimientos de bebés muertos son más comunes entre las madres diabéticas. Sin embargo, todas estas situaciones pueden evitarse mediante un buen control de la enfermedad durante el embarazo, desde la concepción hasta el parto.

La clave para disfrutar de un buen embarazo en el caso de las madres diabéticas consiste en controlar bien la enfermedad antes de la concepción. Esta situación debe

AUTOAYUDA PARA AFRONTAR LA DIABETES

- Comer con regularidad y tomar tentempiés, todo ello basado en carbohidratos feculentos (pan, patatas, pasta, arroz y cereales).
- Reducir el consumo de azúcar, sal y grasa.
- Tomar abundantes frutas y verduras.
- Practicar ejercicio con regularidad e intentar mantener un peso estable.
- Limitar el consumo de alcohol y comer siempre que se beba.
- Someterse a exámenes regulares de visión, riñones y presión sanguínea.
- Llevarse consigo la medicación siempre que salga.

mantenerse durante todo el embarazo, con controles más frecuentes de lo habitual.

Las crisis hipoglucémicas son más frecuentes en los tres o cuatro primeros meses de embarazo, en las últimas semanas (por lo general, por la noche) y en los momentos que rodean al parto. No obstante, existen muy pocas probabilidades de que dañen al bebé, siempre y cuando se traten de inmediato.

Algunas mujeres desarrollan diabetes cuando están embarazadas. Es lo que se conoce como «diabetes gestacional». Por lo general, se detecta en la segunda mitad del embarazo. El riesgo es mayor si la mujer fuma, tiene sobrepeso antes de quedarse embarazada, es mayor de 35 años o tiene algún familiar diabético. Incluso un aumento de peso aproximado de 7 kg incrementa el riesgo de sufrir diabetes gestacional en dos de cada tres casos. Fumar más de cinco cigarrillos al día antes del embarazo también puede aumentar el riesgo, aproximadamente en un 50 %. La diabetes gestacional desaparece una vez nacido el bebé, pero puede ser una señal de futura enfermedad en tres de cada cuatro mujeres afectadas.

Los hijos de las mujeres que han sufrido de diabetes durante el embarazo también tienen un mayor riesgo de desarrollar obesidad y diabetes en etapas posteriores de su vida. ■

PRECAUCIÓN

*El uso de cremas
concentradas con
corticoesteroides puede
debilitar la piel e incluso
provocar eccema que
empeorará con el tiempo.
Siga siempre las instrucciones
del prospecto y el consejo de
su médico antes de utilizar
alguno de estos productos.*

Las principales características
del eccema de contacto son
un picor intenso, manchas
rojas escamosas y pequeñas
ampollas llenas de líquido que
se abren y dejan la piel
húmeda, supurante y dura.

Eccema

Varias alteraciones de la piel se agrupan bajo el apelativo de eccema. Aunque éste es más común en las manos, las orejas, los pies y las piernas, puede afectar a cualquier parte de la piel.

Los síntomas típicos del eccema son unas manchas escamosas que producen picor y ampollas. Pueden aparecer cuando el sistema inmunológico responde a una alergia o por una irritación o daño sufrido por la piel; no obstante, el factor causante casi nunca está claro. Se libera histamina, que dilata los vasos sanguíneos de la piel y permite que la zona se inunde de unas células blancas conocidas como linfocitos. Este proceso afecta a la piel haciendo que ésta se inflame, enrojezca, escueza y pique.

El eccema puede dividirse, a grandes rasgos, en dos categorías: «de contacto», provocado por irritantes, y «atópico», asociado con las alergias.

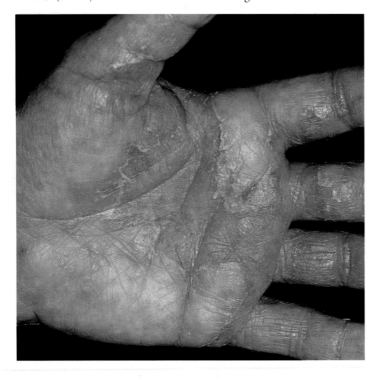

ECCEMA DE CONTACTO

Cuando la piel se expone de forma continuada a sustancias que interfieren con sus aceites protectores, aparece el eccema de contacto. Los detergentes, los champús o los agentes químicos industriales, los protectores solares, lavar y secar constantemente, o los ambientes fríos y secos son responsables del eccema. El daño es acumulativo y provoca la reacción inflamatoria que da lugar al eccema.

Finalmente, la piel puede reaccionar con hipersensibilidad a la sustancia desencadenante, y la más mínima exposición puede provocar una fuerte reacción que incluso puede afectar a zonas no expuestas. Esto explica por qué algunas personas parecen desarrollar repentinamente alergias a sustancias que han manipulado sin problemas durante muchos años.

El eccema de contacto también puede aparecer cuando una persona es sensible al tacto de una sustancia determinada. Los principales responsables son los cosméticos, el látex de los guantes y metales como el níquel o el cromo, utilizados en las carcasas de los relojes o en los broches de la ropa interior. Otros agentes nocivos incluyen los tintes y las tintas, los esparadrapos, las plantas (sobre todo las prímulas) y la lana. La exposición repetida puede aumentar la sensibilidad y provocar asma u otros problemas alérgicos agudos.

ECCEMA ATÓPICO

También asociado con las alergias, el eccema atópico afecta a personas que presentan una característica genética heredada denominada «atopia». Ésta hace que las personas sean más susceptibles a los alergenos presentes en el entorno, sobre todo a los excrementos de los ácaros del polvo, a la piel de animales y al polen. No es necesario que los alergenos toquen la piel para desencadenar una reacción del sistema inmunológico, que en algunas personas se manifiesta como eccema y en otras como asma y rinitis alérgica. Las personas atópicas son más propensas a las tres enfermedades, y el 50 % de los niños que desarrollan eccema atópico acaban por padecer asma (aunque muchos dejan de verse afectados por estas alteraciones cuando alcanzan la pubertad). El eccema atópico también puede estar provocado por alergias a alimentos como la leche, el trigo o los huevos.

BUSCAR AYUDA

El tratamiento contra el eccema consiste en aislar y eliminar la causa, tanto si se trata de un problema de contacto como atópico. En este último caso, el desencadenante puede ser más difícil de identificar porque el problema puede no tener nada que ver con la piel. Tal vez necesite recurrir a un dermatólogo. Puede ayudar a aislar el problema anotando sus síntomas, lo que come y bebe, sus actividades y el clima.

Aunque los productos que tratan la piel directamente (agrupados bajo el denominativo de terapia tópica) no curan el eccema, desempeñan un papel vital en el alivio del insoportable picor y las incómodas escamas. También ayudan a contener el acto de rascarse, que provoca un empeoramiento e incrementa el riesgo de infección. Las pomadas con esteroides pueden reducir la inflamación y aportar alivio rápido contra el picor. Si éste perturba el descanso nocturno, los sedantes pueden convertirse en un remedio provisional.

Tapar la superficie cubierta con la medicación puede ayudar a impedir el rascado. Además, debe evitar el uso de materiales irritantes, como lana y sintéticos; el algodón es el material más cómodo para llevar en contacto con la piel.

Resulta importante mantener la piel húmeda. Existen numerosas lociones, emolientes y aceites con y sin receta médica, y por lo general contienen ingredientes que hidratan la capa superior de la piel, suavizándola y favoreciendo su renovación. Tal vez tenga que probar varios productos hasta encontrar el que mejor se adapta a sus necesidades, ya que pueden contener conservantes que pueden ser irritantes para algunas personas.

La medicación oral con antihistamínicos u otros fármacos contra el picor se utiliza ocasionalmente para ayudar a romper el ciclo «picor-rascar-picor». En los casos severos, el médico recetará un tratamiento breve con esteroides orales o fármacos inmunosupresores potentes, como ciclosporina, pero sólo cuando el médico y el paciente hayan comentado los efectos secundarios.

OTRAS FORMAS DE ECCEMA

El de contacto y el atópico no son las únicas formas de eccema. El eccema seborreico constituye una capa dura de escamas grasas de color amarillo-marrón o de escama rojas duras en el cuero cabelludo, detrás de las orejas, en las cejas o en los pliegues de la piel. Conocido como eccema del lactante en el caso de los bebés, suele desaparecer antes de que el niño alcance los dos años. Es más persistente en los adultos, pero los champús anticaspa suelen servir de ayuda.

El eccema del pañal suele ser un caso de eccema de contacto como resultado de la humedad o de una reacción irritante a las deposiciones o a la orina. No permita que un niño afectado de este tipo de eccema pase calor, ya que así se agravaría el estado de la piel, y asegúrese de que su piel esté en contacto directo únicamente con fibras de algodón.

El eccema varicoso aparece cuando las venas varicosas reducen el aporte de oxígeno y de sangre que transporta nutrientes a la zona. Las medias de compresión pueden reducir la hinchazón, y las pomadas de corticoesteroides pueden proporcionar algún alivio.

El eccema piel-a-piel es una forma de contacto producida por el roce y el sudor. Afecta a personas con sobrepeso. ∎

DESENCADENANTES ATÓPICOS

Naturales
- Excrementos de los ácaros del polvo
- Polen
- Esporas de hongos
- Pelo, escamas de piel y saliva seca de animales
- Plumas y capoc
- Polvo del grano

Artificiales
- Detergentes, suavizantes y jabones con enzimas
- Cremas perfumadas para la piel, champús y protectores solares
- Medicamentos sin receta
- Productos químicos industriales como tintas, aceites y pinturas
- Aditivos alimentarios como la tartracina

Alimentos
- Leche de vaca
- Proteína de huevo
- Frutos secos
- Marisco
- Trigo y arroz

VÉASE TAMBIÉN

El sistema
  inmunológico   **26-27**
Estrés   **76-77**
Eccema   **108-109**
Infecciones
  cutáneas   **114-116**

Psoriasis

Un error en la producción de células de la piel puede provocar psoriasis, caracterizada por manchas rojizas secas cubiertas de escamas plateadas. Una vez que aparece, vuelve de manera intermitente.

En el caso de la psoriasis, el problema es que se generan demasiadas células de la piel. Estas células viven a gran velocidad, en una carrera a través de las capas superiores de la piel hasta la superficie que dura cinco o seis días. A continuación, se agrupan con las células muertas, provocando la aparición de manchas rojas. Finalmente, las células se convierten en masas de escamas.

Se desconoce qué es lo que provoca este error. Aproximadamente el 40 % de los casos afecta a personas con una historia familiar de psoriasis. Teorías no convencionales sugieren que está provocada por los efectos negativos del estrés en el sistema inmunológico o por una alteración inmunológica que estimula una producción química innecesaria. Algunos profesionales de las terapias complementarias creen que la sobrecarga del hígado (provocada por una dieta inadecuada o por la exposición a contaminantes ambientales) podría ser el problema, ya que se obligaría al cuerpo a expulsar sus toxinas por la piel.

PIEL HIPERPRODUCTIVA

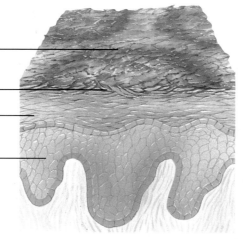

En la epidermis nacen nuevas células. Normalmente tardan un mes en madurar y alcanzar la superficie de la piel, donde mueren y se convierten en escamas. Este proceso se acelera como consecuencia de la psoriasis, y en la piel aparecen lesiones con escamas.

Lesiones de la psoriasis

Células empujadas hasta la superficie

Epidermis

Dermis

Un dolor de garganta; el estrés; las heridas; los cambios hormonales producidos por los anticonceptivos orales, el embarazo o la menopausia; el alcohol; los fármacos (como los betabloqueantes, los corticoesteroides, los antipalúdicos o el litio) y el sol pueden provocar psoriasis, aunque el factor desencadenante nunca está claro.

REDUCIR LOS SÍNTOMAS

El tratamiento de la psoriasis puede ser problemático. No existe una cura, por lo que son los síntomas (no la causa) los que se tratan, y lo que funciona para una persona puede no dar resultados en el caso de otra. Su médico puede recomendarle una terapia tópica (aplicada sobre la piel) que contenga alquitrán de hulla, ditranol, corticoesteroides o calcipotriol (base de vitamina D). El inconveniente es que muchas de estas sustancias son pegajosas, huelen y manchan, y los corticoesteroides tienen efectos secundarios si se utilizan de forma continuada.

En los casos severos, la «fototerapia» con lámparas de rayos UVA y UVB puede resultar efectiva. Debido a los riesgos del cáncer de piel, debe seguir los consejos de un especialista antes de recurrir a la fototerapia (y debe saber que las cabinas de rayos UVA normales no utilizan la longitud de onda de luz correcta y pueden dañar la piel en lugar de contribuir a su mejoría).

Los tratamientos con fármacos para la psoriasis, como el metotrexate (que actúa eliminando el exceso de células), los retinoides (que reducen la producción de células) y el inmunosupresor ciclosporina A, son muy potentes y sólo deben tenerse en cuenta en casos extremos. ■

PRECAUCIÓN

Nunca ponga en práctica una dieta de eliminación (evitar ciertos alimentos y después reintroducirlos) sin consultar antes con el médico. Algunas personas podrían verse afectadas por una reacción severa a un alergeno.

La urticaria que se muestra en la fotografía surgió a raíz de una reacción alérgica a la penicilina. Sea cual sea el alergeno, la urticaria aguda suele durar no más de unas horas. Identificar y evitar los factores desencadenantes individuales es la clave para evitar los ataques recurrentes.

Urticaria

Erupción que en ocasiones está provocada por una alergia, la urticaria comienza con habones rojos y de forma irregular que acaban convirtiéndose en manchas blancas o amarillas con un borde rojo.

Aunque la urticaria puede aparecer en cualquier parte del cuerpo, normalmente afecta a las piernas, los brazos y el torso. La erupción puede aparecer y desaparecer durante varias horas, con algunas manchas que se aclaran y desaparecen mientras surgen otras nuevas.

Por lo general, la urticaria constituye una reacción alérgica a la leche, los huevos, el marisco, las fresas, los frutos secos o la levadura; a un aditivo o conservante de ciertos alimentos, o a un fármaco como la aspirina, la penicilina o algunos narcóticos. Otros casos pueden estar provocados por la vegetación o por temperaturas extremas.

Las alergias obligan al sistema inmunológico a producir un anticuerpo llamado IgE, que libera la histamina en las capas más bajas de la piel. La histamina dilata los diminutos capilares sanguíneos de la piel, que vierten líquido en el tejido circundante y provocan la hinchazón.

Las personas afectadas de asma, eccema o rinitis alérgica son más susceptibles a la urticaria; muchas tienen una tendencia «atópica», una predisposición genética.

A algunas personas les resulta sencillo identificar a qué son alérgicas (se llenan de manchas rojas si comen un alimento específico como el marisco). Evitar un ataque significa, simplemente, evitar el factor que lo provoca.

Si es usted alérgico a algún elemento más general, como un conservante o un aditivo, puede resultar mucho más complicado dar con el origen de la alergia. Las pruebas cutáneas que consisten en inyectar una pequeña cantidad de un alérgeno en la piel pueden ayudar a descartar posibilidades. Otro método consiste en mantener un diario detallado de lo que come y bebe, acompañando esta información con sus síntomas. Así se puede llegar a resaltar un modelo e identificar el desencadenante.

RECURRIR A UN TRATAMIENTO

Para la mayoría de las personas, el sarpullido aparece y desaparece en cuestión de algunas horas. La calamina o las lociones con aloe vera alivian el picor, y los antihistamínicos orales (que pueden comprarse sin receta médica) contribuyen a reducir la duración del brote. Sea precavido: algunos antihistamínicos pueden producir somnolencia.

Para una desafortunada minoría, la urticaria puede convertirse en una alteración crónica que reaparece continuamente durante meses e incluso años. Cuando esto ocurre, el médico puede recetar una medicación antihistamínica regular o, en casos muy graves, un tratamiento con corticoesteroides.

Asegúrese de que cada médico que visite sepa que es usted sensible a la urticaria. Así evitará recetarle fármacos, como los narcóticos y los salicilatos, que provocarían un brote. ∎

Acné

Aunque los adolescentes llenos de granos suelen pensar que están marcados por el destino, lo cierto es que más del 70 % de adolescentes sufren acné en algún grado, en un momento de sus vidas en que suelen mostrarse muy tímidos. No obstante, se han producido grandes avances en la comprensión de los factores que provocan esta alteración de la piel y cómo tratarla.

E l acné común (*Acne vulgaris*) aparece cuando los folículos pilosos quedan bloqueados por un exceso de sebo, la sustancia grasa que mantiene la piel flexible. Las bacterias normales de la piel pueden multiplicarse en exceso en el tapón de sebo, de manera que el folículo se infecta y se inflama y se produce una marca de acné.

Las glándulas sebáceas son más grandes y más densas en la cara (donde existen en una cantidad aproximada de 600 por centímetro cuadrado), en la parte alta de la espalda, el cuello y el pecho. En consecuencia, éstos son los puntos más habituales de las erupciones de acné.

Las glándulas sebáceas producen sebo, un aceite hidratante que sale del folículo piloso hasta la superficie de la piel. El exceso de sebo puede obstruir el folículo, formando un punto blanco por debajo de la superficie o bien un punto negro si se encuentra expuesto. El color de un punto negro se debe a la exposición al aire; no se trata de suciedad.

TIPOS DE IMPUREZAS CUTÁNEAS

Los puntos negros se forman cuando el tapón de sebo se encuentra expuesto al aire, mientras que los puntos blancos se desarrollan cuando el tapón se halla atrapado bajo la superficie de la piel. A veces, el proceso de inflamación es más exagerado y pueden aparecer nódulos rojos, duros y dolorosos o quistes llenos de pus. Éstos dejan marcas profundas y cicatriz.

Aunque las glándulas sebáceas producen más grasa en unas personas que en otras, el factor de mayor influencia en el aumento de la producción de sebo es el comienzo de la pubertad.

CÓMO SE FORMA UN COMEDÓN

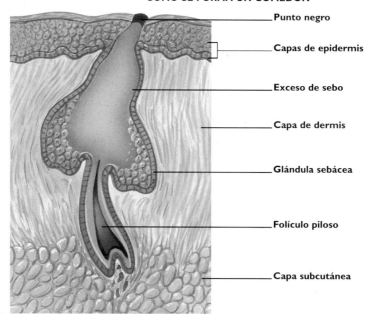

- Punto negro
- Capas de epidermis
- Exceso de sebo
- Capa de dermis
- Glándula sebácea
- Folículo piloso
- Capa subcutánea

ACNÉ ROSACEA

Una variante del acné, el acné rosacea es una inflamación de la piel que provoca el enrojecimiento de las mejillas y la nariz, la aparición de vasos sanguíneos rotos y prominentes y, de vez en cuando, hinchazón y comedones con pus. Por lo general aparece en personas mayores de 30 años y es más común entre las mujeres y las personas que se ruborizan con facilidad.

La causa del acné rosacea se desconoce, aunque los brotes pueden estar provocados por la exposición al sol, el alcohol, la cafeína y el queso. A largo plazo, esta alteración puede provocar el crecimiento y la deformación de la nariz. Los antibióticos representan el mejor tratamiento.

Al mismo tiempo, se produce un aumento de las hormonas sexuales, incluyendo la testosterona. Aunque los chicos adolescentes son más propensos al acné, la pequeña cantidad de testosterona que producen las chicas también desencadena la alteración.

El acné puede aparecer a edades más avanzadas, y afecta a algunas mujeres en los momentos previos a la menstruación. Algunos anticonceptivos orales, sobre todo los que tienen progestágenos, pueden provocar acné.

ERRORES FRECUENTES

Contrariamente a la creencia popular, consumir alimentos grasos, chocolate y dulces no guarda ninguna relación con el acné. Tampoco influye en su aparición el cabello graso, que suele deberse a los cambios hormonales, aunque puede aparecer acné en el nacimiento del cabello o bajo el flequillo si el pelo impide la salida normal de los aceites cutáneos. La actividad sexual, o la falta de ésta, no altera el acné de ningún modo.

Algunos profesionales de terapias complementarias creen que el acné aparece cuando los sistemas de eliminación de desechos del organismo están bajo presión debido a una dieta desequilibrada o a los contaminantes. Estos dos factores introducen en el cuerpo toxinas que se transportan a la piel para su eliminación.

TRATAR EL ACNÉ

El acné leve puede tratarse con pomadas o lociones que actúen eliminando el sebo y desbloqueando los poros. La mayoría de estos productos contienen peróxido de benzoilo, que reduce la infección de la piel y provoca la eliminación de la capa superior de ésta, abriendo así los poros. Otras pomadas incluyen antibióticos para combatir la infección o preparaciones basadas en vitamina A sintética.

Si el tratamiento tópico no da resultado, el médico tal vez recete antibióticos orales durante períodos de hasta seis meses. Estos fármacos matan las bacterias y reducen la producción de sebo y la inflamación de los folículos. Resulta importante no dejar la terapia de antibióticos de manera repentina, ya que puede provocar un rebrote del acné. Es preciso retirar el tratamiento paulatinamente. En el caso de las mujeres, en ocasiones se recetan píldoras anticonceptivas con estrógenos para contrarrestar la testosterona.

En los casos muy severos, quizá sea preciso recurrir a los fármacos retinoides que reducen la producción de grasa y secan la piel. Estos productos se consideran el último recurso, ya que pueden provocar lesiones hepáticas. Las cicatrices provocadas por el acné pueden mejorarse con la terapia de «abrasión cutánea», que consiste en eliminar la capa superior de la piel afectada. ■

CONSEJOS PARA MANTENER LA PIEL SANA

- Lave las zonas afectadas dos veces al día con un jabón normal. No se obsesione: los lavados más frecuentes sólo eliminan la grasa superficial, lo que puede favorecer la producción de más grasa.
- Debe tratar el acné antes de que empeore. Utilice un tratamiento farmacéutico (por ejemplo, de los que contienen peróxido de benzoilo) tan pronto como note los primeros comedones.
- Hidrate su piel, sobre todo si utiliza cremas para pieles grasas.
- Tome el sol siempre que le sea posible, pero recuerde tomar las precauciones necesarias contra las quemaduras (*véase* pág. 119).
- No exprima los comedones, ya que puede empeorar su estado y provocar la aparición de cicatrices.
- Beba mucha agua y coma abundantes frutas y verduras frescas.
- Evite los siguientes factores que pueden provocar un empeoramiento del acné: cosméticos grasos; contacto habitual con minerales o aceites culinarios; estrés; ambientes cálidos y húmedos; ciertos fármacos, como los corticoesteroides y, en algunos casos, los anticonceptivos orales.

Infecciones cutáneas

Los trastornos de la piel, el cabello y las uñas pueden estar provocados por bacterias y virus, hongos y mohos, ácaros e insectos. Muchas infecciones y los parásitos de la piel producen picor; el rascado empeora las zonas afectadas.

Las infecciones cutáneas debidas a bacterias y virus son frecuentes y pueden provocar una amplia gama de síntomas, desde furúnculos hasta infecciones virulentas, a veces fatales, como la fascitis necrosante.

También conocidas bajo el nombre de tiña, las infecciones por hongos y mohos, como el pie de atleta, se contraen sobre todo a través del contacto con personas afectadas, aunque ocasionalmente también con animales o del suelo. Los síntomas dependen del tipo de hongo y de la parte del cuerpo afectada. Algunos causan inflamación, enrojecimiento y dolor; otros, sólo un ligero enrojecimiento o descamación de la piel. La infección es más común entre los diabéticos y en las personas con el sistema inmunológico debilitado. El sudor, la humedad de la piel y la fricción favorecen las infecciones.

Varios ácaros y parásitos, como los piojos, pueden infestar la piel. Por lo general, el estado empeora debido al acto de rascarse. ■

GUÍA DE INFECCIONES E INFESTACIONES DE LA PIEL

Descripción	Ubicación	Tratamiento	Cómo evitarla
Furúnculos Provocados, en la mayoría de los casos, por la bacteria estafilococo, los furúnculos surgen en un folículo piloso y favorecen la formación de un bulto rojo que se va llenando de pus a medida que la infección avanza. El bulto puede llegar a producir dolor debido a la presión ejercida sobre los nervios. Por lo general, los furúnculos aparecen en grupo debido a la elevada concentración local de bacterias. Si otros folículos se infectan, puede formarse un carbunco (un furúnculo con diversas cabezas). Puede llegar a alcanzar 5 cm de diámetro.	Los puntos más afectados por los furúnculos son la parte posterior del cuello, las axilas y las ingles, donde surgen colonias de estafilococos debido a que estas zonas ofrecen un atractivo entorno húmedo para el desarrollo del organismo. En ocasiones, los furúnculos se desarrollan en otros lugares, como la nariz. Un orzuelo es un furúnculo pequeño que afecta a un folículo de una pestaña.	Para reducir las posibilidades de que la infección se extienda, lave a conciencia la zona que rodea el furúnculo con un jabón antiséptico. En los casos severos, los antibióticos pueden evitar la aparición de más furúnculos, pero cuando uno ha aparecido, debe dejarse que siga su proceso y no es posible eliminarlo sin tratarlo con fármacos. No exprima los furúnculos, ya que puede extender la infección. La aplicación de una compresa suave puede aliviar las molestias y madurar el furúnculo, permitiendo así que asome la cabeza. En el caso de un furúnculo grande, tal vez sea preciso acudir al médico para que lo abra bajo anestesia local.	La falta de higiene personal, la obesidad y el sudor abundante favorecen la aparición de furúnculos. Las personas diabéticas y las afectadas por eccema también pueden ser propensas a los furúnculos, ya que tienen menos resistencia a las infecciones bacterianas.

GUÍA DE INFECCIONES E INFESTACIONES DE LA PIEL continuación

Descripción	Ubicación	Tratamiento	Cómo evitarla
Impétigo Ampollas contagiosas que se abren, dejando costras de color miel, provocadas por las bacterias estafilococos o estreptococos.	Por lo general, comienza alrededor de los labios, la nariz y las orejas, sobre todo si hay cortes, rasguños, herpes o eccema. Tocar la piel afectada puede contribuir a extender la infección por el cuerpo y a otras personas.	Los antibióticos orales acaban con la infección en un tiempo aproximado de 5 días. Las costras sueltas deben lavarse suavemente con agua y jabón, y se secan mediante ligeros golpecitos.	Si tiene un hijo pequeño infectado, no lo lleve al colegio y evite que toque a otras personas. Hierva las fundas de las almohadas, las toallas y las manoplas de baño después de cada uso.
Verrugas Protuberancias comunes, contagiosas pero en su mayoría inofensivas, las verrugas están provocadas por el papilomavirus humano (virus de la verruga vulgar). Se han identificado al menos 30 tipos de VPH. Los niños son susceptibles al papilomavirus humano, ya que su inmunidad está menos desarrollada. La falta de salud en las personas mayores también crea propensión al virus.	Las verrugas comunes aparecen en puntos propensos a sufrir lesiones, como las manos, la cara, los codos y las rodillas, sobre todo en los niños. Las verrugas plantares que afectan a la planta del pie pueden resultar dolorosas cuando se permanece de pie. Las verrugas planas aparecen sobre todo en las muñecas, las manos y la cara. Las verrugas venéreas se contagian mediante el acto sexual.	Aproximadamente el 50 % de las verrugas desaparecen por sí solas en el plazo de un año. No obstante, existen productos para eliminarlas que resultan rápidos y efectivos. En su mayoría contienen ácido salicílico y deben emplearse después de la ducha, cuando la piel se encuentra suave y absorbente. Las verrugas pueden congelarse con nitrógeno líquido, mediante el tratamiento denominado crioterapia.	Si tiene una verruga, tápesela en las piscinas y en las duchas públicas para evitar contagiarla. Debe informar a su médico de la aparición de verrugas venéreas. Incrementan considerablemente el riesgo de cáncer cervical en las mujeres y pueden contagiarse durante el acto sexual. Utilice un preservativo durante el coito.
Molusco contagioso Esta infección vírica altamente contagiosa afecta sobre todo a los niños (en especial a los que tienen eccema). Forma puntos brillantes semejantes a verrugas (pápulas) que desarrollan un hoyuelo en la punta a medida que crecen.	Las pápulas suelen aparecen en grupos en los genitales, los muslos, la cara y otras partes del cuerpo, y pueden extenderse como consecuencia de rascarse.	En ocasiones desaparecen por sí solas. Los tratamientos incluyen la congelación con nitrógeno líquido o con fenol líquido. El médico puede recetar una pomada que limite la expansión. Los niños con sólo unas cuantas verrugas pueden bañarse con agua caliente y frotar suavemente con una piedra pómez.	Evite que un niño infectado comparta el baño y las toallas con otras personas.
Tiña Las manchas rojas, con escamas, que producen picor, y con un centro que suele curarse y dejar un círculo escamoso característico, son los síntomas de la tiña, un tipo de infección fúngica. Puede provocar una descamación persistente, similar al eccema, en las manos y los pies. Si se infecta el cuero cabelludo, puede provocar caída de cabello.	Las manchas se encuentran con mayor frecuencia en el torso, las ingles, los glúteos y las axilas. La tiña puede afectar a las palmas de las manos y a las plantas de los piel, así como al cuero cabelludo. También infecta las uñas, cuya superficie pasa a ser blanca o amarilla y parece desmenuzarse.	Debe tratarse pronto con pomadas, fármacos o esmaltes para uñas antifúngicos. La mayoría de las infecciones desaparecen en una o dos semanas, pero el tratamiento debe continuarse para evitar los rebrotes. Las uñas tardan un año en curarse. En los casos persistentes resulta aconsejable enviar muestras de piel o de uña a un laboratorio para su análisis.	Para proteger a los demás, no comparta toallas y manoplas de baño. Las personas no afectadas de la casa pueden minimizar el riesgo de infección utilizando un producto antifúngico.

GUÍA DE INFECCIONES E INFESTACIONES DE LA PIEL continuación

Descripción	Ubicación	Tratamiento	Cómo evitarla
Pie de atleta La piel se agrieta y duele, y por lo general aparecen ampollas y se descama cuando está infectada por el pie de atleta, un tipo de infección fúngica. Las uñas afectadas se separan de la piel o se tornan más gruesas, y pierden el color. Suele afectar a las personas que utilizan botas o zapatos gruesos.	Común entre los dedos de los pies, desde donde puede extenderse a las plantas y a las uñas.	Las pomadas antifúngicas pueden curar esta infección.	Séquese los pies con cuidado y rocíelos con un antifúngico en polvo. Utilice siempre calcetines de algodón y cámbielos a diario. Lleve sandalias o camine descalzo siempre que le sea posible. Desinfectar el cuarto de baño y el suelo de la ducha ayuda a evitar que la infección se extienda.
Pitiriasis versicolor Las manchas descamativas de color blanco, marrón o salmón, de hasta 1 cm de diámetro, que aparecen como consecuencia de esta infección están provocadas por un hongo que habitualmente se encuentra en la piel, pero que crece a una velocidad anormal. Afecta más a los jóvenes y a los adultos de mediana edad, sobre todo a los hombres.	Las manchas suelen aparecer en el torso y en los brazos, sin otros síntomas.	Trate cuidadosamente todo el cuerpo con un jabón antifúngico. Si deja alguna mancha sin tratar, el hongo reaparecerá. La piel puede tardar varios meses en recobrar su tono normal.	No es contagiosa, pero las personas propensas deberían cambiarse la ropa interior y el pijama cada día y lavar estas prendas en profundidad.
Sarna Provocada por un parásito llamado *Sarcoptes scabei*, la sarna se transmite mediante el contacto personal: compartir una cama, abrazarse o sentarse sobre las rodillas. Los huevos aparecen como pequeñas protuberancias escamosas de color gris. Producen picor y, en una fase más avanzada, bultos rojizos, provocados por una reacción del sistema inmunológico a una proteína producida por los acáridos.	Las hembras ponen huevos bajo la superficie de la piel, por lo general en los dedos y las muñecas, alrededor de los pezones en las mujeres o en el pene, en el caso de los hombres. Los huevos pueden permanecer sin abrirse un mes, pero cuando lo hacen, el picor es intenso y afecta a todo el cuerpo de cuello para abajo.	Utilice un producto especial contra la sarna para tratar todo el cuerpo, sobre todo en las grietas de la piel. El picor puede persistir hasta dos semanas.	La sarna es muy contagiosa durante el período comprendido entre la infección y la apertura de los huevos. Trate a toda aquella persona que haya estado en contacto físico con un afectado al mismo tiempo, tanto si siente picor como si no. Lave la ropa de cama y la ropa interior. Cuelgue en exterior el resto de las ropas o guárdelas en una bolsa durante 24 horas: los ácaros mueren rápidamente cuando se separan del cuerpo.
Piojos Estos pequeños insectos se alimentan de sangre y provocan irritación al picar la piel. Existen tres tipos: los de cabeza (liendres) y los del vello púbico (ladillas), que viven en los cabellos, y en el vello púbico. Todos provocan un picor intenso.	Las liendres viven en el cuero cabelludo, son habituales entre los niños y se contagian mediante el contacto directo. Las ladillas visibles a simple vista infestan el vello púbico y suelen contagiarse mediante el contacto sexual. Los piojos corporales, más raros, se alimentan de piel pero viven y ponen sus huevos en la ropa sucia.	Para las liendres y las ladillas, aplique un champú especial y utilice un peine de dientes finos para eliminar los huevos del cabello. Hierva o limpie la ropa para matar los piojos corporales.	Asegúrese de que los piojos han desaparecido repitiendo el tratamiento cada semana durante un tiempo. Revise y trate a las personas que entren en contacto directo con un afectado. Para evitar las ladillas, no comparta toallas o ropas usadas por una persona afectada.

VÉASE TAMBIÉN
Infecciones
cutáneas   114-116

Callosidades y sabañones

Formados por piel dura y gruesa, las callosidades se desarrollan en cualquier parte del cuerpo donde se produce una presión o fricción habitual o prolongada, proporcionando así una almohadilla protectora contra las lesiones. Cuando los vasos sanguíneos que se encuentran inmediatamente debajo de la piel se estrechan debido al frío, puede aparecer un sabañón en un dedo.

En general, las callosidades aparecen en los pies, la parte del cuerpo que absorbe más fricción a diario. No obstante, los trabajadores manuales y los deportistas (como los jugadores de tenis) suelen desarrollar callosidades en las manos, los oficinistas en los codos y los guitarristas en la punta de los dedos. Incluso el hecho de apretar un bolígrafo puede crear una callosidad en el punto donde se presiona el dedo. Las callosidades no son dolorosas, aunque dañan la piel.

¿QUÉ ES UNA CALLOSIDAD?

Las callosidades gruesas que se forman en los dedos de los pies presentan un núcleo duro en el centro. Debido a que suelen presionar los nervios que tienen debajo, estas callosidades pueden resultar dolorosas. Puede utilizar parches para eliminarlos, disponibles en las farmacias. Consisten en un círculo de espuma con ácido salicílico en el centro que consume la protuberancia de piel muerta. Otra opción es acudir a un callista, que recortará cuidadosamente las capas endurecidas de piel con un escalpelo. Recuerde que para que la cura sea completa debe dejar de ejercer la presión que provocó la aparición de la callosidad. Asegúrese de que sus zapatos se adaptan bien al pie.

EVITAR LOS SABAÑONES

Las protuberancias que provocan picor y quemazón llamadas sabañones aparecen como consecuencia de la exposición al frío. Suelen afectar a los dedos de manos y pies, pero también pueden aparecer en otras partes del cuerpo, como los glúteos. Para mantener calientes los órganos internos en invierno, el cuerpo recorta la cantidad de sangre enviada a las extremidades, como las manos y los pies. Esta reducción de la irrigación reduce el aporte de oxígeno a la piel y favorece la aparición de sabañones. Las personas con una circulación deficiente son especialmente propensas.

En general, los sabañones se curan sin tratamiento. La mejor prevención consiste en llevar prendas de abrigo, sobre todo en las piernas, las manos y los pies. Practique ejercicio para estimular la circulación y no fume, ya que reduce la circulación sanguínea en la piel. Rascarse los sabañones empeora su estado y alarga el proceso de curación, por lo que resulta aconsejable intentar resistir la tentación. ∎

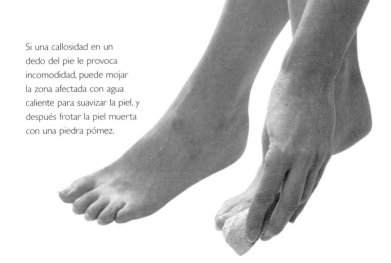

Si una callosidad en un dedo del pie le provoca incomodidad, puede mojar la zona afectada con agua caliente para suavizar la piel, y después frotar la piel muerta con una piedra pómez.

PRECAUCIÓN

*Si va a retirar una garrapata,
tenga cuidado de no separar
el cuerpo de la cabeza:*
- *Utilice unas pinzas para
agarrar la cabeza tan cerca
de la piel como sea posible.
Estire suavemente hacia
arriba, sin doblar ni hacer
fuerza.*
- *Puede asfixiar la garrapata
con vaselina o con
quitaesmaltes de uñas; así le
privará de oxígeno y la podrá
sacar. El inconveniente de
esta técnica es que pueden
transcurrir varias horas hasta
que la garrapata reaccione.*
- *Utilice el calor de una
cerilla o de un cigarrillo para
hacer que la garrapata salga.*

Cuando un insecto, como un
mosquito, pica, lo hace para
alimentarse de sangre. No
obstante, cuando introduce
en la piel su probóscide
especialmente diseñada,
deposita saliva o heces cerca
de la picadura. Estas sustancias
provocan una reacción
alérgica que puede producir
una erupción dolorosa
acompañada de picor
o que supura.

Picaduras de insectos

*Las picaduras de insectos afectan a las personas en diversos grados: algunas
se quejan de que su sangre parece atraer a los insectos; otras apenas sufren
picaduras o no reaccionan a éstas.*

La mayoría de las picaduras sólo provocan irritación temporal y desaparecen en unos días. Si sufre una picadura, debe lavar la zona con agua y jabón; también puede aplicar una loción calmante, como calamina, o una pomada antihistamínica. Intente no rascarse o frotar la picadura.

En las zonas tropicales, los insectos que pican transmiten enfermedades como la malaria, la enfermedad del sueño y el tifus. Si visita una de estas zonas, utilice mosquiteras impregnadas con repelente para insectos y cubra su cuerpo al máximo con ropa para evitar sufrir picaduras.

INSECTOS QUE PICAN

Cuando las abejas, las avispas y los avispones pican, inyectan un veneno a modo de defensa. Los agentes químicos inflamatorios presentes en la picadura provocan dolor, rubor e hinchazón. Estos insectos suelen dejar su aguijón en la picadura. Retírelo suavemente con una uña o con un cuchillo,

no intente cogerlo con pinzas o con los dedos, ya que así inyectará más veneno. Lave la zona con agua y jabón y aplique una compresa fría. Los analgésicos pueden aliviar las molestias, y los síntomas deberían desaparecer en el plazo de 48 horas.

Una de cada 200 personas es hipersensible al veneno de los insectos y manifiesta síntomas más serios, incluyendo un picor generalizado, mareos, vómitos e hinchazón de la cara y la garganta inmediatamente después de sufrir la picadura. En casos extremos, la persona puede sufrir un shock anafiláctico. Esta reacción que pone en peligro la vida exige un tratamiento de emergencia inmediato con adrenalina. Toda aquella persona que sea hipersensible a las picaduras debería llevar un equipo de autoinyección de emergencia en todo momento.

En ocasiones se recurre a una técnica denominada «hiposensibilización» para reducir la sensibilidad a las picaduras. Consiste en inyectar cuidadosamente dosis cada vez mayores de veneno con el fin de reconvertir la reacción del sistema inmunológico.

ENFERMEDAD DE LYME

Las garrapatas portadoras de la enfermedad de Lyme pueden transmitirla a las personas. La picadura puede pasar desapercibida, pero es frecuente la aparición de una erupción (una zona enrojecida con un centro claro de hasta 20 cm de diámetro) por un espacio de entre dos a cuatro semanas. Los síntomas son fiebre, dolor de cabeza, aletargamiento y dolores musculares; las extremidades enrojecen y se inflaman. Es necesario realizar un tratamiento con antibióticos. ∎

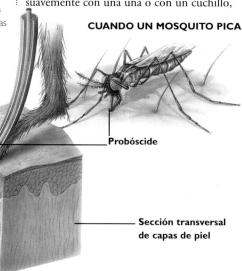

CUANDO UN MOSQUITO PICA

Probóscide

**Sección transversal
de capas de piel**

**Vaso
sanguíneo**

Quemaduras solares

Una cierta cantidad de sol resulta beneficiosa, ya que el cuerpo necesita sintetizar la vitamina D y un día soleado mejora el humor de la mayoría de las personas. El exceso de exposición, sin embargo, es perjudicial.

VÉASE TAMBIÉN

Cáncer 152-159

Aromaterapia 192-195

PRECAUCIÓN

■ *Ciertos fármacos, como los diuréticos y los antibióticos, hacen la piel más sensible al sol.*

■ *Recuerde que puede sufrir quemaduras incluso cuando está nublado.*

■ *Los rayos se reflejan en el agua, la nieve y la arena, y también pueden aumentar las posibilidades de sufrir quemaduras.*

Existen dos tipos de radiación ultravioleta del sol que alcanzan la superficie de la tierra: los UVA y los UVB. Un exceso del segundo puede provocar quemaduras y cáncer de piel, y el UVA contribuye al envejecimiento prematuro de la piel. El grado de sensibilidad al sol de cada persona depende de la cantidad de melanina, el pigmento protector, en la piel. Cuanto más clara es ésta, menos melanina contiene y más vulnerable es a los daños provocados por el sol.

Las quemaduras solares provocan dolor. La piel adquiere un color rojo intenso y pueden aparecer ampollas, y poco se puede hacer aparte de aplicar calamina o una loción de aloe vera para calmar el dolor. Si la quemadura es amplia y grave, tal vez se sienta mareado, deshidratado y con náuseas, todo ello acompañado de dolor de cabeza. Permanezca tapado y a la sombra.

La sobreexposición al sol puede tener consecuencias más serias que las quemaduras. La queratosis solar se manifiesta en forma de manchas rojas y descamativas en la piel que suelen formarse en la cabeza, el cuello o las manos de las personas que pasan mucho tiempo al sol. Las manchas son benignas, pero podrían desembocar en cáncer de piel.

Uno de los mayores riesgos de la sobreexposición al sol es el cáncer de piel, y la incidencia de esta forma de cáncer ha aumentado de manera espectacular en los últimos años. Se cree que las quemaduras solares graves cambian la composición de la piel, aunque pueden pasar años antes de que el cáncer se desarrolle. Asimismo, se cree que existe un vínculo entre las quemaduras graves sufridas en la infancia y el desarrollo de un melanoma maligno en la edad adulta; por tanto, proteja a los niños del sol.

Otra amenaza a largo plazo del sol es el deterioro de la piel. El bronceado juvenil de hoy se convierte en piel curtida mañana, ya que el exceso de UVA daña irreparablemente la elasticidad de la piel.

PROTECTORES SOLARES

La mayoría de los protectores solares actúan absorbiendo o reflejando los rayos del sol. No protegen contra todos los componentes de los rayos solares y no deben emplearse como sustitutos del hecho de evitar la sobreexposición.

Los protectores solares que bloquean sobre todo los rayos UVB reducen el riesgo de sufrir quemaduras graves, pero le permiten pasar más tiempo al sol recibiendo dosis envejecedoras de UVA. Por lo general, estos productos se numeran del 2 al 45 para indicar su factor de protección. Cuanto más elevado sea éste, mayor es la protección. ■

¿QUÉ SON LAS AMPOLLAS?

Las ampollas constituyen el modo que la naturaleza tiene de proteger una zona de piel dañada. Por lo general, se forman como resultado de quemaduras o roces (por ejemplo, los producidos por un zapato que no se adapta bien al pie). El líquido proviene de los vasos sanguíneos subyacentes, y es estéril. Su función es proteger al tejido dañado de las infecciones. No es recomendable pinchar las ampollas, sino dejar que se curen por sí solas.

Algunas enfermedades, como el eccema y el impétigo, provocan la aparición de ampollas. Las ampollas pequeñas conocidas como vesículas pueden acompañar a la erupción de la varicela, el herpes zoster y el herpes simple. De nuevo, no las abra porque contienen partículas de virus que extienden la infección.

PRECAUCIÓN

Si la temperatura de un niño alcanza los 39 ºC o más, o si sufre una crisis convulsiva después de la administración de una vacuna, llame al médico inmediatamente o acuda a urgencias del hospital más próximo.

Vacunas

También llamada inmunización, la vacunación actúa induciendo artificialmente la inmunidad frente a enfermedades infecciosas. Además de proteger al individuo contra una enfermedad, las vacunas pueden erradicar esa enfermedad de la sociedad con el paso de los años. Estar vacunado resulta muy importante en los grupos vulnerables, como los niños y los ancianos.

Una vacuna contiene una pequeña parte de la bacteria, el virus o el agente químico que provoca la enfermedad. Cuando el «desencadenante» de la enfermedad se inyecta en la sangre, incita al sistema inmunológico a producir anticuerpos contra esa enfermedad. Así se confiere inmunidad del mismo modo que lo haría la propia enfermedad.

El médico inglés Edward Jenner acuñó el término «vacuna» en 1798. Utilizó una inoculación de la vacuna (enfermedad de las vacas) para conseguir la inmunidad frente a la viruela, por entonces una enfermedad mortal.

DIFERENTES TIPOS DE VACUNA

Existen tres tipos de vacuna: una inactivada que se produce a partir de organismos químicamente desactivados; una atenuada con organismos vivos que se alteran para evitar la infección, y una toxina inactivada que se consigue mediante un organismo que provoca la enfermedad, aunque las toxinas están modificadas para evitar que provoquen la enfermedad. La vacuna elegida depende de la enfermedad que se pretende prevenir.

La mayoría de los niños se vacunan dentro de los dos primeros años de vida (*véase* recuadro, página siguiente). En España, más del 90 % de niños reciben todas las vacunas de rutina. Algunas se administran combinadas: es el caso de la difteria, la tos ferina, y el tétanos (DTT), y del sarampión, las paperas y la rubéola (triple vírica). No obstante, todas estas vacunas pueden administrarse por separado si algún componente está contraindicado (si un individuo manifiesta síntomas adversos que hacen el tratamiento poco recomendable).

DESPUÉS DE LA VACUNA

Muchos niños sufren fiebre después de recibir una vacuna. Esto no es causa de preocupación, a menos que la temperatura supere los 39 ºC. Si la temperatura del niño es superior a 37,5 ºC:
- Ofrezca al pequeño abundantes líquidos.
- Si el niño está en la cama, asegúrese de que no está demasiado abrigado.
- Trate al niño con paracetamol según las instrucciones del prospecto.

CUÁNDO NO SE DEBE VACUNAR

En ocasiones, la inmunización no resulta recomendable o es preciso retrasarla. Consulte a su médico si su hijo:

- Ha reaccionado mal a alguna vacuna o ha sufrido shock anafiláctico por el consumo de huevos (sólo para la vacuna triple vírica).
- Tiene fiebre alta.
- Padece una enfermedad inmunológica (o algún miembro de la familia).
- Ha sufrido convulsiones en el pasado.

■ Si es necesario, humedezca al niño con una csponja cmpapada en agua tibia y deje secar la piel.

EL DEBATE

A pesar del papel de las vacunas en la reducción del número de infecciones graves, existen muchas personas que se manifiestan contrarias a ellas. No existen estudios científicos sobre los efectos a largo plazo, y el impacto de las vacunas en el sistema inmunológico inmaduro podría alterarlo, provocando otras enfermedades en etapas más avanzadas de la vida. El incremento de algunas enfermedades relacionadas con la inmunidad se atribuye a las vacunas infantiles. Algunas no aportan inmunidad permanente, mientras que sí lo hace el hecho de padecer la enfermedad en sí. Muchas de las enfermedades que la inmunización previene se manifestarían de manera suave en los niños, pero son más graves en los adultos, que pueden enfermar una vez pasado el efecto de la vacuna. ■

PRECAUCIÓN

Nunca ofrezca aspirina a un niño menor de 12 años: está relacionada con una enfermedad peligrosa conocida como síndrome de Reye. Trate la fiebre o los dolores con paracetamol.

VACUNAS INFANTILES

Vacuna	Edad	Contraindicaciones	Riesgos/efectos secundarios	Comentarios
Polio	2, 4, 6 meses.	Diarrea, vómitos o fiebre.	Ninguno.	Ligero riesgo de infección para los miembros de la familia mediante los pañales contaminados.
Difteria	2, 4, 6, 18 meses, 14-16 años y cada 10 años.	Enfermedad grave; reacción anterior a la vacuna contra la difteria.	Enrojecimiento; hinchazón en el punto de inyección; febrícula; en raras ocasiones, reacciones neurológicas.	Enfermedad poco frecuente, aunque puede afectar a las personas que visiten países en vías de desarrollo.
Tos ferina	2, 4, 6, 18 meses.	Historial familiar de crisis convulsivas o epilepsia.	Palidez; ligero riesgo de convulsiones.	Detener las inyecciones si se produce una reacción tras la primera.
Tétanos	2, 4, 6, 18 meses, 14-16 años y cada 10 años.	Enfermedad febril aguda.	Fiebre ligera; en raras ocasiones, shock anafiláctico si se es alérgico.	Se recomienda una dosis de recuerdo cada 10 años. La vacuna puede administrarse durante la infección.
Sarampión	15 meses y 4 años.	Fiebre alta; medicación inmunosupresora; tuberculosis; alergia al huevo.	Malestar; fiebre; erupción cutánea; en raras ocasiones, convulsiones.	La enfermedad y sus complicaciones resulta mucho más grave en los adultos.
Paperas (Parotiditis)	15 meses y 4 años.	Enfermedad aguda; inmunodeficiencia.	Fiebre ligera; erupción cutánea; síntomas de resfriado.	Más importante para los varones, ya que puede desembocar en una inflamación de los testículos (orquitis).
Rubéola	15 meses y 4 años.	Enfermedad de Hodgkin; leucemia; terapia inmunosupresora; embarazo; en los niños, fiebre.	Malestar con fiebre; ligero riesgo de artritis en etapas más avanzadas de la vida.	Importante para las chicas debido a los riesgos que supone contraerla durante el embarazo. La inmunidad puede durar sólo 5 años.
Meningitis por *Haemophilus influenza b*	2, 4, 6 meses y 12 años.	Cualquier tipo de enfermedad aguda.	Hinchazón y enrojecimiento del punto donde se ha inyectado.	Más común a los 10-11 meses, los riesgos descienden a los 4 años; raro a partir de esa edad.
Tuberculosis (BCG)	No se contempla en el plan de vacunas.	Ninguna.	Abscesos o ulceración en el punto donde se inyecta.	Precedida por una prueba cutánea para comprobar si el individuo es inmune.

PRECAUCIÓN

En ocasiones, el espíritu de las vacaciones anima a las personas a correr riesgos. Los accidentes de tráfico con coches alquilados y con ciclomotores son los más habituales durante las vacaciones. Familiarícese siempre con las normas de tráfico del lugar que visite y nunca beba antes de conducir.

Problemas durante un viaje

Una de cada cien personas que se encuentra de vacaciones precisa un tratamiento médico, y el 15 % son hospitalizadas. Con las debidas precauciones, la mayoría de estos accidentes y enfermedades podrían evitarse.

Las intoxicaciones alimentarias representan un peligro habitual de las vacaciones. Asegúrese de que la carne, el pescado y el marisco que consuma estén bien cocinados. En los países tropicales, no coma alimentos crudos a menos que pueda pelarlos o abrirlos usted mismo. Evite los alimentos que lleven expuestos más de tres horas (dos en climas cálidos). Si sufre diarrea, tome un líquido de rehidratación o beba mucha agua con sal y azúcar.

Desconfíe del agua de grifo en los países en vías de desarrollo. No la beba ni haga cubitos de hielo con ella; tampoco la use para cepillarse los dientes ni lavar alimentos. Para que el agua no represente ningún peligro, utilice pastillas purificadoras o un filtro de resina de yodo, o bien hierva el agua y déjela enfriar. Nunca se bañe en aguas sin garantías.

VACUNAS ANTES DE VIAJAR

Si viaja al extranjero, debe vacunarse varias semanas antes de la fecha de partida. Si no sabe con certeza qué vacunas necesita, puede informarse en los centros especializados. Las inmunizaciones más frecuentes son las siguientes: polio, tétanos, tifoidea, hepatitis A y B y fiebre amarilla, además de los fármacos para prevenir la malaria.

SOL

Nunca tome el sol al mediodía en los países cálidos (desde las 11.00 hasta las 15.00 horas). Para protegerse de los rayos UVA y UVB, aplíquese una loción solar de al menos factor 15, unos 15 minutos antes de exponer su piel al sol, y después cada dos horas. Mantenga a los niños pequeños tapados con prendas ligeras y gorros, y nunca exponga la piel de un bebé menor de seis meses.

OTRAS PRECAUCIONES

Para reducir el desajuste horario, adáptese a las horas del lugar de destino tan pronto como le sea posible. Intente dormir en el avión y, cuando llegue, permanezca al aire libre todo el tiempo que pueda. Los vuelos también provocan deshidratación, así que es conveniente beber muchos líquidos durante el viaje, pero evitando el alcohol. También debe evitar el tabaco, que desciende la ya reducida cantidad de oxígeno. La combinación de vuelo a gran altitud y comidas pesadas puede afectar a su circulación hasta el punto de sentirse mareado; evite las comidas copiosas.

Las enfermedades de transmisión sexual pueden ser el resultado de la actitud relajada que adoptan algunos turistas. Si mantiene relaciones con alguien a quien acaba de conocer, utilice un preservativo. ∎

EQUIPO BÁSICO DE PRIMEROS AUXILIOS

Si va a pasar unas vacaciones fuera de casa, debe pensar en llevar un botiquín básico. Su destino determinará el contenido del botiquín.

■ Esenciales: esparadrapo, vendas, antiséptico, antidiarreicos, preparado de rehidratación, repelente de insectos, insecticida en aerosol, loción solar, analgésicos, aerosol astringente, compresas esterilizadas (para cerrar una herida) y pastillas contra la indigestión.

■ Si viaja a un país en vías de desarrollo o a zonas tropicales, también debe llevar: un filtro de resina de yodo o pastillas para purificar el agua, una mosquitera, espirales para hacer humo y ahuyentar a los mosquitos, una jeringa y una aguja estériles.

Conjuntivitis

Una de cada 50 personas que consulta a su médico cada año lo hace debido a una conjuntivitis. Se trata de una inflamación de la conjuntiva, la membrana transparente que cubre el ojo por delante.

PRECAUCIÓN

No utilice colirios para resaltar el blanco de los ojos. Pueden provocar la contracción de los vasos sanguíneos de los ojos, vaciándolos de sangre y creando un efecto de rebote por el cual el blanco se hará más rojo y los ojos queden peor de lo que estaban antes de aplicar las gotas. También pueden provocar el aumento o el descenso de la presión sanguínea de todo el cuerpo, además de ser las posibles responsables de una crisis aguda de glaucoma.

■ La sequedad de los ojos puede estar provocada por una falta de lágrimas. El médico puede recetar lágrimas artificiales para aliviar esta alteración.

■ Un ojo sensible que empeora con la luz intensa puede ser señal de una úlcera de la córnea o de iris inflamado. Acuda al médico de inmediato.

La conjuntivitis puede estar provocada por bacterias, una alergia o un virus. La infección bacteriana suele tener su origen en los dedos, las manoplas o las toallas contaminadas. El virus está asociado, por lo general, con un resfriado, dolor de garganta o una enfermedad infantil. La alergia puede deberse los cosméticos, al polen o a las soluciones de limpieza de las lentes de contacto.

Los recién nacidos pueden contraer conjuntivitis al pasar por la vagina de la madre durante el parto. Esta condición se conoce como oftalmología del recién nacido, y debe tratarse sin demora. De lo contrario, la infección puede extenderse y provocar ceguera.

El diagnóstico se basa en el aspecto del ojo. Si el médico sospecha de la existencia de una infección, puede tomar muestras para encontrar el organismo responsable. Esto resulta especialmente importante en el caso de los recién nacidos.

TRATAMIENTO

Cualquier supuración y formación de costras en los párpados debe eliminarse con agua caliente, utilizando una manopla recién lavada en agua muy caliente.

La elección del tratamiento dependerá de la causa. La conjuntivitis bacteriana se trata con colirio antibiótico. La conjuntivitis alérgica suele tratarse con colirio antihistamínico. Estos dos tipos desaparecen, por lo general, en varios días. La conjuntivitis vírica tiende a mejorar sin tratamiento.

HIGIENE OCULAR

Si la conjuntivitis reaparece, la solución consiste en seguir una higiene escrupulosa. Lave todas las manoplas faciales y las toallas a altas temperaturas y asegúrese de que cada miembro de la familia utiliza su propia manopla o toalla.

Nunca deben emplearse soluciones oculares. Las lágrimas, el líquido natural de los ojos, son la mejor solución para lavarlos. Un baño ocular no es estéril y puede contaminar el conducto lagrimal y el ojo.

Los cosméticos como la máscara de pestañas y el delineador pueden contaminar los bordes del párpado y permiten la agrupación de organismos, lo que predispone a sufrir infecciones oculares. Si desarrolla una conjuntivitis, tire sus actuales cosméticos y comience a utilizar unos nuevos cuando la infección haya desaparecido por completo.

Los usuarios de lentes de contacto deben ser especialmente cuidadosos con su higiene ocular, sobre todo con los cosméticos. Deben dejar de utilizar las lentes mientras sufran de conjuntivitis. ■

RECONOCER LA CONJUNTIVITIS

Los síntomas de la conjuntivitis siempre son los mismos, sea cual sea la causa. Los ojos se inyectan de sangre y la membrana se inflama. Asimismo, los ojos pican y pueden supurar un pus amarillo que puede secarse hasta formar una costra durante la noche.

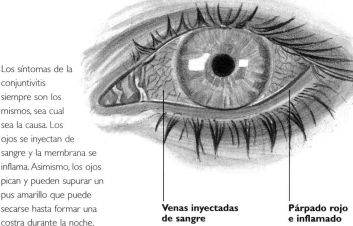

Venas inyectadas de sangre

Párpado rojo e inflamado

VÉASE TAMBIÉN
Conjuntivitis　123

PRECAUCIÓN

Un bulto persistente en el párpado puede ser un quiste de las glándulas de Meibomio. Aunque nunca es canceroso, puede infectarse y parecer un orzuelo. Se elimina mediante una sencilla intervención quirúrgica.

Orzuelos

Nuestros ojos están bordeados de pestañas, y cada pelo sale de un folículo piloso. Cuando uno de estos folículos se infecta, aparece un doloroso absceso inflamado.

Los orzuelos constituyen una alteración ocular común. Pueden ser el resultado de una infección, y también pueden denotar una debilidad del sistema inmunológico (*véanse* págs. 26-27). Por ejemplo, pueden aparecer durante una enfermedad, como el sarampión, que debilita considerablemente a la persona que la padece.

Los orzuelos suelen reaparecer. Lo que ocurre es que uno desaparece, por lo general en cuestión de una semana, pero para entonces otro folículo piloso se ha infectado con la misma bacteria y aparece otro orzuelo. Nunca debe apretar un orzuelo: puede extender la infección a otros folículos.

TRATAMIENTO

Puede acelerar el proceso de curación de un orzuelo aplicando una compresa caliente y limpia tres veces al día, lo que ayudará al pus a salir. Un baño ocular de eufrasia o manzanilla puede reducir la inflamación.

Cuando el pus se convierta en una cabeza claramente visible, elimine la pestaña con unas pinzas limpias y lave el ojo con una gasa estéril. Una pomada ocular antibiótica puede ayudar a evitar una recidiva.

HIGIENE OCULAR

La clave para evitar los orzuelos consiste en mantener una higiene escrupulosa. Asegúrese de que cada miembro de la familia utiliza su propia toalla facial y que no la comparte con nadie. No utilice baños oculares, ya que no son estériles y pueden contaminar las lágrimas, la mejor solución para lavar los ojos.

Los cosméticos, como el delineador y la máscara de pestañas, pueden contaminar los bordes del párpado y permitir la agrupación de organismos, predisponiendo así al ojo a las infecciones. Si desarrolla un orzuelo, deseche sus cosméticos y utilice unos nuevos cuando la infección esté completamente curada.

Si lleva lentes de contacto, debe ser especialmente cuidadoso con la higiene ocular, sobre todo con los cosméticos. No utilice sus lentes cuando tenga un orzuelo.■

RECONOCER UN ORZUELO

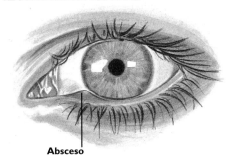

Los orzuelos suelen formarse cerca del borde interior del ojo, pero también pueden aparecer en la base de cualquiera de las pestañas.

Absceso

CUIDADOS OCULARES

- Evite frotarse los ojos.
- No se toque los ojos cuando practique la jardinería: algunas plantas pueden provocar una reacción alérgica.
- Utilice gafas protectoras cuando nade. Si es miope, puede conseguir unas gafas graduadas.
- No utilice las lentes de contacto por la noche.
- No se toque los ojos cuando esté cocinando, sobre todo si maneja guindillas, jengibre u otros productos picantes.
- Cuide su sistema inmunológico (*véanse* págs. 26-27 y 268-269), ya que es importante para la salud de sus ojos.

Alergias

El número de personas que sufren alergias está aumentando en el mundo industrializado. Nada menos que un 25 % de personas desarrollan una reacción alérgica en algún momento de su vida.

Cuando los alergenos penetran en el cuerpo se encuentran con los linfocitos, que producen anticuerpos de inmunoglobulina para los alergenos específicos. Los mastocitos se desplazan al exterior de los vasos sanguíneos en todo el organismo. Los anticuerpos se adhieren a estas células, provocando la liberación de histamina, que desencadena la alergia.

Las reacciones alérgicas se producen cuando el cuerpo identifica erróneamente una sustancia como dañina. Reacciona como si se tratase de una bacteria, un parásito o un virus: envía anticuerpos para destruir al invasor.

En circunstancias normales, así estaríamos protegidos contra los agentes que provocan enfermedades y el proceso contribuiría a activar la inmunidad. Sin embargo, en el caso de la alergia, la reacción confunde el objetivo. En lugar de proteger al organismo, los anticuerpos lo sensibilizan y producen una gama de síntomas molestos.

Muchos expertos creen que las alergias se producen porque la vida moderna pone en peligro el sistema inmunológico. Este sistema ordena a las células individuales que destruyan a los invasores. El agente alérgico, conocido como alergeno, desencadena la liberación de histamina, que provoca la contracción de los músculos de las vías respiratorias y la trasudación de los vasos sanguíneos. También se liberan prostaglandinas, que producen dolor. El resultado son los síntomas alérgicos más conocidos: inflamación, dolor y picor. La nariz, la garganta, las vías respiratorias, la piel y los ojos son los órganos más afectados.

Existe cierto desacuerdo en lo que respecta a la responsabilidad de las inmunoglobulinas en las reacciones alérgicas. Si bien todos aceptan que la inmunoglobulina E (conocida como IgE) está implicada, algunos expertos creen que las inmunoglobulinas A y G (IgA e IgG) también participan en ciertas alergias, sobre todo en las alimentarias. Otros creen que las reacciones son el resultado de la actividad de los glóbulos blancos (de los que se cree que lanzan agentes químicos tóxicos contra los alergenos) en su lucha inmunológica.

HERENCIA

Sea cual sea el proceso exacto implicado, se sabe que está genéticamente programado, lo que explica por qué las alergias suelen afectar a varios miembros de una misma familia. Si los padres tienen problemas de alergias, el hijo tendrá un 80 % de posibilidades de desarrollarlas. Cuando sólo uno de los dos progenitores es alérgico, el porcentaje desciende al 50 %. Y si ninguno lo es, las posibilidades quedan en un 20 %.

CÓMO SE PRODUCE UNA ALERGIA

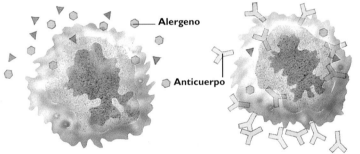

— Alergeno

— Anticuerpo

1. El linfocito reconoce el alergeno

2. El linfocito fabrica anticuerpos

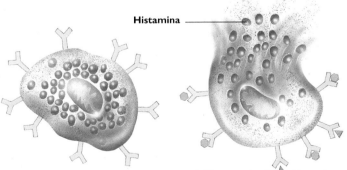

Histamina —

3. Los anticuerpos atacan al mastocito

4. El mastocito libera histamina

Hay varios genes individuales implicados. Se cree que cuanto mayor es el número de estos genes que experimentan mutaciones en un individuo, mayor es el riesgo de desarrollar una alergia. Si sólo uno o dos genes transportan la mutación, la persona necesita más exposición al alergeno para que los síntomas aparezcan.

FALTA DE PRÁCTICA

Algunos expertos creen que el aumento de los casos de alergia se debe a la sobreprotección del sistema inmunológico. La erradicación de muchas enfermedades y el uso de la inmunización entre los niños implica que nuestros sistemas inmunológicos no tengan práctica. Como los músculos que no se ejercitan, el sistema inmunológico podría no ser capaz de actuar correctamente en caso necesario. Los defensores de esta teoría citan el hecho sobradamente conocido de que los niños de familias reducidas y los hijos mayores sufren más alergias e infecciones que los de familias numerosas e hijos posteriores. Este hecho podría deberse a que estos últimos están expuestos a más infecciones desde una edad temprana.

ANAFILAXIS

La anafilaxis es una reacción alérgica severa según la cual el cuerpo entra en estado de alerta minutos después de la exposición al alergeno. Las causas más comunes son los cacahuetes y otros frutos secos, las semillas de sésamo, el marisco, los huevos, las picaduras de avispa y de abeja, el látex, la pintura y la penicilina.

Al entrar en contacto con el alergeno, las células liberan enormes cantidades de histamina, que provoca la inflamación repentina de los vasos sanguíneos. Esto afecta a los pulmones, la garganta y la boca, provocando dificultades para respirar que pueden poner en peligro la vida. La piel enrojece y aparece la urticaria. Los vasos sanguíneos trasudan y pueden provocar una bajada espectacular de la presión sanguínea. El afectado puede perder el conocimiento.

La anafilaxis debe tratarse inmediatamente con una inyección de adrenalina. Tal vez sea preciso recurrir a las inyecciones de corticoesteroides. Las personas susceptibles a esta condición deberían llevar siempre un equipo de inyección.

Otros analistas señalan el bienestar como un factor. La calefacción central y los hogares bien aislados, por ejemplo, favorecen la reproducción de los ácaros del polvo, insectos invisibles que viven en las telas, donde dejan deposiciones microscópicas que pueden provocar asma.

La contaminación del tráfico exacerba muchas alergias. La historia reciente de las alergias en Alemania apoya esta afirmación. Antes de la reunificación, las alergias eran mucho más abundantes en la acomodada parte occidental. Ahora que la zona oriental ha adoptado un estilo de vida similar, tiene tantos afectados de alergia como la otra zona.

En principio, cualquier sustancia puede provocar una alergia. Algunas lo hacen con mayor frecuencia que otras. Al aire libre, el polen es el principal responsable. Procede de muchas plantas y provoca rinitis alérgica. En interiores, el mayor causante de alergias es el ácaro del polvo. Otros alergenos comunes presentes en el ambiente son los mohos, las plumas, el níquel, el látex, la pintura y la caspa de los animales de pelo. Existen muchos alergenos alimentarios potenciales.

SÍNTOMAS

Las reacciones alérgicas son muy individuales. Un alergeno que provoca un conjunto de síntomas en una persona puede presentar síntomas diferentes en otra. El mismo alergeno puede afectar a una parte diferente del cuerpo y en un grado distinto. Los síntomas más comunes son rinitis, erupciones, asma, urticaria y eccema.

Algunos médicos atribuyen a una respuesta alérgica las reacciones físicas que siempre aparecen cuando la persona está en contacto con una determinada sustancia. Según ellos, los síntomas de algunas dolencias (incluyendo el síndrome de colon irritable y la migraña, que pueden estar provocados por una intolerancia alimentaria), podrían calificarse como respuesta alérgica. Dado que algunos síntomas no siguen un patrón identificable, las alergias pueden pasar desapercibidas para los médicos cuando no se manifiestan con la clásica reacción IgE, como el shock anafiláctico (que siempre implica IgE) o la rinitis alérgica, el asma o el eccema (casi siempre).

DIAGNÓSTICO

El incremento de las alergias ha propiciado proliferación de pruebas diagnósticas, algunas de las cuales son mucho más científicas que otras. Las dos más utilizadas por los especialistas son las pruebas cutáneas y el test radioalergosoabsorbente (RAST).

La primera consiste en puncionar la piel e introducir en ésta soluciones de posibles alergenos. El RAST es un análisis de sangre en el cual se mezcla una muestra de ésta con los alergenos de los que se sospecha. A continuación se mide la respuesta del anticuerpo IgE. El análisis de inmunoabsorción enzimática (ELISA), cada vez más utilizado, funciona de manera similar. Los métodos controvertidos incluyen análisis citotóxicos como el antígeno, la prueba de anticuerpos celulares leucocíticos o la prueba celular de alergenos alimentarios, que miden la actividad de los leucocitos. El método Vega y la quinesiología aplicada son utilizados por los profesionales de terapias complementarias.

HIPERSENSIBILIDAD A LOS ALIMENTOS

Se calcula que una de cada tres personas padece una hipersensibilidad alimentaria en algún momento de su vida. Existen dos tipos de hipersensibilidad alimentaria. Aunque las condiciones son distintas, suelen confundirse porque ambas implican a los alimentos.

El tipo más grave es una alergia alimentaria. Por lo general es severa, y provoca vómitos, erupciones, asma, eccema o shock anafiláctico. Siempre participa la inmunoglobulina E (IgE) y aparece tan pronto como se ingiere el alergeno. Incluso una pequeñísima cantidad de alimento puede provocar una reacción seria. Este tipo de alergia aparece en la infancia y puede

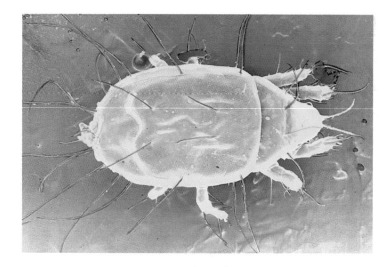

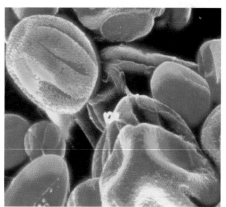

El ácaro del polvo (superior, aumentado 26 veces), que vive en las alfombras, los muebles y las camas, y el polen (izquierda, aumentado 1.000 veces) son dos alergenos habituales. La limpieza meticulosa de la casa, como el aspirado diario, puede ayudar a eliminar estos alergenos en el ámbito doméstico.

durar toda la vida. Los desencadenantes más habituales son los cacahuetes, el huevo, las semillas de sésamo, los cítricos y el marisco. El otro tipo de sensibilidad se conoce como intolerancia alimentaria. Los síntomas aparecen cuando el cuerpo no produce la enzima necesaria para descomponer ciertos agentes químicos de los alimentos, como la lactosa. Algunos nutricionistas y profesionales de terapias complementarias sospechan de la existencia de otro tipo de intolerancia alimentaria, que aparece si determinados alimentos no se digieren o sus componentes se absorben con excesiva rapidez.

El método más fiable para dar con el alimento que produce alergia consiste en utilizar la dieta de eliminación o exclusión. No obstante, este recurso requiere tiempo y compromiso por parte del afectado y debe estar bajo la supervisión de un especialista o un nutricionista cualificado.

La persona alérgica puede comer una gama limitada de alimentos, que se seleccionan de entre los que rara vez resultan ser alergénicos. Algunos de los productos que se incluyen en esta categoría son el cordero, las peras, el arroz, el pavo y las chirivías. A continuación se reintroducen nuevos alimentos en la dieta de forma gradual con el fin de comprobar si provocan una reacción. Identificar con exactitud el alergeno concreto puede convertirse en un proceso lento, ya que los alimentos pueden reintroducirse sólo a intervalos de tres días, y la reacción para cada uno puede tardar 72 horas en manifestarse. No obstante, estas dietas han demostrado que sirven de ayuda incluso en alteraciones inflamatorias crónicas, como la artritis reumatoide y la enfermedad de Crohn.

TRATAMIENTO

No resulta sorprendente, para una condición que divide a la opinión médica como las alergias, que actualmente no exista un tratamiento probado y aceptado entre toda la comunidad médica. El tratamiento más efectivo para una alergia es, simplemente, evitar el alergeno. Todo aquel que sea alérgico a los huevos, por ejemplo, debe evitar comer huevos o cualquier plato que los incluya. Si el alergeno es el polen, evitarlo no resulta tan sencillo, aunque mantener cerradas las ventanillas del coche cuando se conduzca y cerrar las ventanas del dormitorio por la noche son dos medidas que proporcionarán cierta protección. No obstante, con otros alergenos el mero hecho de evitarlos no siempre es posible.

Algunos terapeutas depositan su fe en un método conocido como desensibilización. Se basa en un principio similar al de la inmunización. Si un paciente recibe inyecciones del alergeno sospechoso, se cree que el cuerpo producirá inmunidad a ese alergeno. La dosis aumenta gradualmente a lo largo del tratamiento. El gran inconveniente de este enfoque es que las inyecciones deben administrarse todo el año, en ocasiones provocan una reacción alérgica severa y exigen visitas regulares al hospital para su administración.

En la actualidad, varios grupos de investigación están concentrados en desarrollar vacunas contra alergias determinadas, como la rinitis alérgica. Se pretende que estas vacunas reprogramen el sistema inmunológico para bloquear los procesos bioquímicos que desencadenan reacciones alérgicas.

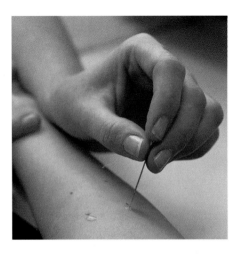

Para identificar los verdaderos alergenos responsables de una alergia es posible realizar un estudio mediante punciones en la piel. Diversos alergenos, incluyendo polvo, polen y esporas de hongos, se colocan en contacto con la piel. Cualquier inflamación de ésta cerca de una punción indica la procedencia del alergeno.

AUTOAYUDA CONTRA LA RINITIS ALÉRGICA

Puede tomar diversas medidas para evitar el polen:

- Escuche las previsiones del tiempo. No permanezca al aire libre mucho tiempo si el recuento de polen supera la cifra de 50, sobre todo si el tiempo es seco y ventoso.

- Apliquese vaselina en el interior de la nariz con el fin de atrapar el polen e impedir que irrite las paredes nasales y de la garganta.

- Meta la colada dentro de casa y cierre las ventanas de los dormitorios antes de la noche, cuando los granos del polen descienden a medida que el aire se enfría.

- Dúchese después de una salida al campo para deshacerse de los granos de polen.

- Mantenga cerradas las ventanillas del coche si viaja al campo.

- Utilice gafas con protecciones laterales para impedir que el polen penetre en los ojos.

- Elija el mar o zonas montañosas para sus vacaciones.

Las reacciones alérgicas a los animales de compañía pueden reducirse, y posiblemente eliminarse, lavando a fondo al animal. La inmersión en agua resulta más efectiva que el lavado con una manguera, ya que así se eliminan mas escamas de piel que provocan alergia (el pelo no es el responsable de las reacciones). Es importante examinar detenidamente las etiquetas de todos los productos para evitar los alergenos. Afortunadamente, la conciencia creciente del problema de las alergias da como resultado un etiquetado mucho más informativo.

Muchas de las alergias que aparecen en la infancia desaparecerán con el tiempo. Sólo un 25 % de niños que sufren de asma a los siete años, por ejemplo, continuarán afectados siendo adultos.

RINITIS ALÉRGICA PRIMAVERAL

Una de las alergias más comunes es la rinitis alérgica, que afecta hasta el 20 % de la población. Se conoce como rinitis alérgica porque afecta a las membranas mucosas de la nariz y antiguamente era conocida como fiebre del heno. Esta alergia tiene poco que ver con el heno: se trata de una reacción al polen de árboles y plantas. Durante las estaciones de polinización, estos pólenes irritan las membranas, provocando picor en la nariz, la garganta y los ojos; la nariz se tapona y moquea, y los ojos duelen y enrojecen.

Debido a los síntomas nasales, los afectados suelen utilizar descongestionantes, que provocan una reducción de la membrana nasal. Sin embargo, estos productos sólo ofrecen alivio temporal y pueden empeorar el problema, ya que una vez pasado el efecto del aerosol, la membrana se inflama más que al principio. Además, secan la mucosidad protectora de la nariz. Si el paciente hace uso de estos fármacos a largo plazo, el cuerpo deja de responder y perderían efecto.

Los antihistamínicos suelen ser efectivos, pero actúan en todo el cuerpo. Muchos pacientes prefieren los tratamientos antiinflamatorios locales, como las gotas nasales o los colirios, preparados con antihistamínicos o corticoesteroides que no provocan somnolencia.

Los habitantes de las ciudades parecen sufrir alergias más severas que los que viven en el campo. Esto podría deberse a que los contaminantes del tráfico refuerzan el efecto irritante del polen. Así podría explicarse por qué la incidencia de la rinitis alérgica ha aumentado cuatro veces en otras tantas décadas. La causa de la rinitis alérgica se ha identificado como parte de una proteína llamada profilina. El descubrimiento podría desembocar en un nuevo tratamiento. ■

ESTACIONES DE POLINIZACIÓN

Estación de polinización	Especies
Mediados de invierno a principios de primavera	Avellano (*Corylus*)
Mediados de invierno a mediados de primavera	Aliso (*Alnus*)
Finales de invierno a mediados de primavera	Tejo (*Taxus*) Olmo (*Ulmus*)
Finales de invierno a finales de primavera	Fresno (*Fraxinus*) Sauce (*Salix*)
Principios a mediados de primavera	Álamo (*Populus*)
Principios a finales de primavera	Abedul (*Betula*)
Mediados de primavera a principios de verano	Roble (*Quercus*) Colza (*Brassica napus*) Pino (*Pinus*) Plátano (*Platanus*)
Mediados de primavera a mediados de verano	Llantén (*Plantago*)
Mediados de primavera a finales de verano	Gramíneas (*Graminaceae*) Ortiga (*Urtica*)
Finales de primavera a mediados de verano	Acedera (*Rumex*)
Principios a finales de verano	Artemisia (*Artemisia*)
Mediados de verano	Tilo (*Tilia*)

© Pollen Research Unit

PRECAUCIÓN

No intente extraer, bajo ningún concepto, un cuerpo extraño introduciendo un algodón en el oído. Así sólo logrará introducirlo todavía más.

Problemas del oído

Los oídos no son sólo para oír: también constituyen importantes órganos del equilibrio. Existen diversos problemas que pueden afectar al oído, desde una infección a un sonido agudo persistente.

El problema más común del oído es el dolor, que puede ser intenso y punzante o apagado y con palpitaciones, o bien una combinación de ambos. Puede producirse una supuración amarillenta que indica la presencia de una infección y requiere tratamiento, o es posible que tenga el oído taponado a causa de una acumulación de cerumen o de líquido en el oído medio. Si el dolor de oído persiste durante más de medio día, acuda al médico sin demora. No intente automedicarse. Un dolor de oído puede estar provocado por diversos factores:

- infección del oído medio (bacteriana o vírica)
- tapón de cerumen
- exposición de duración prolongada a ruidos intensos
- trompa de Eustaquio bloqueada a causa de un catarro e infección

- lesiones debidas a la presión, conocidas como barotrauma
- infección del oído externo, por lo general debido a un problema bacteriano o alérgico, que provoca picor, dolor y supuración desde el conducto auditivo externo.

INFECCIÓN Y TAPÓN

Si el dolor de oído está provocado por una infección, el médico tal vez envíe una muestra de pus para su análisis. Le limpiará el oído y le recetará antibióticos o corticoesteroides en gotas o en pastillas, y quizá también le recomiende algún analgésico. Si la infección es crónica, el oído tal vez necesite una limpieza regular.

Si es un tapón de cerumen el causante del problema, el médico le limpiará el oído con una jeringa llena de agua caliente. Es posible que antes ablande el cerumen con unas gotas. La jeringa representa un riesgo de perforación de tímpano, por lo que sólo debe emplearse cuando sea médicamente necesario y tanto el paciente como el médico dispongan de tiempo suficiente.

NIÑOS Y OTITIS SEROSA

La otitis serosa, que consiste en la acumulación de líquido en el oído medio, es una causa común de falta de audición en los niños. El médico recetará descongestionantes o antihistamínicos para reducir la inflamación de la trompa de Eustaquio. Así se permite que el líquido acumulado salga del oído medio, pase a la trompa de Eustaquio y de ahí a la nariz y la garganta.

En casos severos, el niño tendrá que ser hospitalizado para operarse del oído.

ACÚFENOS

El acúfeno es un sonido agudo persistente. Puede sonar como una televisión mal sintonizada. El hecho de que el acúfeno persista o recurra resulta muy molesto. Las causas incluyen golpes en la cabeza, exposición prolongada a ruidos intensos, tratamiento de un tapón con una jeringa, infección, grandes dosis de aspirina, sordera, enfermedad de Ménière (una alteración del oído interno que provoca vértigo agudo) y problemas cervicales. Por lo general, no existe una causa obvia.

Aunque una de cada diez personas sufre de acúfenos, sólo se convierte en una molestia lo suficientemente seria como para afectar al trabajo y al ritmo de vida en 1 de cada 1.000 casos. No existe cura para los acúfenos, aunque el 11 % de los casos desaparecen espontáneamente y el 13 % mejoran en cierta medida. Aproximadamente el 8 % de los casos pasan a ser graves.

ANATOMÍA DEL OÍDO

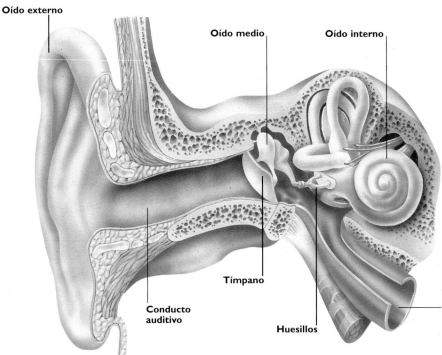

Oído externo

Oído medio

Oído interno

Tímpano

Conducto auditivo

Huesillos

Trompa de Eustaquio

Las ondas sonoras penetran por el oído externo y viajan a lo largo del conducto auditivo hasta alcanzar el tímpano y hacer que éste vibre. Los huesillos amplifican las vibraciones en el oído medio. El oído interno convierte las vibraciones en impulsos nerviosos que el cerebro descifra para que la audición tenga sentido. El oído interno también controla el equilibrio y el sentido de la postura.

Bajo anestesia general, el cirujano introducirá una aguja fina en el tímpano y drenará el líquido con una jeringa. Otra posibilidad es que realice un pequeño corte en el tímpano e introduzca un tubo de plástico en el orificio del tímpano para permitir el paso de aire que seque el oído medio. Por lo general, el tubo se deja en el oído durante algunos meses; después se retira y el corte se cura por sí solo.

PROBLEMAS EN LOS VUELOS

Si habitualmente sufre de dolor de oídos cuando viaja en avión, consulte con su médico antes del siguiente vuelo. El doctor se asegurará de que no exista una infección leve o un tapón de cera, que pueden tratarse con antibióticos en el primer caso y con una inyección de agua caliente en el segundo. Cuando se encuentre a bordo del avión, tome caramelos y trague saliva con la mayor frecuencia posible: así favorecerá el paso de aire a través de la trompa de Eustaquio. Si un dolor de oído persiste durante más de

24 horas después del vuelo, debe visitar a un médico de inmediato.

EVITAR LOS PROBLEMAS DE OÍDOS

Si sufre de problemas repetidos del oído externo, no comparta las toallas con nadie y tome precauciones si practica la natación o el buceo. Los buceadores con escafandra autónoma deben asegurarse de igualar la presión mientras bucean y cuando salen a la superficie.

Evite los ruidos intensos. Si trabaja con un equipo ruidoso, como una taladradora neumática, utilice protección para los oídos. La exposición prolongada a los ruidos intensos puede provocar sordera o acúfenos. ■

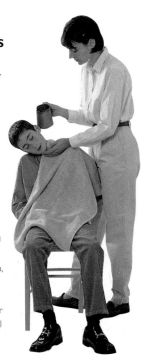

Para sacar un insecto que se ha introducido en el oído, mantenga a la persona afectada sentada y con la cabeza inclinada, con el oído en cuestión hacia arriba. Vierta con cuidado agua caliente en el oído para hacer salir al insecto. Si este método no da resultado, visite al médico o al servicio de urgencias del hospital más próximo.

Sinusitis

La inflamación de los senos paranasales, muy dolorosa, se conoce como sinusitis. Algunas personas nunca llegan a padecerla, mientras que otras tienen que soportarla cada vez que se resfrían.

Los senos paranasales constituyen cavidades de aire en el cráneo y sirven para aligerar la cabeza. Sin embargo, las infecciones bacterianas o víricas, como un resfriado común o la gripe, pueden provocar la inflamación de las membranas mucosas que recubren los senos paranasales. Como consecuencia, éstos pueden llenarse de pus y mucosidad. El dolor resultante afecta a los ojos, la cara y las sienes, y suele provocar dolores de cabeza intensos. Éstos pueden ir acompañados de fatiga y debilidad. También es probable que se experimente un aumento de la temperatura corporal.

Debido a que la infección queda atrapada en los senos, suele persistir una vez que los otros síntomas del resfriado o la gripe han desaparecido. La nariz se encuentra cada vez más taponada y produce una mucosidad verde infectada. Si los conductos que unen la nariz y los senos también se taponan, la nariz se congestionará más, pero la producción de mucosidad podría detenerse. En esta etapa, la respiración sólo es posible a través de la boca y el sueño nocturno suele verse perturbado. El dolor de cabeza resulta más intenso por la mañana. Ocasionalmente, la sinusitis puede aparecer tras un tratamiento dental, cuando la infección se extiende desde la raíz de un diente hasta el seno.

Si la infección es bacteriana, es muy probable que el médico le recete antibióticos

LOS SENOS PARANASALES

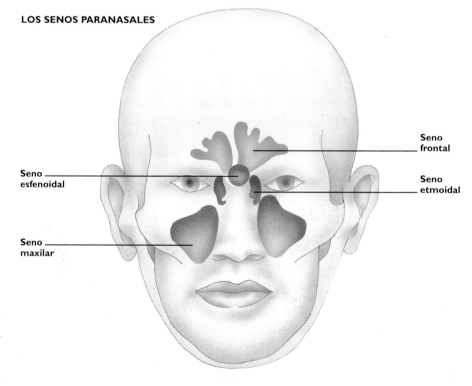

Seno frontal

Seno esfenoidal

Seno etmoidal

Seno maxilar

Los senos paranasales son las cuatro cavidades de la cara que contienen aire, y se encuentran por encima y por debajo de los ojos. Los senos frontales, en la frente, y los senos maxilares, en las mejillas, son los más afectados por el bloqueo y la inflamación.

para curarla antes de que se extienda a través de las membranas mucosas de los senos paranasales hasta los huesos. También es posible que le recete un descongestionante, ya sea en forma de pastillas o en aerosol nasal. Siga las instrucciones de uso al pie de la letra, porque si utiliza los descongestionantes incorrectamente pueden provocar más daños, y si se emplean con excesiva frecuencia pueden dar lugar a un efecto de rebote (con el resultado de las vías nasales más congestionadas).

REACCIÓN ALÉRGICA

La sinusitis también puede ser un síntoma de una alergia, como la rinitis alérgica. En este caso, el médico le recetará fármacos antihistamínicos para reducir la inflamación y mejorar la respiración. Estos productos también deben emplearse con cuidado, ya que el uso prolongado puede secar en exceso los senos, con el resultado de una mucosidad más espesa y mayor dificultad para expulsarla.

CIRUGÍA MENOR

Las personas afectadas de sinusitis crónica a las que la medicación ya no haga efecto pueden someterse a una operación menor, llevada a cabo por un cirujano otorrinolaringólogo, para mejorar el drenaje de los senos (lo que reduce la probabilidad de sufrir sinusitis). La operación consiste en perforar un hueso entre la nariz y los senos con el fin de realizar un nuevo conducto. A continuación, se limpian los senos y se analiza el líquido extraído para identificar la bacteria y así poder recetar la medicación adecuada cuando sea necesario.

EVITAR LA RECURRENCIA

Cuando se ha sufrido sinusitis, las membranas se tornan más susceptibles a posteriores infecciones; por tanto, no corra riesgos. Evite el contacto con las personas resfriadas o con gripe. Tápese la nariz y la boca con una bufanda cuando se encuentre en un ambiente muy cargado y caliente, como los trenes y los autobuses.

MEDIDAS DE AUTOAYUDA

- Tome aspirina o paracetamol para aliviar el dolor cuando lo considere necesario.

- Quédese en casa, en una habitación con la temperatura estable y un nivel alto de humedad. Las estancias secas o muy calientes suelen provocar un empeoramiento de la sinusitis. Coloque varios cuencos con agua en la habitación si tiene calefacción central.

- Suénese suavemente la nariz cuando lo necesite y tire el pañuelo después de cada uso.

- No deje pasar más de tres o cuatro días con sinusitis sin visita al médico.

- No fume. El humo y la nicotina del tabaco prolongan la sinusitis y dificultan considerablemente su tratamiento.

- Practique tanto ejercicio como le sea posible. Así se favorece la rápida eliminación de las toxinas que han quedado atrapadas en los senos y ayuda a expulsar la mucosidad infectada.

Asegúrese de que en su casa existe un nivel razonable de humedad, y cuando note que se está resfriando, mantenga estable la temperatura de la habitación. En esta fase, evite cualquier ejercicio intenso, ya que puede provocar un calentamiento rápido seguido de un enfriamiento del cuerpo igualmente rápido. Cuídese con una dieta adecuada y mucho descanso. Algunas personas encuentran alivio durmiendo con dos almohadas, de manera que la cabeza quede ligeramente elevada. ∎

Las inhalaciones de vapor cubriendo la cabeza con una toalla pueden ayudar a humedecer los senos y aliviar la congestión.

Resfriados y tos

El resfriado común, por lo general acompañado de tos, representa la infección más extendida en invierno, ya que afecta al 70 % de la población cada año. A pesar de su nombre, no está provocado por las bajas temperaturas o por pasar frío.

PRECAUCIÓN

Todos los tipos de tos persistentes fuerzan las vías respiratorias y pueden provocar la rotura de un vaso sanguíneo de las vías, los pulmones, la nariz o la garganta. La expectoración sanguinolenta suele estar relacionada con una infección, pero podría ser un síntoma de congestión en los vasos sanguíneos de los pulmones debido a un colapso, un coágulo de sangre en los pulmones o cáncer de pulmón.
■ Consulte con su médico si padece tos acompañada de fiebre durante más de tres días.

Dado que existen más de 200 virus del resfriado, resulta difícil inmunizarse contra ellos. El virus resaltado con color que se muestra en esta imagen se ha aumentado 215.000 veces.

Los resfriados están provocados por virus que circulan por el aire. Son más frecuentes en invierno porque las personas pasan más tiempo en interiores y en contacto. Los síntomas aparecen dos o tres días después del contacto con el virus. Al principio se siente la necesidad de aspirar por la nariz y malestar en la parte posterior de la garganta, seguidos por dolores ligeros y un estado de malestar general. A continuación se produce el moqueo y la congestión nasal, por lo general acompañados de fiebre, dolor de garganta y de cabeza.

Los dos primeros días son los peores. En este período la persona afectada es más contagiosa, pero seguirá produciendo el virus vivo durante cinco o más días. Mientras esté infectado, no se acerque a los niños pequeños o a otras personas vulnerables. No es habitual que un resfriado dure más de 10 días.

ALIVIAR LOS SÍNTOMAS

No existe un solo tratamiento efectivo para el resfriado. Lo máximo que podemos hacer es aliviar los peores síntomas con fármacos y con algunas medidas de autoayuda. Para el dolor tome aspirina o paracetamol. Vigile la dosis si también toma remedios contra el resfriado de los que se venden sin receta, ya que muchos ya incluyen esas dos sustancias. Las gárgaras con agua en la que se haya disuelto una aspirina puede calmar el dolor de garganta.

Puede utilizar descongestionantes nasales, pero no abuse de ellos porque pueden dejar de surtir efecto. También puede probar a aspirar de un pañuelo en el que haya vertido unas gotas de aceite de eucalipto o de menta. Los alimentos picantes también pueden ayudar a despejar la congestión nasal. Reduzca el consumo de alimentos grasos si su nariz moquea: las evidencias sugieren que favorecen la formación de mucosidad.

Tome suplementos de vitamina C a diario. Esta vitamina tiene propiedades antivíricas. Incluso en dosis elevadas no resulta tóxica, aunque más de 3 g al día puede provocar diarrea.

Para el dolor de garganta, chupe pastillas de cinc. Proporcionan un cierto alivio, y el cinc es importante para el sistema inmunológico. No fume, ya que el tabaco empeora la congestión y la tos. Debe tomar abundante líquido, ya que el virus tarda más en desaparecer en un tracto respiratorio seco.

TRATAR LA TOS

La tos es un acto reflejo cuyo fin es limpiar las vías respiratorias. El resultado es una expulsión repentina de aire, lo que provoca ese ruido característico tan irritante. El

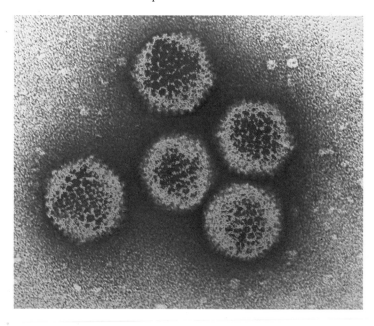

bloqueo de las vías respiratorias puede tener su origen en el polvo, el humo, el gas, alimentos o cualquier otro cuerpo extraño, o en la mucosidad asociada a una infección vírica. Este tipo de infección también puede inflamar las vías respiratorias, lo que empeora el problema.

Existen varios tipos de tos, pero todos se engloban en dos categorías: productivas (que producen expectoración) o no productivas (tos seca). Trate la tos productiva con un expectorante, que ablanda la tos al estimular las secreciones acuosas de los pulmones. Una tos no productiva puede necesitar un supresor, que actúa sobre el reflejo de la tos, en el cerebro. La simple resistencia a la urgencia de toser puede servir de ayuda. La falsa sensación de que existe mucosidad que expulsar conduce a la tos no productiva, dolor de tráquea y más irritación. Por tanto, si no existe una razón aparente para toser, intente eliminar la necesidad. Si la tos persiste más de dos semanas, debe ponerse en contacto con su médico. ■

PRECAUCIÓN

Nunca ofrezca aspirina a niños menores de 12 años: está relacionada con una enfermedad peligrosa conocida como síndrome de Reye. Trate la fiebre o los dolores con paracetamol.

PROCESOS QUE PUEDEN PROVOCAR TOS

Proceso	Síntoma	Tratamiento
Bronquitis	Tos severa con mucosidad espesa y expectoración; falta de aliento al practicar ejercicio.	Ejercicios de respiración y drenaje postural (tumbarse en una posición que drene las secreciones de los pulmones hasta la tráquea, desde donde se pueden expulsar mediante la tos).
Bronquiectasia	Tos severa y crónica con mucosidad espesa.	Antibióticos y drenaje postural.
Broncospasmo (asociado con el asma y las alergias)	Tos seca que empeora por la noche.	Broncodilatador o corticoesteroides si guarda relación con el asma. Evitar el alergeno si está provocada por una alergia.
Neumonía	Tos dolorosa y persistente, acompañada de falta de aliento y fiebre.	Tratamiento con antibióticos.
Tuberculosis	Tos persistente con falta de aliento, dolor en el pecho y, en ocasiones, expectoración sanguinolenta.	Tratamiento con antibióticos.
Neumoconiosis	Tos y falta de aliento.	No existe tratamiento; evite el polvo que la provoca.
Objeto extraño que bloquea los bronquios	Tos persistente y aguda con mucosidad.	Eliminación del objeto.
Cáncer de pulmón	Tos ligera persistente, cada vez más severa hasta producir expectoración sanguinolenta; falta de aliento, dolor torácico, respiración jadeante.	Cirugía y/o radioterapia y quimioterapia.
Tos del fumador	Tos recurrente que produce expectoración espesa.	Dejar de fumar.
Tos ferina	Ataques de tos violenta que terminan con una inhalación profunda y un sonido agudo; puede prolongarse hasta tres meses.	Tratamiento con antibióticos.

VÉASE TAMBIÉN

Fitoterapia	186-191
Aromaterapia	192-195
Dieta inmunoestimulante	268-269

Gripe

Cada cierto tiempo, la gripe aparece en los titulares debido a una epidemia. Esta infección vírica del tracto respiratorio es una de las enfermedades más contagiosas y suele producirse en invierno.

PRECAUCIÓN

Llame al médico transcurridos algunos días sólo si los síntomas no mejoran o empeoran. Algunos médicos recetan hidrocloruro de amantidina a las personas de alto riesgo. Esta sustancia reduce la severidad y la duración de la enfermedad, pero sólo actúa contra el virus del tipo A y provoca unos desagradables efectos secundarios en el 10-20 % de las personas.

■ Los grupos de riesgo, incluyendo los diabéticos y las personas mayores de 75 años o con enfermedad pulmonar crónica, insuficiencia cardíaca, una inmunodeficiencia o esplenectomía, deben vacunarse cada año contra la gripe.

Existen tres tipos de virus de la gripe, conocidos como A, B y C. Los tipos A y B son los que mutan cada año. Incluso una persona que haya tenido gripe cada estación durante los años anteriores no está inmunizada contra las nuevas cepas que estos dos tipos pueden producir. El tipo C, por el contrario, provoca una enfermedad más suave ante la cual los afectados desarrollan inmunidad, de manera que sólo pueden padecerla una vez. Las grandes epidemias de gripe, que afectan a muchas personas de una comunidad o una región, y las pandemias, cuando la enfermedad cruza las fronteras y se extiende por todo el mundo, suelen estar provocadas por el tipo A.

SÍNTOMAS Y ALIVIO

Los síntomas de la gripe comienzan a aparecer aproximadamente tres días después de mantener contacto con un portador del virus. Estos síntomas varían en función de la cepa, pero casi todos incluyen fiebre alta, escalofríos, dolor muscular, náuseas y vómitos, pérdida de apetito, dolor torácico y fatiga. Una gripe del tipo C se parece más a un resfriado fuerte, pero la A y la B representan una carga mayor para el cuerpo.

No existe un tratamiento efectivo contra la gripe. Como ocurre con el resfriado común (*véanse* págs. 134-135), sólo es posible tratar los síntomas individuales. La aspirina y el paracetamol pueden contribuir a aliviar los dolores y a reducir la fiebre. Tomar muchos líquidos ayuda a sustituir el que se pierde a través del sudor. Asimismo, debe comer bien aunque no tenga mucho apetito.

Inevitablemente, los fabricantes de fármacos están trabajando en tratamientos más completos. Las mayores esperanzas están depositadas en un fármaco para bloquear la acción de la enzima del virus de la gripe que permite a éste expandirse por todo el cuerpo. Hasta que este fármaco esté disponible, la única arma contra la gripe es la vacuna.

MEDIDAS PREVENTIVAS

Tendrá menos probabilidades de contraer una infección vírica como la gripe si comienza a acumular defensas a principios del invierno. Consuma mucha vitamina C (*véanse* págs. 246-248), un potente agente antivírico. Además de un suplemento diario (*véase* pág. 249), tome muchos alimentos que contengan esta vitamina. La fruta y las verduras, sobre todo el kiwi, el brécol y las coles de Bruselas, son fuentes ricas en vitamina C. Las frutas y verduras de color rojo, amarillo o naranja contienen betacaroteno, que favorece la función inmunitaria.

EL VIRUS Y LA VACUNA

Como cualquier otro virus, el de la gripe posee antígenos que el sistema inmunológico reconoce y ataca. Sin embargo, el virus de la gripe no sólo tiene tres cepas distintas, sino que cada estación sus antígenos mutan para poder burlar al sistema inmunológico. La vacuna contra la gripe funciona estimulando la producción de anticuerpos para luchar contra los antígenos, pero sin provocar la enfermedad. Cada año, la Organización Mundial de la Salud (OMS) formula una nueva vacuna que contenga cepas del virus que, según sus predicciones, circulará el siguiente invierno.

Por lo general, la vacuna da buenos resultados en un 75 % de los casos. Antes de que resulte efectiva transcurren algunos días, y pueden darse efectos secundarios que aparecen entre 6 y 12 horas después de vacunarse. Los más habituales son fiebre y dolores ligeros que pueden durar hasta 48 horas.

Debe tomar muchos líquidos. Las infecciones encuentran más dificultades para establecerse en las membranas de un tracto respiratorio bien lubricado. Evite los lugares con aire acondicionado, ya que secan las membranas, así como los muy concurridos y calientes, donde los virus se extienden rápidamente. Los vuelos de largo recorrido suponen un fértil caldo de cultivo.

Intente reducir su nivel de estrés. El exceso de estrés debilita el sistema inmunológico. El descanso y la relajación harán más breve el ataque de la gripe y menos probables las complicaciones. También puede tomar equinácea, disponible en forma de pastillas o de tintura; se trata de una planta que incrementa el número y la potencia de los linfocitos y lucha contra la infección.

«SUPERVIRUS» INTERNACIONAL

La «supergripe» es el término popular para una gripe provocada por un nuevo virus que se propaga rápidamente porque no existe inmunidad hacia él. Se convierte en una pandemia aproximadamente cada 10 años, y puede causar 10 veces más muertes que en un año normal. Los programas de vacunación modernos suelen detener el contagio.

No se sabe con certeza cómo surgen estos «supervirus» que provocan estas pandemias. La teoría con más peso es la que afirma que pasan del reino animal a los humanos. Se cree que los pájaros y los cerdos son los principales portadores del virus. Esto explicaría por qué los virus suelen originarse en la China rural, donde los animales y las personas viven en contacto estrecho; un ejemplo es la «gripe del pollo» que afectó a Hong Kong en 1997.

Los «supervirus» de la gripe suelen ser del tipo A. La infección comienza cuando partes del nuevo virus —hemaglutininas (H) y neuraminidasas (N)— se adhieren a una célula humana. Estos son los virus «subtipo» y prestan su nombre a la gripe. ∎

PRECAUCIÓN

Esté atento para detectar los síntomas de una infección pulmonar o neumonía: fiebre alta persistente y tos, ritmo cardíaco rápido, respiración acelerada y falta de aliento en reposo. Todos estos síntomas requieren la atención urgente de un médico.

■ *Nunca ofrezca aspirina a los niños menores de 12 años: está relacionada con una enfermedad peligrosa conocida como síndrome de Reye. Trate la fiebre y los dolores con paracetamol.*

«SUPERGRIPES» Y PANDEMIAS

Nombre	Fecha	Causa	Impacto
Gripe española	1918	Virus HlNl. Origen desconocido, aunque podría ser en Estados Unidos.	Alcance mundial; infectó a más de un billón de personas y provocó 20-30 millones de muertes en tres años. Afectó principalmente a adultos jóvenes.
Gripe asiática	1957	Virus H2N2, con origen en China.	Expansión rápida a Hong Kong y Singapur, y de aquí a todo el mundo. Muchas muertes en los últimos contagios, sobre todo en Estados Unidos en 1960. Muertes limitadas por el uso de antibióticos para luchar contra las infecciones secundarias.
Gripe de Hong Kong	1968	Virus H3N2, con origen en el sudeste de China.	Expansión por todo el globo un año después de aparecer en China; permaneció activa durante 11 años. Gran mortalidad en Estados Unidos en el primer año.
Gripe porcina	1976	Apareció entre los reclutas de Fort Dix, en Estados Unidos.	El gobierno de Estados Unidos promovió un programa de vacunación de emergencia con el que se inmunizó a 41 millones de personas en un plazo de seis a ocho semanas. Se evitó así que se convirtiese en una pandemia.
Gripe roja (rusa)	1977	HlNl, con origen en el norte de China.	Epidemias iniciales concentradas en colegios. Expansión rápida al sur de China y a Rusia, y de aquí a todo el mundo en el plazo de un año. Afectó principalmente a los jóvenes, ya que las personas mayores habían adquirido cierta inmunidad al virus HlNl que atacó en la década de 1950.

VÉASE TAMBIÉN
Resfriados y tos 134-135
Aromaterapia   192-195
Adecuar la dieta 264-267

Herpes labial

Las pequeñas ampollas altamente contagiosas, llamadas vesículas, que aparecen en la piel que rodea la boca y la nariz, sobre todo en los bordes de los labios, se conocen como herpes labial. Suelen aparecer después de un resfriado.

PRECAUCIÓN

■ *Nunca toque un herpes y a continuación un ojo. Podría desencadenar un proceso grave conocido como úlcera corneal, que puede provocar ceguera.*
■ *Tocar los genitales después de haber tocado un herpes puede provocar herpes genital (véanse págs. 144-145). El contacto directo entre herpes labiales y órganos genitales también puede provocar herpes genital.*

La infección que provoca la aparición de las lesiones es el virus del herpes simple. A la edad de 25 años, aproximadamente el 90 % de las personas son portadoras del virus. No obstante, muchas no son conscientes de ello porque no tienen síntomas. Sólo una minoría experimenta la aparición recurrente de herpes, y pocas sufren más de dos brotes al año. La frecuencia y la duración del herpes suele disminuir con la edad. Muchas personas creen que la aparición de un herpes obedece a una señal del cuerpo, que les avisa de que disminuyan el ritmo. Ello se debe a que estos virus aparecen generalmente cuando se está estresado (*véanse* págs. 76-77) o cansado.

Los síntomas de un herpes suelen comenzar como una sensación de picor y hormigueo en la zona afectada. En este punto (y no más tarde), los fármacos antivíricos podrían evitar un brote. La piel enrojece y se

desarrolla una o varias vesículas. La piel que las rodea puede inflamarse, y las vesículas producen picor, hormigueo o simplemente entumecimiento. Transcurridos algunos días, las vesículas crecen y se abren. Después se secan y forman una antiestética costra. Los síntomas suelen manifestarse en la cara, pero también pueden hacerlo en el interior de la boca, donde el herpes tendrá el aspecto de una úlcera superficial. Las encías pueden inflamarse y adquirir un rojo profundo, mientras que la lengua puede cubrirse de sarro; también es posible padecer fiebre.

Cuando una ampolla se abre, dejando una pequeña zona en carne viva, se encuentra en su estado más contagioso. Éste es el momento en que tiene más posibilidades de transmitir el virus a través del contacto piel con piel mediante las membranas mucosas, por ejemplo, al besarse con la boca abierta.

TRATAMIENTO Y PREVENCIÓN

Para las personas que sufren brotes severos, el médico puede recetar un fármaco antivírico que reduzca la velocidad con que el virus se multiplica. Presionar la zona con un cubito de hielo puede calmar el picor. Utilice un cubito limpio cada vez que trate el herpes.

Algunas personas han observado que el viento o el sol, o ambos, precipitan un brote. Los protectores solares, de venta en farmacias y supermercados, pueden resultar de ayuda cuando ésta sea la causa. Si el herpes en su caso sigue a un resfriado o una gripe, descanse mucho para ayudar a su sistema inmunológico a luchar contra el virus.

Siga una higiene escrupulosa con las toallas. Asegúrese de no compartir ningún elemento del baño mientras dure el brote. ■

Los labios constituyen el punto más habitual donde surge el herpes simple. Un grupo de vesículas, o ampollas diminutas, crece, se abre y se seca, dejando una costra amarillenta.

RECONOCER UN HERPES LABIAL

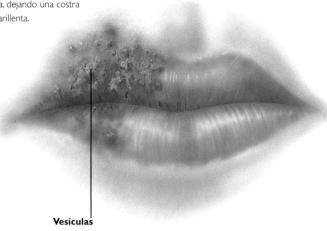

Vesículas

VÉASE TAMBIÉN
Estrés 76-77

Úlceras bucales

Una úlcera bucal es una grieta o un hueco en la mucosa bucal o en la lengua que expone el tejido inferior. Estas úlceras son comunes, ya que afectan al 10 % de la población.

La mayoría de las úlceras presentan el mismo aspecto: puntos amarillos o blanquecinos en el interior de la boca o en la lengua. Sin embargo, la causa y la severidad varían considerablemente. Los dos tipos de úlceras más comunes y dolorosas son las aftosas y las traumáticas.

Las úlceras aftosas, que no suelen superar los 2-3 mm de diámetro, aparecen como respuesta a la fatiga, el estrés o una enfermedad. Las úlceras traumáticas, que tienden a ser más grandes que las aftosas, aparecen tras una lesión (puede tratarse de un diente roto, una comida excesivamente caliente o una mordedura en el interior de la boca o en la lengua).

Otras úlceras están provocadas por infecciones como el herpes labial (*véase* página anterior): si las vesículas de la boca permanecen sin tratamiento, se convierten en úlceras. Ocasionalmente, las úlceras bucales grandes y profundas son malignas. Las úlceras en la lengua pueden ser una señal de la existencia de un tumor o un síntoma de una enfermedad subyacente, como anemia.

Las úlceras bucales simples suelen desaparecer por sí solas en el plazo de una o dos semanas, y no precisan tratamiento. Puede adquirir en la farmacia una pomada calmante o pastillas que protejan el tejido expuesto. No sólo alivian el dolor, sino que también pueden ayudar a acelerar la curación de la úlcera.

ÚLCERAS PERSISTENTES

Si la úlcera no desaparece, debe acudir al médico. Éste le aclarará si existe una causa obvia, como suele ser el caso de las úlceras traumáticas. Tal vez tenga que visitar al dentista para comprobar si la formación de sus dientes es la responsable del problema.

Si sufre de úlceras bucales recurrentes, el médico tal vez decida tomar muestras de sangre para analizarla con el fin de encontrar la causa subyacente. Si tiene una úlcera bucal grande es posible que le remitan al hospital para realizar una biopsia. Las úlceras que son consecuencia de la infección vírica del herpes simple (*véase* página anterior) pueden tratarse con el fármaco antivírico acyclovir.

PREVENCIÓN

Las úlceras aftosas constituyen una señal de aviso de que su sistema está agotado. Intente mejorar su dieta, duerma todo lo que pueda y practique ejercicio al aire libre. El hecho de ajustar su estilo de vida debería mejorar su bienestar y convertirle en una persona menos susceptible. ∎

Las úlceras en el interior de la boca suelen durar hasta 10 días. Comienzan a notarse cuando se toman alimentos picantes o ácidos.

IDENTIFICAR UNA ÚLCERA BUCAL

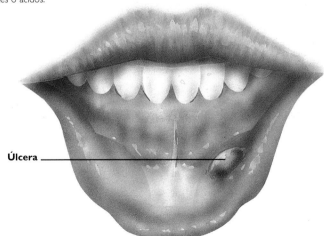

Úlcera

VÉASE TAMBIÉN
Resfriados y tos 134-135
Gripe   136-137

PRECAUCIÓN

Por encima de todo, no fume si tiene amigdalitis. El tabaco puede aumentar el daño sufrido por las amígdalas, incrementar la dolorosa inflamación y prolongar la enfermedad.

Amigdalitis

La amigdalitis, una infección aguda e inflamación de las amígdalas, afecta mucho más a los niños que a los adultos. La infección puede estar provocada por bacterias o por un virus, y resulta muy contagiosa.

Las amígdalas son nódulos esponjosos de tejido linfático que protegen la entrada a los sistemas respiratorio y digestivo. En el tracto respiratorio entran nuevas infecciones de forma continuada, y se cree que las amígdalas desempeñan un valioso papel al mantenerlas alejadas del tracto respiratorio inferior. Al hacerlo, las propias amígdalas se infectan y se inflaman.

Los síntomas característicos de la amigdalitis son el dolor de garganta, tos y dificultad para tragar. Las amígdalas inflamadas pueden cubrirse de unos diminutos puntos blancos llenos de pus; también es posible que los ganglios linfáticos del cuello se inflamen y existe el riesgo de sufrir fiebre. La debilidad y la fatiga son normales, como ocurre con los resfriados.

En el caso de los adultos, trate la amigdalitis de forma muy similar a una gripe o un resfriado agudo. Quédese en la cama,

tómese dos aspirinas cada cuatro horas y tome muchos líquidos, sobre todo agua. Si la amigdalitis persiste durante más de dos o tres días, contacte con el médico, que tal vez decidirá recetarle antibióticos si cree que la infección es bacteriana. Los adultos deben abstenerse de ir a trabajar hasta que la inflamación haya desaparecido. La amigdalitis es muy contagiosa.

NIÑOS

Los niños enferman de amigdalitis más fácilmente que los adultos porque todavía no han desarrollado resistencia a muchas infecciones. A medida que van adquiriendo inmunidad con la edad, los brotes cada vez son menos probables. A los 6-7 años, muchos niños han desarrollado resistencia.

Antes de que los antibióticos fuesen de uso general, era habitual extirpar las amígdalas a los niños. En la actualidad se considera el último recurso, y la operación se lleva a cabo sólo en los casos de niños que sufren repetidamente esta enfermedad una vez cumplidos los siete años.

Los niños con síntomas de amigdalitis no deben acudir al colegio y deben permanecer en una habitación cálida, aunque no necesariamente en la cama. Para reducir la fiebre, utilice paracetamol; nunca dé aspirina a un niño menor de 12 años. También es preciso tomar muchos líquidos, sobre todo agua. El apetito habrá desaparecido, pero los alimentos blandos y fríos (huevos revueltos, purés de fruta, incluso un helado pequeño) pueden resultar tentadores. Si la enfermedad no muestra signos de mejoría en el plazo de uno o dos días, consulte con el médico. ∎

Si abre mucho la boca y se la mira en un espejo con iluminación desde arriba, podrá ver claramente las dos amígdalas a cada lado de la parte posterior de la garganta.

LAS AMÍGDALAS

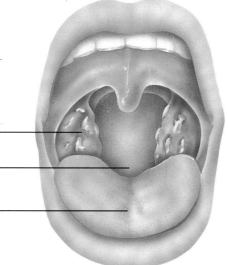

Amígdala ——————

Garganta ——————

Lengua ——————

PRECAUCIÓN

Si la laringe se inflama hasta el punto de dificultar el habla, asegúrese de tomar las precauciones necesarias para no empeorar su estado. No hable y, sobre todo, no fume.

Laringitis

La infección o la inflamación de la laringe se conoce como laringitis. Por lo general sigue a la infección de un resfriado o un dolor de garganta, pero también puede estar provocada por forzar la laringe (por ejemplo, gritando o fumando). La laringitis puede ir acompañada de una sensación general de debilidad, similar a la que se experimenta durante una gripe suave.

La laringe se encuentra en la parte posterior de la garganta y en el extremo superior de la tráquea. En su interior tiene una abertura vertical que permanece abierta cuando se está callado, permitiendo el paso de aire sin sonido. A cada lado de la abertura hay un pliegue muscular y una membrana mucosa. Estos pliegues, conocidos como cuerdas vocales, se tensan a medida que habla, cerrando la abertura casi por completo. La laringe está accionada por el diafragma y los pulmones. La tensión y la mala respiración pueden limitar la voz, mientras que la relajación puede aportarle profundidad.

La laringe se inflama cuando se ve afectada por una infección bacteriana o vírica. Esta inflamación puede restringir el paso de aire a través de las cuerdas vocales, del mismo modo que cuando suspira. Cuando las cuerdas vocales están muy inflamadas, o si los músculos de la laringe están muy tensos, se pierde temporalmente la voz.

La abertura de la laringe es más pequeña en los niños. Por tanto, si la membrana se inflama, puede dificultar la respiración de manera peligrosa en algunas ocasiones. Esta condición se conoce como garrotillo o crup.

El mejor modo de tratar una laringitis es como si se tratase de un brote suave de gripe o de un resfriado agudo. Debe permanecer en casa, intentar no hablar, dejar de fumar y de beber alcohol, realizar comidas ligeras y frecuentes, y beber muchos líquidos a lo largo del día.

LARINGITIS PERSISTENTE

Debe visitar al médico si la ronquera o la afonía persisten más de una semana. La laringe puede desarrollar tumores, tanto benignos como malignos, por lo que resulta importante que el médico investigue la ronquera persistente o cualquier cambio en el tono de la voz.

Si sufre crisis persistentes de laringitis, busque el consejo de su médico sobre las posibles causas aparte de la infección. La laringitis crónica suele estar provocada por el tabaco (*véanse* págs. 20-21) y la contaminación ambiental, dos elementos que irritan continuamente las membranas mucosas. El estrés (*véanse* págs. 76-77) y la tensión también pueden provocar esta alteración. Debe hablar con su médico sobre sus hábitos con el objetivo de realizar los cambios necesarios. ∎

Cuando las cuerdas vocales se inflaman, el aire que pasa por encima de ellas durante el habla distorsiona el sonido. El resultado es la ronquera.

LA LARINGE

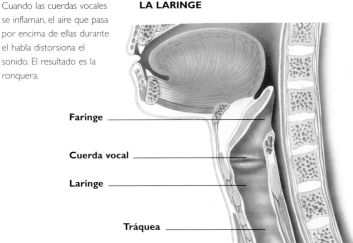

Faringe

Cuerda vocal

Laringe

Tráquea

VÉASE TAMBIÉN
Enfermedades de transmisión sexual 144-145

PRECAUCIÓN

Muchas mujeres son propensas a las infecciones vaginales recurrentes y están familiarizadas con los síntomas y el tratamiento. Si, por el contrario, usted nunca ha tenido problemas vaginales o si padece una infección que no responde al tratamiento, consulte con su médico.

La forma más común de infección por levaduras es la candidiasis. Está provocada por un microbio similar a un hongo llamado *Candida albicans* (aquí aumentado 2.400 veces), que se encuentra de forma natural en las membranas mucosas de la boca, el tracto intestinal, la vagina y la piel.

Infecciones por levaduras

Las levaduras micóticas viven normalmente en el cuerpo humano y, en muchos casos, no provocan problemas. Si una levadura comienza a multiplicarse con rapidez, podría desarrollar los síntomas de una infección.

Existen diferentes tipos de infecciones por levaduras, que se definen según la zona afectada. Con mucho, la más común es la infección vaginal. Se calcula que tres de cada cuatro mujeres en todo el mundo sufren una candidiasis en algún momento, y un tercio sufren al menos un brote al año.

La candidiasis bucal es un tipo de infección por levaduras que afecta a la boca. Es más común entre los niños, los mayores y los que ya se encuentran debilitados a causa de una enfermedad. En algunos casos puede extenderse al esófago, dificultando así el acto de tragar.

Existe otra variedad que afecta a la piel, las uñas y las membranas mucosas del cuerpo. Las lesiones pueden aparecer en los pliegues húmedos de la piel, y los bebés pueden desarrollar la infección acompañada del eritema del pañal.

En casos aislados, la levadura puede extenderse por todo el cuerpo y provocar una infección sistémica. Esto afecta a las personas cuyos sistemas inmunológicos están muy debilitados, como los afectados de leucemia o de SIDA, o los que toman fármacos anticancerígenos potentes.

CAUSAS DE LA APARICIÓN

Candida albicans, el tipo más común de levadura micótica, se encuentra normalmente en la boca y en la vagina, aunque está controlada por bacterias inofensivas que también están presentes. Cuando las bacterias no desempeñan bien esta tarea, la levadura crece sin control y aparece la infección. Existen varios factores que pueden afectar al delicado equilibrio entre bacterias y levadura. Por ejemplo, las enfermedades o el estrés pueden provocar un descenso de las defensas naturales del cuerpo y desembocar en toda una gama de infecciones, entre ellas la candidiasis.

Los antibióticos, los corticoesteroides y otros inmunosupresores pueden hacerle más vulnerable a la candidiasis. Los fármacos pueden destruir no sólo las bacterias que provocan la enfermedad, sino también las bacterias beneficiosas que controlan el crecimiento micótico.

La diabetes puede aumentar el riesgo de padecer candidiasis debido a los altos niveles de azúcar en sangre asociados con la enfermedad. La levadura se alimenta de azúcar, lo que favorece su crecimiento. Además, los cambios hormonales que se producen durante el embarazo pueden provocar un aumento de

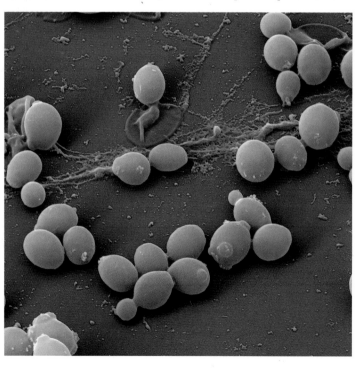

azúcar en los tejidos vaginales y favorecer el crecimiento de hongos. Se sospecha que algunas píldoras anticonceptivas podrían ejercer el mismo efecto. Todas las personas propensas a la candidiasis deberían reducir el consumo de azúcar y de alcohol.

Dado que la levadura crece con mayor facilidad en ambientes cálidos y húmedos, las prendas de ropa que incrementan el sudor alrededor de las ingles pueden provocar la infección. Los jabones y los aceites de ducha muy perfumados y los desodorantes o las irrigaciones vaginales pueden irritar las ingles y alterar la acidez natural de la vagina, que puede desarrollar la candidiasis.

SÍNTOMAS

La candidiasis vaginal puede provocar la aparición de un flujo blanco, picor y dolor alrededor de la vagina y la vulva, una sensación de quemazón al orinar y dolor durante el acto sexual. Los hombres pueden contagiarse mediante el contacto con su compañera. Los síntomas incluyen irritación, rubor, quemazón o picor bajo el prepucio o en el glande, una secreción espesa bajo el prepucio, una ligera secreción uretral e incomodidad al orinar.

La candidiasis bucal provoca la aparición de bultitos de color blanquecino o amarillo en el interior de las mejillas y la garganta. Si la piel está afectada, tal vez observe manchas rojas que producen picor e hinchazón alrededor de las uñas. La candidiasis sistémica (que se transporta en la sangre) puede provocar fiebre, dolor de cabeza, debilidad y síntomas severos, como endocarditis (inflamación de las válvulas cardíacas) o intoxicación de la sangre.

DIAGNÓSTICO Y TRATAMIENTO

Los síntomas de una infección vaginal por levaduras son similares a los de otras infecciones vaginales, por lo que es preciso un diagnóstico adecuado. Éste implica una revisión interna y un análisis del flujo.

Una vez confirmada la existencia de una candidiasis, se iniciará un tratamiento con

PREVENIR LA CANDIDIASIS VAGINAL

Conocer los factores que pueden provocar la aparición de candidiasis puede ayudar a prevenir un brote.

■ Para mantener seca la zona de las ingles cuando hace calor, utilice prendas de algodón en lugar de nailon, calcetines en lugar de medias y faldas sueltas o pantalones amplios.

■ Cuando el clima sea cálido, báñese o dúchese con agua fresca en lugar de meterse en un bañera caliente.

■ No utilice jabones, geles de ducha y otros productos para el baño perfumados, ya que pueden inflamar la zona vaginal.

■ Tome yogur bioactivo de forma habitual, ya que contiene bacterias capaces de bloquear el desarrollo de la candidiasis vaginal.

■ Después de defecar, límpiese siempre de delante hacia atrás para evitar que alguna *Candida* de los intestinos penetre en la vagina.

■ Si tiene diabetes, mantenga un control estricto de su nivel de azúcar en sangre.

■ Evite el exceso de alcohol y reduzca el consumo de azúcar.

■ Utilice un lubricante vaginal, si es necesario, durante el acto sexual: los daños en los tejidos vaginales pueden aumentar el riesgo de sufrir candidiasis.

fármacos antimicóticos. Éstos se encuentran en muchas formas, incluyendo pomadas, pesarios, lociones, pastillas y gotas. En muchos casos, el tratamiento funciona con rapidez y erradica la candidiasis en pocos días. Algunas formas que afectan a zonas extensas de la piel o las uñas son más resistentes. Pueden tardar semanas o meses en curarse.

OTRAS INFECCIONES

Existen otras infecciones vaginales que provocan síntomas similares a los de la candidiasis, pero que requieren un tratamiento distinto. Una de ellas es la tricomoniasis, que produce un flujo con olor a amoníaco y a pescado. La vaginitis bacteriana es otra infección vaginal que suele confundirse con la candidiasis. Los síntomas incluyen un flujo blanquecino y dolor alrededor de los genitales. El tratamiento para ambas infecciones consiste en antibióticos. ■

PRECAUCIÓN

Es importante tratar cuanto antes las enfermedades de transmisión sexual. Si no se tratan en el caso de una mujer, pueden provocar la enfermedad inflamatoria pélvica. Las bacterias que causan la enfermedad inicial viajan por la cavidad pélvica hasta las trompas de Falopio. Puede desembocar en esterilidad si las trompas resultan dañadas. Este proceso puede desarrollarse a lo largo de muchos años sin manifestar síntomas.

Enfermedades de transmisión sexual

Cualquiera que practique el sexo sin protección con una persona infectada puede contraer una enfermedad de transmisión sexual. Algunos procesos pueden tener consecuencias graves si no se diagnostican y tratan correctamente.

Las enfermedades de transmisión sexual, o enfermedades venéreas, son un problema de alcance mundial. Existen 25 tipos de infección, y la prevalencia de estas enfermedades ha ido cambiando a lo largo de los años. La gonorrea y la sífilis, muy extendidas en el pasado, pueden evitarse hoy con antibióticos.

En los países desarrollados, las enfermedades más comunes en esta categoría son, en la actualidad, la Chlamydia, la uretritis no específica, el herpes genital y los condilomas acuminados. La incidencia de estas infecciones aumentó considerablemente en las décadas de 1960 y 1970, cuando las mujeres comenzaron a utilizar los anticonceptivos orales y dejaron de lado los contraconceptivos mecánicos.

Los casos de Chlamydia y herpes genital aumentaron todavía más en las décadas de 1980 y 1990. La primera es responsable de muchos casos de esterilidad, y algunos países han introducido una protección de rutina. A diferencia de otros tipos de enfermedad venérea, apenas provoca síntomas y suele pasar desapercibida.

La mayoría de las enfermedades de transmisión sexual están provocadas por bacterias u otros microbios, como virus, que se transmiten por parte del compañero infectado durante el acto sexual. Sin embargo, algunas infecciones de este tipo, como la hepatitis B y el VIH, se transmiten no sólo por vía sexual, sino también a través de una transfusión de sangre, agujas infectadas o de madre a hijo.

DIAGNÓSTICO Y TRATAMIENTO

Si sospecha que padece una enfermedad venérea, acuda de inmediato al médico para su diagnóstico. En muchos casos es posible visitar una clínica de salud sexual y consultar a un especialista en medicina genitourinaria. Además de una revisión física, le realizarán un análisis de sangre y de orina. Las muestras se analizarán para su diagnóstico.

En el caso de las enfermedades más comunes, los antibióticos pueden curar la infección. Otras, como el herpes genital, no tienen cura, pero sí pueden mantenerse bajo control. El médico le pedirá que comunique a su compañero o compañera sexual que tiene una infección para poder examinarlos a los dos. En la mayoría de los casos, también le aconsejarán que evite todo contacto sexual hasta que la infección haya desaparecido por completo. ■

SEXO MÁS SEGURO

Aparte del celibato, no existe un método garantizado para evitar infectarse con una enfermedad de transmisión sexual. No obstante, puede limitar los riesgos de contraer una practicando algunas medidas de seguridad.

■ Sea selectivo en su elección de compañero sexual y limite el número de parejas.

■ Utilice preservativos siempre que practique sexo con penetración.

■ Lávese bien antes y después del acto sexual.

■ Si practica el sexo oral o anal, lávese entre actos.

CÓMO IDENTIFICAR Y TRATAR LAS ENFERMEDADES DE TRANSMISIÓN SEXUAL

Infección	Síntomas	Tratamiento	Complicaciones
Chlamydia Infección por protozoos	**En mujeres**: ligero aumento del flujo vaginal; necesidad de orinar con mayor frecuencia; dolor en la parte baja del abdomen; dolor durante el acto sexual; esterilidad. **En hombres**: secreción del pene; dolor o quemazón al orinar.	Antibióticos orales.	**En mujeres**: esterilidad. Si está embarazada, embarazo ectópico o parto prematuro. La infección puede contagiar al bebé, provocando infección ocular o pulmonar. **En hombres**: inflamación de los testículos, provocando esterilidad. **En ambos**: síndrome de Reiter (inflamación de los ojos y las articulaciones; erupción en los pies y los genitales).
Uretritis no específica Infección, por lo general por Chlamydia; puede ser debida a una alergia o al exceso de alcohol.	Dolor o quemazón al orinar; secreción blanca o turbia del pene; necesidad de orinar con frecuencia.	Antibióticos orales.	Rara vez presenta complicaciones serias, pero puede provocar inflamación de los testículos o síndrome de Reiter (*véase* Chlamydia).
Condilomas acuminados Papilomavirus humano.	Pequeños bultos carnosos, contagiosos, de color blanco rosáceo, alrededor de la zona genital, solos o formando grupos; pueden producir picor, aunque no suelen doler.	Podofilina líquida aplicada sobre los condilomas o nitrógeno líquido para congelarlos. Los condilomas desaparecen, pero recurren en la mitad de los afectados.	Algunos tipos de papilomavirus están relacionados con el aumento del riesgo de sufrir cáncer cervical. Puede obligar a realizar frotis más frecuentes.
Ladillas Insectos parásitos transmitidos sexualmente y por contacto directo o a través de las toallas compartidas.	Picor; polvo negro en la ropa interior debido a las deposiciones de las ladillas; huevos marrones o ladillas en el vello púbico.	Champús y lociones insecticidas. Lave la ropa íntima y la de cama con agua caliente para evitar una nueva infección.	Ninguna.
Herpes genital Virus del herpes simple.	Picor u hormigueo en la zona genital o anal; ampollas pequeñas, dolorosas y llenas de líquido en la zona genital; fiebre; dolor de espalda, de cabeza o ganglios inflamados.	La medicación antivírica puede reducir los síntomas y ayudar a evitar la recurrencia si se toma en las etapas iniciales de la infección.	Ligero riesgo de aborto si se está a principios de un embarazo. Si se contagia al bebé durante el parto, puede provocar lesiones cerebrales o ceguera. Se aconseja cesárea.
Tricomoniasis *Trichomonas vaginalis* (protozoo)	**En mujeres**: flujo vaginal acuoso, con olor a pescado; picor e inflamación en la vulva. **En hombres**: picor intenso después de orinar; secreción uretral.	Antibióticos.	Ninguna.
Sífilis *Treponema pallidum* (una espiroqueta, o bacteria en forma de espiral).	Úlceras abiertas (chancro) en el pene, la vagina, el cérvix, el recto o la garganta; erupción cutánea, fiebre, dolor de cabeza, dolor de huesos, fatiga, pérdida de apetito.	La penicilina u otros antibióticos resultan efectivos en todas las etapas. En las últimas fases, las lesiones de los órganos pueden ser irreversibles.	Si no se trata, alteraciones cardíacas fatales, lesiones cerebrales, parálisis, lesiones en la piel y los huesos. Puede contagiar al feto.
Gonorrea *Neisseria gonorrhoeae*	**En hombres:** secreción blanca del pene; dolor al orinar; irritación anal; testículos y próstata inflamados. **En mujeres**: síntomas similares, pero menos acusados.	Antibióticos.	Artritis gonocóccica y septicemia fatal. **En mujeres**: puede afectar a la fertilidad. Puede contagiarse al bebé durante el parto y provocarle ceguera.

VÉASE TAMBIÉN

Infecciones por
levaduras   142-143
Aromaterapia   192-195
Hidroterapia   236-237

Infecciones del tracto urinario

Todas las partes del tracto urinario (los riñones, los uréteres, la vejiga y la uretra) pueden infectarse si en esta última entran grandes cantidades de bacterias que se extienden por todo el sistema.

El tracto urinario procesa la orina. Los riñones la producen al filtrar y eliminar los productos de desecho de la sangre. Este líquido de desecho desciende por los uréteres hasta la vejiga, donde se almacena hasta que hay cantidad suficiente para desencadenar la micción (la expulsión de orina). La vejiga se contrae y la orina sale del cuerpo a través de la uretra.

La causa más común de infección del tracto urinario en su parte baja es la bacteria *Escherichia coli*, que se encuentra habitualmente en el tracto gastrointestinal. Si la bacteria *E. coli* penetra en la uretra, puede provocar uretritis; si llega hasta la vejiga, el resultado puede ser una cistitis.

El síntoma clave inconfundible de una infección del tracto urinario bajo es una dolorosa sensación de quemazón o picor durante la micción. También es posible padecer una frecuente urgencia de orinar, aunque sólo sean pequeñas cantidades. La orina suele aparecer turbia, con pus o sangre, o con un olor muy fuerte. La zona inmediatamente por debajo del hueso púbico también puede estar especialmente sensible.

¿QUIÉN FORMA PARTE DEL GRUPO DE RIESGO?

Las mujeres son mucho más susceptibles que los hombres de sufrir infecciones del tracto urinario, ya que su abertura uretral está más cerca del ano. Mientras que la vejiga del hombre está aproximadamente a 15 cm de la uretra, la de la mujer se encuentra a sólo 2,5 cm, por lo que las bacterias tienen una distancia mucho menor que recorrer y así se facilita en gran medida la transmisión.

Diversos factores pueden provocar una infección: la falta de higiene, aguantarse la orina, el acto sexual, el parto y la cirugía ginecológica pueden introducir fácilmente bacterias en la zona uretral. Los cambios hormonales durante el embarazo y la menopausia también aumentan el riesgo.

Las mujeres embarazadas son especialmente propensas a la cistitis, ya que el feto en desarrollo ejerce presión en la vejiga y así se impide que ésta se vacíe completamente. Incluso ciertas formas de contracepción, como las espumas y los geles espermicidas, los diafragmas y los preservativos, están relacionadas con la irritación de la uretra o la dificultad para vaciar la vejiga.

VISITA AL MÉDICO

Las infecciones leves del tracto urinario suelen desaparecer sin tratamiento. Sin embargo, es preciso acudir al médico si se tienen síntomas durante más de 24 horas, fiebre o escalofríos, dolor en la parte baja de la espalda, flujo vaginal o del pene u orina

EL TRACTO URINARIO FEMENINO

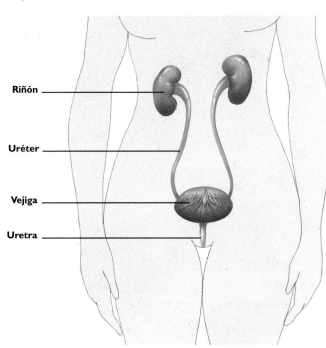

Riñón

Uréter

Vejiga

Uretra

con sangre. Cualquiera de estos síntomas podrían ser una señal de infección renal.

También debe visitar al médico si tiene un historial médico de diabetes, hipertensión, enfermedades renales o si está o pudiera estar embarazada. La prevención puede evitar las complicaciones de las infecciones de vejiga sin tratar.

Diagnosticar una infección del tracto urinario no resulta complicado. La mayoría de los médicos tomarán una muestra de orina y, con una varilla graduada, comprobarán si tiene sangre o pus (una concentración de leucocitos que significa infección). Si el análisis de orina es positivo, la muestra se enviará a un laboratorio para determinar la naturaleza exacta de la bacteria responsable de la infección.

TRATAR LA INFECCIÓN

Si la infección hace acto de presencia, el médico le recetará un antibiótico sin esperar a los resultados del cultivo de orina. En el pasado se administraban tratamientos de antibióticos durante dos semanas, pero estudios recientes han descubierto que las infecciones simples del tracto urinario pueden curarse eficazmente con tratamientos antibióticos más breves, de entre uno y cinco días. Aunque el tratamiento suele aliviar los síntomas de forma inmediata, es importante terminar todo el tratamiento. Si deja de tomar la medicación antes de lo que su médico le haya recomendado, la infección bacteriana original podría no erradicarse por completo, con lo que existiría la posibilidad de sufrir una recaída.

Algunas mujeres son propensas a las infecciones recurrentes, y necesitarán más análisis y revisiones para comprobar si padecen una alteración física del tracto urinario que las predisponga a la infección. Estos análisis pueden incluir una cistoscopia (revisión de la vejiga con un endoscopio), una ecografía para estudiar a fondo los riñones y la vejiga, o un pielograma intravenoso (un procedimiento que consiste en inyectar un tinte en las venas antes de realizar una radiografía de la vejiga y de los riñones).

COMPLICACIONES

Las infecciones del tracto urinario inferior rara vez son graves. No obstante, si no se tratan pueden extenderse a los riñones y provocar su inflamación, un proceso denominado pielonefritis. Los procesos no tratados pueden terminar causando daños permanentes al riñón.

La pielonefritis aguda es más común entre las mujeres, y más todavía durante el embarazo. Los síntomas incluyen fiebre alta, escalofríos, dolor de espalda, náuseas, vómitos, sensación de quemazón durante la micción y necesidad de orinar con frecuencia. Cualquier mujer que padezca estos síntomas debe visitar inmediatamente al médico para su diagnóstico y el tratamiento con antibióticos. ∎

PREVENIR LA CISTITIS

Algunas mujeres son propensas a los brotes recurrentes de cistitis. En lugar de recurrir al tratamiento con antibióticos, que podría provocar la aparición de una candidiasis, los siguientes consejos de autoayuda pueden evitar el desarrollo de la infección.

- Beba muchos líquidos a lo largo de todo el día. El líquido ayuda a diluir la orina.

- Vacíe su vejiga con regularidad, ya que así se evita el estancamiento.

- Evite los geles de ducha, los desodorantes o las irrigaciones vaginales, que pueden irritar la zona que rodea la uretra.

- Tome zumo de arándanos, ya que se cree que ayuda a evitar que las bacterias se adhieran a las paredes de la vejiga.

- Orine antes y después del acto sexual para expulsar las bacterias que pudiesen estar cerca de la abertura uretral.

- Límpiese siempre de adelante hacia atrás después de defecar. Así evitará extender las bacterias del tracto intestinal hasta la uretra.

- Cámbiese de compresa o de tampón con frecuencia.

Hepatitis

El término «hepatitis» hace referencia a una inflamación del hígado, causada en la mayoría de los casos por un virus. La hepatitis vírica es una enfermedad potencialmente grave, y existen varios virus reconocidos que la transmiten.

La hepatitis puede adoptar dos formas: aguda (a corto plazo) y crónica (a largo plazo). La hepatitis aguda suele estar provocada por uno de los virus, pero ciertos medicamentos (incluyendo una sobredosis de paracetamol) o la exposición a agentes químicos como los que se utilizan para limpiar en seco también pueden desencadenar la enfermedad.

Los virus de la hepatitis presentan una fase aguda, pero sólo la infección con cepas B, C y D implica una fase crónica. La hepatitis crónica también puede estar provocada por el abuso del alcohol y por una alteración autoinmune (el propio sistema de defensa del cuerpo ataca al hígado).

La hepatitis crónica puede ser persistente o activa. En el caso de la primera, el virus está presente en el hígado pero no parece dañarlo (este es el tipo de hepatitis crónica menos serio y supone pocas complicaciones). La hepatitis activa crónica provoca inflamación y la progresiva destrucción de las células del hígado, y puede desembocar en una cirrosis y un cáncer hepático.

TIPOS COMUNES DE VIRUS

La hepatitis A constituye una de las infecciones más comunes del mundo. Aproximadamente el 40 % de la población de la parte occidental de Europa contrae esta infección, aunque no todo el mundo la manifiesta. Se transmite por contaminación fecal. El virus se multiplica en el hígado y produce partículas víricas que se excretan en las heces. La infección surge del contacto directo con individuos afectados o con aguas, manos, utensilios de cocina o alimentos contaminados (sobre todo las frutas frescas y las ensaladas, los helados y el marisco). La infección por el virus de la hepatitis A no evoluciona a una enfermedad crónica. Durante la infección se desarrollan anticuerpos que proporcionan inmunidad de por vida.

Más de un tercio de la población mundial está infectada por el virus de la hepatitis B. Puede provocar daños crónicos al hígado, incluyendo cáncer. Entre uno y dos millones de personas mueren cada año debido a la infección, que se contagia a través del contacto con sangre contaminada. Los homosexuales masculinos y los drogodependientes por vía intravenosa forman los dos grupos de mayor riesgo de infección. Las personas afectadas por la enfermedad son portadoras y pueden contagiarla a los demás a través de ciertos fluidos corporales, sobre todo de la sangre.

La cepa de la hepatitis D afecta únicamente a las personas ya infectadas con la hepatitis B. Esta forma es común en Italia, la zona mediterránea, el este de

SOBRE EL HÍGADO

El hígado es la fábrica química del cuerpo. Regula el nivel de aminoácidos en la sangre y es responsable de la producción de varias proteínas (incluyendo la albúmina, que ayuda a controlar el intercambio de agua entre los tejidos y la sangre) y de factores de coagulación, que permiten a la sangre coagularse cuando la pared de un vaso sanguíneo resulta dañada. Asimismo, almacena glucosa en forma de glicógeno, al que vuelve a convertir en glucosa cuando se necesita más energía.

El hígado ayuda a eliminar los fármacos y las sustancias tóxicas de la sangre. Aproximadamente el 75 % de las células del hígado pueden destruirse antes de que el órgano deje de funcionar por completo.

Europa y Sudamérica. Una parte de los afectados desarrollan una enfermedad hepática crónica.

La hepatitis C es más común que la B. Aproximadamente una de cada diez personas es portadora de la hepatitis C, que puede detectarse en la sangre donada. El virus suele transmitirse a través de jeringas compartidas por los drogodependientes y de las que utilizan sin esterilizar correctamente los tatuadores, aunque no se sabe cómo se transmite un tercio de los casos. Al menos el 80 % de los afectados son portadores del virus, y una elevada proporción desarrollan una enfermedad hepática crónica.

La hepatitis E se encuentra en el sudeste asiático, en India, África y México. La infección se contagia por contacto con agua contaminada.

SÍNTOMAS

En el caso de la hepatitis A, los síntomas aparecen de dos a seis semanas después del contacto con el virus. Los síntomas típicos incluyen fiebre, náuseas, vómitos, falta de apetito, diarrea y dolor abdominal, y puede durar una semana o más antes de que aparezca ictericia. La piel y el blanco de los ojos adquieren un tono amarillento, ya que el hígado inflamado no puede eliminar la bilirrubina (un pigmento) de la sangre. La fase de ictericia puede durar semanas

o varios meses. En los casos severos puede desembocar en un estado de coma y en la muerte.

Los síntomas de otras formas de hepatitis son similares y pueden variar desde un ligero síndrome parecido a una gripe hasta vómitos e ictericia. No obstante, algunas personas no experimentan síntomas. Dado que no siempre se manifiestan síntomas o que éstos pueden atribuirse a una gripe, las formas crónicas de la enfermedad pueden pasar desapercibidas.

TRATAMIENTO

Se recomienda a los afectados de hepatitis aguda que permanezcan en cama, sigan una dieta nutritiva y eviten el alcohol durante los seis meses posteriores a la recuperación, que suele lograrse en varias semanas. El alcohol daña el hígado y puede prolongar la enfermedad o provocar una recaída.

Existen vacunas contra las cepas A y B. Las personas con alto riesgo de exposición al virus, como los profesionales de la salud y las personas que viajan a países en vías de desarrollo, deben vacunarse. También existe una doble vacuna A y B. La inmunización contra la hepatitis B también protege contra la cepa D, que puede coexistir únicamente con la B. Los hijos de las madres que son portadoras de hepatitis B pueden ser tratados en el momento del nacimiento para evitar la infección. ∎

PROTECCIÓN Y PREVENCIÓN		
Virus	**Cómo se propaga**	**Medidas de protección**
Hepatitis A y E	Contaminación fecal del agua y los alimentos; contacto con las heces de personas infectadas.	Higiene escrupulosa; vacuna contra la hepatitis A para gozar de protección a largo plazo o con inmunoglobulinas (anticuerpos) para una protección a corto plazo.
Hepatitis B y D	Contacto con sangre y derivados infectados.	Evitar el sexo sin protección; evitar la penetración de la piel con objetos contaminados, como las agujas; vacuna contra la hepatitis B.
Hepatitis C	Contacto con sangre y derivados infectados.	Evitar la penetración de la piel con objetos contaminados, incluyendo agujas.

VIH (virus de la inmunodeficiencia humana)

El virus de la inmunodeficiencia humana, o VIH, ataca a los linfocitos T del organismo (un tipo de linfocito que normalmente desencadena la activación del sistema inmunológico). Éste constituye la defensa que el cuerpo tiene contra la enfermedad y, cuando resulta dañado, no puede luchar contra ciertas infecciones. El resultado es el síndrome de inmunodeficiencia adquirida.

Cuando el VIH ataca a los linfocitos T, altera los códigos que se encuentran en su interior: en lugar de luchar contra la enfermedad, fabrican más VIH. A medida que éste se extiende a más linfocitos T, el número de células sanas desciende, lo que dificulta cada vez más la recuperación de cualquier enfermedad. Finalmente, se carece de suficientes linfocitos T para proteger al organismo de las infecciones oportunistas (las que sólo atacan si el sistema inmunológico se encuentra debilitado), y la persona acaba por padecer SIDA. Algunos afectados experimentan una enfermedad similar a la gripe al principio de la infección, pero muchas personas están infectadas desde hace años sin saberlo hasta que el VIH desencadena el SIDA.

¿A QUIÉN AFECTA EL SIDA?
El VIH se encuentra en la sangre, la saliva y los fluidos seminales y vaginales. Cualquier persona cuya sangre, semen o flujo vaginal se intercambie con los de una persona

Aumentado 86.000 veces, el VIH (virus de la inmunodeficiencia humana) aparece aquí saliendo de un linfocito T infectado. Una vez liberado (inferior, extremo izquierda), el virus infecta otros linfocitos T, debilitando la respuesta inmune del cuerpo.

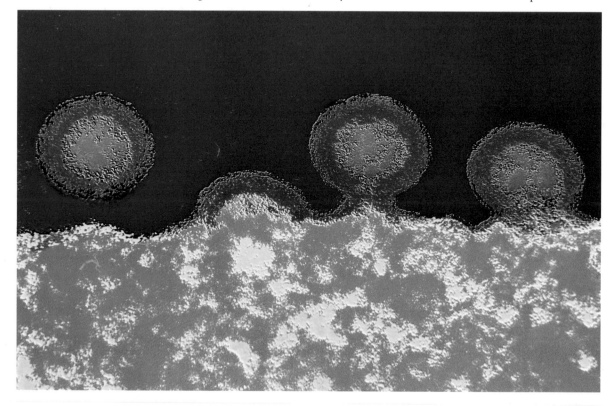

seropositiva corre el riesgo de ser infectada. Esto puede ocurrir durante el acto sexual (tanto anal como vaginal), por una transfusión, por compartir una aguja o una jeringa infectada o entre la madre y su hijo durante el parto o la lactancia. No obstante, el virus no puede contagiarse por el intercambio de saliva, por ejemplo, al darse un beso con la boca abierta.

El virus es extremadamente contagioso. Existe en más de 140 países, y en todo el mundo se producen 8.500 infecciones cada día. El VIH no es una enfermedad de homosexuales. El sexo sin protección con una persona infectada, homosexual o heterosexual, constituye un riesgo. El número de casos entre heterosexuales ha aumentado de forma constante, y las mujeres son más vulnerables que los hombres. Una mujer no infectada tiene cuatro veces más posibilidades de contraer el virus por contacto con un hombre seropositivo que al contrario.

PREVENCIÓN CONTRA EL VIH

Ambos sexos pueden reducir su riesgo de contagio del virus, sobre todo practicando el sexo seguro (*véase* Precaución, derecha).

■ Los drogodependientes por vía intravenosa deben utilizar únicamente jeringas nuevas y desechables; no compartir nunca una aguja o una jeringa, ni utilizar una vieja.

■ Si es seropositiva y está embarazada, hable con una persona del hospital al que acuda sobre el método para dar a luz y sobre la lactancia.

■ Asegúrese de que su dentista utiliza guantes nuevos.

■ Asegúrese de que las punciones de la piel se realicen con agujas desechables.

■ El preciso tapar los cortes o las heridas abiertas en una persona infectada.

TRATAMIENTO

Aunque el SIDA no tiene cura, algunos tratamientos y cambios en el estilo de vida pueden aliviar los síntomas, tratar infecciones secundarias o hacer más lenta la propagación del virus. Por lo general, se administra una combinación de fármacos. El tipo y la cantidad dependen de cada individuo, de la etapa de la enfermedad y de las infecciones secundarias implicadas.

Un estilo de vida sano puede aliviar la carga a que se ve sometido el sistema inmunológico: una dieta sana con abundantes frutas y verduras y nada de comida basura, alcohol, nicotina, cafeína o drogas. El ejercicio suave al aire libre también ayuda.

En algunas personas, las terapias complementarias parecen ejercer un efecto beneficioso en su bienestar general y pueden ayudar a dar impulso al sistema inmunológico. El consejo profesional de un médico o de un grupo de apoyo puede servir de ayuda desde el punto de vista psicológico. ■

PRECAUCIÓN

Dado que pueden pasar hasta tres meses antes de que el virus sea detectable con los análisis actuales, el sexo seguro (utilizando un preservativo, véase pág. 169) resulta esencial hasta que ambos miembros de la pareja sepan con certeza que ninguno ha mantenido relaciones con otra persona durante al menos tres meses antes de dar negativo en el análisis del VIH. Las mujeres pueden protegerse con el preservativo femenino. Existen preservativos especialmente resistentes para el sexo anal.

PRUEBA DEL VIH

Si sospecha que puede ser seropositivo, resulta aconsejable someterse a un análisis, sobre todo si desea quedarse embarazada o comenzar una nueva relación. Si está infectado con el VIH, habrá producido anticuerpos (éstos son los que busca el análisis). La prueba debe llevarse a cabo al menos tres meses después de la última vez que pudiese haberse infectado; éste es el tiempo que pueden tardar los anticuerpos en reflejarse en los resultados. El análisis implica la extracción de una muestra de sangre que se envía a un laboratorio para su análisis.

Puede conseguir información sobre las pruebas en las organizaciones de apoyo. En todas las clínicas de salud sexual se practican estos análisis. Asimismo, puede conseguir la prueba a través del médico de cabecera. Si lo hace así, el resultado podría quedar reflejado en su ficha médica.

Un consejero experto le informará con detalle de las implicaciones de someterse al análisis y del significado de los resultados. Sólo debe seguir adelante si está psicológicamente preparado para aceptar el resultado, sea cual sea. Un resultado positivo puede convertirse en una noticia devastadora, incluso si se lo espera. No obstante, le permite acudir al médico en busca de consejo y tratamiento, y cambiar su estilo de vida de inmediato. A pesar del resultado positivo, muchas personas han vivido con buena salud durante más de 10 años antes de que el SIDA aparezca.

VÉASE TAMBIÉN
Adecuar la dieta **264-267**

Cáncer

A pesar de décadas de investigación y de los avances en el tratamiento, el cáncer afecta a una de cada tres personas, el 25 % de las cuales mueren. Aunque el cáncer está considerado como una enfermedad moderna, no es nuevo (pero afecta a más personas que en siglos anteriores). El 25 % de los habitantes del mundo industrializado desarrollan una forma de la enfermedad.

Todas las células necesitan nutrientes y oxígeno, aportados por la sangre (inferior izquierda). Las células cancerosas, que ignoran los mensajes normales que les dicen que dejen de multiplicarse, requieren más sangre que otras células. Liberan el factor de angiogénesis del tumor, una sustancia que provoca el crecimiento de vasos sanguíneos secundarios en las inmediaciones (inferior centro). El aporte adicional de nutrientes permite a las células cancerosas crecer con mayor rapidez (inferior derecha), destruyendo el tejido sano y desplazándose a otras partes del cuerpo.

Las más de 200 formas de cáncer siguen un patrón de desarrollo similar. El cáncer aparece cuando el crecimiento celular pierde el control. Esto ocurre cuando una célula resulta afectada por carcinógenos (por ejemplo, el tabaco, el sol o la radiactividad), y el ADN experimenta una mutación. El ADN es el material genético que dice a cada célula cómo debe comportarse. Cuando el ADN se transforma, no puede pasar la información correcta. Las células tienen un comportamiento erróneo: la manifestación más obvia es la división celular acelerada. Las células mutantes son incapaces de desempeñar la función para la cual fueron diseñadas; producen sustancias dañinas y pueden aprender a moverse y establecer nuevos tumores.

Las células contienen muchas medidas de seguridad contra las mutaciones, por lo que se necesitan muchos cambios consecutivos para producir una célula cancerosa. Ésta es la razón por la que el cáncer es común en personas mayores o cuando se repite la exposición a carcinógenos, como el tabaco o el sol. La mutación se debe a una cadena aleatoria de acontecimientos en la que células aisladas en diferentes partes del cuerpo se transforman sin control. He aquí una razón de que el tratamiento resulte tan difícil.

DESARROLLO DE UN TUMOR

Las células cancerosas suelen reproducirse cada 24 horas, y cada vez transmiten su alteración a su descendencia. Transcurridas tres semanas, las células cancerosas pueden

CÓMO CRECE UNA CÉLULA CANCEROSA

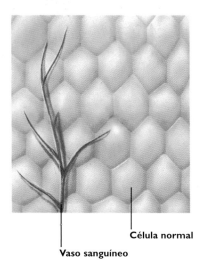

Célula normal

Vaso sanguíneo

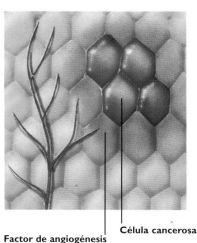

Factor de angiogénesis del tumor

Célula cancerosa

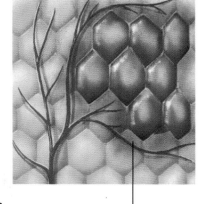

Vaso sanguíneo atraído hacia el tumor

contarse por millones. Cuando las células crecen de manera incontrolada, forman un tumor que aumenta de tamaño gradualmente y se extiende al tejido sano.

Dichas células pueden formar un tumor benigno o maligno. Si es benigno, puede aumentar de tamaño y ejercer presión en los tejidos que le rodean, pero no puede invadirlos o provocar el desarrollo de nuevos tumores en otras partes del cuerpo.

Un tumor maligno continuará creciendo, y puede extenderse desde el tejido original hasta otros tejidos. Cuando las células de un tumor maligno se liberan, son transportadas (por lo general, en el sistema linfático o en la corriente sanguínea) hasta otros tejidos u órganos, donde continúan su reproducción. Los tumores secundarios se conocen como metástasis. Puede tratarse de una o de varias metástasis, y pueden aparecer en partes del cuerpo que no guardan relación y que están alejadas del tumor primario.

Si un tumor se desarrolla en un órgano vital, como el hígado o los pulmones, interferirá en las funciones esenciales del órgano afectado. De forma similar, un tumor que ejerce presión en una arteria principal puede reducir el suministro de sangre a órganos vitales. En estos dos casos, pueden aparecer complicaciones mortales.

¿QUIÉN PADECE CÁNCER?

En gran medida, el cáncer es una enfermedad vinculada al envejecimiento. Más del 70 % de los afectados de cáncer son mayores de 60 años. No obstante, el cáncer puede afectar a cualquier edad. La leucemia, por ejemplo, es más frecuente en los niños, y el cáncer de testículo afecta principalmente a hombres de 19 a 44 años.

Es posible heredar predisposición al cáncer. Por ejemplo, se sabe que dos genes (llamados BRCA1 y BRCA2) están relacionados con el cáncer de mama. A los 70 años de edad, el 85 % de las mujeres con un gen BRCA1 mutado padecen cáncer de mama. De forma similar, un fumador moderado que transporte un gen conocido como CYP1A1 tiene siete

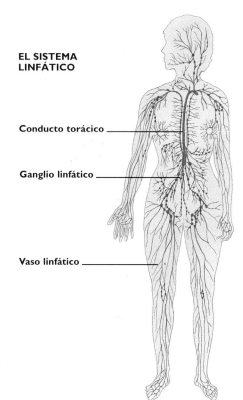

EL SISTEMA LINFÁTICO

Conducto torácico

Ganglio linfático

Vaso linfático

Partes cruciales del sistema inmunológico, los vasos y los conductos linfáticos proporcionan una alternativa a la circulación sanguínea en lo que respecta al transporte de fluidos por el cuerpo. No obstante, además de transportar anticuerpos beneficiosos para luchar contra las infecciones, el sistema linfático puede convertirse en ruta de células cancerosas para extenderse rápidamente por todo el cuerpo.

SEÑALES DE ALARMA

El cáncer manifiesta una variedad de síntomas, y su naturaleza y severidad dependen del grado de desarrollo de la enfermedad, del órgano o de los tejidos donde se encuentra el tumor, y de sus efectos secundarios en otras partes del cuerpo. Existen 11 posibles síntomas que siempre deben tomarse en serio. Por lo general, no están relacionados con un tumor canceroso, pero siempre debe consultar con su médico si experimenta:

- pérdida de peso rápida y sin razón aparente
- dolores de cabeza recurrentes y severos
- ronquera, dolor de garganta o dificultad para tragar persistentes
- dolor abdominal o indigestión persistentes y sin razón aparente
- un bulto o aumento de tejido en cualquier parte del cuerpo
- un cambio en los hábitos intestinales o de micción
- sangrado o flujo inusuales
- sangre en la orina o en el esputo
- una costra, herida o úlcera que no acaba de curarse
- un lunar que cambia de color o tamaño, sangra o pica
- hemorragia vaginal después de mantener relaciones, entre reglas o después de la menopausia

veces más riesgos de desarrollar cáncer de pulmón que un fumador sin el gen. No obstante, el comportamiento también puede influir en el riesgo de desarrollar un cáncer. Nueve de cada diez personas afectadas de cáncer de pulmón, por ejemplo, son fumadoras, y la mayoría de los pacientes de cáncer de piel son personas de piel clara que han tomado mucho el sol.

Se ha calculado que más del 90 % de los casos de cáncer se deben a una interacción entre genes y entorno. En la mayoría de los casos, incluso si se es portador de un gen que predisponga a alguna forma de cáncer, es posible reducir los riesgos adoptando ciertos hábitos.

DIAGNÓSTICO Y REVISIONES

Cualquier cáncer se trata más fácilmente si se descubre en las etapas iniciales, por lo que el diagnóstico precoz resulta esencial. Sin embargo, no es fácil, ya que los síntomas no suelen manifestarse hasta que se han reproducido millones de células cancerosas o hasta que el tumor primario es del tamaño de una uva. Los bultos muy profundos no son

detectables, excepto con revisiones médicas especiales. Las excepciones son el cáncer de mama (*véase* pág. 157), de testículos (*véase* pág. 158) y de piel (*véase* pág. 158), que se pueden ver o notar. La mayoría de cánceres se descubren cuando el afectado desarrolla los síntomas y visita al médico de cabecera.

Si el médico sospecha de la existencia de un cáncer, le someterá a varios análisis para confirmar el diagnóstico. Existen cuatro tipos de pruebas. La citología consiste en extraer células de la zona que se sospecha afectada para su estudio. Esta prueba puede revelar células anormales de las que se despojan de la zona afectada. El frotis cervical es el ejemplo más común.

El médico puede realizar una biopsia extrayendo una muestra de tejido de la zona sospechosa. La muestra se estudia en busca de cambios microscópicos en su estructura, en un procedimiento conocido como histología. Asimismo, el médico puede tomar una muestra de sangre para su análisis, con el que se pueden detectar cambios o anormalidades en sus componentes. Una radiografía puede ayudar a detectar la densidad creciente de un tumor, que aparece como una zona más clara en un hueso o en el tejido pulmonar.

Cabe la posibilidad de utilizar otras técnicas por imagen más nuevas como sustituto o complemento de la radiografía convencional. El TAC (tomografía axial computerizada), los ultrasonidos y la resonancia magnética nuclear (RMN) pueden producir imágenes del tejido sospechoso para facilitar el diagnóstico. La técnica de radioisótopos, que consiste en inyectar dosis bajas de radiactividad, puede emplearse para ver ciertos cánceres, como los de tiroides y de hueso.

TRATAMIENTO

Una vez confirmado el diagnóstico, será el momento de hablar sobre los mejores métodos de tratar el cáncer. No existe cura para esta enfermedad, y la decisión sobre el mejor tratamiento para cada enfermo queda

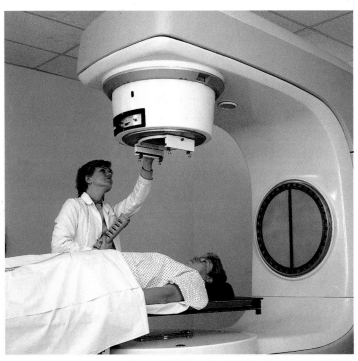

La radioterapia constituye un método para destruir las células cancerosas mediante radiaciones. Este acelerador lineal de partículas produce rayos X de alto voltaje que penetran en la piel y llegan a la zona deseada.

en manos de los especialistas. El cáncer puede tratarse de cuatro formas: con cirugía, con radioterapia, con quimioterapia o con terapia biológica (o con una combinación de dos o más de estos métodos).

La cirugía puede eliminar, aproximadamente, el 40 % de los tumores malignos. Si el tumor ha atacado a un órgano, suele recomendarse la «cirugía radical». Este procedimiento implica eliminar no sólo el órgano enfermo, sino también los ganglios linfáticos que lo rodean. Así se reducen las posibilidades de que un tumor maligno se extienda a otras partes del cuerpo a través del sistema linfático. La radioterapia o la quimioterapia se utilizan en ocasiones antes de la operación para encoger el tumor y destruir las células cancerosas que podrían desembocar en metástasis.

La radioterapia mata las células cancerosas con radiaciones. Este tratamiento da mejores resultados en células bien nutridas, las que se encuentran fuera del tumor. Por lo general, el tratamiento se administra en varias dosis, con lo que las células internas se exponen por etapas.

El tratamiento con fármacos anticancerígenos se conoce como quimioterapia. Los fármacos son agentes químicos citotóxicos que atacan a las células de división rápida, y pueden destruir las células cancerosas de manera eficaz. Sin embargo, no pueden distinguir entre esas células y otras similares pero que no son cancerígenas, incluyendo las de la médula ósea, la pared intestinal, los folículos pilosos y los órganos reproductores. En consecuencia, la quimioterapia produce muchos efectos secundarios negativos.

ÚLTIMOS AVANCES

La terapia biológica constituye el tipo más nuevo de tratamiento. A través del uso de sustancias como anticuerpos artificiales e interferones, tiene como objetivo alterar la respuesta del cuerpo a las células cancerosas. En ocasiones puede emplearse para transportar isótopos radiactivos a las zonas afectadas. Sin embargo, todavía es experimental y apenas se utiliza.

Los científicos han descubierto que el mecanismo de autodestrucción de un tumor canceroso se encuentra fuera de las células. Este hallazgo podría abrir el camino a una nueva generación de fármacos que podrían provocar la autodestrucción de las células cancerosas mientras se conservan intactas las sanas.

Aparte de los nuevos tratamientos con fármacos, la buena noticia sobre el cáncer es que en muchos casos se puede evitar. Hasta el 60 % de cánceres pueden evitarse introduciendo cambios en los hábitos, como dejar de fumar y mejorar la dieta.

DEJAR DE FUMAR

Fumar es la mayor causa aislada y evitable de cáncer, y no sólo los pulmones resultan dañados por el tabaco (*véanse* págs. 20-21). Se calcula que el tabaco es responsable de un tercio de todas las muertes por cáncer.

RECIBIR EL MEJOR TRATAMIENTO

El cáncer es una enfermedad grave que exige ponerse en manos de especialistas. Puede contribuir a maximizar las posibilidades de recuperación evitando los retrasos en la investigación y el tratamiento.

- Si su médico de cabecera considera que debe someterse a algunas pruebas, es preciso que acuda a un especialista en las dos semanas siguientes.

- El especialista le pedirá análisis. Lo ideal es que éstos se realicen en dos semanas y que los resultados se ofrezcan en las dos semanas siguientes. El especialista debe dar los resultados al paciente en persona y en privado.

- Se recomienda realizar el tratamiento con un equipo multidisciplinar: radioterapeutas, oncólogos, cirujanos y enfermeras.

- Asegúrese de que se le informa de todas las posibles opciones de tratamiento y de una base para sopesarlas.

- Pregunte a su especialista o a su médico de cabecera sobre el alivio del dolor y los cuidados de apoyo.

PRECAUCIÓN

Las dietas pobres en fibra están relacionadas con un aumento del riesgo de sufrir cáncer de colon y de estómago. Hoy, la mayoría de los expertos recomiendan tomar pan integral y cereales ricos en fibra, además de varias raciones de fruta y verdura al día. El cáncer de colon, mama, piel y pulmones no es tan frecuente en el sur de Europa, donde se consumen tres veces más frutas y verduras frescas que en el norte.

La respuesta para aquellos que fuman es, en teoría sencilla: dejar el tabaco. Los beneficios comienzan a notarse muy pronto. Ocho horas después de dejar de fumar, los niveles de oxígeno en la sangre se normalizan; en 48 horas, los sentidos del gusto y del olfato se recuperan a medida que los últimos restos de nicotina salen del cuerpo; 72 horas después, los pulmones son capaces de aspirar más aire.

En la práctica, resulta difícil dejar el hábito porque la nicotina es un agente químico extremadamente adictivo. Si necesita convencerse de que el esfuerzo vale la pena, recuerde que a los cinco años de haber dejado de fumar, el riesgo de sufrir cáncer desciende a la mitad (y además existe un gran beneficio económico).

Ajustar la dieta

Se calcula que entre el 35 % y el 40 % de los cánceres podrían evitarse mediante cambios en la dieta. El cáncer de estómago, por ejemplo, era mucho más habitual antes de la invención de la nevera, cuando los alimentos se conservaban mediante la curación y el salado. En la actualidad, todavía es más común en los países donde se consume habitualmente este tipo de alimentos.

Intente reducir el consumo de carne, sobre todo si va unido a unos hábitos alimentarios incorrectos. Los grandes consumidores de carne tienden a comer más grasa. El aumento del consumo de grasa, además de provocar un problema de sobrepeso, incrementa el riesgo de ciertos cánceres (como el de útero). Asimismo, los consumidores de carne tienden a comer muy pocas frutas y verduras. Esto significa menos fibra y menos antioxidantes, dos elementos que protegen contra muchos tipos de cáncer.

El consumo suficiente de fibra natural (*véase* pág. 253) reduce el riesgo de cáncer de colon y de mama. En las mujeres, el consumo elevado de fibra reduce la cantidad de estrógeno, una hormona relacionada con el cáncer de mama. La fibra también contribuye a que los alimentos pasen por el intestino con mayor rapidez, con lo que desciende el riesgo de cáncer intestinal.

Las frutas y las verduras son ricas en antioxidantes (vitaminas C y E y betacaroteno; *véanse* págs. 242-243). Estas sustancias arrastran a los elementos dañinos presentes en la sangre denominados radicales libres, que están asociados con el cáncer. Debe comer al menos 400 g (y a ser posible 800 g) de fruta y verdura frescas cada día. Después de dos meses de aumentar su consumo, el nivel de antioxidantes en sangre será mucho mayor.

Las mujeres en particular deben tomar frutas y verduras ricas en fitoestrógenos, como soja, batata y ruibarbo. Se cree que estos productos bloquean los receptores de estrógenos en la sangre, lo que podría reducir el riesgo de cáncer de mama. La vitamina D, que se encuentra en los productos lácteos, el pescado y el sol, también está asociada con un riesgo menor de cáncer de mama.

Se cree que la grasa del pescado (*véanse* págs. 250-251) protege contra muchos tipos de cáncer porque reduce el nivel de prostaglandinas (agentes inflamatorios que pueden contribuir al crecimiento de tumores) en la sangre. Es conveniente reducir el consumo de otras grasas. Al parecer, los ácidos transgrasos, como los que se encuentran en la margarina y las galletas, incrementan el riesgo de sufrir cáncer de mama porque actúan en las hormonas sexuales estrógeno y testosterona.

Exposición al sol

El cáncer de piel es hoy mucho más frecuente que antes. La popularidad de las vacaciones en países cálidos, el atractivo de la piel bronceada y la invasión de las camillas de sol artificial han animado a las personas a exponer su piel a los dañinos rayos UVA y UVB. Cualquiera puede desarrollar cáncer de piel a partir de la exposición al sol, pero las personas de piel clara son más susceptibles porque su piel contiene menos pigmento (eumelanina), que protege contra las quemaduras. El mejor consejo es evitar el sol.

EXAMEN DE LAS MAMAS

Una de cada doce mujeres en el mundo industrializado desarrolla cáncer de mama. El autoexamen mensual de las mamas puede detectar pronto el cáncer, con el consiguiente aumento de las posibilidades de recuperación. Debe llevar a cabo el examen cuatro días después del fin de la regla, cuando las mamas están menos hinchadas. Observe y palpe las mamas en busca de cambios. Los exámenes frecuentes le ayudarán a familiarizarse con sus mamas, de manera que le resultará más fácil detectar un cambio.

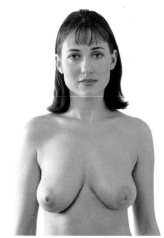

1 Con los brazos a los lados, mírese las mamas en el espejo y observe su forma, tamaño y posición, primero de frente y después de lado. Busque signos de hinchazón, cambios de tamaño o de color, pliegues o arrugas, hoyuelos o venas más prominentes. No se preocupe si sus mamas son de tamaño diferente: es normal.

2 Con los brazos detrás de la cabeza, examine cada una de sus mamas, de lado y de frente. Familiarícese con su forma.

3 Repita las observaciones con las manos en las caderas, y después con los brazos levantados.

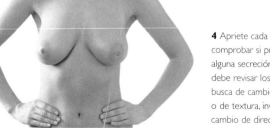

4 Apriete cada pezón para comprobar si producen alguna secreción. También debe revisar los pezones en busca de cambios de color o de textura, inversión o cambio de dirección.

5 Túmbese con una almohada bajo los hombros y la cabeza, con el brazo del lado de la mama que está examinando bajo la cabeza. Utilice la parte plana de los dedos para presionar con firmeza toda la mama, desde el pezón y hacia fuera en círculos.

6 Tras palpar toda la mama, toque desde la mama hasta la axila y a lo largo de la clavícula en busca de bultos inusuales, zonas abultadas o tejido más grueso. Repita los pasos 5 y 6 para la otra mama.

LOS BENEFICIOS DEL EJERCICIO

Al parecer, mantenerse en forma (*véanse* págs. 10-11) reduce el riesgo de cáncer porque influye en el peso y el metabolismo, que afectan a la producción de hormonas. Las personas inactivas son más propensas a sufrir cáncer de colon y de mama. Las mujeres que engordan mucho (más de 20 kg) entre el final de su adolescencia y alrededor de los 55 años incrementan el riesgo de sufrir cáncer de mama en un 40 %.

El ejercicio también reduce el riesgo de enfermedades cardíacas. Se recomienda hacer ejercicio al menos media hora tres veces a la semana. Si no puede acudir a un gimnasio o practicar un deporte intenso, deje el coche en casa y camine con paso rápido. Cualquier actividad que genere calor sostenido y respiración agitada resulta de ayuda.

REVISIÓN DE LOS TESTÍCULOS

Dado que el número de casos aumenta, la revisión de los testículos es más importante que nunca. Se trata del cáncer más común en los hombres de 20 a 35 años. No obstante, el 90 % de los cánceres de testículo son curables si se detectan a tiempo.

Examine sus testículos con frecuencia, a ser posible durante una ducha o un baño calientes. Sujete cada testículo en la mano para familiarizarse con su tamaño y su peso. Es posible que uno sea más grande que el otro, o que cuelgue más bajo; ambos casos son normales.

Palpe cada testículo entre los dedos. Debe notarlo liso, aparte del delicado conducto hacia la espalda (el epidídimo), que transporta y almacena el esperma. Debe acudir al médico si nota un bulto duro en la parte delantera o a un lado de un testículo, o si observa hinchazón o aumento de tamaño, un incremento de la firmeza, una diferencia inusual entre los dos testículos o cualquier tipo de incomodidad o dolor. Asimismo, informe al médico si siente molestias o dolor en la ingle.

CAMBIOS EN LA PIEL

El cáncer de piel ha aumentado considerablemente en los últimos 40 años, y está considerado como el segundo tipo de cáncer más frecuente. No obstante, y debido a la falta de diagnóstico, es probable que sea el cáncer más común.

Existen tres tipos comunes de cáncer de piel: el carcinoma de células basales, que aparece sobre todo en la cara y el cuello, y se extiende con relativa lentitud; el carcinoma de células escamosas y el melanoma maligno, ambos comunes en las zonas de exposición al sol. Resulta muy sencillo prevenirlos; sólo hay que protegerse del sol (*véase* recuadro, izquierda). Sea consciente del estado de su piel, sobre todo si la tiene clara, y acuda al médico si nota alguno de los siguientes síntomas:

- el crecimiento de un nuevo lunar o el aumento de tamaño de uno ya existente
- un cambio de color (a marrón o negro) de un lunar
- lunar irregular
- picor, inflamación, sangrado o formación de costra en un lunar
- incapacidad de la piel para curarse
- úlceras persistentes en la piel ■

SOL Y SEGURIDAD

- No tome el sol al mediodía (de 11.00 a 15.00 horas).
- Protéjase con prendas sueltas de algodón y un sombrero amplio.
- Proteja la piel expuesta con crema solar y repita la aplicación con frecuencia.
- Nunca exponga la piel de bebés o niños pequeños al sol: se queman más fácilmente. Cuanto más joven se sufran quemaduras solares, mayores serán las probabilidades de desarrollar cáncer.
- No utilice sol artificial si tiene la piel clara, muchas pecas o lunares, o un historial de quemaduras solares. Nadie debería utilizarlas más de 20 veces al año.

GUÍA PARA LOS SEIS TIPOS DE CÁNCER MÁS COMUNES

Localización del cáncer	Síntomas	A quién afecta	Tratamiento	Supervivencia (5 años después del diagnóstico)
Pulmón	Tos y falta de aliento persistentes; dolor en el pecho; expulsión de esputos con sangre; malestar, letargo y pérdida de peso.	Sobre todo a los fumadores. Dos veces más hombres que mujeres, aunque las que fuman la misma cantidad que los hombres tienen tres veces más riesgos.	Radioterapia. La cirugía es adecuada en el 20 % de los casos (es posible tratar antes al enfermo con quimioterapia).	Menos del 10 %.
Mama	Bulto o dolor en una mama o en la axila; eccema o descarga de un pezón; arrugas en la piel que rodean el pezón.	A una de cada doce mujeres, sobre todo mayores de 50 años (a menos que sean portadoras del gen del cáncer de mama, en cuyo caso pueden desarrollar antes la enfermedad).	Extirpación del tumor si es pequeño, de toda la mama (mastectomía) si es grande. Extirpación de los ganglios linfáticos si las células se extienden. Quimioterapia para reducir el tumor. Fármacos para bloquear la producción de estrógeno o su acción en la mama.	Aproximadamente, el 60 %.
Piel	Cambios en los lunares; úlceras cutáneas persistentes; manchas brillantes en la piel; cualquier herida que no se cure en dos semanas.	Las personas de piel clara que toman el sol y aquellas con tendencia a cubrirse de muchas pecas; trabajadores al aire libre.	Cirugía en las etapas iniciales, más tarde combinada con quimioterapia, radioterapia o terapia biológica. Para los melanomas no malignos, criocirugía (congelación).	Más del 90 % si se detecta a tiempo. Este porcentaje baja espectacularmente a medida que pasa el tiempo.
Colon	Sangre en las heces; estreñimiento; diarrea; flatulencia con dolor; sensación constante de plenitud.	Principalmente, personas de más de 60 años, pero el 5 % de los afectados son menores de 40 años (por lo general, existe un factor heredado).	Extirpación de una sección del intestino; quimioterapia si el cáncer se encuentra en un estado avanzado.	Aproximadamente el 35 %. Hasta la mitad de los casos se diagnostican demasiado tarde porque los pacientes retrasan la visita al médico.
Próstata	Dificultad para orinar; micción frecuente por la noche; sangre en la orina; sensación de no vaciar completamente la vejiga.	Principalmente, hombres mayores de 70 años.	Cirugía; radioterapia si el tumor es pequeño. En ocasiones se utilizan fármacos que inhiben la testosterona antes de la radioterapia.	Aproximadamente el 45 % de los hombres tratados se recuperan.
Vejiga	Sangre en la orina; dolor al orinar; necesidad urgente o frecuente de orinar.	Fumadores y hombres, hasta tres veces más riesgo; trabajadores químicos, peleteros y textiles, mecánicos, impresores, pintores y peluqueros.	Si es pequeño, extirpación del tumor mediante citoscopia; extirpación de la vejiga si es grande o si hay varios tumores; radioterapia y quimioterapia.	Aproximadamente el 60 % de los pacientes tratados se recuperan.

VÉASE TAMBIÉN
Cáncer   152-159

Problemas de la próstata

La próstata es la responsable, en parte, de la producción de semen (el líquido en el que viajan los espermatozoides durante la eyaculación) y de secreciones para hidratar las paredes de la uretra. Las alteraciones de la próstata afectan a la mitad de los hombres mayores de 50 años. Los problemas más frecuentes son la prostatitis, la hiperplasia prostática benigna y el cáncer de próstata.

Al nacer, la próstata es del tamaño de un guisante. Durante la pubertad crece, y al llegar a la edad adulta ha alcanzado el tamaño de una castaña, con un peso aproximado de 20 g. La glándula crece una vez más pasados los 50 años, edad en que pueden aparecer los problemas prostáticos. Éstos son poco frecuentes en hombres menores de 30 años.

PROSTATITIS

La prostatitis (término que engloba a varias alteraciones que implican a la próstata) consiste en una inflamación de la misma. Esto suele ocurrir cuando llegan a la glándula bacterias procedentes de los intestinos, pasando por la uretra. La prostatitis es frecuente sobre todo en hombres de entre 30 y 50 años. Se calcula que uno de cada tres hombres sufre de prostatitis en algún momento de su vida.

Los principales síntomas de la prostatitis son micción frecuente y dolor al orinar; inflamación de los testículos; dolor en la parte baja de la espalda, la próstata, los genitales o el recto; descarga acuosa del pene; dolor al eyacular; sangre en el semen y eyaculación precoz.

El médico puede realizar un tacto rectal para determinar si la glándula está sensible e inflamada. Los análisis de orina y de las secreciones uretrales pueden identificar el tipo de infección. La prostatitis se trata con antibióticos. No obstante, puede tardar un tiempo en curarse y es posible que reaparezca.

Beber mucha agua puede ayudar a evitar la infección de la próstata. Puede parecer un consejo cruel, ya que el principal síntoma de la prostatitis es la micción frecuente. Sin embargo, la ingesta abundante de líquidos contribuye a reducir la posibilidad de que la presencia de orina residual en la vejiga provoque una infección.

ANATOMÍA DE LA PRÓSTATA

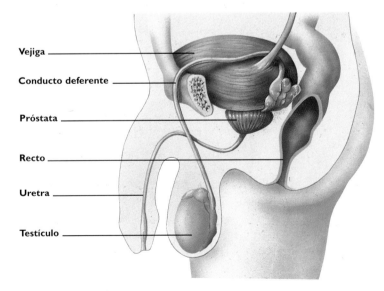

Vejiga

Conducto deferente

Próstata

Recto

Uretra

Testículo

La próstata es un órgano situado delante del recto e inmediatamente debajo de la vejiga; rodea a la uretra (por donde sale la orina) cuando ésta sale de la vejiga. La ubicación de la glándula posibilita que el médico juzgue su tamaño mediante un tacto rectal.

HIPERTROFIA PROSTÁTICA

La hipertrofia prostática benigna consiste en el aumento del tamaño de la próstata. Dado que la próstata rodea a la uretra, cuando aumenta su tamaño incrementa la presión en la vejiga. Esto produce la sensación de tener ganas de orinar con frecuencia. No obstante, la capacidad de orinar se ve limitada por la presión ejercida por la próstata.

Al menos uno de cada tres hombres mayores de 50 años experimenta uno o más síntomas de una hipertrofia prostática (*véase* recuadro, derecha), pero sólo seis de cada diez afectados visitan al médico. El diagnóstico puede confirmarse con una revisión rectal y una ecografía. La próstata agrandada puede tratarse con fármacos o con cirugía.

CÁNCER DE PRÓSTATA

Después del cáncer de pulmón, el de próstata es el segundo tipo mortal más frecuente en los hombres; en todo el mundo es responsable de 149.000 muertes cada año. El cáncer de próstata suele afectar a hombres mayores de 55 años, aunque también puede atacar a hombres más jóvenes. Es posible encontrar evidencias de cáncer en el 10 %-30 % de hombres de edades comprendidas entre los 50 y los 60 años. La cifra se eleva al 50 %-60 % en los hombres de entre 70 y 80 años.

En muchos casos, el cáncer de próstata es una enfermedad silenciosa: el paciente no sabe que la tiene. No obstante, y debido a que generalmente ataca a una edad avanzada, el hombre que la padece no tiene muchas probabilidades de morir a consecuencia de ella; la mayoría de los hombres mueren de otras enfermedades, como un AVC o un infarto de miocardio, antes de que el cáncer de próstata tenga la ocasión de provocar la muerte.

Los síntomas de un cáncer de próstata son similares a los de la hipertrofia benigna de la glándula. Si tiene dificultad para comenzar a orinar y produce una corriente urinaria débil y lenta, si sufre de goteo o incontinencia, o si obtiene una puntuación alta en el cuestionario de la derecha, debería obtener un diagnóstico profesional.

Un análisis de sangre detectará los primeros signos de cáncer de próstata, haciendo que el tratamiento resulte más efectivo. El análisis mide el nivel de antígeno específico de la próstata (una proteína): si sale alto, puede indicar la presencia de células cancerosas. Otras pruebas para el diagnóstico, como la ecografía, pueden confirmar la enfermedad.

El cáncer de próstata en hombres más jóvenes se trata mediante la extirpación de la próstata o con radioterapia. En el caso de algunos hombres mayores se prescinde del tratamiento. ∎

SÍNTOMAS DE CÁNCER DE PRÓSTATA

Se trata de un sistema ideado por la Organización Mundial de la Salud para que el afectado y su médico puedan juzgar la gravedad de la hipertrofia prostática y si el paciente necesita o no tratamiento, y con qué urgencia.

Para cada pregunta, puntúe 0 si la respuesta es «no» o «nunca»; 1 si responde «menos de una vez»; 2 si responde «menos de la mitad de las ocasiones»; 3 si responde «la mitad de las ocasiones», 4 si responde «más de la mitad de las ocasiones», y 5 si responde «casi siempre». A lo largo del mes pasado, ¿con qué frecuencia:

- ha tenido la sensación de no vaciar completamente la vejiga después de orinar?

- ha necesitado orinar en las dos horas siguientes a la última micción?

- paró y comenzó a orinar varias veces durante la misma micción?

- le costó posponer la micción?

- tuvo que hacer fuerza para empezar a orinar?

- tuvo que levantarse por la noche para orinar?

¿Qué puntuación ha obtenido?

0-8: sus síntomas no existen o son leves. Tal vez no necesite tratamiento, pero si desarrolla algún síntoma deben estar vigilados de cerca por su médico.

9-17: sus síntomas son moderados. El médico podría recetarle un tratamiento con fármacos, siempre y cuando el examen rectal y los análisis de sangre sean normales.

17 o más: sus síntomas son graves. El médico le enviará a un especialista para someterle a más análisis y a un tratamiento.

PRECAUCIÓN

Los tratamientos hormonales del síndrome premenstrual tienen efectos secundarios. En realidad, el progestágeno de los anticonceptivos orales puede reducir el nivel de progestágeno natural en el cuerpo, con el consiguiente empeoramiento potencial de los síntomas.

Síndrome premenstrual

Más de dos tercios de las mujeres sufren el síndrome premenstrual en algún momento de sus vidas, y un tercio de estas mujeres lo padecen durante todos sus años reproductivos. Aunque el síndrome premenstrual puede aparecer en cualquier momento entre la pubertad y la menopausia, es más común entre las mujeres mayores de 30 años.

La causa del síndrome premenstrual no está clara. Se cree que es el resultado de fluctuaciones hormonales que constituyen una parte integrante del ciclo menstrual. También es posible que exista un efecto acumulativo de cambios hormonales a largo plazo. Ésta es la razón por la que las mujeres que han estado embarazadas suelen ser las más afectadas.

Se sabe que muchas dolencias médicas empeoran justamente antes de la regla. En términos médicos, estas alteraciones normalmente no guardan relación, y abarcan desde asma y migraña hasta erupciones cutáneas y conjuntivitis. Los síntomas más característicos del síndrome premenstrual son la fatiga, hinchazón, dolor de espalda, dolores de cabeza, mamas sensibles y dolor en las articulaciones. Muchas mujeres también experimentan síntomas psicológicos, como cambios de humor, depresión y ansiedad.

NIVEL BAJO DE AZÚCAR

Un síntoma del síndrome premenstrual es el nivel bajo de azúcar. Por alguna razón, las mujeres parecen utilizar el azúcar en sangre con mayor rapidez en la etapa premenstrual del ciclo. Los niveles de azúcar en sangre suelen permanecer altos durante las cinco horas siguientes a una comida, tiempo que puede descender a tres horas en los días previos a la regla. El bajo nivel de azúcar puede provocar cansancio, falta de concentración y ansiedad por tomar dulces.

Según una corriente de pensamiento, el nivel bajo de azúcar en sangre también podría ser responsable de algunos síntomas psicológicos. Cuando el nivel de azúcar en la sangre es bajo, el cuerpo libera la hormona adrenalina. Ésta obliga al hígado a liberar glucógeno, que se convierte en azúcar y se libera en la sangre. Sin embargo, la subida de adrenalina podría provocar sentimientos agresivos y de ansiedad. Una teoría alternativa asegura que los síntomas están provocados por una falta de serotonina en el cerebro. Las pequeñas cantidades de serotonina pueden derivar de triptófano, que el cuerpo metaboliza a partir de los carbohidratos.

La solución más sencilla consiste en tomar comidas frecuentes y ligeras o bien

---

AUTOAYUDA EN LOS HÁBITOS Y EN LA DIETA

■ Coma con frecuencia e incluya en su dieta muchos carbohidratos sin refinar, como arroz y pasta integral, patatas cocidas, pan integral y cereales.

■ Reduzca el consumo de tabaco o deje de fumar. El tabaco altera los niveles de azúcar en la sangre.

■ Reduzca el consumo de sal, que favorece la retención de líquidos.

■ Coma muchas frutas y verduras, así como cereales integrales, para evitar el estreñimiento.

■ Si toma anticonceptivos orales, déjelos durante algunos meses para comprobar si los síntomas mejoran.

■ Programe sus reuniones de trabajo y sociales para unos días que no estén en la semana premenstrual.

■ Practique ejercicio de forma regular, ya que favorece la producción de opiáceos naturales y puede mejorar algunos síntomas.

tentempiés ricos en carbohidratos complejos o proteínas, convertidos por el cuerpo en azúcar. Este tipo de alimentos es preferible a los tentempiés dulces, que proporcionan al cuerpo una fuente rápida pero breve de azúcar. Las necesidades de energía parecen aumentar en los días anteriores a la regla, por lo que debe vigilar el aumento de peso.

DIAGNÓSTICO

Dado que cada mujer manifiesta síntomas diferentes, y no existe una prueba de diagnóstico para este problema, es frecuente que los médicos lo ignoren. El tiempo es el factor clave para el diagnóstico. Si los síntomas comienzan antes de la regla y desaparecen cuando el flujo es más abundante, es muy probable que sufra de síndrome premenstrual. La etapa premenstrual puede comenzar en cualquier momento, desde sólo unos días antes de la regla hasta nada menos que dos semanas antes, cuando se ovula.

El mejor modo de evaluar su estado consiste en rellenar un cuadro menstrual. Durante dos o tres meses, debe anotar la fecha y la naturaleza de los principales síntomas que experimente. Cuando haya terminado, vuelva al principio para comprobar si existe un modelo mensual cíclico. Con esta información el médico realizará un diagnóstico acertado.

TRATAMIENTO

Para el 90 % de las afectadas cuyos síntomas son leves o moderados no se precisa un tratamiento farmacológico. La mayoría de las mujeres pueden asumir sus síntomas mediante cambios en las costumbres y en la dieta y tomando suplementos naturales de vitaminas. Las afectadas por síntomas severos podrían necesitar medicación. Los antidepresivos conocidos como inhibidores selectivos de la absorción e incorporación de la serotonina, como el Prozac, pueden dar buenos resultados.

En ocasiones se receta un tratamiento con hormonas. El objetivo es equilibrar las fluctuaciones de los niveles hormonales. La terapia con progesterona es la más extendida. Consiste en la administración de una dosis regular de esta hormona, ya sea mediante inyección o supositorio. Algunos especialistas utilizan estrógenos de manera continuada en parches o en implantes. Otro tratamiento suprime la producción de estrógenos y progesterona con fármacos conocidos como análogos de la hormona liberadora de las gonadotrofinas. Los anticonceptivos orales son otros de los fármacos recetados. ■

SUPLEMENTOS PARA REDUCIR LOS SÍNTOMAS PREMENSTRUALES

Síntomas	Causa	Tratamiento
Fatiga; falta de concentración; deseo de alimentos dulces	Nivel bajo de azúcar en sangre o falta de serotonina.	Consumo habitual de alimentos con almidón; los suplementos de magnesio pueden servir de ayuda.
Hinchazón; pereza mental	Retención de líquidos.	Reducir el consumo de sal; en algunos casos, vitamina B6 en los alimentos o en forma de suplemento.
Mamas sensibles	Inflamación de los tejidos provocada por las prostaglandinas.	Tome aceite de onagra, que puede reducir la sensibilidad a las hormonas; reduzca o evite por completo el consumo de café.
Tensión nerviosa	Los cambios hormonales afectan a la transmisión de mensajes desde el cerebro.	Pruebe a realizar ejercicios de relajación; la vitamina B6 da buenos resultados en algunos casos.
Migraña y dolor menstrual	Desconocida.	El aporte adicional de calcio y la vitamina D pueden ayudar.

Problemas menstruales

El término «menstruación» hace referencia a la expulsión del endometrio, la mucosa del útero. Se trata del resultado de una compleja cadena de interacciones hormonales. Este delicado proceso suele ser doloroso y provoca trastornos, por lo que la mayoría de las mujeres consultarán a su médico sobre un problema menstrual en algún momento de su vida.

En la actualidad, la edad media a la que se tiene la primera menstruación (llamada menarquía) se encuentra en 12,5 años. Las mujeres de hoy empiezan a tener el período antes que sus antepasados: hace 100 años, la edad media se encontraba en 16,5 años. La menstruación se prolonga hasta alcanzar la menopausia, alrededor de los 50 años, y se interrumpe durante el embarazo (*véanse* págs. 172-177).

EL CICLO NORMAL

Aunque el ciclo menstrual medio es de 28 días (desde el primer día de hemorragia hasta el primer día del siguiente período), es normal que abarque de 21 a 38 días. La duración de cada regla oscila entre tres y siete días. Aunque le pueda parecer que pierde mucha sangre, la mayoría de las mujeres sólo pierden 60 ml de flujo menstrual. El patrón menstrual puede cambiar a lo largo de la vida, y por lo general tarda varios años en establecerse al principio de tener la regla. Ésta puede volver a ser irregular cuando se acerca la menopausia, y las mujeres mayores de 35 años suelen tener ciclos más cortos o menor pérdida de sangre.

CUÁNDO ACUDIR AL MÉDICO

Muchos factores, como el estrés, un viaje o una enfermedad, pueden afectar al ciclo y hacer que el período se adelante o se atrase. Si un problema se prolonga durante más de algunos ciclos, visite a su médico. Acuda siempre al médico si:

■ Sangra entre reglas o después del acto sexual.

■ Un dolor agudo o una hemorragia intensa le impiden participar en las actividades cotidianas.

■ Comienza a sangrar durante la menopausia. ■

En el punto central del ciclo menstrual, un ovario libera un óvulo en la trompa de Falopio. Si el óvulo no es fertilizado por un espermatozoide, el útero expulsa la capa esponjosa de endometrio que estaba preparada para albergar un embarazo.

EL SISTEMA REPRODUCTOR FEMENINO

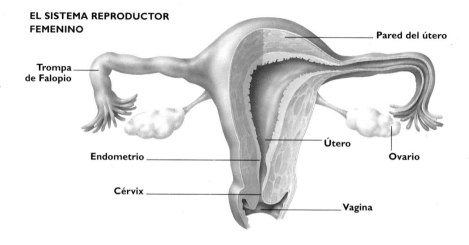

Pared del útero

Trompa de Falopio

Útero

Endometrio

Ovario

Cérvix

Vagina

AFRONTAR LOS PROBLEMAS MENSTRUALES

Problemas y síntomas	Causas	Tratamiento
Regla dolorosa (Dismenorrea) Dolor y calambres abdominales, desde leves a muy agudos. El dolor intenso puede estar acompañado de estreñimiento o diarrea, náuseas o vómitos.	Los calambres leves están provocados, probablemente, por un desequilibrio en la producción de prostaglandinas (elementos químicos naturales que ayudan a cerrar los vasos sanguíneos y que provocan la contracción de los músculos del útero durante la expulsión del endometrio). Los dolores o los períodos que producen un dolor repentino pueden deberse a una endometriosis, un quiste ovárico, una infección pélvica, un mioma o la inserción de un dispositivo intrauterino (DIU).	Alivie los calambres y los dolores leves con analgésicos, como la aspirina o el ibuprofeno. Existen fármacos específicos para los dolores menstruales. Una bolsa de agua caliente sobre el abdomen, un baño caliente o el ejercicio pueden servir de ayuda. Los dolores más intensos pueden tratarse con una medicación antiprostaglandina recetada por el médico, con antiinflamatorios no-esteroideos o con un tratamiento hormonal.
Reglas abundantes (Menorragia) Pérdida de sangre excesiva, expulsión de coágulos, sangrado muy abundante o prolongado (más de siete días).	Desequilibrio hormonal, dejar de tomar los anticonceptivos orales (reduce la pérdida de sangre), el DIU, un aborto precoz, miomas, la cercanía de la menopausia, pólipos (bultos no cancerosos en el cérvix o el endometrio), endometriosis o infección pélvica.	Si no existe una causa subyacente, se recetan fármacos antiprostaglandinas o antiinflamatorios no-esteroideos. Los períodos muy abundantes en las mujeres que no tienen intención de tener hijos pueden tratarse mediante el raspado de la mucosa uterina o mediante una histerectomía. La dilatación y el raspado se emplean para obtener un diagnóstico.
Reglas poco frecuentes (Oligomenorrea) Períodos separados por un intervalo de más de seis semanas.	Más común al principio y al final de los años reproductivos. Si hace poco tiempo que ha estado embarazada, pueden pasar seis meses (más si amamanta a su hijo) hasta que se reanude un ciclo regular. Otras causas son el estrés; la pérdida o el aumento de peso; las dietas muy rigurosas o la anorexia nerviosa; enfermedades crónicas como la diabetes o las alteraciones de la tiroides; ovarios poliquísticos o consumo de antidepresivos.	Debería investigarse y tratarse una posible alteración subyacente. De lo contrario, no se necesita tratamiento, aunque es probable que tenga problemas para quedarse embarazada. En este caso, un tratamiento con hormonas estimulará la ovulación.
Menstruaciones irregulares Ciclos menstruales irregulares que pueden combinar intervalos cortos, largos y normales.	Más común en las primeras reglas y cuando se acerca la menopausia. También puede estar relacionada con el estrés, la ansiedad, las dietas muy estrictas, las alteraciones de la alimentación o, menos frecuente, enfermedades hepáticas, renales o de la tiroides.	No se necesita tratamiento, a menos que exista una alteración subyacente o que tenga dificultades para concebir.
Falta de regla (Amenorrea) Conocida como amenorrea primaria si la mujer no ha comenzado a menstruar a los 18 años; amenorrea secundaria cuando la regla se interrumpe en una mujer que previamente ha menstruado.	A finales de la pubertad, no existe una razón o se debe a la mala nutrición, a un desorden endocrino, un tiroides hipoactivo o el síndrome de Turner (cuando falta uno de los cromosomas sexuales femeninos). La amenorrea secundaria puede estar provocada por empezar a tomar o dejar los anticonceptivos orales, por un desequilibrio hormonal, por las dietas muy estrictas o por la pérdida de peso. Con menos frecuencia se debe a un desorden endocrino, a un quiste ovárico o a un síndrome de ovario poliquístico.	Una vez investigado y tratado el posible proceso subyacente, no se necesita ningún tratamiento. Para estimular la ovulación es posible recurrir al tratamiento con hormonas.

VÉASE TAMBIÉN
Problemas
menstruales   164-165

Endometriosis

La endometriosis es una alteración por la que células similares a las del endometrio, que revisten el interior del útero, se establecen en otros puntos del cuerpo. Afecta principalmente a mujeres de 25 a 40 años de edad.

Una corriente afirma que cuando las capas superficiales del endometrio se expulsan durante la menstruación, algunas de las células pueden viajar a través de las trompas de Falopio hasta la cavidad pélvica. Como las células del interior del útero, los depósitos endometriales responden a cambios hormonales y sangran cuando una mujer tiene la regla. Por lo general, quedan atrapados en el interior de la zona pélvica, donde se adhieren y se extienden. A medida que los depósitos se extienden, pueden unir órganos entre sí o con el peritoneo. Estas zonas de tejido se denominan adherencias. También pueden formar quistes, bultos que se llenan de sangre.

SÍNTOMAS Y DIAGNÓSTICO

La endometriosis puede provocar dolor agudo durante la regla. También puede doler en el momento de la ovulación, al defecar y durante el acto sexual. Por contra, es posible no presentar ningún síntoma.

Resulta importante acudir al médico a la primera sospecha de endometriosis (empeora considerablemente a medida que pasa el tiempo). Un posible resultado de esta alteración es la esterilidad, que aparece si se bloquean los conductos por donde pasa el óvulo desde los ovarios hasta las trompas de Falopio. Esto sucede en el 30 %-40 % de las mujeres afectadas de endometriosis. En ocasiones, el diagnóstico sólo se realiza cuando una pareja no puede concebir.

La endometriosis se diagnostica mediante una laparoscopia, que consiste en introducir en la zona pélvica, justo por debajo del ombligo, un tubo con una diminuta cámara en un extremo. Si se confirma la enfermedad, puede tratarse con fármacos o con cirugía.

TRATAR LA ENDOMETRIOSIS

Es posible emplear fármacos para detener la producción de ciertas hormonas, permitiendo así que los depósitos endometriales se disuelvan. Otra opción es la extirpación mediante cirugía, por lo general con laparoscopia. Si los depósitos se han extendido mucho, quizá sea necesario extirpar también alguna parte de los órganos reproductores. Este tratamiento tan drástico dependerá de otros factores, incluyendo la edad y si la mujer tiene intención o no de quedarse embarazada.

Cuando la alteración es leve, los cambios de hábitos pueden aliviar lo síntomas, y los tratamientos sencillos sirven para evitar que empeoren. No existe un método para prevenir esta enfermedad, aunque los anticonceptivos orales y el embarazo pueden proteger contra la endometriosis. ■

Las células de la endometriosis pueden desarrollarse en cualquier punto de la zona pélvica: en los ovarios, las trompas de Falopio, la vejiga, el útero, los intestinos o el peritoneo (el revestimiento de la cavidad abdominal). En algunos casos, se han encontrado en otras partes del cuerpo.

PUNTOS DONDE SE UBICA LA ENDOMETRIOSIS

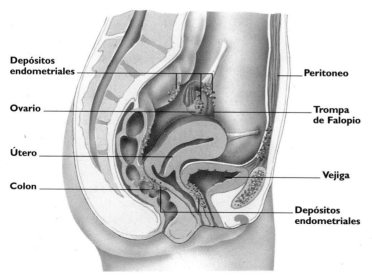

Depósitos endometriales

Ovario

Útero

Colon

Peritoneo

Trompa de Falopio

Vejiga

Depósitos endometriales

VÉASE TAMBIÉN
Problemas
menstruales   164-165

Miomas

Los miomas, que pueden ser del tamaño de un guisante o de una uva, son tumores formados por grupos de fibras musculares y tejido conectivo. Casi siempre son benignos, sólo en casos raros se convierten en cancerosos.

Normalmente, la progesterona contrarresta la sensibilidad del útero a los estrógenos. Sin embargo, los niveles elevados de estrógeno, que pueden producirse durante los años reproductivos, son capaces de desencadenar el desarrollo de miomas. Los niveles pueden aumentar debido al sobrepeso, al consumo de ciertas píldoras anticonceptivas o a la terapia de sustitución hormonal.

SÍNTOMAS

Es posible no manifestar ningún síntoma, incluso cuando los miomas son grandes. Sin embargo, una proporción de mujeres sufren reglas muy abundantes, muy largas o formación de coágulos en la sangre menstrual. El sangrado abundante puede provocar anemia, que a su vez produce agotamiento, falta de aliento y depresión. Otros síntomas incluyen calambres intensos, incontinencia, estreñimiento, cistitis y esterilidad.

Los miomas son comunes: al menos el 20 % de las mujeres mayores de 30 años están afectadas. Existen tres tipos: los que crecen en el interior de la pared uterina, los que sobresalen del útero y los que crecen fuera del útero, en ocasiones sujetos con un tallo.

LOCALIZACIÓN DE LOS MIOMAS

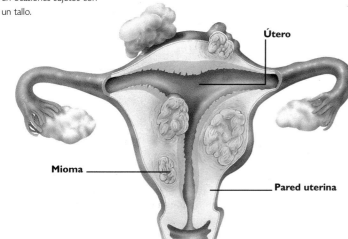

Útero

Mioma

Pared uterina

TRATAMIENTO

El tratamiento depende del tamaño y de la posición de los miomas, de la gravedad de los síntomas y de si la mujer quiere tener hijos. Si los miomas no causan problemas, pueden dejarse sin tratar. Busque una segunda opinión si no sabe qué hacer.

Existen tres opciones: la resección transcervical del endometrio, la terapia farmacológica y la cirugía. En la resección transcervical, las células de la pared del útero se extraen con un lazo de alambre. Sólo los miomas que sobresalen hacia la cavidad uterina pueden eliminarse con este método. La segunda opción, la de los fármacos, reduce los niveles de estrógenos y reduce el tamaño de los miomas.

Los dos principales tipos de cirugía son la miomectomía (la extirpación de los miomas únicamente) y la histerectomía (extirpación del útero). Existe un tercer tipo, la embolización arterial uterina bilateral (que reduce el aporte de sangre al mioma). La miomectomía resulta adecuada para las mujeres que no han tenido hijos, pero supone un mayor riesgo de complicaciones que la histerectomía, y existe la posibilidad de que los miomas vuelvan a crecer. Además, es posible que el cirujano descubra que se necesita una histerectomía cuando ya haya comenzado la operación. A pesar de todo, existe un 50 % de posibilidades de un embarazo con éxito después de una miomectomía, mientras que la histerectomía no deja ninguna posibilidad.

Resulta difícil prevenir los miomas, pero perder peso si lo necesita y dejar los anticonceptivos orales o el tratamiento de sustitución hormonal pueden ayudar. ∎

Quistes ováricos

Los quistes son bultos llenos de líquido que pueden afectar a los ovarios (así como a otras partes del cuerpo). Casi siempre son benignos, y pueden desaparecer sin tratamiento.

Un quiste ovárico puede crecer en el interior o en el exterior del ovario, y puede estar unido por un tallo (que en ocasiones se denomina pedículo). Los quistes se forman debido a un crecimiento anormal de un tejido productor de líquido en el cual este líquido no tiene forma de escapar. Los quistes ováricos afectan con más frecuencia a las fumadoras.

SÍNTOMAS

Con frecuencia, no se manifiestan síntomas. Cuando sí lo hacen, sin embargo, pueden incluir abdomen hinchado, aumento de la presión en la vejiga o en los intestinos (provocando visitas más frecuentes al lavabo), dolor durante el acto sexual, reglas irregulares y reglas más o menos abundantes de lo habitual. Si un quiste se torsiona, puede provocar dolor abdominal agudo, náuseas y fiebre. Existe cierto riesgo de peritonitis.

DIAGNÓSTICO Y TRATAMIENTO

Algunos tipos de quistes desaparecen sin tratamiento, y los anticonceptivos orales pueden aumentar las posibilidades de que así sea. Otros quistes exigen cirugía mediante fenestración laparoscópica o por laparotomía. El médico le confirmará el diagnóstico después de una revisión física y pélvica completa. Tal vez decida someterle a una ecografía para conseguir una imagen detallada de los órganos pélvicos, o a una laparoscopia con el fin de observar la cavidad abdominal (con el paciente bajo anestesia general).

OPCIONES DE CIRUGÍA

La fenestración laparoscópica (similar a la laparoscopia, que consiste en introducir un tubo con una cámara diminuta a través de una pequeña incisión) permite deshacer el quiste vaciándolo de su contenido. La laparotomía exige una incisión más grande que permita la extirpación de todo el quiste. Algunos tumores ováricos son cancerosos, en cuyo caso podrían extirparse el ovario u ovarios afectados y las trompas de Falopio.

El tipo de operación que necesite dependerá de su edad y de si piensa o no tener hijos. Un factor a tener en cuenta es la posible extirpación de algún o todos los órganos reproductores para evitar el riesgo de cáncer. ∎

OVARIOS POLIQUÍSTICOS

Poliquístico significa «muchos quistes» y se refiere a los folículos inmaduros (cavidades llenas de líquido), cada uno de los cuales contiene un óvulo. Un ovario poliquístico tiene al menos 10 quistes inmediatamente debajo de la superficie, lo que provoca un aumento del tamaño del ovario. El recubrimiento de éste aumenta, con lo que se incrementa la dificultad para ovular o se impide por completo.

Se trata de una alteración común que afecta al 20 % de las mujeres. Los síntomas incluyen reglas irregulares, escasas o inexistentes; esterilidad; aborto; aparición de vello en la cara, el pecho, el abdomen, los brazos y las piernas; acné; aumento de peso; malestar pélvico y depresión.

Dado que las hormonas son las responsables de todos estos síntomas, los tratamientos con fármacos están pensados para cambiar los niveles hormonales. Puesto que el tratamiento puede ser diferente para cada síntoma, y lo que es bueno para una mujer puede no serlo para otra, resulta importante decidir qué síntomas son más molestos. Si desea quedarse embarazada en el futuro, también esta intención influirá en la elección del tratamiento.

VÉASE TAMBIÉN
Enfermedades de
transmisión
sexual 144-145
VIH 150-151

PRECAUCIÓN

La eficacia anticonceptiva suele ser más baja en el primer año de uso, cuando la pareja se va acostumbrando al método. Si se da cuenta de que ha utilizado un anticonceptivo incorrectamente, o si se ha olvidado de utilizarlo, tal vez decida recurrir a una solución de emergencia. Tiene dos opciones: la «píldora del día siguiente», que debe tomarse dentro de las 72 horas siguientes a la relación, por lo general en dos dosis, o la inserción de un DIU durante los cinco días posteriores.

Contracepción

Utilizada para evitar embarazos, la contracepción funciona de tres maneras: interrumpiendo la producción de óvulos, evitando que el espermatozoide se encuentre con el óvulo o impidiendo la implantación de un óvulo fertilizado.

Para evitar el embarazo es preciso recurrir a la contracepción durante el acto sexual a lo largo de todos los años reproductivos de la mujer, desde la menarquía hasta la menopausia. Hay épocas en las que es muy poco probable que la mujer se quede embarazada, como ocurre durante la menstruación o en la lactancia completa, pero aun en estos casos existe la posibilidad de un embarazo.

Aunque existen formas de contracepción fiables y convenientes, el anticonceptivo perfecto no existe. Cada método tiene sus ventajas y sus inconvenientes. Las necesidades de cada pareja varían según la frecuencia con que mantienen relaciones sexuales, el cuidado con que utilizan el método, si han completado su familia y la edad de la mujer. Cada pareja debería considerar el método más adecuado según sus circunstancias. Puede hablar de este tema con su médico de cabecera o con un consejero de planificación familiar.

Existen cinco tipos principales de contracepción. Los métodos de barrera incluyen el preservativo, el diafragma, la cápsula cervical y la esponja. Los métodos hormonales son los anticonceptivos orales, los implantes y las inyecciones. Los dispositivos o sistemas intrauterinos, la esterilización y la planificación familiar natural son otras opciones.

La «marcha atrás» (*coitus interruptus*), en la que el hombre retira su pene de la vagina antes de eyacular, aún se utiliza. No es un método fiable porque es posible que se escape esperma antes de la eyaculación.

MÉTODOS FEMENINOS

La mayor parte de los métodos anticonceptivos son femeninos, por lo que es habitual que sea la mujer la única que visita al médico. Algunos métodos, como el diafragma, la cápsula y el DIU, deben ajustarlos un médico o una enfermera.

La mujer se someterá a una revisión para asegurarse de que se le coloca la cápsula o el diafragma del tamaño adecuado para su cuerpo, y se le darán las instrucciones oportunas para que ella misma se lo coloque antes de mantener relaciones sexuales. En el caso del DIU, una vez colocado puede permanecer en su sitio durante cinco años, aunque es preciso realizar una revisión cada año. Perder o ganar mucho peso, o tener un bebé pueden afectar a la eficacia de los métodos internos. En tales circunstancias, es preciso someterse a una nueva revisión.

Una solución permanente es la esterilización, que consiste en cortar o sellar las trompas de Falopio para evitar que el esperma alcance el óvulo. Este método es el preferido por las mujeres que han decidido no tener más hijos.

CÓMO COLOCAR UN PRESERVATIVO

Cuando el pene está completamente erecto, coja el preservativo. Sujételo por la punta y apriételo para expulsar el aire. Sujetándolo por la punta, estire el preservativo hasta cubrir todo el pene. Si el preservativo no llega a la base del pene, es probable que no esté bien colocado, así que tendrá que empezar con uno nuevo.

Nunca utilice dos veces el mismo preservativo. Una vez el hombre ha eyaculado, debe retirar el pene mientras sujeta la base del condón para evitar que el semen se salga. Tire el preservativo a la basura, no al inodoro.

OPCIONES PARA EL HOMBRE

En la actualidad, las únicas opciones anticonceptivas para el hombre son el preservativo (*véase* recuadro, pág. 169) y la vasectomía (esterilización masculina). Esta última, un procedimiento irreversible, consiste en cortar el conducto deferente (el tubo que transporta el esperma). La eyaculación será normal, pero sin espermatozoides.

Los métodos hormonales masculinos se encuentran en fase de desarrollo, y pronto estarán disponibles. Entre los métodos que han dado buenos resultados se incluyen una inyección semanal de testosterona y una pastilla diaria de progesterona. Estos métodos se consideran adecuados únicamente para parejas con una relación estable.

PLANIFICACIÓN FAMILIAR NATURAL

La preocupación por los efectos secundarios y los inconvenientes a largo plazo de los anticonceptivos hormonales ha provocado un aumento del interés en los métodos naturales de planificación familiar. Éstos tienen como

GUÍA DE MÉTODOS ANTICONCEPTIVOS

Método anticonceptivo	Cómo actúa	Eficacia
Anticonceptivos orales Se toma cada día por vía oral.	La combinación de estrógenos y progestágenos evita la ovulación. Los anticonceptivos a base de progestágenos sólo espesan el moco cervical para impedir que los espermatozoides lleguen al útero y reducen la densidad de la pared del útero, con lo que se dificulta la implantación del óvulo fecundado.	Uno de los métodos más eficaces, de más del 99 %.
Dispositivo (DIU) o sistema (SIU) intrauterino El DIU se inserta a través de la vagina y se cambia cada 3 o 5 años.	Evita que los espermatozoides se encuentren con el óvulo o que el óvulo fertilizado se implante. El SIU libera progestágenos, que espesan el moco cervical para impedir que el esperma llegue al útero y reducen la densidad de la pared del útero para dificultar la implantación del óvulo fecundado.	Método eficaz, en un 98-99 %.
Preservativo Funda de goma que se coloca en el pene erecto o, en el caso del preservativo femenino, se introduce en la vagina.	Recoge el esperma y evita que entre en la vagina.	Si se utiliza correctamente, 98 % de eficacia para el preservativo masculino; 95 % para el femenino.
Diafragma o cápsula cervical Dispositivo protector de goma con forma de cúpula que se introduce en la vagina antes de la penetración.	Evita que el esperma llegue al cérvix y viaje hasta el útero.	Entre el 92 % y el 96 % cuando se utiliza con espermicida.
Tratamientos hormonales Inyección de hormonas o un implante de liberación de hormonas insertado bajo la piel.	La inyección libera progestágenos en la sangre para evitar la ovulación. El implante evita la fertilización del óvulo.	Uno de los métodos más eficaces, de más del 99 %.
Métodos naturales Programar el acto sexual para los días en los que la mujer no es fértil.	Se mantiene un registro del ciclo menstrual junto a un sistema para controlar los cambios en los niveles hormonales (con el moco cervical, la temperatura corporal, la orina o la saliva).	Entre el 95 % y el 98 %, dependiendo del método utilizado, pero depende totalmente de usar un método adecuado y de la disciplina.
Esterilización y vasectomía Cortar las trompas de Falopio, que transportan el óvulo, o el conducto deferente, portador del esperma.	Los espermatozoides y los óvulos no pueden realizar su recorrido para conseguir una fertilización.	Más del 99 % de eficacia.

objetivo identificar los días del ciclo menstrual en los que puede producirse una fertilización: la pareja evita las relaciones sexuales en esos días o usa un anticonceptivo de barrera.

Antiguamente, las parejas que no querían recurrir a la contracepción se limitaban a calcular cuándo podía tener lugar la ovulación, aproximadamente en la mitad del ciclo. Denominado el «método del ritmo», demostró ser una cuestión de azar, y muchas mujeres se quedaban embarazadas. En la actualidad se han desarrollado varias técnicas que permiten a las parejas señalar los días que rodean a la ovulación con mucha más precisión. Durante esta etapa se produce un cambio en la temperatura corporal de la mujer, en el moco cervical, en la saliva y en las hormonas excretadas en la orina, y todos estos factores pueden controlarse. Obtendrá los resultados más fiables si controla más de uno de estos cambios. Existen diversos equipos para ayudar a la mujer a realizar esta tarea, aunque lo mejor es aprender la técnica de un especialista en planificación familiar natural. ■

GUÍA DE MÉTODOS ANTICONCEPTIVOS continuación

Beneficios	Efectos secundarios o riesgos	Quién debe evitarla
Fácil de usar. No interfiere en el acto sexual. Puede aliviar los problemas menstruales y el síndrome premenstrual. Protege contra el cáncer de ovarios y de útero, así como de algunas infecciones pélvicas.	Aumento de peso; pérdida de apetito sexual; sensibilidad en las mamas; dolor de cabeza y cambios de humor.	Las mujeres fumadoras mayores de 35 años o las madres lactantes.
Efectivo desde el momento en que se coloca. El DIU dura 5 años; el SIU 3. Este último también hace que las reglas sean más ligeras y cortas, y puede reducir los dolores menstruales.	Reglas más largas y abundantes con el DIU. Ligeras pérdidas entre reglas durante los primeros meses de llevar el SIU. Aumento del riesgo de infecciones pélvicas.	Las mujeres que tengan reglas abundantes o que hayan tenido un embarazo ectópico o una infección pélvica. El SIU también debe evitarse si se ha tenido cáncer de útero o de ovarios, o una enfermedad arterial.
Protege contra las enfermedades de transmisión sexual, incluido el VIH.	Puede resbalarse o romperse si no se utiliza correctamente.	
Puede ponerse en cualquier momento antes del acto sexual (sin embargo, si pasan más de tres horas será preciso utilizar más espermicida). Puede proteger contra enfermedades de transmisión sexual y cáncer cervical.	Puede provocar cistitis (*véanse* págs. 146-147). La goma o el espermicida pueden provocar irritación a algunas personas.	
Duradero; la inyección sirve para dos o tres meses y el implante para tres o cinco años. Se recupera la fertilidad tan pronto como se retira el implante.	Puede provocar reglas irregulares o aumento de peso. Puede pasar hasta un año antes de recuperar la fertilidad después de dejar las inyecciones.	Las mujeres con riesgo de cáncer de mama o de ovarios; en el caso de los implantes, si se tiene una enfermedad cardíaca o se ha tenido un embarazo ectópico.
Método que no supone ninguna intrusión, sin efectos secundarios. También sirve para conseguir un embarazo en el momento deseado.	El riesgo de embarazo aumenta considerablemente si no se utiliza con cuidado.	
Permanente, funciona inmediatamente en el caso de la mujer; en los hombres, el esperma tarda algunos meses en desaparecer por completo.	En raras ocasiones los conductos pueden reconstruirse.	

PRECAUCIÓN

Si fuma, es importante que deje de hacerlo antes de tener hijos. El efecto del tabaco en el feto durante el embarazo es grave. Fumar puede impedir el desarrollo del feto en el útero, lo cual puede tener repercusiones de salud serias en la vida adulta, como el aumento del riesgo de sufrir enfermedades cardíacas.

Embarazo

El comienzo de un embarazo tiene lugar cuando un óvulo femenino es fertilizado por un espermatozoide masculino. Si una pareja mantiene con frecuencia relaciones sexuales sin protección, una mujer sana tiene un 25 % de posibilidades de quedarse embarazada en el plazo de un mes.

La falta de la regla constituye el primer indicativo de embarazo para la mayoría de las mujeres, aunque existen otros signos que incluyen náuseas, sensibilidad en las mamas, un cambio en los gustos en cuanto a comida y bebida, un sabor metálico en la boca, necesidad de orinar con más frecuencia, cansancio, aumento del flujo vaginal y cambios de humor. Para confirmar el embarazo, el médico o el ginecólogo puede practicarle una prueba, aunque también puede hacerse en casa. Todas las pruebas detectan la presencia en la orina de la hormona del embarazo, la gonadotrofina coriónica humana (HCG). Las pruebas funcionan desde la primera semana de retraso de la regla.

Si obtiene un resultado positivo, podrá calcular la fecha del nacimiento del bebé contando 280 días, o 40 semanas, desde el primer día de su última regla. Incluso si no visita al médico para confirmar su embarazo, debe recurrir a él para programar las revisiones necesarias y obtener toda la información que necesite.

La concepción y el crecimiento fetal inicial constituyen procesos complejos, por lo que el embarazo puede salir mal aunque siga todas las instrucciones que reciba al pie de la letra. Aproximadamente el 20 % de los embarazos terminan en aborto, por lo general en las 13 primeras semanas. La mayoría de estas pérdidas están

EL ÓVULO EN DESARROLLO

Cuando el ovario libera un óvulo, éste viaja a lo largo de la trompa de Falopio transportado por diminutos cilios parecidos a cabellos. De los aproximadamente 400 millones de espermatozoides liberados durante la eyaculación, sólo uno puede fertilizar el óvulo, por lo general en la trompa de Falopio. El óvulo fertilizado realiza su primera división celular en un tiempo aproximado de 36 horas, señalando así el comienzo del desarrollo embrionario. Unos seis días después, el embrión se implanta en el útero.

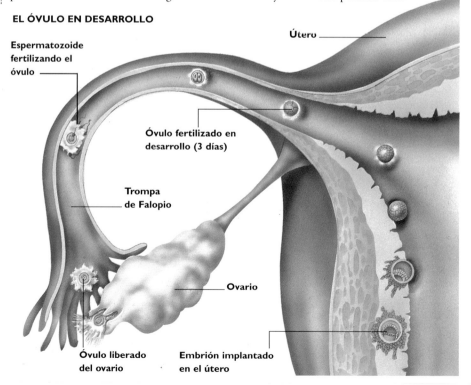

Espermatozoide
fertilizando el
óvulo

Útero

Óvulo fertilizado en
desarrollo (3 días)

Trompa
de Falopio

Ovario

Óvulo liberado
del ovario

Embrión implantado
en el útero

provocadas por errores aleatorios en el desarrollo; no obstante, esto no impide que la mujer pueda tener un embarazo posterior completamente normal.

PRIMER TRIMESTRE

Los médicos dividen el embarazo en tres períodos de 13 semanas, llamados trimestres. A las seis semanas de la concepción, el útero habrá alcanzado el tamaño de un melocotón pequeño, y el embrión en su interior tendrá una cabeza, tronco, brotes de extremidades y una médula espinal y un cerebro rudimentarios.

Los cambios hormonales y la energía empleada para producir todos estos cambios físicos pueden hacerle sentir cansada, vulnerable, débil y con náuseas. Cuídese, ya que la mala nutrición, la falta de sueño y el gasto energético en aumento a medida que el bebé crece provocarán más fatiga. A las ocho semanas, las mamas estarán más pesadas y sensibles. Las encías se le ablandarán a las diez semanas, lo cual le obligará a prestar una especial atención a su higiene dental.

Debido a los cambios cruciales que se producen desde las primeras semanas de embarazo, resulta esencial que tome las medidas oportunas para proteger al feto y proporcionarle la nutrición que necesita. Esto significa que debe evitar el tabaco, los fármacos no esenciales y el alcohol, limitar el estrés y seguir una dieta sana.

SEGUNDO TRIMESTRE

A las 12 o 13 semanas, su cintura comenzará a desaparecer. Debería empezar a sentirse mejor, ya que desaparecen los mareos matutinos y la fatiga ya no es tan intensa. No obstante, pueden aparecer otros problemas menores.

El desarrollo del bebé se completa en la semana 16, y desde entonces crece en tamaño más que en complejidad. Desde los 7,5 cm de largo aproximados del comienzo del segundo trimestre, el feto llega a los 35 cm al final del mismo. No sólo le crecerá considerablemente el vientre, sino que su

---

POR QUÉ NO SE PRODUCE EL EMBARAZO

Para que la fertilización se produzca, un espermatozoide sano debe penetrar en un óvulo sano. Sin embargo, la mujer no siempre libera un óvulo cada mes o produce óvulos sanos, sobre todo al final de su etapa reproductiva. De forma similar, un hombre puede eyacular semen con espermatozoides no del todo sanos, sobre todo si fuma o bebe mucho. Dado que la fertilización es una cuestión de azar, el mejor consejo para las parejas es que perseveren en sus intentos de conseguir un embarazo durante un año antes de buscar ayuda. No obstante, el médico atenderá antes a una mujer de más de 30 años.

Los obstáculos más frecuentes para la concepción incluyen las enfermedades de transmisión sexual en cualquiera de los dos miembros de la pareja, la no ovulación o la ovulación poco frecuente, y las trompas de Falopio bloqueadas en lo que respecta a la mujer. En cuanto al hombre, el principal problema es la poca cantidad de espermatozoides en el semen. El médico puede llevar a cabo varios análisis. Para la mujer, incluirá un análisis para comprobar los niveles hormonales, una radiografía o una laparoscopia para ver si las trompas de Falopio están abiertas o si existen tumores uterinos, y un análisis del flujo poscoital para examinar el estado del moco vaginal. Al hombre se le pedirá una muestra de semen para comprobar si produce suficientes espermatozoides activos con la forma correcta. El tratamiento podría incluir fármacos estimulantes de los ovarios, cirugía de los conductos o bien hormonas para incrementar la producción de espermatozoides.

---

corazón y sus pulmones trabajarán un 50 % más de lo habitual, lo cual puede hacerle sudar más. El rápido crecimiento del bebé le hará orinar con mayor frecuencia, ya que el feto ejerce presión sobre la vejiga, y también necesitará comer menos cantidad y más veces, ya que la capacidad de su estómago habrá disminuido.

Desde la semana 18, aproximadamente, los movimientos del bebé comienzan a ser perceptibles (sobre todo cuando la madre descansa). La combinación de un metabolismo acelerado, sudor nocturno, necesidad de orinar y movimiento del bebé puede provocar insomnio. Para combatirlo, utilice prendas ligeras y no beba mucho antes de irse a dormir. Asimismo, utilice prendas holgadas y cómodas durante el día, y adquiera sujetadores nuevos de la talla adecuada a medida que sus mamas crecen y su caja torácica se expande.

Las contracciones «falsas» o de ensayo, conocidas como de Braxton Hicks y que se producen durante todo el embarazo, comienzan a ser más fuertes hacia finales del segundo trimestre. Su comadrona o su médico ya podrán escuchar los latidos del corazón del bebé con un monitor.

TERCER TRIMESTRE

A medida que su abdomen sobresale más, es importante adoptar una buena postura para evitar o minimizar el dolor de espalda. Para

combatir la fatiga, descanse siempre que pueda, siga una dieta equilibrada y duerma todo lo que necesite.

Alrededor de la semana 32, el bebé ya estará colocado con la cabeza hacia abajo. Si se trata de su primer hijo, debería descender a la cavidad pélvica alrededor de la semana 36. Después, tal vez pueda respirar más fácilmente y sienta aliviados los problemas digestivos.

AUMENTO DE PESO

El peso varía según cada mujer y en cada embarazo. La media es de 11 kg, pero existe un amplio margen por arriba y por debajo dentro del límite aceptable. No aumentará de peso de manera uniforme a lo largo de todo el embarazo. El aumento es lento en el primer trimestre, incrementa gradualmente hasta alcanzar un máximo entre las semanas 24 y 32, y al final se estabiliza. El peso ganado es el resultado de una combinación de útero, placenta y fluidos, mamas más grandes, aumento del volumen sanguíneo, reserva de grasa para la lactancia... y el bebé.

Sólo en circunstancias excepcionales es preciso seguir una dieta durante el embarazo, y en este caso debe hacerse únicamente bajo el control estricto de un médico o de un nutricionista cualificado. Si es consciente de que está ganando peso con excesiva rapidez, el ejercicio constituye un método mucho más eficaz de mantener el peso controlado.

EJERCICIO DURANTE EL EMBARAZO

Si está acostumbrada a practicar ejercicio con frecuencia, no tiene por qué cambiar su rutina durante el embarazo. En realidad, las mujeres que están en forma en el momento de dar a luz suelen tener partos más fáciles y se recuperan con mayor rapidez. No obstante, no todos los deportes resultan adecuados. Las actividades aeróbicas con ritmo, como caminar a paso rápido, pasear en bicicleta y nadar, resultan ideales. Evite los deportes que exijan mucha energía en poco tiempo, sobre todo en las últimas etapas del embarazo.

Los ejercicios con pesas deben realizarse con moderación, ya que las articulaciones

---

MAREOS MATUTINOS

Los llamados mareos matutinos pueden presentarse en cualquier momento del día, pero rara vez se prolongan más allá del primer trimestre. Están provocados por la producción repentina de hormonas características del embarazo, sobre todo de la gonadotrofina coriónica humana y de la prolactina. Los mareos matutinos provocan unas ligeras náuseas en algunas mujeres, mientras que otras vomitan de manera persistente. No resulta aconsejable tomar medicamentos durante el embarazo, sobre todo en las primeras semanas, así que pruebe a seguir estos consejos para aliviar los síntomas:

■ Coma a menudo en pequeñas cantidades.

■ Coma algo por la mañana, cuando todavía esté en la cama, para evitar marearse al levantarse.

■ Cuando sienta náuseas, pruebe a tomar fruta seca o galletas y té de jengibre (preparado con una pieza de raíz). El jengibre es un antiemético.

■ Tome abundantes líquidos. Si sufre de gases, tome agua con gas (las burbujas le ayudarán a expulsar el gas del intestino).

■ Reduzca el consumo de té y café, que agravan las náuseas y los vómitos (e interfieren en la absorción de hierro).

■ Salga a dar un paseo antes de comer. Caminar le abrirá el apetito.

■ Asegúrese de consumir suficiente cromo (presente en el arroz integral, el queso, los cereales integrales y la carne), ya que ayuda a mantener el nivel de azúcar en sangre.

■ Aumente las calorías los días que se sienta mejor. En el embarazo es preciso aumentar la energía en 400 calorías más al día.

NUTRIENTES ESENCIALES DURANTE EL EMBARAZO

Nutriente	Por qué lo necesita	Cuándo lo necesita	Cantidad recomendable	Fuentes
Proteínas	Para la creación de nuevos tejidos corporales.	Durante todo el embarazo.	50 % más de lo habitual.	Carne, pescado y productos lácteos.
Fibra	Ayuda a evitar el estreñimiento.	Durante todo el embarazo, sobre todo al final.	Una pequeña cantidad en todas las comidas.	Frutas, verduras, legumbres y cereales integrales.
Ácido fólico	Aporta ácidos nucleicos necesarios para las células del embrión que se dividen rápidamente. Puede evitar defectos neurológicos, como la espina bífida.	Más importante antes de la concepción y en el primer trimestre, aunque también es necesario en el resto de embarazo.	300 mg al día, equivalentes a 300 g de cacahuetes, o 350 g de espinacas. En las 12 primeras semanas, tomar un suplemento de 400 mg.	Espinacas, hígado de cordero, cacahuetes, verduras de hoja verde y nueces.
Cinc	Vital para la reproducción celular, para el desarrollo de la madre y el bebé, y para el de los nervios y el cerebro.	Durante todo el embarazo.	20 mg al día, equivalentes a 350 g de carne roja o 400 g de nueces del Brasil.	Carne roja, nueces del Brasil, almendras, harina integral y avena.
Hierro	Para el aumento de hemoglobina, ya que se eleva la cantidad de sangre. El bebé necesita acumular una reserva porque la leche materna contiene poco hierro.	Durante todo el embarazo, pero especialmente en el segundo y tercer trimestre, cuando el volumen de sangre aumenta más.	15 mg al día, equivalentes a 300 g de cereales enriquecidos, 400 g de legumbres o 500 g de soja.	Cereales para el desayuno, soja, legumbres, marisco, yema de huevo, carne roja, albaricoques secos, riñones y melaza.
Calcio	Formación de los dientes y los huesos del bebé; regula la presión sanguínea de la madre.	Durante todo el embarazo.	El doble de lo habitual.	Especialmente en los productos lácteos; también en verduras de hoja verde, legumbres y frutos secos
Vitamina C	Ayuda al cuerpo a absorber el hierro y refuerza la resistencia de madre e hijo a las infecciones.	Durante todo el embarazo.	500 mg al día.	Frutas y verduras frescas, sobre todo cítricos, kiwis y pimientos.
Vitamina D	Ayuda al cuerpo a absorber y utilizar el calcio.	Durante todo el embarazo.	100 mg al día, equivalentes a 150 g de margarina o 200 g de cereales.	Pescado azul, margarina, huevos (en especial la yema), cereales enriquecidos y luz solar.
Magnesio	Esencial para el crecimiento de los huesos. Ayuda al cuerpo a utilizar el calcio y los ácidos grasos esenciales.	Durante todo el embarazo, y en especial en el último trimestre.	500 mg al día, equivalentes a 200 g de almendras o 400 g de harina integral.	Verduras de hoja verde, legumbres, frutos secos y semillas, y harina integral.
Ácidos grasos esenciales	Contribuyen al desarrollo del cerebro y de los nervios del bebé.	Durante todo el embarazo, pero sobre todo en las primeras semanas.	Una parte en cada comida (el aceite debe tomarse frío para preservar los ácidos).	Pescado azul, semillas, frutos secos y aceite de girasol, de soja o de colza prensado en frío.

serán más vulnerables a la dislocación. Están obligadas a soportar el peso adicional en un momento en que los cambios hormonales debilitan los ligamentos. Esta es la razón por la que la natación o los ejercicios aeróbicos en el agua constituyen la forma ideal de ejercicio, sobre todo hacia el final del embarazo.

El yoga resulta beneficioso en las últimas etapas. Además de mantenerle flexible y tonificada, le ayuda a relajarse y a respirar de forma adecuada. En el último trimestre resulta aconsejable acudir a una clase de preparación al parto. Allí enseñan rutinas para minimizar el dolor en el parto.

PLANIFICACIÓN DEL PARTO

La mayoría de las mujeres dan a luz en un hospital, pero cada vez son más las que optan por un parto en casa. Los estudios demuestran que esta opción resulta tan segura como un hospital para las mujeres que no pertenecen a ningún grupo de riesgo: las que han tenido complicaciones en un parto anterior, las que han dado a luz mediante cesárea o las que se encuentran en la recta final de su etapa reproductiva.

Tenga todo preparado dos semanas antes de la fecha prevista. Ésta sólo es un cálculo aproximado, y el bebé podría adelantarse o atrasarse. Entre los accesorios que debe incluir en la canastilla se encuentran las almohadillas protectoras para las mamas, compresas, ropa para el bebé y pañales. Si va a dar a luz en un hospital, incluya ropa interior y camisones. Organice las cosas con su pareja para que pueda contactar con él de inmediato si no está presente cuando note las primeras señales del parto.

CUANDO EL PARTO ES INMINENTE

Por lo general, el parto se produce entre la semana 39 y la 41. Entre las señales de que el parto va a comenzar de forma inminente se encuentran una «muestra» del tapón mucoso gelatinoso y teñido de sangre que ha protegido el cérvix durante el embarazo, la rotura y vaciado del saco amniótico y un ligero dolor de espalda.

El parto se produce en tres etapas: la dilatación del cérvix, el descenso del bebé por el canal del parto y, finalmente, la expulsión de la placenta (*véanse* págs. 310-311). ■

A medida que crece el feto, ejerce presión sobre la vejiga y en el diafragma. La caja torácica se ensancha y órganos como los intestinos y el estómago quedan aplastados. Al final del tercer trimestre, el bebé suele girarse, preparado para empujar con la cabeza.

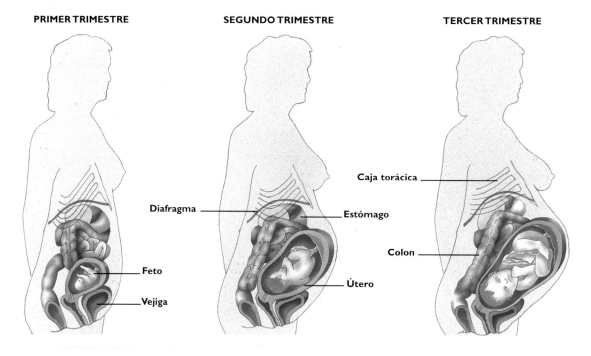

PRIMER TRIMESTRE

SEGUNDO TRIMESTRE

TERCER TRIMESTRE

Diafragma

Estómago

Feto

Vejiga

Útero

Caja torácica

Colon

MOLESTIAS COMUNES DURANTE EL EMBARAZO

Proceso	Cuándo aparece	Causas	Cómo tratarla
Dolor de espalda	Puede aparecer en los primeros meses; no obstante, suele empeorar en las últimas 4 u 8 semanas.	Mala postura; en ocasiones, aumento excesivo de peso. A finales del embarazo, la relajación de los ligamentos y los músculos que dan apoyo a las articulaciones empeora las molestias.	Mantenga los hombros hacia atrás pero relajados, el pecho y la caja torácica erguidos, la espalda recta, los glúteos apretados y las rodillas relajadas. Descanse estirada sobre su espalda con las piernas apoyadas en una silla.
Calambres en las piernas	De mediados a finales del embarazo.	Probablemente, tensión en los músculos, aunque también pueden deberse a una falta de calcio.	Masajee vigorosamente y flexione las piernas y los pies varias veces. Aumente el consumo de calcio.
Indigestión	De mediados a finales del embarazo.	El bebé en desarrollo ejerce presión en el estómago; relajación de los músculos que se encuentran encima del estómago.	Coma en pequeñas cantidades y a menudo en lugar de realizar una o dos comidas principales. Evite los alimentos grasos, pesados o picantes.
Encías sangrantes	Durante todo el embarazo.	Los cambios hormonales provocan un ablandamiento de las encías y un incremento del aporte de sangre.	Cepíllese los dientes suavemente, pero a conciencia, después de las comidas. Utilice hilo dental después del cepillado.
Micción frecuente	Al principio y al final del embarazo.	En las primeras etapas, cambios hormonales; al final, el útero ejerce presión en la vejiga.	Asegúrese de vaciar la vejiga por completo al orinar. Reduzca el consumo de cafeína.
Cistitis	Durante todo el embarazo en las mujeres propensas.	La pared muscular que rodea a la vejiga se relaja, predisponiendo así a la infección.	Beba mucha agua. Si la infección no desaparece, pregunte al médico si le puede recetar antibióticos que no afecten al bebé. Si se deja sin tratar puede provocar infección de riñón.
Candidiasis	Durante todo el embarazo en las mujeres propensas.	Desconocidas, aunque podrían ser los cambios hormonales.	Pesarios o pomadas antimicóticas; tome yogur biológico.
Varices	De mediados a finales del embarazo.	La cabeza del bebé ejerce presión en las venas pélvicas, provocando la acumulación de sangre en las piernas, donde las venas pueden hincharse.	Evite engordar demasiado y permanecer mucho tiempo de pie. Duerma con los pies ligeramente elevados. Practique ejercicio para mejorar la circulación de las piernas.
Congestión nasal	Durante todo el embarazo.	Aumento del aporte de sangre a los vasos de la nariz; mayor sensibilidad y densidad de las membranas nasales.	No existe una solución, pero suénese con cuidado para evitar hemorragias.
Estreñimiento y hemorroides	Durante todo el embarazo.	La progesterona relaja los músculos blandos y ralentiza el movimiento de los intestinos.	Beba mucha agua o zumos; tome abundantes frutas y verduras frescas, así como cereales integrales.

Menopausia

«Menopausia» significa «final de la menstruación», característica que muchas mujeres consideran el factor definitorio de esta etapa. La menopausia constituye un proceso gradual que comienza antes del final de la menstruación.

A medida que la mujer se acerca a los 40, la producción de estrógeno en los ovarios comienza a descender. Conforme los niveles de esta hormona descienden, se producen menos óvulos sanos y la fertilidad también desciende. Este período se denomina perimenopausia. El proceso se acelera cuando se acercan los 50, y suele ir acompañado de reglas cada vez más irregulares o anormalmente abundantes o ligeras. Culmina con el final de las reglas, por lo general alrededor de los 50 años.

El descenso de la producción de estrógeno resulta en todo un cúmulo de síntomas. Los más comunes son las sofocaciones y los sudores nocturnos, que afectan al 70 % de las mujeres del mundo occidental. Éstas experimentan un aumento repentino de la temperatura corporal, acompañado a menudo de enrojecimiento de la piel que resulta tan incómodo como embarazoso. Las sofocaciones están provocadas por cambios en el hipotálamo, la parte del cerebro que controla la temperatura y el sueño. Estos cambios también provocan dolores de cabeza, mareos e insomnio. Aunque estos síntomas suelen durar de dos a cinco años, pueden prolongarse mucho más tiempo.

A largo plazo, la reducción del nivel de estrógenos afecta al tracto genitourinario y provoca dos síntomas muy molestos. Los esfínteres musculares que rodean la uretra pierden tono, con el resultado de incontinencia, y la vagina se acorta, se seca y pierde elasticidad: el coito resulta doloroso.

La deficiencia de estrógenos también tiene implicaciones a largo plazo para la salud. A medida que descienden, el nivel de colesterol nocivo en la sangre aumenta, y las mujeres comienzan a almacenar grasa en la parte central del cuerpo. Estos factores multiplican por cuatro el riesgo de sufrir enfermedades cardíacas (en esta etapa, son tan susceptibles como los hombres). Sin estrógenos, la pérdida de calcio también se acelera. Los huesos de la mujer pueden perder hasta un 5 % de masa en un año (*véase* recuadro, página siguiente).

Aunque no todas las mujeres experimentarán los síntomas obvios, la mayoría serán conscientes de que han entrado en la menopausia. Si usted tiene dudas, puede someterse a un análisis de sangre. Éste mide el nivel de hormona foliculoestimulante, que aumenta en las mujeres menopáusicas. Las mujeres con un historial familiar de osteoporosis o enfermedad cardíaca deben hablar con su médico sobre la posibilidad de recurrir a la terapia de sustitución hormonal.

Llegar a la menopausia no significa que tenga que moderar o reducir sus actividades. Muchas mujeres gozan de vidas plenas y activas en esta etapa.

SUSTITUIR LOS ESTRÓGENOS

Hasta un tercio de las mujeres menopáusicas utilizan la terapia de sustitución hormonal. Ésta sustituye los estrógenos perdidos, y así elimina los síntomas y reduce los riesgos de osteoporosis y enfermedad cardíaca. Resulta especialmente importante para el 1 % de mujeres que experimentan una menopausia prematura y se enfrentan a más años sin la protección que los estrógenos ofrecen.

Los estrógenos pueden administrarse de varias maneras. La más popular es el anticonceptivo oral; sin embargo, algunas mujeres prefieren los parches, que quedan adheridos a la piel durante una semana, o los implantes, que duran seis meses. Otra opción es un gel que se extiende sobre la piel. Las mujeres preocupadas por los síntomas genitourinarios pueden recurrir al aro vaginal, que libera hormonas en ese punto concreto.

La terapia de sustitución hormonal puede provocar efectos secundarios e implica algunos riesgos. Al aumentar el nivel de estrógenos, aumenta ligeramente el riesgo de cáncer de útero y de mama. Una combinación de estrógenos y progesterona limita el riesgo de cáncer de útero. Las mujeres con un historial de cáncer de mama o de endometrio no deberían tratarse con esta terapia.

Los estrógenos pueden provocar retención de líquidos, náuseas, sensibilidad en las mamas y flujo vaginal. La progesterona puede provocar dolores de cabeza, calambres abdominales, miomas, acné, cansancio y mareos. El riesgo de desarrollar una trombosis en las piernas se multiplica por tres en el caso de las mujeres que siguen la terapia de sustitución hormonal, pero el riesgo sigue siendo pequeño. Estas mujeres también desarrollan un tejido mamario más denso, lo cual dificulta la detección de un posible cáncer.

OTROS TRATAMIENTOS

Una nueva clase de fármacos llamados moduladores de los receptores selectivos de estrógenos, que protegen contra las enfermedades cardíacas y la osteoporosis, pero sin incrementar el riesgo de cáncer relacionado con las hormonas, puede convertirse en la mejor alternativa para algunas mujeres. Las que no deseen recurrir a hormonas sintéticas pueden considerar la posibilidad de consultar con un especialista homeópata o fitoterapeuta. Las plantas medicinales que contienen estrógenos naturales (llamados fitoestrógenos), las plantas conocidas como adaptógenas y los remedios homeopáticos como Sepia y Pulsatilla pueden resultar de ayuda. ■

OSTEOPOROSIS

Después de los 35 años, los huesos comienzan a perder calcio de forma gradual. El descenso de estrógenos durante la menopausia acelera este proceso, por lo que a la edad de 70 años, un tercio de las mujeres padecen osteoporosis. No obstante, pocas lo saben, ya que se trata de una enfermedad silenciosa. Por lo general, el primer síntoma es una fractura ósea. En los países industrializados, se calcula que cada tres minutos alguien sufre una fractura osteoporótica. El 25 % de todas las personas mayores que se fracturan una cadera mueren.

Dado que el hueso no puede reconstruirse cuando ha perdido masa, no existe cura para la osteoporosis: la prevención es la única solución. Las siguientes medidas pueden resultar de ayuda:

■ Deje de fumar.

■ Tome muchos alimentos ricos en calcio: queso, yogur, pescados en conserva con la espina, leche y verduras de hoja verde.

■ Practique ejercicio regular: caminar, correr y levantar pesas.

■ Reduzca el consumo de té, café y alcohol.

■ Tome mucho el sol, ya que proporciona vitamina D, necesaria para que el cuerpo absorba el calcio.

■ Tenga en cuenta la terapia de sustitución hormonal. Si se sigue desde el comienzo de la menopausia, la terapia reduce el riesgo de osteoporosis al evitar la pérdida de masa ósea.

Estas medidas son importantes para las mujeres con mayor riesgo de sufrir osteoporosis. En este grupo se incluyen las mujeres que han entrado pronto en la menopausia, las que se han sometido a la extirpación de uno o de ambos ovarios, que han tomado fármacos corticoesteroides durante mucho tiempo, que han sufrido de alteraciones en la alimentación o que han seguido una dieta pobre en calcio, así como las que practican poco o ningún ejercicio.

VÉASE TAMBIÉN
Vacunas   120-121

Sarampión

Enfermedad vírica muy contagiosa, el sarampión se extiende por todo el cuerpo y provoca fiebre y una erupción característica. Por lo general se contrae durante la infancia, pero resulta mucho más seria cuando se pasa siendo adulto.

PRECAUCIÓN

■ *Las mujeres embarazadas que no hayan pasado el sarampión deben evitar todo contacto con niños infectados. El feto puede morir en algunos casos de sarampión en la madre.*
■ *Nunca ofrezca aspirina a niños menores de 12 años: está relacionada con una enfermedad peligrosa conocida como síndrome de Reye. Para la fiebre y el dolor, utilice paracetamol.*

Los síntomas típicos del sarampión aparecen una o dos semanas después de entrar en contacto con el virus. Incluyen fatiga, malestar, fiebre, nariz que moquea, ojos llorosos y doloridos, garganta seca, tos, crup y diarrea. Pueden ir acompañados de convulsiones febriles, aunque rara vez son graves.

Transcurridos tres o cuatro días, aparece un grupo de puntos blancos diminutos sobre una base rojiza en el interior de las mejillas. El niño puede manifestar dolor de cabeza y fiebre, por lo general de 37,7-38,9 ºC. Algunos niños presentarán los ganglios linfáticos inflamados o padecerán sensibilidad a la luz. También es posible que aparezca una erupción rosa-marrón en la cabeza o en el cuello que después se extenderá por el tronco. En ocasiones, los puntos se extienden tanto que parecen sobresalir y producir grandes manchas rojas. Alrededor del sexto día, la erupción comenzará a desaparecer. Los síntomas de un niño suelen desaparecer tras diez días; un adulto, en cambio, puede tardar hasta cuatro semanas en recuperarse.

TRATAMIENTO

La fiebre se trata con reposo, muchos líquidos y paracetamol. Los antibióticos no sirven para tratar el sarampión, pero es posible que el médico recete algunos si existe una infección bacteriana secundaria. Si el niño se queja de sensibilidad a la luz, mantenga su habitación a oscuras.

El sarampión y la rubéola (*véase* recuadro, izquierda) pueden evitarse mediante la vacunación. Un brote de sarampión suele conferir inmunidad para toda la vida.

COMPLICACIONES

Un caso de sarampión puede presentar complicaciones: bronquitis, otitis, conjuntivitis, diarrea, vómitos, dolor abdominal y, en raras ocasiones, neumonía. Aunque la neumonía vírica no supone una causa de gran preocupación, la de tipo bacteriano es seria y exige el tratamiento inmediato con antibióticos.

Aproximadamente 1 de cada 1.000 niños desarrolla encefalitis, una inflamación de las células del cerebro potencialmente mortal. Manifestará dolor de cabeza y fotofobia, se mostrará apático y en ocasiones perderá la conciencia. Exige atención médica urgente. ■

¿QUÉ ES LA RUBÉOLA?

La rubéola es una infección vírica que suele causar una enfermedad leve en los niños. Es más seria en los adultos, sobre todo en las mujeres embarazadas, porque puede provocar defectos graves en el feto, incluyendo sordera, cardiopatías, alteraciones oculares y parálisis cerebral. Dado que un brote de rubéola suele conferir inmunidad de por vida, es importante que las chicas pasen la enfermedad o sean inmunizadas antes de llegar a la edad adulta.

Los síntomas suelen aparecer dos o tres semanas después del contacto con el virus. La primera señal es una erupción que adopta la forma de pequeños puntos rosas, pero que no van unidos como en el caso del sarampión. Los puntos aparecen primero en la frente y en la cara, después se extienden al tronco y a las extremidades. Los afectados suelen manifestar dolor de garganta y conjuntivitis leve. También puede aparecer fiebre ligera e inflamación de los ganglios linfáticos en la parte posterior del cuello. Al cuarto o quinto día, todos los síntomas desaparecerán. Éstos son más severos en los niños mayores y en los adultos, y pueden incluir dolor de cabeza y fiebre alta. El tratamiento y la prevención son los mismos que para el sarampión.

VÉASE TAMBIÉN

Vacunas 120-121
Meningitis 183

PRECAUCIÓN

■ *Si la fiebre supera los 38,5 °C, llame al médico. Si pasa de 40 °C, llame de inmediato a los servicios de urgencia.*

■ *Nunca ofrezca aspirina a niños menores de 12 años: está relacionada con una enfermedad peligrosa conocida como síndrome de Reye. Para la fiebre y el dolor utilice paracetamol.*

Paperas (parotiditis)

Esta enfermedad vírica afecta principalmente a los niños. Aunque es leve en los más pequeños, después de la pubertad puede plantear complicaciones serias. Un brote de paperas suele conferir inmunidad para toda la vida.

Los síntomas de las paperas aparecen en primer lugar después de dos o tres semanas del contacto con el virus. Éste se extiende en diminutas gotas de saliva transportadas por el aire, y una persona afectada puede extender el virus desde una semana antes de desarrollar los síntomas y hasta dos semanas después.

El síntoma más obvio es la inflamación de una o ambas glándulas parótidas, que producen saliva. Las glándulas se inflaman y resultan dolorosas, y el niño puede tener dificultades para abrir la boca, masticar o tragar. Es posible que manifieste fiebre y dolor de cabeza, aunque la temperatura bajará después de dos o tres días. Lo más probable es que la inflamación remita en una semana o 10 días. Si sólo se inflama una glándula, la segunda puede hincharse justamente cuando la primera recupere la normalidad. No obstante, muchos niños no experimentan síntomas o sólo sienten un ligero malestar en la zona que rodea a las glándulas.

El tratamiento consiste en analgésicos, abundantes líquidos y mucho reposo en cama. Si las glándulas salivares resultan especialmente dolorosas, es posible que el médico recete un antiinflamatorio para reducir el dolor y la hinchazón. Existen vacunas que evitan el desarrollo de la enfermedad.

COMPLICACIONES

Un 25 % de adolescentes y hombres adultos que contraen paperas desarrollan orquitis, una dolorosa inflamación de uno o ambos testículos. Por lo general, se prolonga de dos a cuatro días; después, el testículo afectado puede parecer más pequeño que antes de sufrir la alteración. Si ambos testículos resultan afectados, la orquitis puede desembocar en esterilidad, aunque no es frecuente. Los casos de orquitis severa pueden tratarse con corticoesteroides para reducir la inflamación, así como con analgésicos fuertes.

En ocasiones, las paperas pueden evolucionar en una meningitis, aunque no suele ser grave. Entre otras complicaciones raras se encuentran la pancreatitis (dolor abdominal y vómitos) y la meningoencefalitis, sordera, parálisis facial, artritis, fiebre reumática y trombocitopenia (una alteración sanguínea que se caracteriza por una falta de plaquetas en la sangre).

Si un muchacho que ha pasado la pubertad muestra signos de tener paperas, una inyección de inmunoglobulina puede resultar beneficiosa para evitar el desarrollo de una orquitis. ■

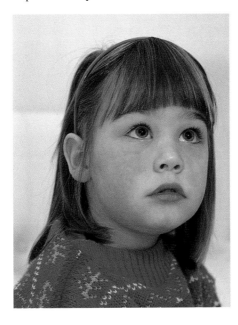

Las mejillas hinchadas constituyen el síntoma más evidente de paperas. La inflamación tiene lugar en las glándulas parótidas, situadas en el ángulo de la mandíbula, debajo de las orejas.

PRECAUCIÓN

Nunca ofrezca aspirina a un niño menor de 12 años: está relacionada con una enfermedad peligrosa conocida como síndrome de Reye. Para la fiebre y el dolor utilice paracetamol.

Varicela

La varicela, una enfermedad contagiosa, está provocada por el virus de la varicela-zóster, un miembro del grupo de los herpes. Por lo general, no resulta peligrosa, y rara vez provoca complicaciones en los niños.

El virus se contagia de una persona a otra mediante las gotitas de saliva que viajan por el aire. Los síntomas iniciales, incluyendo malestar, febrícula, dolor de cabeza y náuseas, comienzan de dos a tres semanas después del contacto con el virus.

En el torso aparece una erupción de pequeñas vesículas de un rojo oscuro que producen picor y que se extienden a las piernas, los brazos, la cabeza y la cara. Después de algunos días, los puntos se abren o se secan, tras lo cual se forma una costra. Los puntos desaparecen al cabo de 12 días, y rara vez dejan cicatriz. El niño será contagioso desde el día antes de manifestar la erupción hasta la desaparición de ésta.

Por lo general, reposo es todo lo que se necesita para una recuperación completa. Si aparece una infección secundaria por rascarse las lesiones cutáneas, el médico tal vez le recete un antibiótico. Si el niño no puede resistir la tentación de rascarse, debe cortarle las uñas al máximo para limitar los daños.

HERPES ZÓSTER

Durante un brote de varicela, el virus se abre paso hasta la raíz de un nervio de la médula espinal y permanece en estado latente. Puede reactivarse en forma de herpes zóster, sobre todo en las personas mayores o en aquellas cuyo sistema inmunológico esté sometido a una enfermedad o a los efectos del estrés.

Un brote de herpes zóster puede provocar un dolor intenso y punzante en el nervio afectado, con grupos de vesículas en la piel que lo rodea. El dolor puede persistir durante varias semanas después de que la erupción haya desaparecido. La calamina puede aliviar el picor y un antivírico puede limitar la severidad del brote y el dolor. ∎

La varicela produce picor y resulta incómoda, pero rara vez reviste gravedad. Mantenga al niño en casa, fuera del contacto con otros pequeños no enfermos.

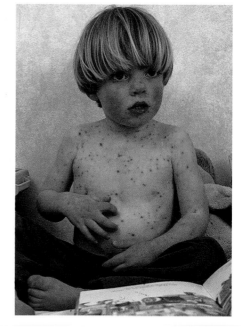

TRATAR LA FIEBRE

La fiebre se trata igual en un niño que en un adulto. Mantenga al enfermo en una habitación cálida y bien ventilada. Si la persona suda, enjuáguele la cara y el cuello con una toalla húmeda templada o con una esponja y cámbiele con frecuencia el pijama y la ropa de cama. Para bajar la temperatura, utilice paracetamol. Cuando la temperatura comience a descender, interrumpa la medicación.

Llame inmediatamente al médico si un bebé menor de seis meses presenta una temperatura axilar superior a 38,3 °C o una rectal de más de 39,7 °C, o si un niño mayor o un adulto tiene más de 40 °C.

VÉASE TAMBIÉN

Vacunas 120-121

PRECAUCIÓN

La meningitis bacteriana requiere un tratamiento médico de urgencia consistente en grandes dosis de antibióticos administrados por vía intravenosa. Si el paciente no es atendido inmediatamente, las posibilidades de recuperación son muy escasas.

Una de las secuelas de la meningitis es la acumulación de líquido cefalorraquídeo en el cerebro, lo cual se conoce como hidrocefalia. En algunos casos, provoca también lesiones cerebrales, con resultado de ceguera o sordera. Cuanto más pequeño es el niño, mayor es el riesgo de que se produzcan complicaciones. En personas mayores puede causar lesiones cerebrales o incluso la muerte.

Meningitis

Inflamación de las meninges, una serie de finas membranas que recubren el cerebro y la médula espinal, a causa de una infección vírica o bacteriana. La provocada por esta última es menos frecuente y tiene consecuencias más graves.

La meningitis meningocócica es la más común de las meningitis bacterianas, y con frecuencia se presenta en forma de epidemia durante el invierno. La meningitis por *Haemophilus B* es una variante bacteriana que suele darse en niños entre los 6 y los 15 meses de edad y que afecta a 60 de cada 100.000 niños. En más del 6 % de los casos causa la muerte, mientras que un 14 % padece secuelas a largo plazo, como sordera, dificultades de aprendizaje o parálisis cerebral.

SÍNTOMAS

Los principales síntomas de la meningitis bacteriana son fiebre, fuertes dolores de cabeza, rigidez de nuca, manchas rojas o púrpuras en la piel que no palidecen bajo presión (*véase* recuadro inferior), náuseas, vómitos y fotofobia (intolerancia a la luz brillante). Los síntomas de la meningitis vírica suelen ser mucho menos virulentos y, de hecho, a menudo se confunde con una simple gripe.

En los casos de meningitis meningocócica, los síntomas pueden presentarse al cabo de pocas horas, con intensos dolores en la parte posterior de la cabeza, temblores y vómitos violentos. La temperatura asciende hasta los 38,9 °C o incluso más, y la fiebre viene acompañada de convulsiones y delirio. Además, con frecuencia el cuello se queda rígido a causa de un estiramiento de las membranas inflamadas, lo que provoca dolorosos espasmos. También es posible que el afectado sienta somnolencia e incluso que quede momentáneamente inconsciente. Por último, se producen lesiones rojas en la piel. En niños muy pequeños, las fontanelas (pequeños espacios membranosos no óseos que se encuentran en diversas zonas del cráneo de un bebé), que normalmente presentan un suave hundimiento, se inflaman y se tornan tensas a causa de la presión del líquido cerebroespinal.

TRATAMIENTO Y PREVENCIÓN

La meningitis se diagnostica a través de una hinchazón lumbar realizada con el fin de extraer una muestra del líquido que rodea el cerebro y la médula espinal. Si se trata de meningitis vírica, el tratamiento consiste en permanecer en cama en una habitación poco iluminada, tomar abundante líquido y analgésicos para calmar el dolor. La meningitis bacteriana requiere una inmediata hospitalización y la administración de antibióticos por vía intravenosa.

Por lo general, se administra a los niños una vacuna contra la meningitis. Algunos brotes de meningitis bacteriana pueden ser atajados mediante este método, aunque lo cierto es que se trata de vacunas de breve duración. Se cree que la forma de prevención más efectiva consiste en la administración de antibióticos a las personas que han entrado en contacto con algún enfermo de meningitis. ∎

CÓMO DETECTAR LA ENFERMEDAD

■ Para comprobar si una persona padece meningitis meningocócica, presione con un vaso de cristal en el lugar de la piel donde se encuentre las lesiones cutáneas. Si éstas no pierden el color con la presión, consulte inmediatamente con su médico.

■ Algunos tipos de meningitis causan rigidez en el cuello. Si al levantar la rodilla hasta el pecho se siente dolor en el cuello, puede tratarse de un síntoma de meningitis.

Capítulo 2

MEDICINAS COMPLEMENTARIAS

EL INTERÉS POR LAS MEDICINAS complementarias
ha ido en aumento a medida que la gente se ha
concienciado de la importancia de llevar una vida
sana y ha buscado nuevas medidas para prevenir
enfermedades y aumentar su bienestar. Entre las
muchas variantes de estas medicinas se encuentran
la homeopatía, la fitoterapia o el masaje corporal.
Muchas de estas terapias, como la acupuntura
o el ayurveda, nacieron en Oriente, pero en la
actualidad se utilizan en la mayoría de los países
occidentales. Y lo mismo puede decirse de
prácticas como el *tai chi* o el yoga.

A pesar de lo variado de las diversas técnicas
y de sus orígenes, todas ellas tienen mucho en
común, ya que conciben al individuo como un
todo capaz de activar sus propias defensas contra
los agentes externos. A través de diferentes modos
de expresión, las medicinas alternativas suelen
potenciar la idea de «fuerza vital» y de energía.
Por ello, muchos naturistas afirman que la salud
y el bienestar dependen del desarrollo armónico
de nuestras naturalezas física, mental, emocional
y espiritual.■

VÉASE TAMBIÉN
Homeopatía   196-201

Fitoterapia

Curar enfermedades a través del empleo de plantas constituye el método terapéutico más antiguo del mundo y sigue siendo la principal práctica médica en muchos países, entre los que se encuentran China y la India. Los herbolarios de tradición occidental combinan los métodos de observación y examen propios de la medicina convencional con una aproximación al diagnóstico y el tratamiento basado en la unidad «mente y cuerpo». Los resultados suelen ser bastante satisfactorios.

La caléndula (*Calendula officinalis*), una conocida planta de jardín con hermosas flores, desempeña también un importante papel como planta medicinal. Las infusiones realizadas con sus flores se aplican en quemaduras de poca importancia, así como en el tratamiento del acné y en inflamaciones de la piel.

La esencia de la medicina basada en el uso de plantas medicinales es tratar de que el cuerpo sea capaz de hallar las defensas necesarias para curarse por sí mismo. El empleo de las plantas adecuadas puede aumentar la salud de una persona corrigiendo los desequilibrios que se producen en el interior de su cuerpo. Se trata de un intento de medicina global, que no pretende únicamente mitigar el dolor, sino mejorar el estado de salud general.

El cometido de un fitoterapeuta suele consistir en algo más que en recetar plantas para curar una determinada enfermedad. El tratamiento incluye recomendaciones para la vida diaria. La principal finalidad es la de prevenir enfermedades, lo cual se considera tan importante como la aplicación de tratamientos para su curación.

Las plantas medicinales se han utilizado desde épocas prehistóricas y conocieron un especial florecimiento en el antiguo Egipto, así como en la Grecia y la Roma clásicas. En el último siglo se ha percibido un renacimiento de su empleo en Occidente, y reputados científicos han comprobado que muchas de las plantas utilizadas por los fitoterapeutas poseen propiedades curativas. Entre ellas se encuentran el ajo, que se emplea en el tratamiento de enfermedades coronarias, o el hipérico (*Hypericum perforatum*), con propiedades antidepresivas.

Estos descubrimientos científicos explican el creciente interés que muestran por las plantas medicinales los laboratorios farmacéuticos. En muchas se investigan las propiedades de los productos «fitoquímicos», es decir, los cientos de miles de sustancias de que está compuesto el reino vegetal, para descubrir nuevos fármacos.

¿CÓMO ACTÚAN LAS PLANTAS MEDICINALES?

Los tratamientos que se basan en el empleo de plantas medicinales difieren en muchos aspectos de los que utiliza la medicina convencional. Su principal propósito es el de trabajar con el cuerpo y fomentar su equilibrio. Por ejemplo, a un paciente con fiebre, un médico convencional le recetará un medicamento como aspirina o paracetamol para hacer bajar la temperatura corporal. Por el contrario, la opinión de los fitoterapeutas es que la fiebre en ocasiones puede ser beneficiosa y no dañina, puesto que se trata de uno de los mecanismos de defensa naturales de nuestro cuerpo. Muchos virus y bacterias resultan dañados, o incluso perecen, con el aumento de la temperatura corporal. Las plantas medicinales hacen que el enfermo elimine las toxinas a través del sudor, para lo cual la fiebre resulta necesaria, aunque, por otra parte, se suele aplicar un tratamiento para que nunca llegue a ser demasiado alta.

De forma similar, en caso de intoxicación alimentaria, los fitoterapeutas consideran los vómitos y la diarrea como efectivos mecanismos de defensa, ya que permiten al cuerpo liberarse por sí mismo de toda clase de organismos dañinos asentados en el aparato digestivo. Al contrario de la medicina convencional, que receta fármacos para detener los vómitos y la diarrea, la medicina natural se propone controlar los síntomas por medio de plantas que inhiban la absorción a través de los conductos digestivos para impedir que los agentes nocivos penetren en la sangre. Se recomendará al paciente el consumo de una gran cantidad de líquidos para evitar la deshidratación; sin embargo, la diarrea y los vómitos no se suprimirán totalmente.

BENEFICIOS DE LAS PLANTAS

El enfoque médico ortodoxo propugna la identificación y el aislamiento del «componente activo» presente en una planta para sintetizarlo artificialmente hasta convertirlo en un nuevo fármaco. Los fitoterapeutas, en cambio, piensan que es importante recetar al paciente la planta en estado natural, pues el equilibrio de sustancias en el interior de la planta actúa como una combinación de remedios: es la suma de sus partes lo que hace eficaz a la planta, pues sus componentes se equilibran los unos a los otros.

LAS PLANTAS Y LA MEDICINA MODERNA

La mayoría de los fármacos más eficaces y conocidos que se emplean en la medicina moderna derivan en su origen de plantas, las cuales siguen utilizándose como plantas medicinales.

Anticonceptivos orales Fue el descubrimiento de sustancias semejantes a los esteroides en la batata silvestre (*Dioscorea villosa*) lo que permitió la creación y el desarrollo del primer anticonceptivo oral.

Aspirina Contiene una forma sintetizada de ácido salicílico que posee importantes propiedades analgésicas, antiinflamatorias y antipiréticas. La sustancia química se descubrió por primera vez en su forma natural en el sauce (*Salix alba*), aunque también se halla en otras plantas medicinales como la ulmaria (*Filipendula ulmaria*) y el álamo temblón (*Populus tremuloides*).

Digoxina Componente de la dedalera (*Digitalis lanata* y *Digitalis purpurea*), la digoxina se prescribe para regular la presión arterial y mejorar el funcionamiento del corazón.

Morfina Este narcótico, que se utiliza únicamente en caso de fuertes dolores, se extrae de la adormidera (*Papaver somniferum*).

Quinina Medicamento que se ha empleado durante siglos para combatir el paludismo. La sustancia se encuentra en la corteza del quino (también llamada quina).

Vincristina y vinblastina Ambos importantes y ampliamente utilizados contra el cáncer, provienen de la pervinca de Madagascar (*Vinca rosea*).

Un fitoterapeuta argumentaría que, de igual manera que las vitaminas, minerales y otros elementos nutricionales nunca pueden reemplazar a los alimentos, un ingrediente activo aislado es un pobre sustituto al lado de la fuerza curativa que poseen las plantas en estado natural. Además, las infusiones de plantas medicinales son más seguras, ya que la dosis de ingrediente activo que contienen es mucho menor que si éste se encontrara aislado y convertido en medicamento.

EQUILIBRIO NATURAL

Un ejemplo de lo conveniente que resulta utilizar plantas naturales es el del ácido salicílico, que constituye el principio activo de la aspirina. Si una persona toma dosis regulares de aspirina, corre el riesgo de sufrir sus efectos secundarios, como trastornos digestivos o hemorragias gástricas. Sin embargo, si esa misma persona toma infusiones de ulmaria (*Filipendula ulmaria*), una planta que contiene una forma de ácido salicílico, seguirá sintiendo sus efectos analgésicos, pero otras sustancias contenidas en la planta, con sus propiedades antiácidas, contrarrestarán los efectos secundarios. Y es que, al contrario que la aspirina, que no se recomienda a pacientes con úlcera gastroduodenal, la ulmaria constituye, de hecho, un tratamiento efectivo contra la úlcera y el dolor de estómago.

¿SON SEGURAS LAS PLANTAS?

La mayoría de las plantas utilizadas en fitoterapia resultan totalmente seguras y se pueden tomar como tónicos o complementos nutricionales. Algunas de ellas, como la manzanilla o el diente de león, se han empleado durante miles de años por sus propiedades terapéuticas, mientras que otras, como el jengibre, la pimienta o el ajo, se utilizan habitualmente como alimentos.

Sin embargo, es un error pensar que porque algo es «natural» se convierte automáticamente en un remedio milagroso. Algunas plantas utilizadas en fitoterapia, como *Lobelia inflata* y *Ephedra sinica*, son extremadamente potentes y pueden tener efectos secundarios como cualquier medicamento si no se emplean de una forma adecuada, y algunas de ellas pueden, incluso, resultar tóxicas.

Otra ventaja importante de las plantas medicinales es que, en estado natural, no existen dos plantas de una misma variedad que posean idénticos componentes químicos. Por esta razón, los agentes infecciosos, como bacterias y virus, tienen mayores dificultades a la hora de desarrollar mecanismos de resistencia frente a los efectos de la planta que en el caso de un fármaco, y el riesgo de sufrir alergias también es menor.

APLICACIONES DE LAS PLANTAS MEDICINALES

Cada planta cuenta con diferentes propiedades curativas, por lo que resulta de gran importancia que el profesional posea amplios conocimientos sobre el tema. No existe un tratamiento específico para las diversas enfermedades, sino que cada paciente constituye un caso particular. Por ejemplo, dos pacientes que sufren infecciones bronquiales no siempre tienen por qué tomar los mismos medicamentos.

Una determinada planta puede emplearse en el tratamiento de varias enfermedades. Los problemas hormonales, por ejemplo, como aquellos relacionados con el síndrome premenstrual y la menopausia, responden favorablemente a los tratamientos con hierbas medicinales, así como el estrés nervioso, la ansiedad o la depresión, y otros problemas de salud agravados por estas enfermedades.

Las plantas medicinales ayudan también a fortalecer el sistema inmunológico en personas que sufren frecuentes infecciones, y suelen dar buenos resultados en el tratamiento de trastornos gastrointestinales y de otras enfermedades frecuentes, como la osteoartrosis, así como mejorar la circulación en manos y pies.

Las enfermedades de la piel responden de forma bastante variable al tratamiento. En el caso del acné, por ejemplo, se suele recetar una combinación de plantas que favorezcan la eliminación de residuos del organismo

PRIMEROS AUXILIOS CON PLANTAS MEDICINALES

Las dosis son las recomendadas para adultos. En caso de niños mayores de 6 años, utilice la mitad de una dosis normal. No se deben administrar a niños menores de 6 años.

Problema	Planta	Instrucciones de uso
Acné e infecciones de la piel	Caléndula (*Calendula officinalis*)	Prepare una infusión (*véase* pág. 190) y tómela tres veces al día.
	Aceite de árbol del té (*Melaleuca alternifolia*)	Añada media cucharadita del aceite en una taza llena de agua caliente y aplique la mezcla sobre la zona afectada.
Ansiedad o inquietud	Melisa (*Melissa officinalis*)	Tome hasta seis tazas diarias de infusión de esta planta (*véase* pág. 190).
Resfriados y gripe	Flores de saúco (*Sambucus nigra*), menta (*Mentha piperita*) y milenrama (*Achillea millefolium*)	Mezcle cantidades iguales de las tres plantas y prepare con ellas una infusión (*véase* pág. 190). Esta combinación estimula la sudoración, lo cual ayuda a reducir la fiebre, y tonifica las mucosas reduciendo los síntomas catarrales. Tome hasta tres tazas de infusión diarias.
Tos	Tomillo (*Thymus spp.*)	Tome hasta tres cucharaditas de postre diarias de jarabe de tomillo (*véase* pág. 190).
Dolor de oído	Cebolla (*Allium cepa*)	Ralle una cucharadita de cebolla cruda, estire a la persona afectada y coloque la ralladura de cebolla en el hueco situado por debajo y por detrás de la oreja, dejándola actuar durante 10 minutos.
Rinitis alérgica	Manzanilla alemana (*Chamomilla recutita*), flores de saúco (*Sambucus nigra*) y eufrasia (*Euphrasia spp.*)	Mezcle las tres plantas en cantidades iguales, prepare con ellas una infusión doblemente concentrada y viértala sobre un recipiente grande. Inhale los vapores de la infusión cubriéndose la cabeza con una toalla y tome, además, hasta tres tazas diarias. Tome la infusión dos o tres semanas antes del momento en que aparezcan síntomas.
Dolores de cabeza y migraña	Tanaceto (*Tanacetum parthenium*)	Coloque una maceta con tanaceto en el alféizar de su ventana. El consumo de dos o tres hojas frescas diarias ayuda a prevenir dolores de cabeza y migrañas. *Precauciones:* no las tome durante el embarazo o junto con un tratamiento anticoagulante; tampoco deben tomarlas los niños.
Indigestión	Manzanilla alemana (*Chamomilla recutita*)	Prepare una infusión con cada planta (*véase* pág. 190) y tome hasta seis tazas diarias.
	Melisa (*Melissa officinalis*)	
Dolor de garganta	Salvia (*Salvia officinalis*)	Prepare una infusión (*véase* pág. 190), déjela enfriar un poco y añada una cucharadita (de postre) de vinagre y otra de miel. Haga gárgaras con la mezcla hasta cinco veces al día.
Flatulencia y meteorismo	Menta (*Mentha piperita*)	Realice una infusión (*véase* pág. 190) con cada planta y beba hasta tres tazas al día después de las comidas.
	Semillas trituradas de hinojo (*Foeniculum vulgare*)	

a través de la estimulación del hígado, los riñones y el sistema linfático. Este tratamiento puede ser suficiente en algunos casos, pero si el paciente nota que la enfermedad se agrava durante períodos de estrés, conviene prescribir, además, alguna planta con propiedades relajantes.

Las plantas medicinales no pueden utilizarse para tratar problemas mecánicos como fracturas de huesos, dislocaciones o prolapsos del disco intervertebral. Sin embargo, sí que se emplean para acelerar los procesos de curación de los tejidos dañados asociados a este tipo de problemas.

LA PRIMERA VISITA

La visita inicial a la consulta de un fitoterapeuta suele tener una duración aproximada de una hora. Durante este tiempo, el médico realiza un estudio completo del paciente en cuestión y de sus problemas —no sólo de aquellos por los que éste ha solicitado su ayuda— con el fin de recetarle un tratamiento apropiado. Las posteriores visitas duran, por lo general, una media hora.

El naturista concede una gran importancia al historial médico de cada nuevo paciente, así como a sus problemas de salud más frecuentes y al tiempo transcurrido desde que comenzaron los primeros síntomas de su enfermedad. También le interrogará acerca de su dieta alimentaria y le preguntará si duerme bien y si practica algún tipo de deporte. Asimismo, deseará conocer otros detalles sobre su estilo

PREPARACIÓN DE UNA INFUSIÓN DE PLANTAS MEDICINALES

Para cada taza, coloque una cucharadita (de postre) de la planta seca, o bien dos de la planta fresca, en una tetera y añada agua hirviendo. Cubra la tetera con la tapadera y deje reposar su contenido durante 10 o 15 minutos. Pasado ese tiempo, vierta la infusión en una taza y tómela sola o endulzada con miel.

ELABORACIÓN DE UN JARABE DE PLANTAS MEDICINALES

Ponga cuatro cucharaditas de la planta seca, o bien ocho cucharaditas de la planta fresca, en un cazo y añada 500 ml de agua hirviendo. Cúbralo y déjelo así durante 10 o 15 minutos. Añada 500 g de azúcar sin refinar o miel y ponga la mezcla a calentar, removiéndola hasta que se vuelva jarabe. Déjela enfriar, introdúzcala en una botella de cristal oscuro esterilizada y cierre con un tapón de corcho.

de vida, información que le permitirá averiguar si existen síntomas de estrés y, al mismo tiempo, examinar de forma global el estado mental del paciente.

A continuación, el fitoterapeuta someterá al paciente a un reconocimiento físico similar al que suele llevar a cabo cualquier médico de cabecera. Por ejemplo, tomará su tensión arterial con un esfigmomanómetro y utilizará un estetoscopio para auscultar su corazón y sus pulmones. Quizá requiera también una muestra de orina para analizarla si lo considera necesario. Por último, una vez realizado el examen médico, ya se encuentra en condiciones de prescribir el tratamiento adecuado.

A causa del modo en que las plantas actúan en el organismo, las mejoras tienden a notarse de un modo gradual, especialmente si la enfermedad es de larga duración. Las plantas medicinales suelen actuar con mayor lentitud que la mayoría de los fármacos convencionales porque son menos concentradas. En general, se puede decir que por cada año transcurrido desde que una persona padece una determinada enfermedad, necesitará alrededor de un mes de tratamiento.

ADMINISTRACIÓN DE LAS PLANTAS MEDICINALES

Las plantas medicinales pueden ser consumidas de diversas maneras. En estado líquido, las encontramos en forma de tinturas, conservadas en alcohol y agua; como infusión, a partir de plantas secas, y como decocción de partes duras de la planta, como raíces o corteza, de las que se bebe el líquido en el que han sido cocidas. Por otra parte, también pueden recetarse comprimidos, pesarios, supositorios, pomadas y ungüentos preparados con combinaciones de varias plantas o utilizando una única planta.

El sabor de algunas plantas medicinales puede resultar desagradable, aunque muchos naturistas creen que estos sabores poseen un efecto terapéutico por sí mismos. Muchas plantas, como la genciana amarilla (*Gentiana lutea*), tienen un sabor amargo. El amargor produce una acción refleja en el aparato digestivo que estimula las emisiones de jugos gástricos. Esta propiedad hace que las plantas amargas constituyan buenos tónicos digestivos, algo que se sabe desde hace cientos de años, como lo demuestra la costumbre de añadir plantas amargas en las bebidas que se suelen tomar como aperitivo.

En algunos casos, el mal sabor de una hierba se puede disimular con un poco de miel. Para los niños, que por lo general son los que se muestran más reacios a tomar medicamentos si notan en ellos un sabor desagradable, se recomienda añadir a las infusiones un poco de leche o zumo de frutas. ∎

LAS PLANTAS MEDICINALES EN CHINA

Los orígenes de la medicina tradicional china, que se basa en gran medida en el empleo de plantas medicinales, se remontan hasta el siglo II a. C., época de la que data el texto conocido como el *Tratado de medicina interna del emperador amarillo*. En él se recoge la idea de que todo en el universo tiene una mezcla de *yin* y de *yang*. El *yin* y el *yang* son dos fuerzas opuestas y complementarias similares, por ejemplo, el día y la noche, el calor y el frío, o la humedad y la sequía. La enfermedad se considera como una pérdida del equilibrio entre el *yin* y el *yang*, de modo que una fiebre, pongamos por caso, significa un exceso de *yang*, mientras que si una persona siente frío y escalofríos es señal de que posee demasiado *yin*.

Los fisioterapeutas chinos buscan en el paciente alguna evidencia de este desequilibrio y, a la hora de realizar un diagnóstico, examinan cuidadosamente el pulso y el aspecto de la lengua, que se considera un buen indicador del estado de salud del individuo. A lo largo de los siglos, han desarrollado diversas recetas efectivas a partir de plantas que los fitoterapeutas chinos utilizan como base de cualquier prescripción médica, y que se complementan con otras plantas tras examinar cada caso particular. Una de las mejor conocidas es la «sopa de cuatro ingredientes», que se emplea como tratamiento del desequilibrio hormonal femenino.

Los remedios se administran en forma de decocciones de plantas secas, raíces y cortezas de plantas. Los ingredientes se dejan en agua hirviendo durante 20 minutos para que las propiedades de las plantas se concentren en el líquido; éste se cuela y se bebe.

Aromaterapia

Las sustancias aromáticas se han utilizado en el baño y en rituales religiosos durante miles de años, tanto en Europa como en Asia. Sin embargo, ha sido en el siglo XX cuando se ha empezado a desarrollar ampliamente el uso terapéutico de los aceites esenciales, a menudo combinado con diversas técnicas de masaje, hasta dar lugar a la actual práctica conocida como aromaterapia.

Un campo de lavanda en flor constituye algo más que un bello paisaje campestre. Las flores de la lavanda producen un aceite esencial de color amarillo pálido con propiedades calmantes, sedantes, analgésicas, antisépticas, antibacterianas, antirreumáticas y antidepresivas.

La aromaterapia, una disciplina relativamente joven, empezó a desarrollarse por primera vez en Francia durante los años veinte. Fue por aquellos años cuando el químico cosmético René-Maurice Gattefossé descubrió accidentalmente la gran eficacia del aceite de lavanda para aliviar y curar quemaduras de poca importancia. Este descubrimiento llevó a los científicos a estudiar las posibles aplicaciones terapéuticas de otros aceites esenciales, que en la actualidad constituyen los principales pilares de la aromaterapia.

¿QUÉ SON LOS ACEITES ESENCIALES?

Los aceites esenciales son sustancias de una intensa fragancia que se encuentran en las flores, hojas, raíces, hierbas, pieles, semillas, resina y corteza de las plantas. Estos aceites se producen a partir de cientos de sustancias químicas extraídas a través de un proceso de destilación (demasiado complejo y peligroso como para poder realizarlo en casa) que da lugar a un líquido pálido, con una consistencia que se parece más a la del agua que a la del aceite. Los aceites esenciales son

sumamente volátiles y se evaporan con gran rapidez, por lo que se introducen en recipientes precintados para su venta.

La mayoría de los aceites esenciales son caros, ya que el aceite contiene únicamente alrededor de un 1,5 % de la materia prima utilizada para su elaboración. Algunos aceites, como el de rosas, jazmín y melisa, por ejemplo, resultan excepcionalmente caros, pues el porcentaje de materia prima contenido en su interior es aun menor que en el resto de aceites. De hecho, según cálculos aproximados, se necesitan 40.000 flores de jazmín para elaborar tan sólo 5 g de aceite de esta flor.

EL PODER DEL AROMA

La aromaterapia se basa principalmente en la percepción de los olores. La nariz humana es un órgano de una gran sensibilidad que, de hecho, es el que nos permite saborear los alimentos que tomamos, pues el sabor se percibe a través del olor más que del gusto.

El sentido del olfato se encuentra, además, estrechamente ligado al estado de ánimo, la memoria y las emociones de las personas. Los olores se perciben a través del nervio olfativo, íntimamente unido al sistema límbico del cerebro, responsable de generar emociones tales como el placer y la excitación sexual. Las diversas fragancias de los aceites esenciales afectan, precisamente, a esta zona del cerebro.

PROPIEDADES CURATIVAS

La aromaterapia constituye un eficaz tratamiento contra el estrés, así como contra otras enfermedades que se agravan con este problema, como el síndrome premenstrual, la ansiedad, el síndrome de colon irritable, la hipertensión, la migraña y los eccemas. También se consideran un buen método para levantar el ánimo y se utilizan para aliviar el dolor y la tensión musculares.

Además del efecto terapéutico de sus fragancias, los aceites esenciales cuentan con otras propiedades curativas. Algunos aceites, como el de manzanilla, por ejemplo, son

antiinflamatorios, mientras que otros, como el de geranio, estimulan la circulación, o bien ayudan a combatir las infecciones, como es el caso del aceite de árbol del té.

LA CURACIÓN A TRAVÉS DEL MASAJE

La mayoría de los aromaterapeutas consideran el masaje como el método más efectivo para hacer llegar los aceites esenciales al interior del organismo. La razón es que estos aceites penetran a través de la piel y se introducen en la corriente sanguínea, desde donde son transportados por todo el cuerpo.

Con la excepción de unos pocos aceites, como el de lavanda y el de árbol del té, la mayoría debe diluirse en agua antes de aplicarlo sobre la piel, pues una dosis de aceite sin diluir podría resultar demasiado fuerte y causar irritación, además de constituir un gasto innecesario. Unas cuantas gotas diluidas en un aceite vegetal ligero, como el de almendra dulce, hueso de melocotón o de albaricoque, semillas de uva, oliva, semillas de girasol o soja, son suficientes. Por regla general, se diluyen 25 gotas de aceite esenciales en 50 ml de cualquier otro de los aceites mencionados. En caso de pieles delicadas, se pone la mitad de aceite esencial.

PRIMERA VISITA

El terapeuta probablemente dedicará la primera consulta a realizar el historial clínico del paciente, por lo que le interrogará acerca de su estado de salud y estilo de vida, así como de otros problemas específicos que pudiera tener. Conociendo su estado de ánimo, su dieta, las actividades deportivas que practica y el estrés presente en su vida cotidiana, y sabiendo si duerme bien y si consume habitualmente bebidas alcohólicas o tabaco, el profesional puede hacerse una idea bastante aproximada del paciente en cuestión.

Los aromaterapeutas no disponen de los conocimientos necesarios para realizar diagnósticos clínicos, por lo que requieren la opinión de un médico.

Los aceites esenciales deben ir en recipientes bien precintados y conservarse en un lugar fresco y a resguardo de la luz directa. Asegúrese, además, de no dejarlos al alcance de los niños.

La calidad de los aceites esenciales puede variar de forma considerable de unos a otros. A causa de su elevado precio, algunos fabricantes los mezclan con sustancias químicas más baratas o los diluyen con el fin de reducir su coste de fabricación. Desconfíe de aquellos aceites esenciales que posean un precio muy bajo, pues, en general, cuanto más puro y difícil de encontrar resulta un aceite, más caro es.

PRECAUCIÓN

No utilice aceites esenciales en niños pequeños, ni durante el embarazo o si está tomando alguna medicación, sin informar primero a su médico y sin seguir los consejos de un aromaterapeuta profesional. Aunque los terapeutas de la mayor parte de Europa prescriben el consumo de aceites por vía oral, nunca lo haga por su cuenta. En caso de ingestión accidental, coma pan, beba mucha leche y acuda inmediatamente a un médico.

Una vez recogida la información necesaria, el terapeuta seleccionará los aceites más apropiados para cada caso, que podrán utilizarse por separado o combinados entre sí. Algunos profesionales emplean otras técnicas, como hacer oscilar un péndulo sobre el aceite y el paciente para realizar la primera elección.

Probablemente, el aromaterapeuta pedirá también al paciente que aspire el perfume de diversos aceites, ya que las reacciones ante un determinado olor varían de una persona a otra. Por ejemplo, a algunas personas les encanta el olor de la esencia de pachulí, mientras que a otras les desagrada enormemente.

Un quemador constituye la mejor forma de dispersar el aroma de un aceite esencial. Para ello, se han de verter unas cuantas gotas de aceite sobre la superficie del quemador junto con un poco de agua y encender una vela justo debajo, de modo que ésta proporcione el calor suficiente para que el aceite se evapore. No utilice nunca este método si hay niños en la casa.

LOS BENEFICIOS DEL MASAJE

Algunos profesionales consideran que la mejor terapia consiste en un masaje por todo el cuerpo, lo cual puede llevar alrededor de una hora o incluso más tiempo. El tipo de masaje llevado a cabo dependerá de lo que el aromaterapeuta considere que resulta más adecuado para cada paciente. Algunos masajes son vigorizantes, mientras que otros tienen propiedades calmantes y relajantes. Un masaje puede llegar a ser tan relajante como para lograr que el paciente se quede dormido.

Desde un punto de vista físico, el masaje estimula la circulación de la sangre y el sistema linfático, además de aliviar la tensión muscular, el dolor y la inflamación. El terapeuta elegirá entre diversas técnicas, como la digitopuntura, con el fin de encontrar la que mejor se adecue a las necesidades de cada paciente.

La manipulación del cuerpo a través del masaje puede ayudar a identificar zonas de tensión o debilidad muscular, a menudo situadas alrededor del cuello y de los hombros. Las sesiones de tratamiento suelen tener lugar, en un principio, una vez a la semana, para ir reduciéndose hasta una frecuencia de una vez al mes, por ejemplo.

La aromaterapia puede utilizarse como complemento de otras terapias, a excepción de la homeopatía, ya que el aroma de ciertos aceites esenciales puede interferir en el efecto de los tratamientos homeopáticos.

OTRAS FORMAS DE UTILIZACIÓN

Además del masaje, hay otros modos de utilizar los aceites esenciales, algunos de los cuales no necesitan la ayuda de un profesional. Por ejemplo, se pueden añadir unas gotas de aceite en el agua del baño, aspirarlos a través de un inhalador de vapor o rociando unas cuantas gotas sobre un pañuelo e inhalándolo profundamente, o bien aplicarlos en forma de compresas calientes o frías en caso de dolor, torcedura o hinchazón. También se pueden extender unas gotas sobre un algodón y aplicar éste directamente sobre el área afectada.

CONSERVACIÓN DE LOS ACEITES ESENCIALES

Los aceites esenciales se evaporan con facilidad y no pueden permanecer expuestos a la luz y el calor, por lo que se venden en pequeñas botellas de cristal oscuro. Su duración suele ser de alrededor de un año, aunque los aceites provenientes de cítricos, como los de peladuras de limón, lima o pomelo, tienden a deteriorarse con mayor rapidez que otros, por lo que no duran más de seis meses. ∎

CÓMO UTILIZAR ACEITES SIN RIESGOS

- Para comprobar el grado de sensibilidad de la piel, vierta una gota de aceite esencial en el codo desnudo y cúbralo con una tirita, dejándolo así durante 24 horas. Si al extraer la tirita no ve ningún síntoma de irritación, significa que puede utilizar el aceite sin problemas.

- Los aceites esenciales que más irritan la piel son los de romero, verbena *Cymbopogon flexuosus* e hinojo.

- Los aceites que deben ser utilizados únicamente por profesionales son los de orégano, tomillo, salvia (no el de amaro), gaulteria, ajedrea, canela y clavo.

- Los aceites de cítricos, como los de bergamota, naranja, limón, pomelo y lima, así como el de verbena, sufren reacciones al contacto con la luz solar; no aplique ninguno de estos aceites en la piel si después piensa tomar el sol.

ACEITES ESENCIALES PARA USO DOMÉSTICO

Nombre	Indicaciones
Manzanilla alemana (*Chamomilla recutita*)	**Masaje:** dolores menstruales, insomnio, ansiedad, estrés e indigestión. **En el baño:** estrés, ansiedad e insomnio. **Aplicación:** acné, eccemas, cortes y abrasiones.
Amaro (*Salvia sclarea*)	**Masaje:** depresión, dolores menstruales, síndrome premenstrual y síntomas de debilidad. **En el baño:** depresión, irritabilidad, síndrome premenstrual y tensión. **Inhalación:** dolor de garganta. **Aplicación:** inflamaciones de la piel.
Geranio (*Pelargonium «Graveolens»*)	**Masaje:** depresión, resfriados, diarrea, estrés e indigestión. **En el baño:** síntomas de menopausia, inflamación de la piel y estrías. **Inhalación:** resfriados y gripe. **Aplicación:** problemas menores de la piel.
Pomelo (*Citrus paradisi*)	**Masaje:** problemas de riñones e hígado y depresión. **En el baño:** depresión.
Lavanda* (*Lavandula officinalis*)	**Masaje:** pinchazos musculares, estrés, depresión e insomnio. **En el baño:** estrés e insomnio. **Inhalación:** catarros, resfriados y gripe. **Aplicación:** quemaduras, picaduras de insectos, escozor y acné.
Melisa (*Melissa officinalis*)	**Masaje:** infecciones víricas y bacterianas. **En el baño:** indigestión. **Aplicación:** pieles agrietadas y sensibles.
Pachulí (*Pogostemon cablin*)	**Masaje:** estrés, celulitis, diarrea y retención de líquidos. **En el baño:** eccemas y sobreexcitación. **Aplicación:** pieles agrietadas y para el cuidado del cabello.
Menta (*Menta piperita*)	**En el baño:** inflamación de la piel, eccemas, acné, caspa, problemas menstruales y dolores de cabeza. **Inhalación:** resfriados, gripe, asma y bronquitis.
Petitgrain (*Citrus aurantium*)	**Masaje:** náuseas, indigestión y flatulencia. **En el baño:** insomnio, depresión, fatiga mental e irritabilidad. **Inhalación:** resfriados y gripe. **Aplicación:** acné y cabellos grasos.
Romero (*Rosmarinus officinalis*)	**Masaje:** Pinchazos y dolores musculares, reumatismo, pérdida del cabello y caspa. **En el baño:** dolores menstruales y retención de líquidos. **Aplicación:** torceduras, dolores de cabeza e indigestión.
Sándalo (*Santalum album*)	**Masaje:** ansiedad, tensión y depresión. **En el baño:** cistitis e infecciones urinarias. **Inhalación:** catarros, infecciones de garganta y piel seca. **Aplicación:** eccemas, quemaduras solares y urticaria.
Árbol del té* (*Melaleuca alternifolia*)	**Aplicación:** cortes, picaduras, heridas, acné, verrugas, pies de atleta, sarpullidos causados por la varicela y herpes. **Inhalación:** resfriados y gripe.
Ylang ylang (*Cananga odorata*)	**Masaje:** depresión, ansiedad y tensión. **En el baño:** depresión e insomnio. **Aplicación:** acné y picaduras.

* Estos aceites pueden aplicarse en pequeñas cantidades sin diluir.

VÉASE TAMBIÉN
Fitoterapia   186-191

Homeopatía

Aunque la homeopatía se practica desde hace unos 200 años, el fundamento principal de su doctrina (curar con algo similar a lo que causó la enfermedad) debía de resultar bastante familiar a los antiguos griegos y, en especial, a Hipócrates, considerado como el padre de la medicina (siglo V a. C.), así como a Paracelso, el gran médico europeo del siglo XV.

La gente que vivió en la segunda mitad del siglo XVIII tenía buenas razones para evitar la visita al médico, por muy enferma que estuviese, pues los tratamientos médicos en aquella época solían ser bastante duros y, en ocasiones, resultaban sumamente peligrosos. La práctica de la medicina consistía principalmente en purgas, sangrías y prescripciones de diversos fármacos que, en muchos casos, causaban adicción.

Decepcionado por lo violento de estas prácticas, el médico y químico Samuel Hahnemann (1755-1843) dedicó gran parte de su vida a encontrar nuevas formas de tratamiento para sus pacientes.

UNA FORMA MÁS SUAVE DE CURAR

Hahnemann volvió la vista hacia la sabiduría de los antiguos griegos y descubrió las bases principales para la creación de una medicina más suave. Tras pulir y reformular lo que llamaría la «ley de la similitud», estableció los principios de la homeopatía.

La palabra «homeopatía» se compone de los vocablos griegos *homeo*, que significa «similar», y *pathos*, sinónimo de «sufrimiento». El principio fundamental de la homeopatía, «lo similar cura a lo similar», se refiere a la observación de Hahnemann de que si una sustancia causa síntomas similares a los que sufre el paciente, entonces una dosis mínima de esa misma sustancia puede activar su organismo y hacer que luche contra la enfermedad en cuestión.

Las nuevas ideas sobre medicina formuladas por Hahnemann se inspiraron en el descubrimiento de que la quina, utilizada como remedio contra el paludismo, producía en una persona sana síntomas similares a los de esta enfermedad. La conclusión que extrajo de esto fue que los síntomas de una enfermedad son los que indican al organismo el modo de luchar contra ella.

LO SIMILAR CURA A LO SIMILAR (*SIMILIA SIMILIBUS CURANTUR*)

Al cortar una cebolla, los efluvios que ésta libera hacen que los ojos lloren, la nariz moquee y se irrite la garganta. En consecuencia, hay un remedio homeopático basado en la cebolla (*Allium cepa*), que se prescribe en caso de resfriado, cuando los síntomas son similares a los descritos. De la misma forma, la intoxicación causada por la belladona, una planta venenosa, provoca una fiebre elevada, intensos dolores de cabeza y palpitaciones, así como piel caliente y seca, y la cara adquiere una tonalidad roja brillante.

Recetada como remedio homeopático en dosis muy diluidas, sin embargo, se utiliza en el tratamiento de pacientes con fiebre alta e irritación de garganta, o bien en el de aquellos que sufren fuertes dolores de cabeza.

Los remedios homeopáticos se experimentan siempre con personas en lugar de animales. Grupos de voluntarios toman, bajo la supervisión de un profesional, reducidas dosis de una determinada sustancia durante algún tiempo, hasta que se producen los primeros síntomas, los cuales son recogidos cuidadosamente para su posterior estudio.

PREPARACIÓN DE UN REMEDIO HOMEOPÁTICO

Las sustancias naturales que utiliza la homeopatía provienen todas ellas de plantas, minerales, metales, insectos y venenos conocidos, muchos de los cuales se han empleado en medicina durante varias generaciones. Estos remedios se elaboran, en primer lugar, preparando un extracto alcohólico de la materia prima, conocida como «tintura madre». Para fabricar este extracto se deja la materia prima diluida en alcohol durante varias semanas y, a continuación, se cuela el líquido resultante.

Se realiza una serie de diluciones a partir de la tintura madre en las que, además de diluirse la materia prima, cada dilución sucesiva se agita vigorosamente, proceso de sucusión, con el fin de potenciar o activar el tratamiento. Sin este proceso, ningún remedio homeopático resulta efectivo.

La tintura madre puede utilizarse directamente o diluida, en aplicaciones externas, o bien impregnada en comprimidos, gránulos, glóbulos o polvo de lactosa. Los gránulos y los glóbulos son la forma más común en la que se presentan los remedios homeopáticos, aunque los pacientes que no toleran la lactosa o que son alérgicos a la leche pueden tomarlos en forma de tintura diluida.

LA POTENCIA

Puesto que muchos de estos remedios provienen de sustancias venenosas,

Hahnemann creyó que era necesario diluirlos antes de su consumo. Sin embargo, para su sorpresa, descubrió que con cada nueva dilución, el poder de acción de las sustancias aumentaba y se hacía más específico.

Los remedios homeopáticos se prescriben en diferentes grados de potencia. Los de menor potencia tienen una duración más corta y sus efectos no son tan intensos, mientras que los remedios de alta potencia deben ser recetados únicamente por homeópatas cualificados y con experiencia.

Para elaborar un remedio de potencia 1CH, se diluye una parte de tintura madre en 99 partes de alcohol mezclado con agua. Si una parte de esa potencia 1CH se diluye en otras 99 partes de alcohol y agua, el resultado es un remedio de potencia 2CH. Mediante diluciones sucesivas se obtienen potencias cada vez más elevadas.

Los remedios homeopáticos pueden recetarse también en forma de potencias D. En este caso, uno de potencia 1D indica que una parte de tintura madre se ha diluido en 9 partes de alcohol mezclado con agua, mientras que en un remedio de potencia 6D el mismo proceso se repite otras cinco veces. Este tipo de potencias suponen que la sustancia no ha sido tan diluida como en el caso de las potencias CH, por lo que los remedios no resultan tan potentes.

La tintura madre es diluida varias veces y agitada vigorosamente después de cada dilución, lo cual «potencia» la mezcla y aumenta sus poderes terapéuticos. Las sustancias insolubles se pulverizan y se mezclan con cantidades cada vez mayores de lactosa, que con el tiempo se disuelve en alcohol.

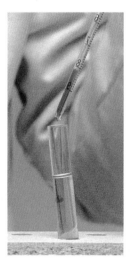

Ciertas sustancias altamente venenosas constituyen la base de un gran número de remedios homeopáticos. Sin embargo, resultan totalmente seguras si se administran en las dosis realizadas por los homeópatas, diluidas hasta tal punto que ni siquiera restan rastros químicos de la presencia de la sustancia original. En el recuadro inferior (*véase* derecha), se muestran algunos de los remedios derivados de sustancias venenosas.

EXPLICAR LO INEXPLICABLE

Según los homeópatas, cuanto más diluido se encuentra el remedio, más fuerza tiene. Éste es, quizá, el aspecto más controvertido de la homeopatía, pues los escépticos consideran absurdo que un remedio homeopático pueda funcionar después de haber sido diluido tantas veces. Sin embargo, hay una teoría que sugiere que la homeopatía debe su acierto no tanto a la química o la física como al electromagnetismo.

Es posible que los procesos de dilución y agitación logren transmitir la energía característica de la sustancia original al líquido en el que ésta se diluye. El mecanismo podría compararse al de la transmisión de señales televisivas, en las que una imagen original se convierte en un modelo o señal de energía electromagnética, de modo que pueda ser percibida desde un aparato receptor, en el que será descodificada de nuevo hasta formar la imagen que vemos en las pantallas de nuestros televisores.

Según esta teoría, el remedio homeopático actuaría como una señal capaz de estimular las fuerzas autocurativas del organismo, a través de la movilización del sistema inmunológico y trabajando, de forma simultánea, en los niveles mental, emocional y físico del organismo.

APLICACIONES DE LA HOMEOPATÍA

Los homeópatas afirman que cualquier tipo de enfermedad puede recibir un tratamiento homeopático, lo cual incluye trastornos mentales como la depresión, enfermedades crónicas como la artritis o el síndrome de astenia posvírica y enfermedades de aparición brusca como las infecciones de oído.

Por desgracia, pocas investigaciones hay que corroboren estas afirmaciones. La homeopatía no debería considerarse como un sistema infalible capaz de curaciones milagrosas y, en el caso de problemas mecánicos como fracturas óseas, infarto de miocardio, crisis asmáticas severas o crisis

VENENOS UTILIZADOS EN HOMEOPATÍA

Sustancia		Descripción
Acónito		Se obtiene de las hojas y raíces del acónito (*Aconitum napellus*) y se emplea para tratar problemas respiratorios y cardiovasculares, así como ansiedad, artritis, fiebre, infecciones del oído medio, inflamaciones de los ojos y otros problemas.
Belladona		Se extrae de la belladona (*Atropa belladonna*), una planta venenosa que se utiliza en el tratamiento de los síntomas de gripe y de resfriado, así como en caso de cálculos biliares, odontalgias, varices, artritis, dolores menstruales y sarampión.
Cantárida		Insecto que contiene un potente veneno llamado cantaridina, utilizado para tratar problemas del aparato urinario, como infecciones de vejiga, así como para curar quemaduras y ampollas.
Arsenopirita		La mayor fuente de arsénico, se emplea en la elaboración de *Arsenicum album*, eficaz contra rinitis alérgica, problemas de la piel, ansiedad y síntomas de resfriado.

epilépticas, así como otras enfermedades graves, es imprescindible que el homeópata sea además licenciado en medicina.

LA PRIMERA VISITA

Los homeópatas consideran al individuo como un todo, por lo que no conciben un modelo de tratamiento basado tan sólo en una serie de síntomas. Tal como afirmó un médico del siglo XVI: «Aquellos que se limitan meramente a estudiar y tratar los efectos de la enfermedad son como los que imaginan que pueden hacer desaparecer el invierno barriendo la nieve de la puerta. No es la nieve la que causa el invierno, sino que el invierno es el causante de la nieve».

Antes de decidir el tratamiento adecuado, el homeópata tiene en cuenta todos los aspectos del bienestar de una persona, y los trata de forma simultánea tanto desde el punto de vista físico, como mental y emocional. La primera visita suele durar entre una y dos horas, y en el transcurso de ese tiempo el paciente deberá aportar detalles sobre su estilo de vida, sus actitudes y preferencias, el estrés y las tensiones a los que se halla sujeto y su estado de ánimo.

La finalidad de la homeopatía consiste en construir una visión completa del interior del ser humano en el contexto de una determinada forma de vida. Hay quien pensará que algunas de las preguntas que realiza el homeópata son bastante extrañas. Por ejemplo, al paciente se le suele preguntar si siente miedo a los truenos o a la oscuridad, y cuáles son sus reacciones al calor y al frío. En apariencia, estas preguntas poco tienen que ver con los problemas de salud del paciente, pero para el homeópata son importantes, pues contribuyen a dibujar una visión global de su constitución y de sus reacciones físicas y mentales.

Para el homeópata, los síntomas constituyen la evidencia de los esfuerzos que realiza el organismo por curarse y le proporcionan las claves del remedio que debe prescribir. Esto explica por qué dos pacientes con la misma enfermedad han de seguir

Los remedios homeopáticos se crearon a finales del siglo XVIII. Esta caja de madera del siglo XIX constituye un buen ejemplo de cómo se almacenaban las botellitas que contenían los remedios. Se trataba de cajas compactas, acompañadas de libros en miniatura, y algunas de ellas estaban especialmente diseñadas para viajes.

tratamientos distintos. Durante el curso del tratamiento, el paciente deberá proporcionar al profesional un informe detallado de sus síntomas y del modo en que éstos afectan a su organismo.

CÓMO TOMAR LOS REMEDIOS

Cuando se receta un remedio homeopático, se hace con la intención de que el paciente utilice la mínima dosis necesaria para estimular el poder natural de curación de su organismo. No existen efectos secundarios, puesto que no hay ninguna sustancia química en cantidades suficientes como para afectar al organismo, de forma que resulta imposible padecer los síntomas de una sobredosis. Sin embargo, los homeópatas afirman que, como los remedios homeopáticos son capaces de estimular con tanta potencia las fuerzas de reacción del organismo, los síntomas en ocasiones pueden empeorar antes de que se empiecen a notar sus efectos positivos.

El remedio ha de tomarse de la forma más pura posible, de modo que conviene evitar comer platos demasiado condimentados y tomar bebidas aromáticas, como café o menta, ya que pueden interferir en el tratamiento. Para no tener que manipular

Los remedios homeopáticos suelen comercializarse en forma de gránulos o glóbulos. Conviene evitar el contacto de la piel con el remedio, y no comer, beber ni lavarse los dientes durante los 15 minutos previos y siguientes al consumo de uno de estos remedios.

el remedio, lo mejor es introducirlo directamente en la boca, utilizando para ello el tapón del recipiente.

Un paciente que lleve meses enfermo probablemente necesitará diversas dosis del remedio para estimular sus fuerzas curativas, mientras que una persona sana responderá con gran rapidez al tratamiento, ya desde el primer momento. Recetar de forma efectiva un remedio requiere un entrenamiento y una habilidad considerables, por lo que no resulta nada aconsejable la automedicación.

Los remedios homeopáticos son totalmente seguros durante el embarazo y pueden administrarse a niños de muy corta edad sin problemas. Se recomiendan en especial a los niños, puesto que los remedios no tienen mal sabor y éstos no los rechazan.

LA RESPUESTA DEL ORGANISMO

Aunque hay gente que afirma sentirse mucho mejor y más activos inmediatamente después de haber tomado alguno de estos remedios, por lo general los efectos suelen manifestarse de una forma sutil y bastante lenta. Durante un tiempo, los síntomas iniciales tienden a acentuarse, y síntomas previos a la enfermedad pueden volver a manifestarse. No obstante, estas reacciones se consideran una buena señal e indican que el proceso de curación se ha puesto en marcha.

El cuerpo posee la capacidad de curarse por sí mismo, tal como podemos observar en caso de catarros y resfriados. Sin ningún tipo de tratamiento, una persona fuerte acabará recobrándose de la infección pasado un cierto tiempo, en especial si acostumbra a seguir una dieta sana y disfruta de las horas de descanso necesarias. Sin embargo, las enfermedades crónicas, como la migraña o la depresión, hacen que el cuerpo pierda parte de su energía y vitalidad, por lo que, para curarse, necesitan la ayuda de algún agente externo. Es en estos casos en los que los remedios homeopáticos resultan especialmente indicados.

El enfoque homeopático consiste en atajar los males de raíz intentando corregir los pequeños desequilibrios antes de que éstos se conviertan en los síntomas de algo más serio. Los homeópatas aseguran que las personas que han sido tratadas de forma adecuada, por lo general, resisten mejor las infecciones y disfrutan de una existencia más saludable y de una mayor estabilidad.

HOMEOPATÍA Y VACUNAS

Algunos homeópatas recomiendan el uso de remedios homeopáticos como alternativa a las vacunas, ya que, según ellos, trabajan según principios vagamente similares. Sin embargo, no hay ninguna evidencia científica que respalde esta opinión, lo cual ha levantado cierta controversia en torno al tema.

Las vacunas introducen en el organismo pequeñas cantidades de bacterias o virus debilitados o totalmente inactivos, con el fin de estimular una respuesta defensiva del cuerpo que lo vuelva inmune contra la enfermedad. Aunque los remedios homeopáticos también estimulan la respuesta del sistema inmunológico, difieren de las vacunas en que estos remedios se encuentran extremadamente diluidos, por lo que ninguna enfermedad penetra en el organismo. Otra diferencia fundamental es que cada prescripción homeopática es específica para un paciente determinado y estimula y fortalece su sistema inmunológico. ■

CONSEJOS PRÁCTICOS SOBRE EL TRATAMIENTO

- En caso de problemas graves o crónicos, consulte a un médico homeópata. Sin embargo, los tratamientos de enfermedades de poca importancia y de primeros auxilios pueden tratarse en casa sin consulta previa.

- Si el remedio que está tomando para solucionar un problema poco importante funciona, deje de tomarlo y continúe con el tratamiento sólo en caso de que los síntomas se repitan.

- No se preocupe si se da cuenta de que ha elegido un remedio equivocado, pues no tiene efectos secundarios. Simplemente, escoja otro de características similares.

- Hay problemas de carácter mecánico que no pueden ser tratados con remedios homeopáticos. Entre ellos se encuentran las dislocaciones, los problemas de espalda y las lesiones físicas de gravedad.

REMEDIOS HOMEOPÁTICOS MÁS COMUNES

Los diversos ungüentos, tinturas y remedios pueden adquirirse en farmacias, y los recomendados para uso doméstico son los de potencia 6CH. Si los síntomas son graves o persistentes, consulte a un profesional.

Enfermedad		Remedio	Modo de empleo
Contusiones		*Arnica*	Aplique pomada sobre cualquier hematoma siempre que la piel permanezca intacta y tome gránulos o glóbulos en caso de shock o de herida.
Resfriados		*Acónito*	Tómelo al notar los primeros síntomas, especialmente si ha permanecido expuesto al agua fría y si la sensación empeora en ambientes cargados.
		Allium cepa	En caso de mucosidad acuosa y abundante, y labios rojos y cortados.
		Pulsatilla	Recomendado para los días en que los síntomas se manifiestan con mayor virulencia.
Tos		*Arsenicum album*	Válido para aquellos casos en los que la tos empeora al permanecer estirado.
		Bryonia	Tómelo si le duele el pecho al toser, en especial durante la noche.
		Chamomilla	Eficaz en caso de tos seca, con picores e irritación de garganta.
Dedos magullados		Tintura de *Hypericum*	Aplíquela directamente y con suavidad sobre el dedo dolorido. Eficaz en caso de dedos pillados por una puerta o un armario, algo que a los niños les ocurre con frecuencia.
Cortes y rozaduras		*Hamamelis*	Aplíquela en forma de pomada o combinada con tintura madre de *Calendula* e *Hypericum*, mezclando para ello 10 gotas de cada tintura en agua tibia que haya hervido previamente y lavando suavemente la herida con la mezcla obtenida.
Dolores de cabeza		*Belladonna*	Tómelo si se trata de un dolor palpitante.
		Pulsatilla	Recomendado para tratar dolores de cabeza causados por el exceso de trabajo.
Indigestión		*Pulsatilla*	Válido en caso de dolores producidos por comidas demasiado copiosas.
		Nux vomica	Para tomar en caso de flatulencia o cólico.
Distensiones y esguinces		*Ruta*	Existen pomadas y gránulos o glóbulos para todo tipo de torceduras, así como para articulaciones y ligamentos dislocados. Altérnelo con pomada de *Arnica* en caso de contusión y siempre que la piel permanezca intacta y sin heridas.

Reflexología

Según los profesionales de la reflexología, la salud y las enfermedades de una persona pueden leerse a través de sus manos y pies. El masaje de ciertos puntos reflejos de estas extremidades permite, en opinión de los terapeutas, mejorar la salud de cualquier órgano del cuerpo e, incluso, lograr que la totalidad del organismo funcione de una forma más eficiente.

Como ocurre con terapias orientales como la digitopuntura, la acupuntura y el shiatsu, la reflexología se basa en la teoría de que la salud depende de la cantidad de energía presente en nuestro organismo. Según estas terapias, la energía fluye a través de canales o meridianos, de los cuales 10 canales, conocidos en reflexología como zonas, se cree que terminan en los pies y las manos.

Una serie de pinturas murales descubiertas en Egipto muestran que existía ya una forma de masaje en los pies hace alrededor de 4.000 años. Sin embargo, la reflexología, tal como la conocemos hoy en día, debe su existencia al otorrinolaringólogo estadounidense William Fitzgerald, quien, en 1917, desarrolló el concepto de que las diversas partes del cuerpo se encuentran conectadas entre sí a través de unas zonas concretas, de modo que es posible anestesiar una parte del cuerpo simplemente aplicando presión sobre otra. Las ideas del doctor Fitzgerald fueron recogidas y ampliadas durante los años treinta por otra estadounidense, la fisioterapeuta Eunice Ingham, según la cual hay zonas del cuerpo que resultan más accesibles a través de los pies. Siguiendo esta teoría, Ingham creó los conocidos mapas de los pies, que constituyen la base de la reflexología (*véase* pág. 204).

LAS ZONAS Y LOS REFLEJOS

Se han definido 10 zonas de energía que dividen el cuerpo en secciones longitudinales y que van desde la cabeza hasta los dedos de los pies y las manos. Los especialistas creen que cualquier enfermedad que altere el flujo de energía de una zona concreta interferirá en el funcionamiento de otras partes del cuerpo de la misma zona.

Existen dos líneas directrices principales en el pie que dividen el cuerpo horizontalmente y que son utilizadas por los especialistas en reflexología para localizar con exactitud los puntos reflejos, cualquiera que sea la forma y el tamaño del pie. La primera de las líneas sigue el suave arco que cruza la parte inferior del pie y representa el diafragma que separa el abdomen del tórax; la segunda corre, en línea recta, por una de las mitades de la planta del pie, desde la parte inferior de la zona más abultada hasta el otro extremo de la misma, y se trata de la línea de la cintura.

Los reflexólogos utilizan mapas de los pies que muestran cómo las diferentes zonas reflejan diversas partes del organismo. Se cree que las enfermedades se manifiestan en forma de puntos sensibles situados en las áreas que reflejan los órganos afectados. Con el masaje de los puntos adecuados, los terapeutas tratan cualquier órgano.

BENEFICIOS DE LA REFLEXOLOGÍA

Un reflexólogo no posee los conocimientos necesarios para diagnosticar o tratar ninguna enfermedad concreta y, de hecho, los profesionales cualificados no presumen de poder curar enfermedades. Por el contrario, su función es la de intentar mejorar el estado de salud general del individuo con el fin de que el organismo disponga de los medios adecuados para poder curarse por sí mismo.

Al aplicar presión en uno de los puntos reflejos del pie, se estimula una de las 10 zonas que, según los reflexólogos, fluyen a lo largo de todo el organismo.

Entre las muchas propiedades de la reflexología, destaca su capacidad para aliviar los síntomas de estrés a través de la relajación. Hacer disminuir la tensión ayuda a mejorar la circulación y a eliminar los residuos del organismo, así como a mantener el equilibrio y la energía corporal.

A causa de la fuerza de la gravedad, el flujo sanguíneo que desde las extremidades vuelve al corazón tiende a ser más débil. Probablemente, la razón es que los residuos inorgánicos que no pueden ser expulsados, como el ácido úrico o los cristales de calcio, tienden a acumularse en los pies. Un reflexólogo experimentado es capaz de localizar y desmenuzar estos cristales, favoreciendo así su eliminación.

Los especialistas en este tipo de prácticas afirman que la reflexología ayuda a mitigar los problemas hormonales, en especial los relacionados con el ciclo menstrual, así como alergias, hipertensión, artritis, dolores de espalda y de cuello, problemas digestivos, enfermedades relacionadas con el oído, las mucosas nasales y la garganta, dolores de cabeza e infecciones de la piel. Sin embargo, no existe una evidencia científica de la eficacia de estos tratamientos.

LA PRIMERA SESIÓN

Durante la primera visita, el profesional formulará al paciente una serie de preguntas relacionadas con su estilo de vida e historial clínico, y también querrá saber si éste toma habitualmente algún tipo de medicación. Estos datos le permitirán extraer conclusiones acerca del individuo, con lo que podrán dar comienzo las sesiones de masaje. El paciente deberá tenderse en una camilla o sentarse con los pies en alto, mientras que el reflexólogo permanecerá sentado delante y de cara a las plantas de los pies del paciente.

Se prefiere el masaje en los pies y no en las manos porque se considera que éstas son menos sensibles, ya que los reflejos se encuentran situados a un nivel bastante profundo. Sin embargo, el masaje en las manos puede ser efectivo cuando, a causa de un determinado problema de salud, los pies se hallan demasiado doloridos como para recibir de forma efectiva los beneficios de un masaje.

EL MASAJE EN LOS PIES

Antes de comenzar el tratamiento, los pies del paciente se espolvorean con talco o harina de maíz para que la piel se suavice y el masaje pueda realizarse con mayor facilidad. A

La reflexología proporciona al paciente la oportunidad de hablar acerca de sí mismo con el terapeuta, lo cual, a su vez, permite a éste un conocimiento más profundo y una mayor comprensión de sus problemas y necesidades.

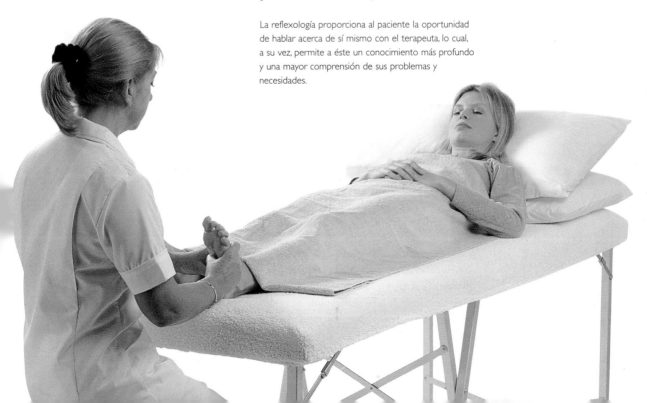

continuación, el reflexólogo inicia un masaje rutinario con el fin de que los pies adquieran flexibilidad y se relajen, lo cual también facilita el tratamiento, a la vez que acostumbra al paciente al contacto de las manos del profesional y permite a éste ajustar la presión realizada para adecuarla a cada caso concreto.

El grado de presión requerido varía de persona a persona. Hay gente que tiene una gran sensibilidad en los pies por lo que necesita un contacto firme para evitar las cosquillas; para otros, este tipo de masaje resulta desagradable o incluso doloroso.

Una vez decidido el grado de presión adecuado, el profesional masajeará todas las áreas reflejas de ambos pies, en busca de las zonas de mayor sensibilidad. Para ello utilizará el dedo índice y el pulgar de ambas manos,

realizando el tratamiento primero en un pie y luego en el otro. La percepción de una zona particularmente sensible indica que existen síntomas de tensión y congestión en una parte del cuerpo determinada. En consecuencia, esa zona será tratada con especial atención con el fin de destruir cualquier resto de cristales. Aparte de sensibilizar la piel, el masaje en los pies proporciona placer y relajación. Además, no tiene efectos secundarios, aunque algunas personas dicen encontrarse cansadas o alteradas después del tratamiento.

La primera sesión suele durar alrededor de una hora, mientras que las sucesivas requieren entre 30 y 45 minutos. La duración del tratamiento depende del paciente, aunque por lo general se prolonga durante 6 u 8 semanas. ■

MAPA DE REFLEXOLOGÍA PODAL

Este mapa de reflexología podal permite la localización de los reflejos de cada uno de los órganos del cuerpo. Algunos reflejos, como los del corazón, en el pie izquierdo, y el hígado, en el derecho, aparecen sólo en un pie. La razón es que se trata de órganos únicos que se encuentran situados en uno de los lados del cuerpo. En otros casos, existen puntos de contacto en los dos pies. Los del pie derecho se identifican con partes situadas en la parte derecha del cuerpo, mientras que los del pie izquierdo se corresponden con los órganos situados en la parte izquierda.

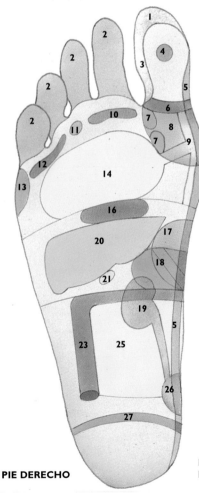

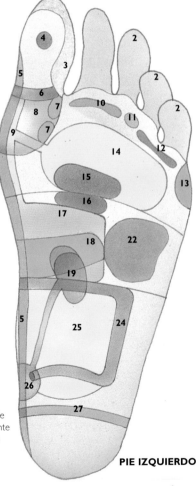

1	Cerebro/parte superior de la cabeza	12	Oído
2	Senos paranasales/ cerebro/parte superior de la cabeza	13	Hombro
		14	Pulmón
3	Ambos lados del cerebro y la cabeza/cuello	15	Corazón
		16	Plexo solar
4	Hipófisis	17	Estómago
5	Columna vertebral	18	Páncreas
6	Cuello/garganta/glándula tiroides	19	Riñón
		20	Hígado
7	Glándulas paratiroides	21	Vesícula biliar
8	Glándula tiroides	22	Bazo
9	Tráquea	23	Colon ascendente
10	Ojos	24	Colon descendente
11	Trompa de Eustaquio	25	Intestino delgado
		26	Vejiga
		27	Nervio ciático

PIE DERECHO

PIE IZQUIERDO

RELAJACIÓN DE LOS PIES

Esta secuencia —y sus variantes— se recomienda como método de relajación de los pies antes de iniciarse el tratamiento. El terapeuta empezará con un pie y proseguirá después con el otro, antes de pasar a los pasos siguientes. Los dos últimos pasos sirven para relajar el pie tras el masaje.

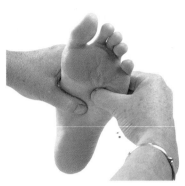

ANTES DE UN MASAJE

I Para desentumecer los músculos del pie, el terapeuta empezará aplicando una firme presión con sus pulgares, de arriba hacia abajo, a lo largo de todo el pie.

2 Después de situar las palmas de sus manos a cada lado del pie, frotará con suavidad, pero con rapidez, doblándolo hacia dentro y hacia fuera y manteniendo siempre el contacto.

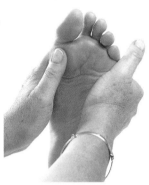

3 Sosteniendo los dedos con una de las manos, el terapeuta utilizará el pulgar de su mano izquierda para masajear el pie derecho (o el pulgar de su mano derecha en el caso del pie izquierdo) y presionará con firmeza el área refleja del diafragma y el plexo solar, situada en el arco que se encuentra justo debajo de la parte abombada del pie.

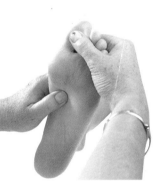

4 Para que la presión sobre esta zona sea más fuerte, el terapeuta estirará con cuidado los dedos del paciente hacia él, empujando el pie contra su pulgar.

5 Por último, sostendrá el pie con su mano, con el pulgar entre el tobillo y el talón, y con la otra mano masajeará la parte superior del pie y realizará una suave rotación por todo el pie en ambas direcciones.

DESPUÉS DEL MASAJE

I Sosteniendo el pie en una de sus manos, el terapeuta presionará el pulgar con la otra, haciéndolo girar durante 5 segundos, y tirará de él con suavidad. Después hará lo mismo con el resto de los dedos.

2 Con el pie cogido en una mano por la parte de arriba, el terapeuta realizará 6 rotaciones contra la parte abultada de la planta del pie, con el revés de los dedos de la otra mano.

Masaje

La más antigua de las terapias llevadas a cabo con las manos, de la cual han surgido el resto de las ramas de la fisioterapia, el masaje probablemente surgió, en un principio, como una forma instintiva de intentar aliviar los dolores frotando con la mano la zona afectada. Es una terapia muy eficaz, válida para todas las edades, que puede adaptarse a las necesidades concretas.

La técnica del masaje, que se viene utilizando desde hace cientos de años, formaba parte de la vida cotidiana de los chinos, así como de los antiguos griegos y romanos. Entre sus defensores se encontraba Hipócrates, quien ya en el siglo V a. C. escribió que «la mejor forma de estar sano consiste en [...] un masaje con aceites cada día», y el emperador Julio César, que solía tratar su neuralgia con masajes terapéuticos.

Hasta el siglo XIX, los tratados sobre medicina se referían con frecuencia al masaje, pero éste empezó a perder su atractivo con la aparición y el desarrollo de los fármacos. Tan sólo en épocas recientes el masaje ha vuelto a ganar popularidad y a verse de nuevo como una forma de terapia eficaz por parte de la profesión médica.

Diversas culturas de todo el mundo han desarrollado sus propias formas de masaje, las cuales pueden dividirse en dos categorías principales. La primera de ellas es la holística o «intuitiva», que concibe a la persona como un todo. Esta variante acostumbra a ser más lenta, rítmica y relajante, con un mayor énfasis en la comunicación táctil entre el terapeuta y la persona que recibe el masaje. Un ejemplo de este enfoque lo constituye el masaje tradicional indonesio, realizado con aceites aromáticos.

El segundo tipo de masaje posee un carácter más occidental y se concentra más en partes del cuerpo concretas y tratamientos específicos. El masaje sueco, desarrollado por vez primera a principios del siglo XIX por el terapeuta escandinavo Peter Henrik Ling, constituye un buen ejemplo. Otra muestra es el Hellerwork, una intensa forma de masaje creada para mejorar las posturas corporales, que cuenta asimismo con una importante dimensión psicológica.

LAS PROPIEDADES DEL MASAJE

Un masaje bien ejecutado, sea del tipo que sea, proporciona grandes beneficios, tanto físicos como mentales. Desde un punto de vista puramente físico, el masaje relaja y

---

PRUEBE USTED MISMO

Un relajante masaje en la cabeza y la cara puede ayudar a aliviar el dolor de cabeza. La duración del mismo dependerá de usted, aunque 15 minutos suelen ser suficientes.

■ Lávese las manos, séquelas bien y frótelas la una contra la otra para calentarlas si las tiene frías.

■ Estírese y cierre los ojos.

■ Con la yema de los dedos y la palma de la mano, inicie el masaje por el rostro desde el centro hacia los lados con movimientos largos y suaves. Emplee la mano izquierda en el lado izquierdo de su cara y la mano derecha en el derecho. Realice el mismo tipo de movimientos deslizando sus manos hacia los pómulos desde la parte superior de la mandíbula.

■ Utilizando ambas manos, masajee las sienes, la mandíbula y los lóbulos de las orejas con movimientos circulares. Después prosiga por el cuero cabelludo, desde la coronilla, realizando círculos cada vez mayores, y hasta la línea del cabello.

■ Permanezca estirado unos minutos e incorpórese lentamente.

tonifica los músculos, estira los tendones para dotarlos de una mayor elasticidad, mejora el flujo sanguíneo —en especial, en los músculos y la piel— y favorece el drenaje del fluido linfático, lo cual ayuda a eliminar las toxinas y residuos del organismo.

Desde un punto de vista mental, el masaje reduce el estrés y nos ayuda a conocer mejor el organismo, ya que permite percibir cuáles son las zonas donde se acumula una mayor tensión. Una persona que realice un trabajo sedentario acumulará tensión en el cuello, la espalda y los hombros, con el resultado de frecuentes dolores de cabeza. El masaje permite recobrar la vitalidad: relajando los músculos, evita un desgaste inútil de energía.

LAS MANOS, HERRAMIENTAS BÁSICAS DEL MASAJE

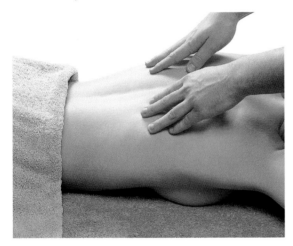

Dedos Las yemas de los dedos se utilizan en las caricias suaves y sensuales, aunque también es posible una mayor profundidad si se aumenta la presión sobre la piel.

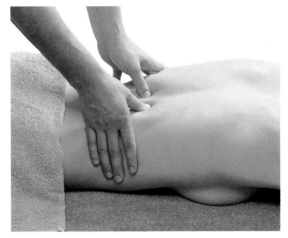

Pulgares La fuerza y el tamaño de los pulgares los hace ideales para trabajar pequeñas zonas en tensión, así como para realizar movimientos profundos y vigorosos.

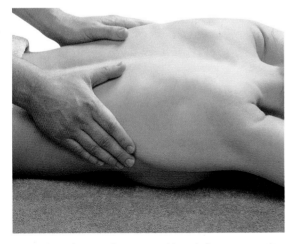

Palmas Las palmas se utilizan para acariciar y deslizarse suavemente por la piel, así como para asir con firmeza diversas zonas del cuerpo.

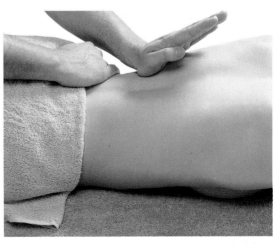

Parte inferior de la palma Permite hacer presión sobre la piel y trabajar la zona a un nivel tisular más profundo.

En el otro extremo, una persona que, por su trabajo, tenga que estar de pie durante muchas horas seguidas o que realice grandes esfuerzos físicos, padecerá pinchazos en las piernas, cansancio y tensión muscular, además de estar expuesto a lesiones. Cualquiera que sea la ocupación o el estilo de vida de una persona, el masaje puede resultar de gran ayuda a la hora de prevenir los ajetreos y el estrés de la vida diaria.

CIRCUNSTANCIAS ESPECIALES

El masaje durante el embarazo alivia los dolores de espalda y otros problemas relacionados con los cambios de postura y el peso. También puede ayudar a soportar mejor los dolores de parto.

El tacto es el primer sentido que posee un bebé y, de hecho, gran parte de su percepción del mundo la obtiene a través del tacto. En la India y el Lejano Oriente, los masajes forman parte de los cuidados habituales que debe recibir un bebé, y, según las madres de estos países, el masaje ayuda a suavizar el carácter de los niños díscolos. En los últimos años, el masaje infantil está aumentando su popularidad en Occidente, y existen evidencias científicas de que el tacto es vital para la salud y el desarrollo del niño.

En edades más avanzadas, cuando el cuerpo humano pierde parte de su elasticidad y vigor, y empieza a funcionar con menor eficacia, el masaje disminuye los efectos del reumatismo y la artrosis. También resulta una efectiva terapia para los que sufren depresiones o soledad, así como para enfermos de gravedad o terminales. En la actualidad, se utiliza con frecuencia tanto en residencias como en unidades de cuidados intensivos.

UNA TÉCNICA ADECUADA PARA CADA PERSONA

El tipo de masaje adecuado para cada persona depende en gran medida de las necesidades del paciente. Si lo que se busca es relajación o un tratamiento contra el estrés, el masaje apropiado será uno de tipo holístico, efectuado con suavidad. Si el paciente sufre una lesión muscular u ósea, o un problema postural, probablemente lo más adecuado sea un masaje sueco o deportivo. Sin embargo, hay muchos masajistas que ofrecen ambos tipos de masaje.

La relación entre el paciente y el masajista resulta de gran importancia. Si ésta no existe, es muy difícil que la persona que recibe el masaje pueda relajarse y disfrutar de él.

CUÁNDO EVITAR EL MASAJE

Si tiene alguna duda sobre su estado de salud o acerca de los beneficios que puede aportarle el masaje, consulte antes a su médico. En caso de cáncer o de una enfermedad mental grave, el masaje requiere ciertos conocimientos específicos y, en algunas ocasiones, puede resultar desaconsejable. También se recomienda el asesoramiento de un profesional en caso de embarazo o si padece una de estas enfermedades:

- cáncer
- enfermedad mental
- epilepsia
- VIH o SIDA
- fuertes dolores de espalda o lesión
- infecciones de la piel, inflamaciones, contusiones o una cicatriz reciente
- fiebre
- varices, flebitis o trombosis
- protuberancias o bultos sin diagnosticar.

DIFERENTES TÉCNICAS DE MASAJE

Existe una gran variedad de técnicas de masaje, algunas de las cuales se muestran a continuación (*véase* pág. 209). Los terapeutas suelen empezar por la parte de la espalda, desde la cabeza hasta los pies, para pasar después a la parte delantera. Otros, en cambio, trabajan desde las extremidades hacia el corazón. La mayoría emplea aceite vegetal o aceite infantil con el fin de que sus manos se deslicen mejor por la piel. ■

PRINCIPALES TÉCNICAS DE MASAJE

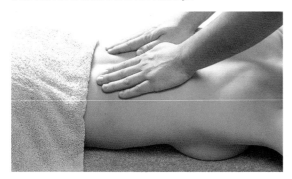

Masaje superficial Se pasa la palma de la mano por la piel con gran lentitud y suavidad. Se trata de un tipo de masaje relajante, que puede utilizarse en cualquier momento de la sesión y después de cualquier masaje más profundo.

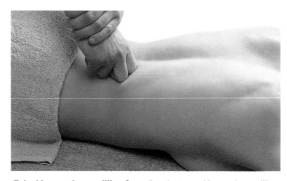

Fricción con los nudillos Se realiza cierta presión con los nudillos moviendo la mano en pequeños círculos. Se aplica con frecuencia en el masaje de hombros y pecho.

Amasamiento Acción vigorosa y estimulante en la que ambas manos empujan y estiran alternativamente la piel. Esta técnica se utiliza para eliminar residuos y restos de grasa del organismo, así como para aumentar la elasticidad de los tejidos conectivos. Se aplica sobre zonas blandas y acolchadas como la cintura, los muslos y el vientre.

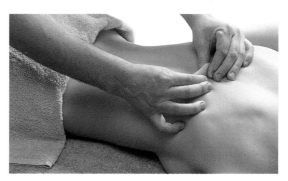

Pellizcamiento Esta técnica consiste en estirar y enrollar la piel, sosteniéndola con los dedos pulgar e índice de ambas manos, con el fin de estimular la circulación.

Percusión Consiste en rápidos y vigorosos golpes dados con el canto de las manos. Esta técnica favorece la circulación y tonifica los músculos, pero para ello los dedos han de estar relajados. Se trata de un masaje energetizante en lugar de relajante, y no debe aplicarse sobre zonas óseas, contusiones o venas dañadas.

Palmadas huecas Tipo de percusión que se realiza con las palmas de las manos ahuecadas. Las manos han de moverse de arriba hacia abajo alternativamente y con rapidez, y las yemas de los dedos y la palma han de entrar en contacto con la piel. Ideal para zonas carnosas sin venas dañadas ni contusiones.

Shiatsu

Esta técnica de presión sobre la piel procede de Japón y tiene mucho en común con las terapias chinas de la acupuntura y la digitopuntura. Literalmente, la palabra shiatsu significa «presión con los dedos», aunque esto no es exacto, ya que, además de los dedos, los terapeutas emplean las palmas de las manos, así como los codos y las rodillas, para ejercer la presión.

La clave para entender el shiatsu se encuentra en el concepto de *ki* (*chi* en chino), es decir, la fuerza vital de la que se cree que dependen la salud y el bienestar del cuerpo. De acuerdo con las medicinas tradicionales china y japonesa, el *ki* recorre el organismo a través de invisibles canales de energía, llamados meridianos, cada uno de los cuales está ligado a una determinada parte del cuerpo. Cuando estos canales se obstruyen o reciben demasiados estímulos a causa de factores como el estrés, una lesión o una dieta poco equilibrada, el flujo de *ki* queda interrumpido y aparecen las enfermedades.

La finalidad del shiatsu es restablecer el flujo de *ki*, utilizando para ello una serie de técnicas que actúan sobre los *tsubos*, los cientos de puntos distribuidos por todo el cuerpo y situados sobre los meridianos, desde los cuales es posible conectar con el *ki*.

El shiatsu es una técnica segura y efectiva que se practica en Japón desde hace cientos de años y que ha pasado de generación en generación hasta el día de hoy, en el que aún se sigue utilizando en las casas, donde los miembros de la familia se la aplican los unos a los otros. Sin embargo, no ha sido reconocido como terapia hasta bien entrado el siglo XX.

PROPIEDADES DEL SHIATSU

Aunque el shiatsu no puede curar enfermedades, los síntomas de estrés responden particularmente bien a la terapia. También pueden beneficiarse de sus efectos las personas que padezcan asma, dolores musculares, dolores de cabeza, migrañas, odontalgia, depresión, insomnio, problemas digestivos y úlceras de estómago.

Por otra parte, el shiatsu se emplea asimismo como técnica para restablecer el estado general de salud del individuo. Hay muchas personas que, sin estar enfermas, notan que se encuentran bajas de defensas (*véanse* págs. 26-27), por lo que tienden a sufrir continuos resfriados, cambios de humor e irritabilidad, así como estados depresivos, indigestiones, etc. El shiatsu ayuda a mejorar el sistema inmunológico del organismo, convirtiéndose así en una inmejorable terapia preventiva.

LA PRIMERA VISITA

Durante la primera sesión, el terapeuta interrogará al paciente sobre su historial médico y tomará algunas notas relevantes sobre su apariencia física, tales como el color de su piel, su estructura corporal, sus posturas y, en ocasiones, el aspecto de su lengua, que proporcionarán al especialista una valiosa información sobre el estado de salud del individuo.

Además, el terapeuta realizará un diagnóstico *hara*, es decir, un diagnóstico abdominal. Para llevarlo a cabo, se arrodillará detrás del paciente, quien se habrá tumbado previamente sobre un futón (un tipo de colchón japonés) o una esterilla. El masajista pondrá la palma de una de sus manos sobre la parte baja del abdomen del paciente y, con la otra mano, palpará la superficie

PRACTÍQUELO USTED MISMO

Utilizando el pulgar, presione durante 5 segundos el *tsubo*, situado en el dorso de la mano, entre el pulgar y el índice. Una muesca en el hueso del dedo índice le indicará el punto exacto. La presión ejercida de este modo en ambas manos le ayudará a aliviar dolores de cabeza y dentales, así como la congestión causada por el resfriado.

abdominal, que es donde se cree que residen los principales focos de energía del organismo. La finalidad de esta exploración es la de localizar posibles áreas de hiperactividad o de debilidad en el flujo del *ki*. El diagnóstico *hara* dura solamente un par de minutos.

EL MASAJE

El terapeuta no necesita ningún instrumento ni aceites para realizar el tratamiento; le bastará una habitación cálida, pero aireada, y una superficie dura en la que trabajar. El paciente deberá llevar ropas ligeras y cómodas, que no dificulten el movimiento, y se estirará en el suelo con los brazos a lo largo del cuerpo.

La terapia comenzará con un suave masaje consistente en el estiramiento de diversas partes del cuerpo, con el fin de estimular el flujo de energía y llevar los meridianos a la superficie de la piel para que su localización resulte más fácil y no se tenga que ejercer tanta presión sobre ellos. Por lo general, se seleccionan dos meridianos para llevar a cabo el tratamiento, y su elección dependerá del lugar donde se encuentren los *tubos* que necesitan ser estimulados. El masaje puede realizarse en la cabeza, el tronco, las piernas, los brazos, las manos o los pies.

Después de estos estiramientos, el terapeuta pasará a ejercer la presión sobre los *tubos* con la yema de los pulgares. Ésta debe ser profunda, pero placentera, y se ajustará a las necesidades de cada paciente.

La finalidad de la terapia es la de liberar los bloqueos o eliminar las áreas donde exista un exceso de actividad, restableciendo el equilibrio de *ki* para que el cuerpo sea capaz de curarse por sí mismo. El bloqueo de un meridiano puede provocar la falta de *ki*, conocida como *kyo*, o bien un exceso del mismo, lo que se conoce como *jitsu*. Los *tubos* que tienen un aspecto blando y flexible son denominados *kyo*, y por lo general proporcionan una sensación agradable al ser presionados, puesto que la energía del terapeuta actúa como regeneradora. Cuando los *tubos* se encuentran tensos y rígidos se les llama *jitsu*, y no hay que extrañarse si la presión ejercida sobre ellos produce una punzada de dolor. Estimulando el aumento de energía de las zonas *kyo*, el terapeuta conseguirá, a su vez, que los meridianos *jitsu* se relajen.

Una sesión de shiatsu completa dura entre una hora y una hora y media, y a su término el paciente suele sentirse bastante relajado. Los tratamientos requieren entre 6 y 10 sesiones. ∎

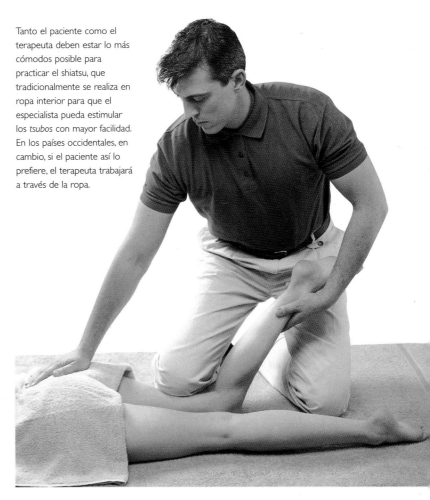

Tanto el paciente como el terapeuta deben estar lo más cómodos posible para practicar el shiatsu, que tradicionalmente se realiza en ropa interior para que el especialista pueda estimular los *tubos* con mayor facilidad. En los países occidentales, en cambio, si el paciente así lo prefiere, el terapeuta trabajará a través de la ropa.

VÉASE TAMBIÉN
Dolor crónico   **64-65**
Digitopuntura   **214-215**

Acupuntura

La práctica de la acupuntura, que se lleva a cabo en China desde hace 3.500 años, forma parte de la medicina tradicional china y se utiliza para curar y revitalizar el organismo equilibrando el flujo de energía, o chi.

Según la medicina tradicional china, el *chi* fluye por el cuerpo a través de 14 canales invisibles conocidos como meridianos (*véase* pág. 214). Cuando el *chi* se bloquea, sufre un desequilibrio o se muestra demasiado activo, sobreviene la enfermedad. El flujo del *chi* puede verse afectado por diversos factores, entre ellos una dieta poco equilibrada, problemas hereditarios, infecciones, lesiones, estrés, trastornos emocionales, los cambios de estación o las condiciones climáticas.

El acupuntor intentará establecer contacto con el *chi* a través de una serie de puntos situados muy cerca de la superficie de la piel, junto a los canales por donde fluye el *chi*.

Estos puntos pueden estimularse insertando finas agujas en su interior, aplicando calor en forma de plantas secas ardiendo lentamente, tapándolo con una sonda redondeada, tratándolos con técnicas láser o presiónandolos. El número de sesiones necesarias varía en función del tipo de tratamiento. En ocasiones una sesión es suficiente, aunque por lo general se requieren tratamientos más prolongados.

PROPIEDADES DE LA ACUPUNTURA

Entre los problemas que mejor responden a la acupuntura están la artritis dolorosa, los dolores de cabeza, la migraña, la neuralgia del trigémino y la producida por herpes.

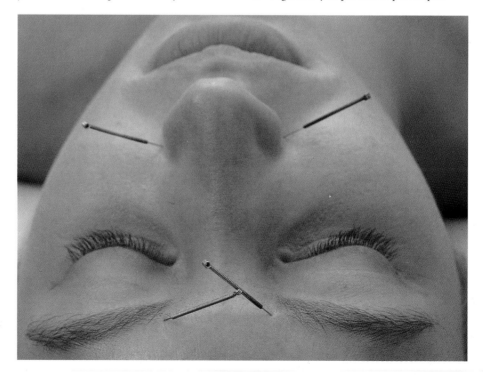

En el tratamiento de la rinitis alérgica, el acupuntor inserta una serie de finas agujas en la piel de la cara, en los puntos que coinciden con los meridianos de la vejiga y del intestino grueso, con el fin de estimular el flujo de energía.

La acupuntura se utiliza también para tratar problemas como torceduras y fracturas mal soldadas, lesiones deportivas, depresión y ansiedad, adicción a las drogas, alergias, sinusitis y enfermedades agravadas por el estrés. Constituye además una efectiva medicina preventiva en casos de pacientes bajos en defensas. Sin embargo, la terapia tiene pocas posibilidades de éxito si la enfermedad ha dejado dañado algún tejido u órgano, impidiendo el flujo del *chi*.

LA PRIMERA VISITA

Una primera consulta puede durar una hora o incluso más, pues el acupuntor acostumbra a realizar un informe completo con el historial médico del paciente y con valiosas informaciones sobre su estilo de vida. Durante la visita anotará detalles sobre sus uñas, el color de su piel, su voz, su lengua, sus ojos, su respiración, su postura, su estado emocional y el olor que despide su cuerpo. Le tomará también el pulso, pues hay seis puntos en cada muñeca, que corresponden a los 12 pares de meridianos y a sus respectivos órganos, por lo que se trata de una parte importante del diagnóstico, ya que el pulso puede revelar dónde falla el flujo del *chi*.

Este enfoque global proporciona una visión detallada del paciente, con la que el acupuntor puede establecer la naturaleza exacta del desequilibrio y emplear los medios necesarios para restaurar la armonía y facilitar la curación. No obstante, también es posible utilizar la acupuntura para tratar síntomas concretos y aliviar dolores agudos. En estos casos, no resulta necesario un diagnóstico completo, sino que basta con localizar los puntos correspondientes a la zona dolorida.

LA INSERCIÓN DE LAS AGUJAS

Una vez decididos los puntos a los que se dirigirá el tratamiento, el acupuntor insertará en ellos una serie de finas agujas esterilizadas, las cuales pueden introducirse en la capa externa de la piel o penetrar 7,5 a 10 cm en su interior. Dependiendo del tratamiento, las agujas se dejarán actuar durante un segundo o dos, o bien de 20 a 30 minutos. En ese tiempo, el terapeuta puede hacerlas girar o moverlas arriba y abajo para incrementar sus efectos, o bien dejarlas actuar libremente, en caso de que el *chi* requiera tranquilidad y reposo. En ocasiones, se aplican suaves estímulos eléctricos a través de las agujas para hacerlas vibrar levemente.

Aunque el paciente nota el momento en que las agujas se introducen en su piel, lo cierto es que lo único que percibe es un ligero pinchazo. Una vez introducidas, la sensación puede ser cálida, suave, fuerte o cosquilleante, pero no tienen por qué causar dolor.

AURÍCULOPUNTURA

La oreja proporciona un gran número de puntos que se corresponden con todas las zonas del cuerpo. Por esta razón, la aurículopuntura se emplea con frecuencia para reforzar los efectos de la realizada en otras áreas, aunque también se utiliza como terapia para dejar de fumar. Las diminutas agujas se pueden dejar colocadas en los puntos auriculares durante todo el tratamiento, y los mismos pacientes pueden presionarlas para reforzar sus efectos entre sesión y sesión. ■

¿EN QUÉ CONSISTE LA MOXIBUSTIÓN?

Como el resto de las prácticas de acupuntura, la moxibustión no es dolorosa. Consiste en introducir calor en los puntos donde existe una deficiencia de *chi* con el fin de restablecer el flujo a través del organismo. El acupuntor inserta una aguja y después coloca un pequeño cono de moxa seca, la planta china artemisa, o una barra de moxa en la parte superior de la aguja y la enciende. El calor es transmitido a través de la aguja y proporciona un agradable calor al paciente. La moxa puede aplicarse también directamente, colocando una rodaja de jengibre o cebolla sobre la piel para protegerla de posibles quemaduras.

VÉASE TAMBIÉN

Acupuntura   212-213

PRECAUCIÓN

La digitopuntura no debe aplicarse sobre heridas, zonas inflamadas o infectadas ni cerca de varices. Tampoco resulta conveniente en caso de embarazo o si el paciente ha ingerido recientemente alcohol o se siente muy débil o exhausto.

Los puntos sobre los que se aplica la digitopuntura se encuentran situados a lo largo de 14 meridianos. Los 12 meridianos mayores son dobles y se corresponden con la vejiga (Ve), la vesícula biliar (Vb), el corazón (Co), el riñón (Ri), el intestino grueso (Ig), el hígado (Hi), el pulmón (Pu), el pericardio (Pe), el intestino delgado (Id), el bazo (Ba), el estómago (Es) y el triple calentador. Los otros dos —el vaso de la concepción (Vc) y el vaso conductor (Vcond)— van sueltos y corren por el centro del cuerpo, por la parte delantera y trasera de éste. Algunos puntos causan un efecto preciso sobre un determinado órgano o sistema, mientras que otros ejercen una influencia más general.

Digitopuntura

Con los mismos principios que la acupuntura, la digitopuntura constituye una buena alternativa para aquellos que odian los pinchazos. Otra ventaja de esta terapia es que se puede aprender a aplicarla sobre uno mismo para tratar problemas de poca importancia. Sin embargo, resulta menos precisa y directa que las agujas empleadas en acupuntura; sus resultados son menos espectaculares.

En esencia, la digitopuntura es una forma de acupuntura pero sin agujas. Del mismo modo que ésta, estimula el *chi* (el flujo de energía que atraviesa todo el cuerpo) si se aplica sobre los puntos correspondientes a los meridianos, o canales invisibles de energía, a través de la presión de los dedos de la mano. La práctica de la digitopuntura requiere conocimientos sobre anatomía y medicina tradicional china.

Su principal desventaja es que no resulta fácil estimular los puntos más profundos utilizando únicamente la presión de los dedos, por lo que no constituye una terapia tan efectiva como la acupuntura, aunque en algunas personas parece funcionar excepcionalmente bien.

Cualquiera puede aprender a emplear la técnica de la digitopuntura para el alivio de problemas de poca importancia, como por

LOS MERIDIANOS

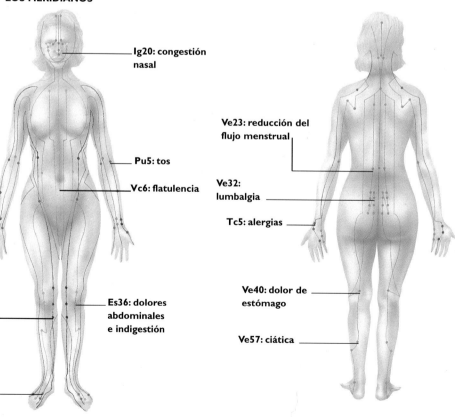

Ig20: congestión nasal

Pu5: tos

Vc6: flatulencia

Pe6: náuseas

Pu10: dolor de garganta

Ba8: síndrome premenstrual

Es36: dolores abdominales e indigestión

Hi3: dolores menstruales

Ve23: reducción del flujo menstrual

Ve32: lumbalgia

Tc5: alergias

Ve40: dolor de estómago

Ve57: ciática

ejemplo, cansancio, estreñimiento, dolor de cabeza y resfriados. Las enfermedades más graves y los problemas de salud que requieren tratamientos a largo plazo deben ser tratados por un terapeuta profesional y, si es posible, examinados también por un médico.

La digitopuntura resulta muy recomendable para los pacientes que tienen fobia a las agujas y a quienes, en consecuencia, no les agrada la idea de la acupuntura. Se puede aplicar a niños pequeños y bebés. Algunos acupuntores prefieren el empleo de la digitopuntura en mujeres embarazadas, personas mayores y pacientes con riesgo de infección en la piel, en especial si ésta presenta cortes o heridas.

Las sesiones suelen ser bastante breves, aunque es conveniente repetirlas varias veces al día, y pueden durar desde unos cuantos minutos hasta una hora, en el caso de los adultos, mientras que 30 segundos pueden ser suficientes para un bebé.

Puntos estratégicos

La mayoría de los puntos sobre los que actúa la digitopuntura se encuentran entre dos huesos, músculos o tendones y, con frecuencia, en muescas naturales. Cada uno posee un nombre y un número dependiendo del meridiano y del órgano.

La dirección del flujo del *chi* puede determinarse a través de la numeración, ya que fluye desde el punto 1 hasta el número más alto. La presión por lo general se aplica en la dirección del flujo, aunque ocasionalmente puede aplicarse en la dirección contraria para que tenga efectos sedantes o calmantes. Imaginar el flujo de energía durante la digitopuntura puede ayudar a que la terapia sea más eficaz.

La presión profunda con los pulgares suele ser el medio más efectivo para estimular los puntos estratégicos, aunque algunas personas responden a un contacto más superficial. Se pueden realizar pequeñas rotaciones con el dedo para impulsar el flujo de *chi* a través de los meridianos. Cabe la posibilidad de presionar los puntos con palitos de madera con la terminación redondeada o rodillos en el extremo, con el fin de cubrir diversos puntos a la vez.

Mucha gente es capaz de señalar cuándo un punto ha sido localizado, puesto que éste se vuelve sensible a la presión. La punta de los dedos —no la de las uñas— se utiliza para presionar con suavidad y de forma gradual, sin llegar nunca a causar dolor. Nunca se deben dar golpes fuertes sobre los puntos estratégicos.

Hay quien siente un hormigueo, que aumenta, y a continuación desaparece. Si esto ocurre, detenga el tratamiento cuando la sensación desaparezca, pues significa que el organismo ha recobrado de nuevo el equilibrio. Si un punto no se muestra sensible a la presión del acupuntor, éste la aumentará hasta que el paciente sienta un ligero malestar. Cuanto más sensible se muestra el punto a la presión, mayores son las posibilidades de que exista un exceso de *chi*. La falta de sensaciones es un síntoma de carencia de energía. ∎

COMBATIR EL RESFRIADO

Presione el punto Pu7 del meridiano de los pulmones si desea aliviar los síntomas de un resfriado. El punto se encuentra en la parte interior de la muñeca, junto al pulgar, a dos dedos del comienzo de la misma, en el hueco que queda detrás del hueso. Utilice el pulgar de la otra mano para presionar, dirigiendo el ángulo de presión hacia la parte exterior de la muñeca, durante 30 segundos. Repita en la otra mano.

AUMENTAR LA ENERGÍA

El punto Ri1 del meridiano de los riñones se conoce en China con el nombre de «manantial burbujeante» y la presión sobre él resulta muy útil en caso de fatiga o letargo. Trabaje con ambos pies a la vez, utilizando la mano correspondiente para cada uno de ellos. Aplique la presión con los pulgares sobre el punto situado debajo de la parte abultada del pie durante 30 segundos o 1 minuto. (No utilice este tratamiento si tiene la tensión baja.)

VÉASE TAMBIÉN

Yoga   **218-223**

PRECAUCIÓN

No todo el mundo puede practicar la meditación, pues hay gente que dice sentir malestar durante el proceso. Las personas que padezcan problemas de salud mental persistentes deben consultar a su médico antes de utilizar esta técnica.

Meditación

Uno de los fines principales de la meditación consiste en revitalizar la mente, liberándola por unos momentos de su estresante actividad. Nos ayudará a aumentar nuestra sensación de bienestar y estabilidad, a tener pensamientos y sentimientos más positivos, a elevar nuestra autoestima y a desarrollar actitudes más tolerantes hacia la vida.

Durante miles de años, la meditación ha estado íntimamente ligada a la religión, ya sea a la cristiana, en Occidente, o al budismo Zen japonés, en Oriente. Tan sólo en épocas recientes ha salido de su contexto habitual y ha empezado a practicarse como método para aliviar el estrés mental y físico. Inspirada por motivos religiosos o de cualquier otro tipo, todos los tipos de meditación incluyen el reposo, a menudo con los ojos cerrados, y la realización de una serie de ejercicios mentales que hacen que la mente se concentre en un punto determinado y el cuerpo se relaje.

El estrés contribuye en gran medida a agravar problemas como la ansiedad o el síndrome de colon irritable. Las investigaciones sobre el tema han demostrado que la gente con problemas agravados por el estrés puede encontrar un gran alivio en la práctica de la meditación, lo cual ha permitido a los científicos observar más de cerca los procesos fisiológicos que se producen en el organismo durante la terapia. Según se ha podido comprobar, la meditación hace que la presión de la sangre disminuya, la actividad metabólica se haga más lenta y aumente la sincronización de los procesos cerebrales.

UN REFUGIO DE PAZ

Existen diversos tipos de meditación, y la mayoría de ellos consisten en sentarse cómodamente en un lugar tranquilo y respirar de forma rítmica mientras se dirige la atención hacia un punto determinado. Éste puede ser la propia respiración, un objeto físico como, por ejemplo, una vela o la repetición de un «mantra», es decir, una palabra neutra o unos cuantos versos de un poema, un himno o una plegaria.

A continuación, le proporcionaremos una eficaz técnica de visualización que le servirá para concentrar la mente. Probablemente, le resulte más sencilla unos días que otros, dependiendo de su estado de ánimo y de su poder de concentración.

Siéntese cómodamente con la espalda recta y los ojos cerrados, y concéntrese en su respiración durante unos momentos. Ahora imagine su refugio de paz. Puede ser una playa tropical con palmeras, un prado alpino,

La meditación proporciona reposo y tranquilidad al cuerpo y a la mente, y constituye un buen antídoto contra el estrés. Si se practica de forma continuada, puede ayudar a controlar el curso de nuestros pensamientos y sentimientos, así como dejar que la mente penetre en los niveles más profundos de nuestra conciencia.

una cascada en medio de la montaña o gotas de lluvia que caen sobre la hierba de un jardín. Como alternativa, tome una manzana en sus manos y estudie con detenimiento su forma, textura y color. Huélala y cierre los ojos con el fin de intentar recordar todas las sensaciones que ha sentido.

Si desea utilizar un «mantra», escoja una palabra simple que contenga el sonido «o». No es necesario que mueva los labios, basta con que repita mentalmente la palabra en cada respiración. Puede intentar la meditación con un pensamiento positivo como éste: «Cada día me siento más y más relajado».

MANTENER EL FOCO DE ATENCIÓN

A simple vista, la meditación puede parecer una técnica sencilla. Sin embargo, llegar a un estado contemplativo en el que la mente se libera de todo pensamiento requiere práctica y perseverancia. Al principio se introducen con frecuencia pensamientos no deseados, o el cuerpo se relaja tanto que la persona puede llegar a quedarse dormida.

Cuando esté sentado, notará pequeñas incomodidades y tensiones, escuchará el ritmo de su respiración y los sonidos que se produzcan en la estancia. Además, percibirá que en ocasiones pierde la concentración, pero no se preocupe. Todo esto es natural. Trate de volver a concentrarse en su palabra o pensamiento y piense que no es necesario forzar a la mente para que ésta se relaje. El secreto de la meditación es encontrarse cómodo, proporcionar a la mente un foco de atención y, sin prejuicios, dejar que los pensamientos fluyan libremente.

Mucha gente opina que realizar ejercicios de estiramiento y respiración ayuda a conocer mejor el propio cuerpo y facilita la relajación. Con frecuencia, el empleo de alguna de estas técnicas, conjuntamente con la repetición de una palabra, pensamiento o imagen, es todo lo que se necesita para lograr un grado satisfactorio de relajación durante un período de tiempo respetable.

Continúe meditando durante 5 minutos más. Cuando empiece a notar que sus pensamientos fluyen de nuevo, simplemente vuelva a su foco de atención. Esto puede ocurrir varias veces, pero no debe importarle. Sobre todo, no intente bloquear la aparición de pensamientos no deseados; en su lugar, asúmalos brevemente, y vuelva de nuevo a su meditación. Después de unos cuantos meses, podrá aumentar de forma gradual los períodos de meditación hasta los 20 minutos.

Una vez concluida la sesión, coloque sus manos sobre los ojos y permanezca así durante unos momentos; después, ábralos y mire a su alrededor. Estírese con lentitud y respire profundamente.

Si desea aprender más sobre la meditación, consulte a un especialista. Hay cursos de meditación en grupo, algunos de ellos vinculados a diversas religiones, entre las cuales se encuentra también la cristiana. Otros grupos son totalmente laicos, aunque probablemente practiquen con técnicas procedentes de la tradición oriental. ■

CONSEJOS PRÁCTICOS

■ Escoja un lugar tranquilo donde nada le distraiga, y descuelgue el teléfono o deje conectado el contestador automático.

■ Asegúrese de que el ambiente de la habitación está lo suficientemente caldeado. Antes de empezar, vaya al lavabo si lo necesita.

■ Vístase con ropas cómodas y ligeras.

■ Para evitar posibles cortes de digestión, no coma nada en las dos horas anteriores a la terapia y asegúrese de no haber bebido nada en la última hora.

■ Respire por la nariz, despacio y profundamente, intentando que las respiraciones sean regulares pero no forzadas.

■ Trate de liberar la tensión de su cuerpo, en particular la acumulada alrededor del cuello, los hombros y la parte superior de la espalda.

■ Utilice el método de meditación que mejor le vaya, ya sea poniendo la atención en un objeto, una escena imaginaria, una palabra o frase, o simplemente en su propia respiración.

■ Practique tres veces a la semana como mínimo y, si puede, todos los días.

VÉASE TAMBIÉN
Meditación   216-217

Yoga

El yoga proporciona un buen entrenamiento para la mente y el cuerpo. La variedad que se utiliza con mayor frecuencia es el yoga hatha, que combina posturas físicas, control de la respiración y relajación.

Aunque el yoga nació como una disciplina religiosa hindú, en la actualidad se utiliza como un medio ideal para restablecer el equilibrio vital del organismo, tanto desde un punto de vista físico, como mental y espiritual. En Oriente, el yoga se practica como una forma de llegar al máximo grado de realización espiritual, pero también puede servir simplemente como terapia contra el estrés o para mejorar el estado de salud, sin que resulte necesario el conocimiento de la filosofía que se encuentra detrás de esta conocida práctica.

EJERCICIOS PARA TODOS

La gran ventaja del yoga es que puede ser practicado de forma segura por cualquier persona, desde niños hasta gente mayor, e incluso por aquellos que no se encuentran en buena forma física o que sufren problemas de sobrepeso. Las posturas del yoga, conocidas como *asanas,* permiten ejercitar lentamente todas las articulaciones a través de su gran variedad de movimientos, reduciendo la rigidez y el entumecimiento. Estiran y tonifican la práctica totalidad de los músculos y tendones del cuerpo, fortaleciéndolos y aumentando su flexibilidad.

Las *asanas* trabajan todas las partes del cuerpo. Algunas posturas favorecen la circulación de la sangre hacia órganos específicos, llenándolos de oxígeno fresco y nutrientes. Por ejemplo, la fuerza de la gravedad ejercida sobre los hombros sirve para incrementar el flujo sanguíneo hacia la tiroides, situada en el cuello, mientras que la postura en la que el cuerpo se apoya en la cabeza hace lo mismo con el cerebro. Algunas *asanas*, como la inclinación hacia delante, comprimen suavemente los órganos digestivos en el interior del torso. Esto hace que reciban una especie de masaje que ayuda a mejorar el funcionamiento del aparato digestivo y favorece la eliminación de los residuos del organismo. Otras posiciones aumentan la relajación mental y física.

BENEFICIOS

Los ejercicios de respiración, conocidos como *pranayama*, se practican al mismo tiempo que las *asanas*. Diversas investigaciones han demostrado que el *pranayama* hace que la gente se sienta más llena de energía, tanto física como mental, y con una actitud más positiva que realizando otras formas de relajación.

En Occidente, por lo general prestamos muy poca atención a la respiración. Sin

LA RESPIRACIÓN COMPLETA

Siéntese cómodamente, con la espalda recta pero relajada. Coloque las manos sobre el abdomen, justo por debajo de la parrilla costal, con la punta de los dedos corazón tocándose justo sobre el ombligo. Cuente hasta cinco y respire profundamente por la nariz. Llene sus pulmones completamente. Estará haciéndolo correctamente si los dedos corazón dejan de tocarse al expanderse la parte inferior de la caja torácica. Mantenga unos segundos la respiración y lentamente suelte el aire contando hasta diez. Repita el ejercicio 10 o 15 veces. Recuerde que su abdomen debe expandirse durante la inspiración y contraerse durante la espiración.

embargo, el yoga enseña que a través de los ejercicios de respiración se pueden reducir los niveles de las hormonas que producen el estrés, la adrenalina, la noradrenalina y el cortisol.

Cuando estas hormonas están continuamente elevadas, como es el caso de una persona sometida a un gran estrés, pueden llegar a alterar el correcto funcionamiento del organismo. Así, un desequilibrio hormonal provocado por el estrés interfiere en la digestión, aumenta la tensión muscular así como la presión sanguínea. Es por ello que los ejercicios de respiración del yoga resultan ideales para tratar alteraciones provocadas por el estrés, como la ansiedad, las crisis de pánico, la hiperventilación, el asma, la hipertensión y los trastornos digestivos.

¿QUÉ ESPERAR?
Una clase para principiantes típica empieza con un tiempo de relajación, tras la que sigue una serie de *asanas* que trabajan cada parte del cuerpo. Mientras practica cada postura, el principiante aprende a controlar la respiración así como a estirar el cuerpo despacio y hasta el máximo pero sin tener la sensación de forzarlo. Cada *asana* dura unos segundos, tras la cual se relaja el cuerpo antes de adoptar otra postura diferente.

No se desanime si no logra imitar la postura propuesta: el elemento competitivo en el yoga no existe. Además, los beneficios de tal o cual postura se notarán incluso aunque no se complete del todo. Bajo ningún concepto fuerce demasiado el cuerpo para adoptar una postura que resulta incómoda, ya que es perjudicial. Por otro lado, como principiante que es, no se le exigirá ninguna postura complicada, algunas de las cuales, como la del escorpión, tan sólo son capaces de lograr las personas más experimentadas. No obstante, si practica yoga con regularidad, se sorprenderá de la rapidez con que un cuerpo nada flexible es capaz de adoptar las posturas más inverosímiles.

Durante la sesión de yoga se suelen adoptar una serie de *asanas* de relajación a modo de breves pausas entre otras más complicadas. Al final siempre se realiza una larga y profunda relajación para que el cuerpo capte nueva energía.

CÓMO SE PRACTICA
Una sesión completa de yoga lleva entre 45 minutos y una hora. Lo ideal es que se practique cada día unas dos horas después de la última comida y media hora después de la última vez que se haya bebido. Si no puede disponer de todo este tiempo, sepa que es mejor practicar el yoga en sesiones breves y periódicas que concentrarlo todo en una larga y esporádica.

En el caso de que disponga de poco tiempo, puede practicar el Saludo al Sol (*véanse* págs. 222-223), un conjunto de movimientos que activa todos los grandes músculos y tonifica las principales articulaciones. La Respiración Completa (*véase* página anterior) también es rápida y fácil de hacer; además, es ideal si se encuentra preocupado y se puede practicar tan a menudo como desee a lo largo del día.

Es más aconsejable acudir a clases de yoga que imparta una persona cualificada que intentar aprenderlo por su cuenta a partir de un libro, ya que aquélla podrá indicarle si adopta la postura adecuada, respira

CAMBIO DE ESTILO DE VIDA

Las personas que practican yoga con regularidad descubren a menudo que empiezan a seguir un estilo de vida mucho más sano. De entrada, al estar más relajadas, no sienten la necesidad de fumar ni de beber alcohol. Asimismo, tal vez porque el yoga les hace tomar mayor consciencia de su propio cuerpo, optan por seguir una dieta más ligera y fácil de digerir, con alimentos más energéticos y con menos especias.

La dieta lactovegetariana resulta muy indicada para aquellos que practiquen yoga ya que se basa en alimentos naturales de fácil digestión, sobre todo fruta, verduras, cereales, frutos secos, semillas y productos lácteos, como el queso y el yogur. Este tipo de alimentos son conocidos como *sattvic* o purificadores. Entre los alimentos que se deberían evitar a toda costa están la carne, el alcohol y los estimulantes, como las especias picantes, el café y el té.

correctamente y se mueve de forma acompasada.

Cada día son más numerosos los *ashrams* (centros consagrados a la enseñanza y práctica del yoga) por todo el mundo, por lo que puede acudir a ellos para aprender. Constituyen verdaderos santuarios de tranquilidad en los que todo está orientado a concentrarse en la práctica del yoga y a facilitar la meditación con que se alternan los diferentes ejercicios.

ROPA Y EQUIPO

Debe sentirse cómodo y llevar una ropa holgada que le permita una total libertad de movimiento. Lo mejor es tener los pies descalzos para no resbalar. Durante las pausas de relajación, cuando el cuerpo está quieto, puede ponerse una sudadera y un par de calcetines.

Practique el yoga en una habitación templada pero no agobiante, con mucho espacio y absoluta tranquilidad. ∎

POSTURA DEL GATO

Esta postura, conocida con el nombre de *chakravakasana*, aumenta la flexibilidad de la columna y constituye una de las muchas *asanas* que se pueden practicar para estirar los músculos antes de empezar el día.

1 Colóquese de rodillas, con la espalda bien recta, los brazos pegados a los lados del cuerpo y mirando de frente. Mantenga las piernas y los pies juntos.

2 Inclínese hacia delante apoyando las manos en el suelo, justo debajo de los hombros y con los dedos juntos. Mantenga la espalda y los brazos totalmente rectos, con la cabeza a la misma altura que la espalda.

3 Mantenga los brazos estirados y los pies juntos mientras arquea la columna tanto como le sea posible. Soporte el peso del cuerpo con los brazos, pero no empuje con ellos. Baje la cabeza a medida que asciende la columna. Manténgase en esta posición durante unos segundos.

4 Baje la columna y empuje las nalgas hacia fuera a medida que sube la cabeza. Repita los pasos 3 y 4 seis veces. Una vez que domine la postura, inspire mientras arquea la columna y espire al bajarla.

EL GUERRERO

Existen varias versiones
de esta postura, la
virabhadrasana, que fortalece
los músculos torácicos
y de la espalda a la vez que
las piernas y las caderas.

1 Colóquese de pie, con
los pies separados (en un
principio, a la altura de los
hombros, pero a medida que
progrese puede separarlos
más). Deje caer los brazos
sin fuerza a los lados y mire
hacia delante. Mantenga
siempre la espalda recta.

PRECAUCIÓN

*Si tiene alguna duda acerca
de su estado de salud,
consulte con su médico antes
de empezar a practicar yoga.
Por otro lado, asegúrese
de que se lo enseña una
persona cualificada ya
que, practicado de forma
incorrecta, el yoga puede
provocar dolor de espalda,
hipertensión y glaucoma.*

2 Eleve los brazos hasta que
estén paralelos con respecto
al suelo, con las palmas hacia
abajo y los dedos juntos. Al
mismo tiempo, gire el pie
derecho hasta formar un
ángulo de 45 grados y
acompañe el movimiento
desplazando ligeramente
el pie izquierdo hacia la
derecha.

3 Manteniendo los brazos en
esta posición, gire el tronco
hacia la derecha y mire hacia
este lado. Flexione la rodilla
derecha hasta que la pierna
forme un ángulo recto con el
muslo. A continuación, vuelva
a la posición inicial y repita el
movimiento en el sentido
opuesto.

POSTURAS DE REPOSO

Entre las *asanas* y al final de
cada sesión de yoga se suele
adoptar una de estas posturas
para descansar.

Arrodíllese y mantenga las piernas y los pies juntos.
Estírese despacio hacia delante manteniendo el pecho
junto a las rodillas, la cabeza sobre el suelo y los brazos
estirados hacia delante. Mantenga las palmas de las
manos sobre el suelo. Al cabo de unos segundos,
reincorpórese y vuelva a la posición original.

Arrodíllese y, despacio, dóblese hacia delante
manteniendo el pecho sobre las rodillas y la cabeza
junto al suelo, pero lleve los brazos hacia los lados y
estírelos con las palmas mirando hacia arriba. Mantenga
esta posición unos segundos y vuelva de nuevo a la
posición original.

SALUDO AL SOL

Este ejercicio se suele realizar en series de entre 5 y
10 repeticiones. Resulta ideal para estirar la columna
y los tendones de la corva. El primer paso consiste
en aprender los movimientos para, a continuación,
incorporar el ritmo de respiración adecuado. Si tiene
dudas sobre su estado de salud, no realice este ejercicio
sin haber consultado antes con su médico.

LA TERAPIA DEL YOGA

Entendido como
terapia, el yoga se
convierte en toda
una medicina
preventiva ideal para
mantener una buena
salud. Algunos
especialistas en
yoga, incluso, han
desarrollado ciertas
técnicas para
combatir numerosas
enfermedades.

Así, los
movimientos de
cada ejercicio
(postura, respiración
y relajación) se han
enfocado de modo
tal que incidan
directamente en el
tratamiento de cada
una de las patologías
que se aborden. Por
supuesto, se evitan
todas las posturas
que puedan agravar
el problema en
cuestión.

I Colóquese de pie
distribuyendo todo el peso
de forma armónica y con la
espalda bien recta. Espire a
medida que junta las palmas
de las manos, que deben
quedar alineadas con la
barbilla, como si se estuviera
rezando.

2 Inspire a medida que estira
hacia atrás los brazos de
forma que la cadera se eleve,
la espalda se arquee y la
cabeza quede inclinada hacia
atrás. Las palmas deben mirar
hacia lo alto.

10 Espire y lleve el pie
izquierdo hacia el derecho.
Inspire mientras estira los
brazos hacia atrás, como
en el paso 2, y repita de
nuevo el movimiento. Cada
5 o 10 repeticiones
incorpórese y deje caer los
brazos sin fuerza a los lados.

9 Inspire mientras mueve hacia
delante el pie izquierdo entre las
manos y la rodilla derecha toca
el suelo, y mire hacia arriba.

3 Espire mientras se inclina. Lentamente, lleve las puntas de los dedos hasta donde pueda alcanzar sin molestia alguna, doblando las rodillas si es preciso. Si tiene flexibilidad, mantenga las rodillas rectas y lleve las palmas hasta el suelo.

4 Inspire mientras estira la pierna izquierda hacia atrás, y mantenga la rodilla junto al suelo al levantar el pecho y la cabeza.

5 Aguante la respiración mientras estira la pierna derecha hacia atrás. Eleve el cuerpo con la fuerza de los brazos manteniendo la cabeza alineada con el cuello y la espalda.

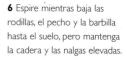

6 Espire mientras baja las rodillas, el pecho y la barbilla hasta el suelo, pero mantenga la cadera y las nalgas elevadas.

8 Espire y empuje hacia arriba todo el cuerpo con un impulso de los pies. Mantenga las nalgas en alto de forma que el cuerpo tome la forma de una «V» y no flexione los brazos ni las piernas.

7 Inspire mientras incorpora el pecho hacia delante y baja la cadera. Mantenga los hombros bajos, arquee la espalda y mire hacia delante. Ésta es la posición de la cobra.

PRECAUCIÓN

Nunca fuerce el cuerpo. Si está tentado de imitar a sus compañeros, cierre los ojos. Una respiración adecuada es fundamental para evitar cualquier ejercicio brusco: inspire durante los movimientos que van hacia arriba, y espire al bajar al suelo.

Tai chi chu'an

El tai chi chu'an, *o* tai chi, *es un ejercicio milenario procedente de China que persigue una vida larga y saludable, el rejuvenecimiento del cuerpo, la fortaleza del sistema inmunológico y la recuperación de las enfermedades.*

Con sus largas series de elegantes y suaves movimientos, el *tai chi* es un ejercicio ideal para personas de todas las edades. Al igual que otras terapias y modalidades de la medicina tradicional de la China ancestral, como la fitoterapia o la acupuntura, el *tai chi* se basa en la antigua y milenaria doctrina taoísta que pretende encontrar la armonía perfecta entre el ser humano y el entorno que lo rodea.

Según esta doctrina, todos los seres del universo, incluso los objetos inanimados, se pueden clasificar en *yin* y *yang*. El *yin* es el principio femenino y receptivo de las cosas, mientras que el *yang* es la cara masculina y activa. Partiendo de esta división, la salud se entiende como un afán continuo por mantener un equilibrio entre estos dos extremos.

MOVIMIENTO CON MEDITACIÓN

El *tai chi* combina el movimiento con la meditación para equilibrar el *yin* y el *yang* así como para activar la energía interior de cada uno, o *chi*. El objetivo consiste en fomentar este *chi* para conseguir una salud más férrea y potente que pueda hacer frente a cualquier agresión del exterior.

Además de ayudar a conseguir un estado físico adecuado, el *tai chi* ayuda también a activar el resto del organismo. En un nivel ya más mental o espiritual, favorece que la mente se ponga en contacto con el cuerpo, de modo que ambos encuentren el equilibrio deseado que permita llegar a un grado mayor de concentración y creatividad.

El *tai chi* es un ejercicio ideal para personas de cualquier edad o estado físico ya que los movimientos que exige no requieren nada de fuerza. De hecho, al realizarlos se tiene la sensación de estar flotando en agua, pasando el peso del cuerpo de una pierna a otra sin esfuerzo alguno. Las series de ejercicios trabajan todos y cada uno de los músculos, articulaciones y tendones del cuerpo y, al no tratarse de un ejercicio aeróbico, ni la frecuencia cardíaca ni la respiración sufren alteración alguna. No obstante, notará que suda en medio de los ejercicios, pero no por el esfuerzo físico (nulo), sino por el calor generado por el *chi*.

MOVIMIENTO CONTINUO

Los diferentes movimientos que constituyen el *tai chi* se agrupan hasta conformar un «forma». Cada uno de esos movimientos posee un significado simbólico y un nombre especial, como La retirada del mono.

En China es habitual practicar el *tai chi* en grupos en medio de la calle. Lo mejor es practicarlo al aire libre y sobre césped, bajo un árbol o cerca de donde haya agua, que es donde se concentra la mayor cantidad de energía natural (*chi*).

Cuando se practican sin esfuerzo alguno, el *chi* recorre libremente todo el cuerpo. Existen algunas variaciones sobre estos movimientos, como las Ocho piezas de brocado (*véanse* págs. 226-227). La popular versión abreviada Yang, que toma el nombre de un gran maestro, dura unos pocos minutos; la más larga lleva unos veinte minutos.

Es fundamental mantener un buen ritmo de respiración. La inspiración tiene lugar durante el aspecto *yin* de cada uno de los movimientos, cuando el cuerpo está «recogido», mientras que la espiración coincide con la fase *yang*, en la que se expande. El ritmo adecuado de respiración se aprende por sí solo, con la práctica; si se intenta controlar con la mente, ésta no puede concentrarse en los movimientos.

APRENDIZAJE DEL
TAI CHI CHU'AN

Lo más conveniente es aprender el *tai chi* de la mano de un profesor para que éste vigile si se realizan los movimientos de la forma adecuada. La aparición de cierta rigidez o de pérdida de equilibrio en una zona determinada indica que en esa zona el flujo del *chi* no discurre como debiera. La práctica le ayudará a percibirlo.

Cada serie de movimientos suele llevar unos seis meses de aprendizaje. Una sesión diaria dura 20 minutos, pero es mejor practicar varias veces al día. El momento más adecuado para hacerlo es con la salida o la puesta del sol, justo cuando el *yin* y el *yang* se encuentran en perfecto equilibrio, y en un espacio exterior. No obstante, lo importante es practicarlo con asiduidad y no obsesionarse con encontrar un momento o un lugar idóneos. Tal como dice un refrán chino, «la perseverancia hace el camino».

CHI KUNG

Estrechamente emparentado con el *tai chi*, e incluso anterior a éste, el *chi kung*, que significa «cultivo del *chi*», era una de las siete prácticas reservadas a la clase superior de la China imperial. A diferencia del *tai chi*, se centra en el aspecto meditativo más que en el físico.

Son muchos los ejercicios que comprende el *chi kung*, y muchos de ellos se han bautizado con nombres muy poéticos, como Grulla esbelta. Todos ellos se componen de una fase de meditación, otra de técnicas de respiración y una tercera de movimientos específicos, durante los que se visualiza el flujo del *chi* por todo el cuerpo.

El *chi kung* se puede practicar sentado, de pie o tumbado, o en movimiento. Contribuye a mantener la salud y previene ciertos trastornos, sobre todo los que se agravan o desencadenan con el estrés. ■

ALGUNOS CONSEJOS

■ Es imprescindible relajarse y dejar a un lado las preocupaciones para así alcanzar un estado mental conocido en China como «alegre desinterés».

■ Convénzase del potencial curativo del *tai chi* y note el flujo de *chi* por todo el cuerpo.

■ Mantenga siempre relajados los hombros y el cuello.

■ En el *tai chi*, el centro de gravedad se ubica justo debajo del ombligo y levemente inclinado hacia la columna. Imagine que todo el peso del cuerpo se concentra en ese punto.

■ Trate de mantener un buen equilibrio, con los codos y las rodillas ligeramente doblados y nunca cerrados del todo.

■ Mantenga en todo momento la columna relajada y vertical, como si estuviera suspendido de una cuerda sujeta en la parte superior de la cabeza. Sin esfuerzo alguno, meta la pelvis hacia dentro y levante levemente la barbilla hacia arriba.

■ Dé rienda suelta a su imaginación así como a su cuerpo. Todos los movimientos tienen unos títulos de lo más significativos; utilícelos para visualizar lo que está haciendo.

■ No intente excederse en la cantidad ni en la velocidad, ya que entonces se pierden las ventajas que derivan de la práctica del *tai chi*.

LAS OCHO PIEZAS DE BROCADO

Esta serie de ocho movimientos (desglosados en varios pasos más para mayor claridad) se creó en tiempos de la dinastía Sung (960-1279 d. C.) para fortalecer la salud de los soldados del imperio. En la actualidad, se suele practicar como calentamiento antes de iniciar la sesión de *tai chi*, aunque también puede practicarse por sí sola. Realice siempre los movimientos despacio pero de forma continua, con el cuerpo relajado y la mente concentrada.

Posición de partida

Esta postura se suele adoptar a menudo entre los diferentes movimientos, y a ella se remite en los diferentes pasos de este ejercicio. Colóquese de pie con las rodillas ligeramente flexionadas, pero sin sobrepasar la línea marcada por la punta de los dedos del pie, con los pies paralelos y separados entre sí. Mantenga la espalda recta y los hombros relajados. Coloque las manos delante, con las palmas hacia arriba y las puntas de los dedos tocándose.

1 Coloque los pies paralelos entre sí y separados hasta la altura de los hombros. Deje los brazos caídos a los lados y mire hacia delante; inspire poco a poco.

2 Espire despacio a medida que gira la cabeza hacia la izquierda sin llegar a forzar el cuello. Inspire y gire de nuevo la cabeza al frente. A continuación, espire, vuelva la cabeza hacia la derecha y, de nuevo, inspire mientras la gira al frente.

3 Mueva las manos a la posición de partida (*superior*). A medida que espire, entrelace los dedos de la mano y eleve los brazos hasta colocarlos a la altura del pecho; a continuación, llévelos por encima de la cabeza, con las palmas mirando hacia arriba. Inspire y vuelva a la posición de partida.

4 Al tiempo que eleva lentamente la mano izquierda hacia arriba, con la palma mirando también hacia arriba, lleve la derecha hacia abajo, con la palma mirando al suelo. Espire durante todo el movimiento.

5 Lleve las manos hacia el centro mientras inspira; a continuación, proceda en el sentido contrario, con la mano derecha en lo alto y la izquierda debajo, y espire. Mientras inspira devuelva las manos a la posición inicial.

6 Gire el cuerpo levemente hacia la izquierda mientras espira. Al mismo tiempo, eleve lentamente las manos hasta que se crucen frente al pecho, con las palmas hacia dentro y los dedos relajados.

7 Mientras inspira, cierre la mano derecha en un puño y llévelo atrás hasta el hombro. Al mismo tiempo, estire el brazo izquierdo hacia delante con la mano en ángulo recto. Retome la posición inicial y repita el movimiento a la inversa.

8 Parta de la posición inicial y flexione levemente las rodillas. Apoye las manos sobre los muslos, justo por encima de las rodillas, con los dedos hacia dentro y manteniendo los codos flexionados.

9 Sin levantar la planta, estírese lo más que pueda hacia la izquierda sin retirar las manos de los muslos. A continuación, vuelva al centro y repita el movimiento hacia la derecha. Una vez hecho, vuelva a la posición original.

10 Sin flexionar para nada las piernas, flexione la mitad superior del cuerpo hacia abajo mientras espira; si puede, toque con las palmas de las manos el suelo. No fuerce, basta con tocar con la punta de los dedos el suelo.

11 Reincorpórese y vuelva a la posición original mientras espira; cierre las manos en un puño y llévelos a la cintura. Si tiene problemas de espalda, mantenga las manos en las rodillas a medida que sube.

12 Vuélvase despacio hacia la izquierda y estire hacia arriba el puño izquierdo mientras espira. Siga el movimiento del puño con la mirada acompañándolo con la cabeza. Vuelva a la posición final del movimiento 11 y repítalo hacia la derecha. A continuación, retome la posición inicial y deje los brazos caídos. Mueva la planta al mismo tiempo y estire las piernas levantando los talones lo más posible mientras espira; inspire al bajarlos.

Ayurveda

Este enfoque natural de la mente, el cuerpo y el espíritu proviene del subcontinente indio y es anterior a sus equivalentes griegos y chinos. Al igual que sucede con la mayoría de las doctrinas naturales de la antigüedad, que conciben al ser humano como un todo, la finalidad del ayurveda es propiciar el bienestar físico y mental mediante el equilibrio permanente de los flujos de energía.

El ayurveda, palabra de origen sánscrito que significa «conocimiento vital», tiene sus raíces en la tradición filosófica y religiosa de la India. En realidad, es más que una simple doctrina de medicina, ya que se trata de la formulación de toda una filosofía de vida dirigida a alcanzar una armonía perfecta entre el ser humano y la naturaleza, que en última instancia lleva a la plena conciencia del universo.

El ayurveda pone el acento en la prevención de las enfermedades. El cuerpo, la mente y el espíritu están gobernados por tres *doshas*, unas fuerzas elementales que deben mantenerse en equilibrio para gozar de una buena salud. Cada una de ellas, a su vez, posee sus propios componentes, que son *vata*, *pitta* y *kapha*.

LAS *DOSHAS* Y LOS ELEMENTOS

Cada organismo vivo, incluidas las *doshas*, se compone de cinco elementos: el espacio, el aire, el fuego, el agua y la tierra, combinados de múltiples maneras. Estos elementos, a su vez, se concretan en cada uno de los sentidos: el gusto, el tacto, la vista, el olfato y el oído, mediante los que se interrelacionan con el medio ambiente. Según el ayurveda, cada persona nace de acuerdo con un equilibrio determinado de *doshas,* del que

TIPOS CONSTITUCIONALES

Según la doctrina del ayurveda, toda persona está regida por una *dosha* dominante (*vata*, *pitta* o *kapha*), aunque son muchos los que contienen elementos de otro *dosha*; algunos, incluso, llegan a estar regidos por dos *doshas*. Cada una de éstas determina toda una serie de características, como la constitución física, la salud, la capacidad intelectual o la personalidad.

Vata	*Pitta*	*Kapha*
■ constitución delgada y ligera	■ altura y estructura media	■ estructura sólida y pesada
■ tendencia a la sequedad de la piel	■ piel normal	■ tendencia a la piel grasa
■ comidas a deshoras	■ lunares y marcas de nacimiento	■ cabello grueso y fuerte
■ tendencia a padecer flatulencia y estreñimiento	■ tendencia a comer demasiado y necesidad de comidas regulares	■ poco apetito
■ sueño ligero	■ buena digestión, pero habitualmente sufre de diarrea	■ ritmo deposicional regular
■ ansiedad	■ preferencia por los platos fríos o picantes	■ evita el tiempo húmedo y con niebla
■ apariencia de entusiasmo	■ evita el calor	■ razonable y metódico
■ inquietud	■ tendencia a sudar	■ tranquilo y estable
■ dificultad para concentrarse	■ irritabilidad	■ sueño profundo
	■ lógico e inteligente	■ de lento aprendizaje

derivan su constitución y carácter. En caso de que se encuentren en desequilibrio, motivado, por ejemplo, por una enfermedad, una alimentación no saludable, el estilo de vida, la conducta, el estrés o pensamientos negativos, la salud se resiente de inmediato.

CÓMO SE HACE UN DIAGNÓSTICO

En primer lugar, el especialista en ayurveda realiza una serie de preguntas para determinar la constitución y el estilo de vida del paciente, al tiempo que examina el color de la piel, el cabello, las uñas, la lengua y el rostro, y toma el pulso.

El ayurveda recoge tres tipos de tratamiento: el de medicinas naturales, el que se basa en una dieta especial y el que sugiere una serie de cambios en el comportamiento.

Cada uno de ellos tiene sus propios efectos sobre las *doshas*.

En un principio, se pretende limpiar el cuerpo, la mente y el espíritu de cuantas impurezas contengan, ya sean éstas «toxinas» o pensamientos y emociones negativos. Para ello se realizan ayunos, dietas selectivas, masajes, enemas e, incluso, vómitos terapéuticos.

La regeneración propiamente dicha empieza cuando el cuerpo se ha purificado. Los remedios se suelen basar en plantas, aunque también se emplean miel, productos lácteos y algunas pequeñas cantidades de minerales, como la sal. Durante este proceso también se recurre a ejercicios de relajación, yoga, canto, meditación, baños de vapor e inhalación de incienso. ∎

Una alimentación sana y equilibrada constituye la mejor de las medicinas y repercute directamente sobre las *doshas*. No se trata sólo de analizar qué se come, sino también cómo se preparan los alimentos, qué se siente mientras se come y cuánto tiempo de dedica a disfrutar de la comida. Cada *dosha* posee sus propios alimentos.

VATA　　　　*PITTA*　　　　*KAPHA*

Hortalizas: espárrago, remolacha, zanahoria, pepino, judías verdes, batatas.
Fruta: plátano maduro, albaricoque, mango, papaya.
Proteínas: pollo, pescado blanco, leche, yogur, queso, almendra.
Carbohidratos: arroz, trigo.
Hierbas y especias: albahaca, cardamomo, canela, clavo, jengibre, enebrinas.
Azúcar: miel.

Hortalizas: brócoli, col blanca, col lombarda, col de Bruselas, endivia, calabacín, setas, patata, pepinillo, guisante.
Fruta: manzana, cereza, uva, higo, piña, coco.
Proteínas: ave de corral, faisán, caza, queso, semillas de girasol y calabaza, garbanzos, judía.
Carbohidratos: avena, arroz basmati blanco, trigo.
Hierbas y especias: cilantro, eneldo, hinojo, jengibre, menta, cúrcuma.
Azúcar: azúcar moreno o refinado.

Hortalizas: berenjena, brócoli, coliflor, col de Bruselas, zanahoria, apio, patata, lechuga, quingombó.
Fruta: manzana, pera, guayaba, arándano, granada, dátil fresco, frutos secos, como pasas y ciruelas.
Proteínas: ave de corral, gambas, caza, leche desnatada, la mayoría de las legumbres (excepto soja y las judías blancas y negras), semillas de girasol y calabaza.
Carbohidratos: alforjón, maíz, centeno.
Hierbas y especias: cardamono, canela, clavo, jengibre, pimienta negra y cúrcuma.
Azúcar: miel.

Osteopatía

Mediante una serie de técnicas de masaje, los osteópatas actúan sobre los huesos, las articulaciones, los músculos y los tendones con el objetivo de reforzar el rendimiento y la salud de todo el cuerpo.

Con independencia del método empleado por cada uno de los especialistas, la osteopatía proporciona toda una serie de técnicas que se adecuan a las necesidades particulares de cada paciente.

A finales del siglo XIX el médico militar estadounidense Andrew Taylor Still se dio cuenta de que aplicando una serie de técnicas manuales se podían curar ciertas alteraciones de la salud. El conjunto de todos sus conocimientos y experiencias dio lugar al nacimiento de la «osteopatía». Still postula que una buena salud se basa en el correcto funcionamiento de la estructura corporal. El sistema músculoesquelético constituye el soporte y protege todos los órganos, de forma que es imprescindible que se encuentre en perfecto estado para que el cerebro y los sistemas digestivo, circulatorio, respiratorio y linfático funcionen con normalidad.

Así, Still parte de la base de que el mal estado del sistema músculoesquelético, ya sea por una lesión, el estrés, una alimentación insana, el ejercicio inapropiado o una postura incorrecta constituye la causa principal de todos los problemas de salud. Al estar de pie todo el peso recae sobre las vértebras y los discos intervertebrales, pero si, en cambio, se logra volver a equilibrar la repartición del peso en el resto de los huesos y músculos, el resultado es una mejora radical de todo el cuerpo. La osteopatía es una disciplina reconocida en el ámbito médico y constituye, de hecho, una de las terapias complementarias de más amplia aceptación.

Los problemas de espalda se benefician directamente de la osteopatía, como es el caso del prolapso discal, dolor cervical, lesión por latigazo, falta de alineación de las articulaciones vertebrocostales, ciática, escoliosis, tensión muscular crónica o desviación de la columna (siempre y cuando no existan deformaciones vertebrales). No obstante, hay ciertos casos en los que la osteopatía no es recomendable, en especial cuando hay inflamaciones, como en la espondilitis anquilopoyética, en la que los ligamentos pierden flexibilidad y oprimen las vértebras unas contra las otras, o cáncer.

NO SÓLO LA ESPALDA

La mayoría de las personas creen que la osteopatía es una terapia tan sólo para tratar los problemas de espalda, cuando en realidad posee muchas más aplicaciones. En el caso de la osteoartrosis, por ejemplo, la osteopatía es capaz de aliviar el dolor y la rigidez que aquélla comporta, si bien es cierto que no puede curar ninguna de las deformaciones que aparecen en las articulaciones. La osteopatía no es tampoco recomendable para tratar la artritis reumatoide.

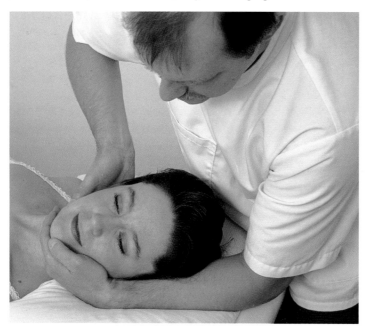

En ciertos casos, la osteopatía también ayuda a remediar algunos procesos agravados y en ocasiones causados por problemas de la estructura músculoesquelética, como es el caso del síndrome premenstrual, la sinusitis recidivante, el asma, la migraña y la cefalea tensional. A su vez, también puede contribuir a la recuperación de lesiones deportivas o laborales, como las provocadas por permanecer largo rato sentado ante la pantalla del ordenador, atendiendo al teléfono o conduciendo, o simplemente las derivadas de una mala postura.

Durante el embarazo la osteopatía se emplea para aliviar el dolor de espalda, que tan a menudo sobreviene cuando el feto cambia de postura o gana peso, así como el ardor de estómago y el estreñimiento. Asimismo, también ayuda a reponerse de los dolores ocasionados por el esfuerzo del parto.

¿QUÉ ESPERAR?

En la primera visita al osteópata, éste recaba información sobre el historial médico del paciente. A continuación, examina la postura que adopta al sentarse, al estar de pie y al andar, así como todas las posturas que adopta el cuerpo durante la vida cotidiana, tanto en el trabajo como fuera de él.

La visita seguirá con una exploración en la que el osteópata comprueba con sus manos la rigidez de los músculos, articulaciones y tejido conectivo, intenta descubrir el origen de las molestias. A veces pide al paciente que realice una serie de movimientos para poner a prueba la movilidad y dar, por fin, con la lesión o el punto débil.

Cualquier osteópata está capacitado para llevar a cabo exámenes del sistema circulatorio, locomotor o neurológico, así que no se extrañe si realiza pruebas de otras partes del cuerpo que no sean los huesos o los músculos. Además de tomar la tensión, puede pedir radiografías,

resonancias magnéticas o análisis de sangre u orina.

En realidad, no existe ningún procedimiento terapéutico estándar para una lesión o enfermedad, sino que se adapta a cada caso particular. El osteópata

EL SISTEMA MÚSCULOESQUELÉTICO

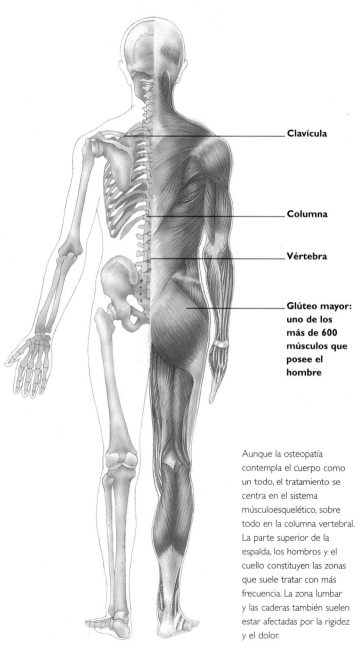

Clavícula

Columna

Vértebra

Glúteo mayor: uno de los más de 600 músculos que posee el hombre

Aunque la osteopatía contempla el cuerpo como un todo, el tratamiento se centra en el sistema músculoesquelético, sobre todo en la columna vertebral. La parte superior de la espalda, los hombros y el cuello constituyen las zonas que suele tratar con más frecuencia. La zona lumbar y las caderas también suelen estar afectadas por la rigidez y el dolor.

cuenta con un amplio abanico de técnicas con las que trabajar, como la reactivación de músculos y ligamentos mediante masajes, la ejecución de movimientos rápidos o rítmicos o ejercicios de relajación, muy útiles, estos últimos para los niños y la gente mayor. A veces el tratamiento osteopático puede ocasionar cierto malestar, pero nunca dolor. Así, tras un par de sesiones se puede notar una leve rigidez muscular, pero si se aplica calor o un calmante suave sobre la zona en cuestión desaparece de inmediato.

La consulta inicial y el primer tratamiento suelen llevar una hora, y las sesiones posteriores no acostumbran a durar más de media hora, aunque depende del especialista. Lo normal es que los primeros síntomas de mejora aparezcan al cabo de tres o más sesiones, seis en los casos más graves. Algunas personas, incluso, prefieren continuar recibiendo algunas sesiones de forma esporádica como medida preventiva.

Además, el osteópata suele sugerir otras formas de atacar el problema, como cambios en la alimentación, técnicas de relajación o ejercicios para practicar en casa con el fin de relajar los músculos.

OSTEOPATÍA CRANEAL

Esta rama especial de la osteopatía se desarrolló en la década de los años cuarenta y se basa en la idea de que las deformaciones en el cráneo se producen durante la infancia o como resultado de un traumatismo o de una tensión crónica. Estas deformaciones pueden causar diversos problemas de salud ya que afectan a la irrigación del líquido cefalorraquídeo, al cerebro y la columna. Los osteópatas craneales sostienen que son capaces de apreciar las pulsaciones de este líquido y, mediante una serie de presiones sobre el cráneo, volver a equilibrar su ritmo.

Esta terapia es válida incluso para los bebés recién nacidos, además de los menores y los adultos. Los problemas se diagnostican y tratan mediante un amplio abanico de técnicas. Los cólicos, la flatulencia, las alteraciones del sueño y el apetito, la jaqueca, los problemas de nariz y garganta, el asma y las alteraciones de la conducta, todas estas patologías responden muy bien a un tratamiento de osteopatía. Éste, en realidad, pasa desapercibido; de hecho, la única sensación que se tiene es la de las manos del especialista sobre la cabeza. A veces, no obstante, se nota cierta sensación de calor mientras la tensión se libera del cuerpo. Al final del tratamiento, la sensación de relajación es absoluta. ∎

LA TÉCNICA «ALEXANDER»

Desarrollada a finales del siglo XIX por el actor australiano Frederick Matthias Alexander, esta técnica se basa en la premisa de que si una persona lleva una vida relajada, adoptará una serie de posturas de forma natural que le permitirán moverse con el mínimo esfuerzo. Cuando se es pequeño se tiene esta habilidad, pero a medida que se crece, el conjunto de agresiones físicas, emocionales y mentales dan como resultado un estado permanente de tensión que se traduce en la adopción de posturas incorrectas.

Mediante esta técnica, se pretende volver a aprender a moverse de acuerdo con unos reflejos naturales. En la primera sesión, el especialista observa cómo se mueve el paciente y, tras sugerirle una serie de modificaciones en los hábitos posturales de los actos más cotidianos, como el de levantar una silla, y enseñarle a respirar correctamente, éste va tomando consciencia de cómo se mueve. El objetivo es, lógicamente, sustituir los hábitos incorrectos por los sanos y, de ese modo, aliviar molestias tales como el dolor de espalda o la cefalea o la hiperventilación.

Rolfing

La finalidad del rolfing *es volver a equilibrar el cuerpo para que sus posturas y sus movimientos sean lo más naturales y armónicos posibles. Aunque su objetivo es similar a la técnica de Alexander, difiere en el procedimiento.*

Llamada también «integración estructural», la técnica del *rolfing* constituye una reorganización sistemática de los principales puntos de tensión. Además de equilibrar el cuerpo actuando sobre los músculos y los tendones, propone un modo de moverse lo más natural y relajante. Resulta muy interesante sobre todo para aquellos que deban permanecer largo rato en una misma posición que provoque dolor o tensión.

Esta técnica fue creada por Ida P. Rolf, una doctora estadounidense en bioquímica. Tras descubrir que el funcionamiento del organismo estaba estrechamente vinculado al conjunto de problemas de salud personales y familiares, estudió durante años los mecanismos del dolor, la salud y la enfermedad hasta dar cuerpo, en la década de los sesenta, a la técnica que conocemos como *rolfing*.

Según Rolf, la postura acaba viciándose a lo largo de los años por múltiples motivos. Los niños tienden a imitar inconscientemente los malos hábitos posturales de los padres, de ahí que se sienten mal en los pupitres de la escuela, con lo que ello conlleva un desequilibrio para todo el cuerpo.

El resultado tras una sesión de *rolfing* es un «alargamiento» del cuerpo, ya que se mejora el alineamiento vertical del mismo y se vuelve a equilibrar horizontalmente de manera que no exista una sensación de desequilibrio. Con ello, no sólo elimina las alteraciones motivadas por un exceso de tensión, como el dolor de espalda y otros dolores crónicos músculoesqueléticos, sino que además mejora los patrones respiratorio, circulatorio, digestivo y del sueño.

¿QUÉ ESPERAR?

Un tratamiento de *rolfing* suele constar de unas diez sesiones. En cada una de ellas el especialista trabaja sobre una parte diferente del cuerpo partiendo siempre de la sesión anterior. La primera pretende «liberar la respiración» y realinear la parrilla costal; la última sesión integra todos los aspectos trabajados en las nueve precedentes. Cada sesión dura entre hora y hora y media, y tiene lugar cada una o dos semanas.

Durante las sesiones de *rolfing* se experimentan numerosas sensaciones, desde un calor localizado a un cierto malestar esporádico e, incluso, dolor, aunque éste se considera «bueno». El resultado es una sensación general de alivio y ligereza; si persiste cierto dolor, éste desaparece en un día. ∎

MANIPULACIÓN

El especialista empieza actuando sobre los niveles más superficiales hasta ir profundizando poco a poco. A medida que lo hace, el paciente debe respirar «dentro» de la zona tratada o realizar una serie de movimientos sincronizados.

Quiropraxia

Esta técnica, una terapia en la que el sistema músculoesquelético es manipulado por el especialista, se centra en la actuación sobre la columna vertebral y el sistema nervioso. El término quiropraxia proviene del griego cheir, *que significa «mano», y* prakitikos, *que se traduce como «actuación a través de», que es una definición perfecta de lo que constituye esta terapia.*

Cuando el canadiense Daniel David Palmer, una persona fascinada por los huesos y la forma de funcionar del cuerpo, curó a un conserje que había sido sordo durante años con tan sólo tocar una vértebra de la columna, sentó las bases de una nueva rama de la medicina, la quiropraxia. En la actualidad constituye una de las terapias complementarias que más amplia aceptación goza entre el mundo médico convencional, a pesar de la enorme incredulidad con que fue recibida a finales del siglo XIX. Estudios recientes han demostrado que la quiropraxia es muy eficaz en el tratamiento del dolor lumbar.

LA COLUMNA VERTEBRAL

La columna vertebral constituye toda una obra maestra de ingeniería ya que no sólo sostiene el peso de todo el cuerpo, sino que además facilita todos sus movimientos. Se compone de hasta 34 huesos, de los que 24 son las vértebras, acolchadas entre ellas mediante un disco cartilaginoso. Además, la columna contiene en su interior la médula espinal, el tubo o tejido nervioso encargado de transmitir información del cerebro al resto del cuerpo, incluidos los órganos internos.

Los nervios salen de la médula en una serie de puntos concretos. Si, como afirma la quiropraxia, se da el caso de que en dicho punto se produce una sobrecarga o exceso de tensión, ello interfiere en el correcto funcionamiento del resto del organismo. Precisamente, lo que pretende esta técnica es rectificar este desequilibrio para devolver la normalidad al conjunto de músculos, huesos y órganos internos del cuerpo humano.

Esta técnica actúa sobre el sistema músculoesquelético (huesos, articulaciones, músculos, tendones y ligamentos) llevando a la práctica todo un conjunto de técnicas manipulativas. La quiropraxia y la osteopatía son similares en cuanto a la teoría y el tratamiento, aunque existen diferencias entre ambas. Así, mientras que la primera prefiere realizar varias manipulaciones en articulaciones aisladas, la segunda prefiere trabajar sobre el tejido blando de una superficie más amplia. Además, la quiropraxia se suele valer con más frecuencia de otros procedimientos de diagnóstico, como las radiografías.

¿QUIÉN PUEDE BENEFICIARSE?

La quiropraxia trata numerosos problemas relacionados con los huesos y los músculos, como la ciática, las lesiones deportivas, la hernia discal, el asma, el estreñimiento, así como otros trastornos del aparato digestivo y menstruales. De hecho, la mayoría de las consultas suelen centrarse en problemas relacionados con la espalda y el cuello, al igual que los dolores de cabeza, que se suelen curar relajando la musculatura cervical. Las torceduras, los esguinces y los problemas de rodillas también pueden tratarse mediante la quiropraxia.

Esta técnica es válida para todas las personas, con independencia de la edad. Los especialistas sostienen que un accidente sin importancia durante los primeros años de vida puede incidir negativamente sobre la columna y, con el paso de los años, causar problemas músculoesqueléticos. Asimismo, recomiendan una revisión periódica laboral, paralela a las más convencionales, para corregir cualquier problema que se detecte.

Los médicos suelen recetar fármacos a las personas mayores con dolores de espalda o en las articulaciones, cuando en realidad la causa de dichas molestias suele ser la tensión muscular ocasionada por el desequilibrio entre varios músculos y la articulación. En ese sentido, la quiropraxia resulta muy adecuada para aliviar esos dolores sin necesidad de tomar ningún medicamento. Asimismo, también es útil para los dolores de espalda ocasionados durante el embarazo.

FUNCIONAMIENTO

En la sesión inicial el especialista toma nota del historial médico del paciente: dolencias actuales, enfermedades que ha tenido, lesiones y todo cuanto tenga que ver con algún trastorno en la salud.

Tras analizar sus movimientos y postura, pasa a examinar las zonas más proclives a padecer dolor, rigidez o espasmos. Mediante una serie de movimientos, el especialista trata de localizar las «subluxaciones», o falta de alineamiento de los huesos que forman la articulación, así como las «fijaciones», o movimientos anormales. Mediante una radiografía de la columna determina si existe algún tipo de artritis o deformación ósea. Asimismo, una serie de ejercicios le sirven para ver cómo responden los músculos y si hay algún nervio que no responda bien. A veces, también recurre a unos análisis de sangre y orina.

De hecho, el tratamiento no comienza hasta la segunda sesión, una vez que el especialista ha podido trazar un plan de actuación a partir de los análisis y resultados obtenidos en la sesión anterior. Si la zona cervical es la zona a tratar, le invitarán a sentarse en una silla. De no ser así le invitarán a desnudarse y echarse sobre una camilla especial diseñada para el tratamiento quiropráctico. Su posición, por ejemplo estirado boca abajo o de lado, dependerá del tratamiento.

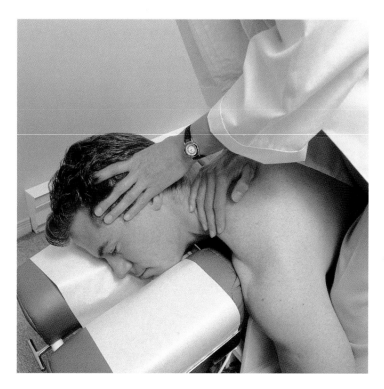

Los especialistas en esta técnica cuentan con un amplio abanico de ajustes, que típicamente no suelen durar más de unos pocos segundos y que habitualmente se realizan tras una inspiración profunda del paciente. Con cada ajuste puede oír un «clic», pero no suele ser doloroso. De hecho, en todo momento se evita causar el más mínimo malestar, de ahí que el especialista tenga un gran cuidado en ejercer la presión adecuada según la zona y la persona de que se traten, y puede realizar un masaje antes de cada ajuste.

Es probable que note cierto dolor durante unos días después del tratamiento. El número de sesiones depende lógicamente del problema que se deba tratar. Así, una lesión aguda como una distensión ligamentosa puede requerir tan sólo dos sesiones en la misma semana, más otra de control a la semana siguiente, mientras que los casos más graves pueden llegar a necesitar de doce sesiones durante ocho semanas, y los trastornos crónicos incluso más. Algunas personas vuelven como tratamiento preventivo o de mantenimiento. ∎

La quiropraxia se basa en toda una serie de movimientos cortos y rápidos, aplicando fuerza con las manos sobre la zona en cuestión. El masaje profundo también se utiliza para relajar la tensión muscular.

VÉASE TAMBIÉN

Artritis   **54-59**

PRECAUCIÓN

Evite las aplicaciones de calor húmedo y seco si padece hipertensión o problemas cardíacos. Tampoco realice tratamientos con vapor o baños de asiento durante los tres primeros meses de embarazo.

Hidroterapia

Los romanos apreciaban los beneficios sociales y para la salud del baño, y los griegos atribuían al agua propiedades curativas. En los últimos tiempos ha resurgido el interés sobre la utilización del agua como medio de mantener la salud y el bienestar, así como para desintoxicar el organismo y estimular la respuesta del sistema inmunológico. Si no puede descansar todo el peso del cuerpo sobre una extremidad, la hidroterapia puede permitirle realizar ejercicio sin dolor.

La hidroterapia se basa en las numerosas propiedades curativas del agua, ya sea en forma de sauna, baños calientes, hidromasaje, baños de asiento, baños de pies y talasoterapia (el uso terapéutico del agua del mar). Según el tipo de dolencia que se deba tratar, se emplea agua fría, caliente o templada, aunque a veces incluso se llega a aplicar en forma de hielo o vapor.

En Alemania siempre ha habido un enorme interés por la hidroterapia; no en vano, fue el monje bávaro Sebastian Kneipp quien sentó las bases, en el siglo XIX, de la moderna hidroterapia. Optó por seguir una serie de técnicas menos espartanas que las que habían desarrollado sus antecesores, quienes recurrían a métodos tan traumáticos como el de remojar al paciente con agua fría desde grandes alturas y con tanta fuerza que luego había que reanimarlo en el bar del pueblo. Las ideas de Kneipp se aplicaron enseguida allí donde había fuentes termales y manantiales, lo que originó la aparición por toda Europa de balnearios.

En la actualidad, la mayoría de las clínicas especializadas en hidroterapia se concentran en Alemania y otros países de Europa central. La informática ha permitido la aplicación de nuevas técnicas, como la aplicación de chorros de agua en puntos concretos del cuerpo y a una temperatura regulable.

AL IGUAL QUE LA FISIOTERAPIA

Para las personas que sufran alguna fractura, artritis, dolor muscular o articular o tengan exceso de peso, los baños en piscinas y los ejercicios en agua templada constituyen un remedio ideal ya que, libres del peso del cuerpo, los músculos y las articulaciones pueden trabajar sin presión alguna. Además, el contenido de sustancias minerales presente en el agua, como el azufre, no hace sino reforzar este efecto relajante.

TRATAMIENTOS PROFESIONALES

Los balnearios suelen disponer de piscinas con una serie de chorros de burbujas que apuntan a diferentes partes del cuerpo con el objeto de relajar los músculos. Este tratamiento resulta muy indicado para la curación de los problemas de circulación. El sistema de los chorros a presión sobre la espalda también alivia los dolores en esta parte del cuerpo, a la vez que activa la circulación y los órganos internos.

BAÑO TURCO

El objetivo de un baño turco es el de limpiar el organismo de toda impureza. Envuelto en una toalla, el bañista empieza por la sala fría (el *frigidarium* de los romanos) antes de acceder a la templada (*tepidarium*), donde hay una temperatura de entre 37,5 y 44 °C. Cuando empieza a sudar, pasa a la sala caliente (*caldarium*), donde la temperatura alcanza los 65 °C. Tras permanecer en ella durante media hora, recibe un masaje que elimina las impurezas acumuladas en los poros, dilatados por la acción del calor. Finalmente, el bañista se da un baño en agua fría para cerrar los poros.

HIDROTERAPIA EN CASA

Si no puede o no desea acudir a un balneario, puede practicar la hidroterapia en su propia casa. No obstante, si tiene una dolencia, lo mejor es consultar antes con su médico. Pruebe siempre la temperatura del agua, sobre todo en los tratamientos con agua caliente, para no quemarse.

DUCHAS

Las duchas de agua caliente son relajantes; además, son más desintoxicantes que las de agua fría. Constituyen un excelente relajante muscular y, dado que dejan el cuerpo con una sensación de relajamiento total, es mejor tomarlas antes de acostarse. Asimismo, puede optar por dirigir un chorro de agua a aquella parte del cuerpo donde quiera estimular la circulación.

Si se frota el cuerpo con sal marina húmeda antes de tomar la ducha, las impurezas retenidas en la piel desaparecen con más facilidad y se mejora la textura de la piel. Céntrese sobre todo en las extremidades y, si alguien le ayuda, en la espalda, y evite las partes más delicadas de la piel, como las mamas.

Las duchas de agua fría son estimulantes y energetizantes. Ayudan a la constricción de los vasos sanguíneos demasiado dilatados, como las varices, y existen evidencias de que si se toman durante seis meses o más pueden reducir la fecuencia e intensidad de los resfriados.

Alterne las duchas de agua caliente y fría. Empiece con una caliente durante dos minutos, y altérnela con rápidas duchas frías de unos 15 segundos. Repita la secuencia otras dos veces hasta acabar con una ducha fría. De este modo, se combinan los efectos beneficiosos tanto del agua caliente como de la fría, lo que favorece la relajación de los músculos a la vez que la tonificación de la circulación.

BAÑOS

Un baño en sal de Epsom (sulfato de magnesio) ayuda a aliviar los dolores de tipo reumático. Llene la mitad de la bañera con agua templada y añada dos cucharadas de sal de Epsom. Permanezca en ella entre 10 y 20 minutos, abriendo el grifo del agua caliente si es preciso. Al secarse, intente no llevarse con la toalla la sal. Si lo desea, puede añadir al agua un poco de harina de avena o salvado para suavizar la piel, o extractos minerales para nutrirla.

Los baños de asiento resultan muy indicados cuando se padecen menstruaciones dolorosas o inflamaciones de la región pélvica, así como hemorroides, cistitis e incontinencia. Lo mejor es tomar este tipo de baños en una bañera especialmente diseñada para ello, aunque también puede tomarlos en su propia bañera. Para ello, llene la bañera con agua caliente de modo que al meterse en ella el nivel del agua no sobrepase el ombligo. Siéntese en la bañera de forma que las rodillas sobresalgan del agua y quédese así hasta 10 minutos. De vez en cuando, deje escapar algo de agua y eche más agua caliente para que la temperatura se mantenga constante. ∎

Los ejercicios en una piscina dan muy buenos resultados en pacientes con problemas de movilidad. Una de las técnicas empleadas es la utilización de chorros de agua para estimular la circulación.

Capítulo 3
ALIMENTACIÓN SANA

LA MAYORÍA DE la gente tiene más o menos claro en qué consiste una dieta sana, pero se sienten confusos sobre las afirmaciones que algunos fabricantes de productos alimentarios hacen acerca de sus productos. La mejor manera de seguir la dieta más adecuada consiste en conocer los diferentes grupos de alimentos que existen así como su principal valor nutritivo. Las ventajas de seguir una dieta equilibrada son infinitas: no sólo hace sentir mejor, sino que además ayuda a prevenir ciertos trastornos del organismo o controlar sus síntomas a la vez que, junto con la práctica de ejercicio, permite mantenerse en el peso adecuado.

El modo de comer puede ser tan importante como qué comemos y unas comidas regulares y satisfactorias pueden hacer mucho por la curación de malos hábitos psicológicos relacionados con la comida. Unas técnicas de preparación erróneas pueden convertir los alimentos más sanos en una comida perjudicial para la salud. En realidad, hay mil formas de preparar unos platos sabrosísimos sin destruir los nutrientes y sin necesidad de recurrir a ingredientes o aditivos dañinos, como las grasas, el azúcar o la sal. Combinados con acierto, los alimentos más saludables permiten diseñar una dieta muy apetitosa. ■

Los alimentos pueden dividirse en grupos. La mitad del aporte alimenticio debería componerse de carbohidratos complejos, como la pasta o el pan integral. Tome cinco raciones de verdura y fruta al día, que además de colorido aportan una enorme cantidad de sustancias nutritivas. La carne, los huevos, los productos lácteos y los frutos secos se deben consumir con moderación; el azúcar, la mantequilla y el aceite deberían consumirse de forma limitada.

Somos lo que comemos

Una buena alimentación es básica para estar sano. La dieta típica de los países occidentales, basada en la carne, los derivados de la leche, los carbohidratos refinados y los alimentos procesados, es el origen de numerosas enfermedades, desde el cáncer, las cardiopatías, la diabetes y la artritis a los trastornos intestinales, el síndrome premenstrual, la hiperactividad o los resfriados frecuentes.

En medicina la nutrición va adquiriendo un protagonismo creciente ya que los alimentos contienen muchas sustancias vitales indispensables para el mantenimiento de la salud. Todo el mundo conoce las vitaminas y los minerales, pero no ocurre lo mismo con los ácidos grasos esenciales o los bioflavonoides. El primer paso para hacerse a medida una dieta sana consiste en tener bien claro qué valor nutritivo tiene cada alimento y cómo se pueden combinar entre ellos.

Son muchas las personas que creen que las deficiencias de una dieta inadecuada se pueden compensar tomando suplementos vitamínicos o de minerales. En ocasiones desempeñan un papel en el desencadenamiento del estrés o cuando se toman ciertos fármacos que pueden interaccionar con los alimentos (*véase* pág.

244), así como en el tratamiento de unos pocos y raros trastornos. No obstante, una dieta sana proporciona al organismo todas las sustancias nutritivas que éste necesita. Los especialistas creen que existen muchos nutrientes todavía desconocidos hoy en día, necesarios para mantener la salud y que no están en esos complementos.

La clave de una dieta sana no consiste sólo en tomar una alimentación variada, sino también en aumentar el consumo de vegetales en detrimento de los productos cárnicos. Los cereales y la pasta contienen gran cantidad de carbohidratos complejos, de modo que si se combinan con fruta fresca y verdura se obtiene un plato de lo más nutritivo.

CÓMO COMER

Es mejor comer de modo ligero varias veces al día que concentrarlo todo en una comida y una cena copiosas, que lo único que hacen es dificultar la digestión y le harán sentirse pesado. Dado que la digestión se reduce durante el sueño, es conveniente cenar al menos dos horas antes de acostarse; asimismo, es conveniente dejar pasar un rato antes de desayunar por la mañana. Los carbohidratos procedentes de una fruta, tostadas o cereales son mucho más fáciles de digerir que un desayuno cocinado y rico en proteínas.

Mastique despacio en vez de engullir, y «mate el gusanillo» de media mañana o por la tarde con una pieza de fruta o frutos secos. Comer poco y a menudo ayuda a regular el nivel de azúcar a la vez que estabiliza el ánimo y facilita la concentración. Combinado con unos buenos hábitos de alimentación, la práctica regular de ejercicio constituye la mejor manera de mantener el peso correcto.

Siga los siguientes consejos:
■ Coma tres o más piezas de fruta fresca así como una colorida ensalada cada día.
■ Opte por los productos integrales y de cultivo biológico en vez de los refinados y procesados, llenos de aditivos. No obstante, es mejor tomar aquellos que no sean biológicos antes que no tomar ninguno; en cualquier caso, retire las hojas externas y

---

LA NUTRICIÓN INFANTIL

Los principios de la nutrición son aplicables a cualquier persona, con independencia de la edad o el sexo, si bien es cierto que los niños y los adolescentes requieren para crecer con normalidad un aporte de nutrientes mayor que el de los adultos, sobre todo cinc, calcio, magnesio, biotina, ácidos grasos esenciales y vitaminas A, D y B6. Si se añade una cucharada sopera de semillas a los cereales, se refuerza el aporte de cinc, magnesio y ácidos grasos esenciales. Asimismo, si se toman cinco raciones de verdura y fruta fresca al día en lugar de los típicos productos preparados, muy ricos en azúcares, sal y grasas, se completa la dieta con el resto de los nutrientes. No administre complementos vitamínicos o de minerales a los niños si no es por prescripción médica.

La mejor manera de fomentar unos buenos hábitos alimentarios entre los niños es con el propio ejemplo. Las ventajas de seguir una dieta sana (mayor vitalidad, cabello, piel y uñas fuertes) constituyen otro argumento a favor. Las comidas preparadas en casa permiten disfrutar de la cocina a la vez que resultan mucho más económicas que las de llevar. Siga esta serie de consejos con los más pequeños:

■ Tenga siempre una jarra de agua o de zumo natural en la mesa para que los niños se habitúen a este tipo de bebidas, mejor que a los refrescos carbónicos y azucarados.

■ Los cereales procesados de la mañana contienen demasiado azúcar. Evite las caries sustituyéndolos por avena, *muesli* o cereales sin azúcar; en las tiendas de dietética venden variedades biológicas.

■ El plátano, los dátiles y los orejones de albaricoque constituyen unos nutritivos tentempiés que satisfacen de una forma sana el deseo de algo dulce. Los frutos secos sin sal también son una buena alternativa.

■ Combine en cada comida la verdura y las hortalizas dando lugar a una presentación colorida y atractiva, a la vez que sana.

---

lávelos bien para eliminar los restos de sustancias químicas.
■ Para preservar todo el valor nutritivo, compre poca cantidad de alimentos frescos pero a menudo.
■ Lo que importa es su actuación habitual, y no si un día se salta la dieta. Lo interesante es disfrutar con la comida y no obsesionarse con ella.

TIPOS DE DIETA

Como consecuencia de las características epidémicas que están adquiriendo «las

La cocina japonesa, al igual que la india, la tailandesa o la coreana, sigue la tradición milenaria de comidas familiares basadas en los carbohidratos y la verdura, donde la carne hace de mero acompañante más que de ingrediente principal. De hecho, se cree que la baja incidencia de infarto de miocardio en Japón se debe en gran medida a las virtudes de esta dieta.

enfermedades de la civilización» en Occidente, como el asma, el AVC o el cáncer, se ha experimentado un creciente interés en los últimos años hacia la nutrición. La enorme variedad de restaurantes y productos alimenticios presentes en los establecimientos comerciales permite, además, que todo el mundo pueda disfrutar de la riqueza gastronómica del mundo entero.

Según numerosos estudios realizados, la dieta mediterránea tiene mucho que ver con la baja incidencia de cardiopatías y cánceres en la población de esta zona. Esta dieta se compone de una gran cantidad y variedad de frutas, verduras y hortalizas, que las condiciones climáticas de la zona permiten cultivar sin problema. Además, se come más pescado y marisco que productos cárnicos, a diferencia de los países más septentrionales. El aceite de oliva es el preferido a la hora de cocinar, en vez de la mantequilla o las grasas hidrogenadas, y se consumen menos

alimentos procesados y refinados. Muchos de los platos suelen llevar ajo, que protege el corazón y previene el cáncer, además del igualmente saludable perejil.

Sin embargo, de tomarse nota de los recetarios de la cocina mediterránea, es preciso ser generoso con la pasta y avaro con la salsa. Esta última se basará en aceite de oliva, hortalizas, hierbas aromáticas y ajo, y no en las proteínas de origen animal.

Igualmente nutritivos son los platos que provienen del otro lado del Mediterráneo, como, por ejemplo, el *hummus* turco o el cuscús marroquí. Todos los ingredientes son fáciles de encontrar, de modo que todos estos sabrosos y saludables platos se pueden preparar cómodamente en casa.

RADICALES LIBRES

Una consecuencia de seguir una dieta insana demasiado rica en frituras es la producción de radicales libres, unas moléculas inestables que provocan la aparición de cáncer, obstrucción de las arterias, envejecimiento e inflamaciones. De hecho, los radicales libres son subproductos del metabolismo y forman parte de las defensas naturales contra las enfermedades; no obstante, resultan peligrosos cuando el organismo los sintetiza en exceso como resultado de moléculas de oxidación del oxígeno. Además de una dieta inadecuada, son provocados también por la contaminación, la combustión del petróleo, las radiaciones, los rayos del sol, el humo del tabaco, las enfermedades o el exceso de ejercicio.

ANTIOXIDANTES

El organismo se protege de los radicales libres produciendo unas sustancias químicas llamadas «antioxidantes», que los inutiliza y los hace inofensivos. La clave está en llevar una dieta sana y equilibrada que permita compensar la acción de dichos radicales libres.

Algunos de estos antioxidantes son nutrientes de primer orden, como es el caso de la vitamina A, el betacaroteno y otros carotenoides, que previenen los cánceres de pulmón y del aparato digestivo, así como la vitamina C, que previene a su vez contra los cánceres de boca, garganta, cérvix y mamas; de ahí el consejo de tomar gran cantidad de verdura y fruta, ricas en esta vitamina. Se cree que la vitamina E previene las cardiopatías, por lo que es recomendable tomar alimentos elaborados a partir de semillas, como el aceite de girasol, así como frutos secos y habas. Las deficiencias de vitaminas A y E se han asociado con la enfermedad de Alzheimer; asimismo, la de las vitaminas C y E, con las cataratas.

Minerales como el selenio, el cobre y el cinc (presentes en el marisco, los aguacates, los frutos secos y las semillas) también neutralizan la acción de los radicales libres. La sandía contiene cinc, selenio, betacaroteno y vitaminas C y E, por lo que es de lo más nutritiva. En caso necesario se puede tomar un suplemento, sobre todo las personas de edad media o avanzada, los habitantes de una zona contaminada, los fumadores o bien al tomar el sol.

Los antioxidantes también refuerzan el sistema inmunológico y, por consiguiente, la resistencia frente a las enfermedades. Por otro lado, se ha demostrado que reducen los síntomas del SIDA, además de aumentar la fertilidad, reducir los resfriados y las infecciones respiratorias y desempeñan un papel en la encefalomielitis miálgica.

BIOFLAVONOIDES

Algunos antioxidantes pertenecen al grupo de los bioflavonoides. Además del zumo de limón, se encuentran presentes en el escaramujo, las bayas, las cerezas, la uva, la papaya, el melón, la ciruela, el tomate, el brócoli, el té y el vino tinto. Son indispensables a la hora de disfrutar de una buena salud.

■ Favorecen la actividad de la vitamina C a la vez que fortalecen las paredes de los vasos capilares. Ayudan a combatir las hemorragias gingivales, las varices, las hemorroides, las contusiones y la trombosis.

■ Se unen a los metales tóxicos y los expulsan del organismo.

■ Tienen propiedades antiinfecciosas y anticarcinogénicas. Los bioflavonoides del pepino son, además, anticancerígenos.

Los bioflavonoides y otros antioxidantes (se han identificado unos cien y se sospecha que hay más) reciben el nombre de sustancias fitoquímicas. Inciden directamente en las reacciones bioquímicas del metabolismo y, al igual que las vitaminas, no se almacenan. La mejor manera de disfrutar de sus virtudes es seguir una dieta variada y rica en alimentos frescos, o ligeramente cocinados, de procedencia vegetal. ■

PROS Y CONTRAS DEL VEGETERIANISMO

Los vegetarianos rechazan el consumo de carne por motivos humanitarios o de salud. Los ovolactovegetarianos no toman carne ni pescado, pero sí huevos y productos lácteos; en cambio, los vegetarianos estrictos se limitan sólo a los productos de origen vegetal. Se estima que los vegetarianos tienen un 40 % menos de riesgo de sufrir algún tipo de cáncer que los que consumen carne. Su dieta contiene gran cantidad de fibra y carbohidratos complejos, y muy pocas grasas saturadas, de ahí que suelan estar más delgados que los que consumen carne, tengan un nivel de colesterol más bajo y padezcan menos problemas coronarios.

Los ovolactovegetarianos que siguen una dieta equilibrada no suelen carecer de ningún nutriente. La combinación de cereales y legumbres (en un plato tan sencillo como lentejas con arroz integral) proporciona tantas proteínas como la carne, mientras que el hierro, el calcio y el ácido fólico se pueden tomar de las verduras de hoja verde, los frutos secos y los alimentos elaborados a partir de semillas. Los vegetarianos estrictos, en cambio, suelen tener deficiencia de vitamina B12, de ahí que deban tomar alimentos enriquecidos con dicha vitamina, como la leche de soja o el extracto de levadura, o bien algún suplemento. Siempre y cuando reciban la cantidad necesaria de sol, deberían producir suficiente cantidad de vitamina D.

Las dietas macrobióticas se basan en la doctrina zen japonesa y tienen como objetivo buscar el equilibrio entre el *yin* (la parte femenina) y el *yang* (la masculina) de los diferentes alimentos. En su versión más ortodoxa, la dieta consiste únicamente en arroz integral, lo que lleva sin duda a un estado de malnutrición. Las modalidades más flexibles evitan los riesgos de la obesidad, la hipertensión, la subida del nivel de colesterol, el estreñimiento y el cáncer, aunque esto mismo se puede conseguir con una dieta ovolactovegetariana o vegetariana.

INTERACCIÓN DE LA MEDICACIÓN EN LA DIETA

Algunos medicamentos pueden reducir la concentración en el organismo de ciertos nutrientes. A su vez, algunos alimentos pueden tener un efecto negativo sobre ciertos medicamentos. Ante cualquier duda, consulte con su médico.

Tipo de fármaco y aplicaciones	Déficit potencial	Alimentos que deben comerse o evitarse
Antiácidos Indigestión, pirosis y úlcera gástrica	Pueden dificultar la absorción de fosfatos y otros minerales.	Coma carne, pescado y huevos. Tome el medicamento una hora después de comer.
Laxantes Estreñimiento	Pueden provocar deshidratación y pérdida de potasio. Reducen la absorción de casi todos los nutrientes.	Sustituya el medicamento por una dieta rica en fibra que incluya ciruelas e higos, o bien prepárese un laxante natural con salvado y linaza.
Anticoagulantes AVC, trombosis y trastornos de coagulación de la sangre	Reducen los niveles de vitamina K.	No tome suplementos de vitaminas A o C ya que pueden reducir el efecto del fármaco, ni tampoco de E, que puede provocar problemas de hemorragias.
Hipolipemiantes Reducen el nivel del colesterol	Pueden provocar una disminución en los niveles de hierro y ácido fólico.	Tome suplementos de hierro y ácido fólico; reduzca las grasas saturadas y el colesterol.
Antibacterianos y antibióticos Infecciones bacterianas	Destruyen las bacterias beneficiosas presentes en el sistema digestivo.	Tome yogur con cultivos vivos, pero consulte antes con el médico.
Antimicóticos Candidiasis	Reducen los niveles de vitaminas B2 y B6.	Tome cereales integrales, carne, huevos y productos lácteos.
Antimaláricos Malaria	Reducen el nivel de ácido fólico; no deben tomarlos las mujeres embarazadas ni los ancianos.	Tome un suplemento de ácido fólico; coma hortalizas de hoja verde y legumbres.
Diuréticos Retención de líquidos, aumentan la excreción de orina	Reducen los niveles de minerales como el potasio y el calcio.	Tome suplementos de minerales, pero consulte antes con el médico.
Anticonceptivos orales Contracepción y endometriosis	Reducen la absorción del ácido fólico, vitamina B6 y otros nutrientes.	*Véase* «Antimaláricos» para él ácido fólico. Coma huevos y productos lácteos.
Antiinflamatorios no-esteroideos Artritis reumatoide	Disminuyen el nivel de ácido fólico.	*Véase* «Antimaláricos» para el ácido fólico. No tome suplementos de hierro, calcio o vitamina C.
Corticoesteroides Antiinflamatorios a largo plazo	Pueden provocar deficiencias de calcio, vitamina K, potasio y proteínas.	Tome productos lácteos y carne, hortalizas verdes, judías, patatas, frutos secos, legumbres y semillas.
Anticonvulsivantes Epilepsia y trastornos psiquiátricos	Disminuyen el nivel de ácido fólico y otras vitaminas del grupo B.	Tome suplementos o coma pescado azul, huevos, productos lácteos y hortalizas de hoja.
Fármacos para la enfermedad de Parkinson como L-dopa (levodopa)		Evite los suplementos de vitamina B6 o fenilalanina (un aminoácido).
Citostáticos Cáncer, quimioterapia		Siga una dieta nutritiva y bien equilibrada y evite los suplementos de ácido fólico.

Proteínas

Las proteínas constituyen una de las sustancias nutritivas indispensables para el organismo. Los expertos recomiendan que el consumo de proteínas equivalga al 10-15% del total de los alimentos ingeridos.

PRECAUCIÓN

Si se encuentra en plena recuperación de una lesión, como la fractura de una pierna, necesita un aporte adicional de proteínas. Lo mismo ocurre con las mujeres en período de lactancia. Consulte a su médico para más información.

Cada célula depende de las proteínas para crecer, mantenerse y recuperarse. Las enzimas contribuyen en la formación de energía, la digestión de los alimentos, la producción de hormonas y anticuerpos, así como en la eliminación de los desechos.

Las proteínas se componen de aminoácidos, que a su vez están formados por carbono, hidrógeno, oxígeno y nitrógeno, los cuatro elementos básicos de la vida. Las moléculas de las proteínas se componen de varios grupos de aminoácidos, cada uno de ellos con una función particular. Así, por ejemplo, el colágeno fortalece y hace flexibles el cabello y la piel, mientras que la hemoglobina es una proteína que transporta el oxígeno en la sangre.

LAS PROTEÍNAS EN LA DIETA

Aunque el organismo es capaz de sintetizar algunos de los aminoácidos, ocho de ellos tan sólo se pueden obtener a partir de los alimentos. Los alimentos se dividen en dos categorías: los de alta calidad que aportan proteínas completas y los de baja calidad, que sólo contienen algunos de los aminoácidos. No obstante, una adecuada combinación de estos últimos permite compensar el aporte de los primeros.

La carne, el pescado, los huevos y la soja pertenecen al primer grupo, mientras que los frutos secos, las legumbres, el pan, el arroz, la pasta y las patatas entran en la segunda categoría. Son muchos los platos que combinan de forma acertada las proteínas de origen vegetal, como el compuesto de tofú, arroz y verdura, característico de la cocina asiática, o los frijoles con tortilla de maíz, originarios de México. Estos platos poseen un valor proteico igual al de la carne, pero sin las tan perjudiciales grasas saturadas.

Los hombres requieren 55 g de proteínas al día, mientras que las mujeres necesitan alrededor de 45 g. Dos platos basados en proteínas de origen vegetal o un filete de carne ya cubren estas necesidades.

Pero, en realidad, el problema de las dietas occidentales es la tendencia a consumir demasiadas proteínas: éstas, al no poderse almacenar en el organismo, se convierten en el hígado en glucosa. Este proceso, además de forzar el hígado y los riñones, tiende a acidificar la orina; la consiguiente pérdida de calcio aumenta el riesgo de osteoporosis. Los alimentos ricos en proteínas contienen gran cantidad de calorías y grasas: un exceso provoca un indeseable aumento de peso. ■

COMBINACIÓN DE ALIMENTOS, LA DIETA DEL DR. HAY

La combinación de alimentos, desarrollada por el doctor estadounidense Hay durante la década de los treinta, se basa en la creencia de que las proteínas y los carbohidratos se deben ingerir por separado porque tienen diferentes requerimientos digestivos. Así pues, según esta teoría se pueden comer patatas con mantequilla, pero no con queso; pollo con brócoli, pero no con arroz.

Hay dividió los alimentos en alcalinos (verduras, la mayoría de las frutas y leche) y ácidos (proteínas de origen animal, frutos secos y cítricos). Aconsejaba comer cuatro veces más alimentos alcalinos que ácidos, para de ese modo reducir al máximo el número de alimentos procesados y refinados, así como las grasas saturadas, en la dieta. Los principios son:

■ Coma los carbohidratos separados de las proteínas y los cítricos.

■ Base el grueso de la dieta en verduras, ensaladas y frutas.

■ Coma pequeñas cantidades de proteínas, carbohidratos y grasas.

■ Deje cuatro o más horas entre las comidas.

VÉASE TAMBIÉN

Somos lo que
comemos   **240-244**

PRECAUCIÓN

El hígado contiene gran cantidad de retinol (vitamina A). No obstante, las mujeres embarazadas deben evitar su consumo ya que un exceso de esta vitamina podría causar lesiones en el feto. De hecho, las mujeres embarazadas así como las que crean estarlo no deben tomar más de 3.000 mcg de vitamina A.

Vitaminas y minerales

Para gozar de una salud física y mental adecuada, se necesitan como mínimo 30 tipos de vitaminas y minerales. Las personas que sigan una dieta rica y equilibrada difícilmente llegarán a un estado carencial.

La Organización Mundial de la Salud y otros organismos han elaborado una lista con las cantidades diarias recomendadas (CDR) de vitaminas y minerales, aunque hay que tener presente que estas cantidades se refieren tan sólo al mínimo imprescindible. En realidad, para tener una buena salud se necesitan grandes cantidades de estos nutrientes, aunque los especialistas no se ponen de acuerdo sobre la cantidad exacta. En definitiva, la cantidad ideal de una vitamina o un mineral en particular depende siempre del estado mental y físico de cada uno, además de la edad y el sexo.

Las vitaminas son imprescindibles para el correcto funcionamiento del organismo. Por pequeña que sea la cantidad necesaria, desempeñan un papel vital a la hora de estimular las funciones enzimáticas, indispensables para el organismo.

Las vitaminas del grupo B así como la C son hidrosolubles, es decir, se diluyen en agua. Salvo la B12, no se almacenan en el cuerpo. Los antibióticos, el alcohol y el estrés inhiben la absorción de estas vitaminas.

Las vitaminas A, D, E y K son liposolubles y sí se acumulan en el

LAS VITAMINAS Y SUS FUNCIONES

Vitamina	Función	Presente en	Síntomas de deficiencia	CDR
Vitamina A	Vital para el crecimiento y la visión en penumbra; protege la mucosa del tracto digestivo, urinario y respiratorio de las infecciones.	Retinol en el hígado, la yema de huevo, productos lácteos y pescado azul. Betacaroteno en alimentos de origen vegetal, sobre todo los de color verde y amarillo, en especial la zanahoria.	Alteraciones de la visión, como la ceguera nocturna, mayor riesgo de infección, y escozor y sequedad de la piel.	Mujeres: 600 mcg; en período de lactancia: 950 mcg; hombres: 700 mcg
Vitamina B₁ (Tiamina)	Estimula la función enzimática; vital para los músculos, el sistema nervioso y la función cardíaca.	Cereales integrales, cereales enriquecidos, arroz integral, pasta, judías, cerdo, huevos y algunos frutos secos.	Irritabilidad, cansancio, pérdida del apetito y problemas de sueño; las dietas ricas en azúcares y el hipertiroidismo pueden llevar a un estado carencial.	Mujeres: 0,8 mg; hombres: 1 mg
Vitamina B₂ (Riboflavina, también llamada vitamina G)	Ayuda en la producción de hormonas; estimula la función de varias enzimas.	Hígado, aves, leche, huevos y cereales integrales.	Problemas de piel; las personas que toman anticonceptivos orales y antidepresivos son más susceptibles.	Mujeres: 1,1 mg; hombres: 1,3 mg
Niacina (Ácido nicotínico; pertenece al grupo B)	Metaboliza los carbohidratos y las grasas; ayuda a los sistemas nervioso y digestivo; mantiene la piel.	Pescado azul, carne blanca o aves, hígado, alubias y frutos secos.	Problemas en la piel, como la extrema sequedad; cansancio y depresión.	Mujeres: 13 mg; hombres: 17 mg

LAS VITAMINAS Y SUS FUNCIONES continuación

Vitamina	Función	Presente en	Síntomas de deficiencia	CDR
Ácido pantoténico (Perteneciente al grupo B)	Ayuda a metabolizar la energía y estimula la función de las enzimas; refuerza el sistema nervioso e interviene en la formación de las hormonas sexuales.	La mayoría de las verduras y hortalizas, productos de origen animal y cereales, sobre todo en las vísceras, el pescado, la yema de huevo, los cereales integrales y las hortalizas verdes.	Espasmos musculares, agotamiento, náuseas, dolor abdominal, jaquecas, parálisis y parestesias.	3-7 mg
Vitamina B$_6$ (Piridoxina)	Facilita la acción de las enzimas, fabrica los hematíes y los anticuerpos, refuerza los sistemas nervioso y digestivo, y mantiene la piel.	Soja y otras legumbres, pollo, cerdo, pescado, cereales integrales, plátanos y patatas.	Irritabilidad, depresión, debilidad, anemia, trastornos cutáneos, sequedad de los labios, estomatitis.	Mujeres: 1,2 mg; hombres: 1,4 mg
Vitamina B$_{12}$ (Cianocobalamina)	Indispensable para el crecimiento; forma los hematíes; estimula el sistema nervioso; facilita la acción de las enzimas.	Alimentos de origen animal, como las aves, el buey, el cerdo, los huevos, el pescado y la leche, además de cereales enriquecidos.	Anemia, aftas bucales y en la lengua, depresión, parálisis, parestesias, lesiones del sistema nervioso.	1,5 mcg
Vitamina C (Ácido ascórbico)	Antioxidante; previene las infecciones; cicatrizante; contribuye a la síntesis del colágeno (indispensable para la salud de los huesos, los dientes, las encías y las uñas); facilita la absorción del hierro.	Cítricos, patata, pimiento verde, hortalizas de hoja verde, tomate y algunas bayas. Al cocinarlos pierden parte de su contenido en esta vitamina.	Debilidad, encías inflamadas, dolores agudos. Si la carencia es grave, provoca escorbuto, cuyos síntomas son: inflamación de las encías, caída de dientes y hemorragias a nivel de la piel.	40 mg; fumadores: al menos 80 mg
Vitamina D (Colecalciferol)	Absorbe el calcio y el fósforo, indispensables para la salud de los huesos y los dientes.	La luz solar sobre la piel desnuda, el pescado azul, la yema de huevo, los productos lácteos enriquecidos, los cereales del desayuno y la margarina.	Raquitismo (huesos débiles y deformados en los niños), huesos quebradizos en la gente mayor.	Basta con la que se recibe a través de los rayos del sol; si apenas recibe, 10 mcg
Vitamina E (Tocoferol)	Protege los pulmones y otros tejidos de la contaminación; mantiene los hematíes y la acción de las enzimas.	Margarinas, aceites vegetales, pescado azul, yema de huevo, hortalizas de hoja verde y frutos secos.	Anemia; irritabilidad y retención de líquidos en los niños.	Mujeres: al menos 3 mg; hombres: al menos 4 mg
Vitamina K (Filoquinona)	Facilita la coagulación de la sangre ayudando a que el hígado elabore ciertas sustancias.	Hortalizas de hoja verde, yema de huevo, queso, cerdo e hígado.	Hemorragia nasal, gingival y heridas que sangran demasiado.	1 mcg por cada kg de peso corporal
Ácido fólico	Básico antes y durante el embarazo para el desarrollo del cerebro y el sistema nervioso del feto; ayuda en la formación de los hematíes así como en el funcionamiento del sistema nervioso.	Hortalizas de hoja verde, alubias, guisantes, yema de huevo, aguacates, setas, hígado y pan integral.	Anemia, agotamiento, depresión, alteraciones cutáneas; crecimiento débil en los niños.	200 mcg; mujeres embarazadas: 300 mcg (más un suplemento de 400 mcg en las 12 primeras semanas)
Biotina	Indispensable para la digestión y la estimulación de diversas funciones enzimáticas.	Alubias, pomelo, plátano, setas, yema de huevo y cacahuetes.	Caída del cabello, pérdida del apetito, agotamiento, eccemas e inflamación de la lengua.	10-200 mcg

organismo. Abundan en los alimentos ricos en aceite y grasas. La función biliar es indispensable para una correcta absorción de estas vitaminas.

El organismo no funciona sin minerales, incluso si sólo representan el 3-4 % del total del peso corporal. Muchas personas sufren a menudo carencias de minerales; sobre todo de cinc, hierro y calcio. Éstos se hallan en productos lácteos, hortalizas y semillas.

No obstante, debido a que los minerales proceden del suelo, a través de las plantas en primer orden, es posible que un suelo degradado sea deficiente en contenidos minerales. A los alimentos procesados se les pueden haber extraído los minerales, o lo contrario, que contengan un suplemento de ellos (a veces por ley, como ocurre en el caso de los cereales para el desayuno). ■

LOS MINERALES Y SUS FUNCIONES

Mineral	Función	Presente en	Síntomas de deficiencia	CDR
Calcio	Fortalece los huesos; indispensable para la función celular, muscular y del sistema nervioso, y para la coagulación sanguínea.	Productos lácteos, hortalizas de hoja verde, semillas de sésamo, pescado con la espina (como las sardinas en conserva).	Fractura de huesos, raquitismo (deformación de los huesos en los niños) y osteoporosis en los adultos.	700 mg; mujeres en período de lactancia: 1.250 mg
Magnesio	Necesario para los huesos, los dientes, los músculos y el sistema nervioso.	Pescado, cereales integrales, frutos secos, leche, soja y hortalizas de hoja verde.	Calambres musculares, palpitaciones, inquietud y ansiedad.	Mujeres: 270 mg; hombres: 300 mg
Fósforo	Esencial para la salud de los huesos y los dientes; ayuda a mantener los fluidos corporales.	La mayoría de alimentos, sobre todo carne, aves, pescado y productos lácteos.	Dolor de huesos y debilidad.	550 mg
Potasio	Mantiene el equilibrio hídrico y favorece el ritmo cardíaco y las contracciones musculares; refuerza el sistema nervioso.	Aguacate, cítricos, plátano, cereales integrales, hortalizas de hoja verde y legumbres.	Fatiga, confusión, debilidad muscular y arrítmias.	3.500 mg
Sodio	Regula el equilibrio hídrico y el ritmo cardíaco; refuerza los músculos y los nervios.	Sal de mesa (presente en numerosos alimentos procesados).	Calambres musculares, debilidad y mareo.	1.600 mg
Selenio	Antioxidante, protege las células contra la acción de los radicales libres.	Productos lácteos, carne, pescado y cereales integrales.	Se desconocen.	Mujeres: 60 mcg; hombres: 75 mcg
Cinc	Esencial para el crecimiento, la cicatrización y las hormonas; estimula la acción de algunas enzimas.	Ostras, carne roja, cereales integrales, pan integral y alubias.	Pérdida del apetito; si es grave, caída del cabello, inflamación de la piel, los labios y los párpados.	Mujeres: 7 mg; hombres: 9,5 mg
Hierro	Interviene en la formación de la hemoglobina, encargada de transportar el oxígeno, así como ciertas enzimas.	Carne magra, hortalizas de hoja verde, frutos secos, judías y cereales enriquecidos.	Anemia y fatiga.	Mujeres: 14,8 mg; hombres: 8,7 mg
Manganeso	Estimula la acción de enzimas que generan energía; interviene en la formación de los huesos y tendones.	Legumbres, frutos secos y cereales enriquecidos.	Se desconocen.	1,4 mg

VÉASE TAMBIÉN
Vitaminas y
minerales 246-248

Suplementos

Los suplementos alimentarios son vitaminas y minerales disponibles en forma de comprimidos, líquidos, cápsulas o en polvo. Algunas veces se emplea el término «suplemento» para referirse a los productos con extractos de plantas, aminoácidos y aceites de pescado.

Los suplementos vitamínicos y minerales están recubiertos de unas sustancias que los protegen de la humedad y facilitan su ingestión. A veces se añaden colorantes, edulcorantes y aromatizantes.

Si una persona nace sana y sigue una dieta equilibrada y rica en nutrientes, bebe gran cantidad de agua y practica ejercicio con regularidad, no necesita tomar suplementos. No obstante, el ritmo de vida y la alimentación impuestos por el mundo industrializado dista de ser perfecto, sobre todo porque gran parte de los alimentos que se consumen están procesados, tan ricos en grasas y azúcares como pobres en sustancias nutritivas. El trigo es un ejemplo paradigmático: durante su refinado se pierden hasta 25 nutrientes, y tan sólo quedan cuatro: hierro, vitaminas B1 y B2, y niacina.

Las autoridades sanitarias establecen unas cantidades diarias recomendadas (CDR) que garanticen un mínimo indispensable para la supervivencia, con un margen adicional de seguridad. Las cantidades de las etiquetas de los alimentos no tienen en cuenta el conjunto de circunstancias personales que inciden en las necesidades nutricionales de una persona.

En los últimos tiempos se ha exagerado mucho sobre los supuestos beneficios que reporta el consumo regular de suplementos vitamínicos o de minerales. De hecho, los estados carenciales son muy escasos, mientras que la hipervitaminosis de algunas vitaminas, como la A y la D, es perjudicial. Así pues, las únicas personas que deben tomar este tipo de refuerzos son las que sigan una alimentación pobre o tengan ciertos problemas de salud.

La mayoría de los suplementos proporcionan la CDR de vitaminas y minerales, e incluso más. Algunos, además, incluyen ciertas sustancias que todavía no disponen de una CDR, pero que se sabe que son importantes para la salud.

CUÁNDO Y CÓMO TOMARLOS

Tome los suplementos a intervalos regulares durante el día, durante o después de la comida, de manera que se absorban con los alimentos. Si debe tomar varios a la vez, hágalo al acabar la comida principal del día.

Hay una gran variedad de presentaciones a la hora de elegir el suplemento más adecuado. Si bien los comprimidos duran mucho, los que se presentan en forma de polvo suelen ser más puros, así como más adecuados para las personas con alergia. ∎

ALGUNOS CONSEJOS

- Un exceso de betacaroteno amarillea la piel. Para volver al color natural, reduzca la cantidad.

- Tomada en exceso, la vitamina C es laxante, por lo que hay que tomarla de forma gradual. Si tiene acidez de estómago, tome la forma alcalina «ascorbato» entre las comidas.

- La niacina puede provocar al principio rubor facial y picor; la vitamina B2 (riboflavina) hace que la orina tome un color amarillo brillante (es normal).

- Cuando tome antibióticos, aumente las dosis de vitaminas del grupo B. Tome, también, bastante yogur, sobre todo si ha tenido con anterioridad problemas de candidiasis (*véanse* págs. 142-143), o bien suplementos «probióticos».

- Si toma anticonceptivos orales o un tratamiento hormonal, tome suplementos de vitaminas B6, B12, ácido fólico y cinc.

- Si toma antidepresivos, anticonvulsivantes o anticoagulantes, consulte con su médico antes de tomar ningún suplemento vitamínico o mineral.

- Tenga cuidado con la hipervitaminosis si combina preparados multivitamínicos, y ajústese a las cantidades máximas recomendadas.

Grasas

Hay grasas buenas y malas. Por desgracia, la mayoría de las personas que siguen una dieta occidental suelen abusar de estas últimas, las saturadas, en detrimento de las primeras, las insaturadas.

Las grasas, que se componen de ácidos grasos, desempeñan diversas funciones, entre las que están la de absorber las vitaminas liposolubles y los betacarotenos, que el organismo convierte en vitamina A, estimular el crecimiento durante la infancia, intervenir en la síntesis de las hormonas sexuales y regular el metabolismo. Si bien las grasas saturadas, en estado sólido, a temperatura ambiente (salvo la de los aceites de palma y coco), pueden aumentar el nivel de colesterol sanguíneo, las insaturadas lo reducen o no tienen efecto sobre éste.

Dado que la grasa, con 9 calorías por gramo, posee el doble de éstas que las proteínas y los carbohidratos, una alimentación rica en grasas puede ocasionar problemas de sobrepeso. En los países occidentales cerca de la mitad del consumo total de calorías proviene de las grasas, sobre todo de las perjudiciales, cuando en realidad los especialistas recomiendan que las grasas no pasen del 35 % del aporte total de calorías. Las grasas insaturadas se dividen en monoinsaturadas y poliinsaturadas.

MONOINSATURADAS

Conocidas también como ácidos grasos omega-9, las grasas monoinsaturadas se consideran beneficiosas ya que no inciden negativamente en la salud y, además, se pueden emplear como sustituto de las saturadas, éstas sí perjudiciales. El aceite de oliva, que se compone en un 80 % de aceite linoleico, encabeza la lista.

La dieta mediterránea emplea el aceite de oliva en vez de grasas procesadas, de ahí que los habitantes de estas regiones padezcan menos enfermedades cardiovasculares. Otras ventajas del aceite de oliva es que reduce la acidez gástrica, combate el estreñimiento, estimula la secreción de bilis y fortalece los huesos. El mejor aceite de oliva, tanto por su sabor como por su valor nutritivo, es el de prensado en frío, no refinado.

POLIINSATURADAS

Las grasas poliinsaturadas se componen de dos familias de ácidos grasos esenciales: omega-6, o ácido linoleico, y omega-3, o ácido linolénico. El organismo es incapaz de fabricarlos, por lo que deben aportarse a través de los alimentos.

El ácido gammalinolénico es una sustancia que el organismo produce de forma natural a partir del ácido linoleico. A su vez,

---

¿QUÉ ES EL COLESTEROL?

Hay dos clases de colesterol: el de los alimentos y el de la sangre. Cada día el hígado fabrica cerca de 1 g de colesterol sanguíneo, una sustancia que se encuentra en todas las células del organismo. Esta cantidad es indispensable, pero sobrepasarla puede causar problemas. Consumir una gran cantidad de alimentos ricos en colesterol no implica que el nivel del colesterol sanguíneo sea alto, una causa mayor de cardiopatía isquémica. De hecho, los factores hereditarios desempeñan un papel decisivo en la determinación de los niveles de colesterol.

No obstante, si padece alguna cardiopatía, debe reducir al máximo el consumo de grasas saturadas, como las del bacon, los guisos de carne, la mantequilla y la repostería para de ese modo reducir el nivel de colesterol sanguíneo, y sustituirlas por alimentos ricos en fibra soluble, como la avena, los frutos secos y los cítricos. El ajo es un gran aliado, tanto guisado como en forma de suplemento, ya que parece reducir el nivel de producción de colesterol en el hígado.

Aunque alimentos tales como la yema de huevo, las vísceras y las gambas son ricos en colesterol, estudios recientes han demostrado que no aumentan el nivel de colesterol sanguíneo.

el ácido gammalinolénico es convertido eventualmente en las indispensables prostaglandinas del grupo 1. No dura mucho, así que se debe reponer cada día. Entre sus virtudes está la de combatir los trastornos circulatorios, reducir las inflamaciones o regular el equilibrio hídrico y el nivel de azúcar del sistema digestivo.

A partir del ácido linolénico modificado, el organismo elabora prostaglandinas del grupo 3, indispensables para las funciones cerebrales, así como para la salud del sistema circulatorio, la visión, el equilibrio hídrico, el sistema inmunológico y otros. El consumo de pescado azul, rico en ácidos asociados, permite mantener un nivel adecuado de estas sustancias y evitar algunos de los procesos de conversión.

ELIJA LAS GRASAS ADECUADAS

Desconfíe de los niveles de grasas que el fabricante indica en las etiquetas que aparecen en los productos, ya que suelen ser inexactas. Los productos supuestamente «bajos en grasas» deberían contener como mínimo un 25 % menos de grasas que su equivalente normal. No obstante, ello no evita que la cantidad de grasa contenida sea todavía muy alta. Otro detalle es que muchos fabricantes compensan la reducción de grasa con un aumento de azúcares para potenciar el sabor, por lo que el contenido calórico de dichos productos es enorme.

Así pues, desconfíe de los productos «bajos en grasa». Sobre un total de 100 g, 20 g es una cantidad elevada de grasas y 3 g es una cantidad pequeña. ∎

GRASAS BUENAS Y GRASAS MALAS

Tipo de ácido graso	Fuente alimentaria	Función
Saturados (Perjudiciales)	Mantequilla, queso curado, nata, aceites de palma y de coco, margarina dura y grasas sólidas para cocinar, productos cárnicos grasos (como hamburguesas, bacon, salchichas, salami y paté), galletas, repostería, chocolate y bollería.	No son necesarios ya que el organismo puede sintetizar por sí mismo los que necesita, pero añaden sabor a los alimentos. Un exceso de grasas saturadas lleva a obesidad, ateroesclerosis, cardiopatía isquémica y cáncer de mama, colon y páncreas.
Monoinsaturados Omega-9 (Beneficiosos)	Aceite de oliva, aceite de colza, aguacate, frutos secos y semillas.	Desde un punto de vista nutricional no son necesarios, aunque muchos de los alimentos que contienen este tipo de grasa contienen también las poliinsaturadas, que son indispensables; tal es el caso del aceite de colza.
Poliinsaturados Omega-6 (Proceden del ácido linoleico; **esenciales**)	Aceites vegetales, en especial el de maíz, alazor (*Carthamus tinctorius*) y soja.	Necesarios para un crecimiento y un desarrollo sanos; su carencia puede inhibir el crecimiento y el funcionamiento del sistema inmunológico y provocar alteraciones en la piel y coágulos sanguíneos.
Omega-3 (Derivan del ácido linolénico; **esenciales**)	Pescado azul, como sardinas, arenques y caballa, y aceites de nuez y de colza.	Necesarios para el desarrollo precoz del cerebro y las retinas; son antiinflamatorios y anticoagulantes; pueden ser útiles en el tratamiento de la cardiopatía isquémica, la psoriasis y la artritis.
Trans (Perjudiciales)	Carne y derivados, productos lácteos, alimentos procesados (galletas, repostería, dulces), margarinas y grasas reforzadas para que no se vuelvan rancias.	No son indispensables; se asocian con la cardiopatía isquémica. Si se fríen los alimentos en este tipo de grasa, como las margarinas, las grasas beneficiosas de éstos pueden convertirse en perjudiciales, por lo que es mejor emplear el aceite de oliva u otros aceites vegetales.

VÉASE TAMBIÉN

Dientes y encías   **86-87**

Somos lo que

   comemos   **240-244**

Aporte energético

   elevado   **256-257**

Perder peso   **260-261**

PRECAUCIÓN

El exceso de sacarosa provoca alteraciones de la salud, como la obesidad, la caries dental, enfermedades gastrointestinales y cardiovasculares, trastornos renales, depresión o hiperactividad en los niños, alergia e, incluso, algunos tipos de comportamiento criminal. Las únicas personas que pueden beneficiarse de la sacarosa son aquellas con un nivel de azúcar bajo en la sangre, pero siempre bajo la supervisión de un médico.

Carbohidratos

Los carbohidratos constituyen la principal fuente de calorías en la gran mayoría de las dietas. Van desde los azúcares «simples» a los almidones más «complejos» y son las sustancias energéticas por excelencia.

En una dieta estándar, las féculas constituyen el 50 % del total de carbohidratos, la sacarosa (el azúcar de mesa) el 30 %, la lactosa (el azúcar de la leche) el 10 %, y el resto de azúcares el 10 % restante.

Los carbohidratos se queman en el organismo de diferentes maneras. Los simples son los más rápidos en hacerlo, como es el caso del azúcar (tanto blanco como moreno), la miel, los productos refinados y las golosinas, mientras que los complejos, presentes en alimentos como las verduras, la pasta, el arroz y los cereales, son de más lenta digestión.

En principio, los carbohidratos complejos deberían representar las dos terceras partes del aporte total de calorías. No sólo liberan su contenido en azúcar de forma gradual, con lo que la energía que proporcionan dura mucho más tiempo, sino que además ayudan a equilibrar el nivel de azúcar en la sangre, así como el peso corporal. Las patatas, las pastinacas y todas las judías (salvo las alubias cocidas) contienen una gran cantidad de carbohidratos complejos.

Los simples, de hecho, se han convertido en parte indispensable de muchas dietas tan sólo a partir del último siglo y medio. El caso es que no sólo provocan caries, sino que sustituyen a alimentos mucho más saludables y ricos en nutrientes. Si desea una rápida dosis de carbohidratos simples, tómese alguna hortaliza de raíz hervida o fruta fresca.

AZÚCAR REFINADO

El azúcar de mesa (la sacarosa) es un carbohidrato refinado que se compone se dos azúcares simples: la glucosa y la fructosa (el azúcar de la fruta). La mayoría del azúcar consumido en los países occidentales proviene de la caña de azúcar y la remolacha, aunque también hay grandes cantidades en los zumos de fruta y las frutas.

La ingestión de alimentos ricos en azúcar proporciona numerosas calorías. Pero éstas, a pesar de la energía inmediata que producen, no aportan ningún nutriente esencial, de ahí que reciban el nombre de «calorías vacías». El azúcar blanco, por ejemplo, ha perdido durante el proceso de refinado hasta el 10 % de sus vitaminas y minerales. El organismo suele acumular estas calorías en grasa a modo de depósitos de energía, a no ser que se practique ejercicio con asiduidad y se quemen.

La sacarosa está presente en la mayoría de los alimentos procesados. Actúa a modo de conservante y sirve para dar un aspecto más apetecible a los alimentos, sobre todo los refinados. Sin duda, es conveniente reducir al máximo el consumo de sacarosa en beneficio de alimentos con elevado contenido en fibra. ■

AZÚCARES

Los azúcares simples se digieren con gran rapidez. En este grupo están la glucosa y la fructosa, que se encuentran en algunos alimentos, como la fruta, la miel y el maíz y derivados. Este grupo también comprende la lactosa, presente tan sólo en la leche y sus derivados; la maltosa, en el extracto de malta y el trigo y la cebada malteados; la sacarosa y la dextrosa, en el azúcar refinado y moreno, los refrescos, las golosinas, el chocolate y otros alimentos procesados (lea siempre los ingredientes de la etiqueta por si hubiera más azúcares), así como en los cereales procesados. Poseen poco valor nutritivo.

El almidón y la fibra son azúcares que se encuentran en los carbohidratos complejos, los cuales son de digestión más lenta y de un mayor valor nutritivo. Se encuentran, por ejemplo, en los cereales, las patatas y otras verduras, las judías y las legumbres, como las lentejas.

VÉASE TAMBIÉN

Estreñimiento 88

Síndrome de colon
irritable 98-99

PRECAUCIÓN

Ciertas personas no toleran una alimentación con un elevado contenido en fibra. Es el caso de los que padecen enfermedad diverticular, enfermedad inflamatoria intestinal y ciertas formas de síndrome de colon irritable.

Hay dos tipos de fibra: la soluble y la no soluble. Muchos alimentos, sobre todo los cereales integrales, contienen los dos. La soluble está presente en la mayoría de la fruta y la verdura, las legumbres y la avena, y se encarga de enlentecer la absorción de los carbohidratos y liberar los azúcares en la sangre. La fibra no soluble se encuentra en los frutos secos, el salvado, el arroz y la piel de la fruta. Llega sin alterar al intestino y es fundamental en el proceso digestivo.

Fibra

Toda dieta sana debe contener fibra, un elemento constitutivo de todos los alimentos de origen vegetal. Procede de las paredes celulares de las plantas, y la fibra es más dura cuanto más vieja es la planta.

Aunque la fibra apenas posee un valor nutritivo por sí sola, es indispensable para la digestión. Cuanta más fibra se ingiera, más agua es capaz de absorber el sistema digestivo, de forma que aumenta el volumen de las heces: éstas pueden progresar a través de los intestinos con mayor facilidad. Un aporte elevado de fibra permite regular el nivel de azúcar en la sangre y disminuir el de colesterol, que es eliminado junto con las heces. Además, la fibra disminuye la sensación de apetito.

La manera de estimular un sistema digestivo aletargado consiste en tomar grandes cantidades de fibra, beber al menos un litro de agua al día y practicar un poco de ejercicio de forma regular. Las autoridades sanitarias fijan en 18 g de fibra la cantidad mínima que se ha de ingerir al día, aunque algunos especialistas en nutrición elevan esta cifra hasta los 35 g.

En cualquier caso, lo cierto es que para disfrutar de un sistema digestivo sano es preciso ingerir bastante más fibra que la cantidad media que se suele ingerir en los países industrializados. Una dieta pobre en fibra puede llevar a la aparición de la diabetes, cardiopatía isquémica así como trastornos digestivos, como cáncer de colon, enfermedad diverticular, cálculos biliares y estreñimiento.

CAMBIAR DE DIETA

Si está acostumbrado a seguir una dieta pobre en fibra, cambiar repentinamente a otra rica en ella puede provocar toda una serie de trastornos intestinales o flatulencia hasta que el organismo se adapte. Así pues, aumente el aporte de fibra de forma gradual, empezando por la soluble, y beba gran cantidad de agua, sobre todo entre horas. Si algún alimento rico en fibra le causa molestias, cámbielo por otro manteniendo en todo momento una dieta lo más variada posible.

El salvado constituye uno de los alimentos que más alteraciones digestivas puede ocasionar, y en algunos casos puede llegar incluso a dificultar la asimilación de ciertos minerales esenciales, en especial el cinc. Por otro lado, los niños que siguen una dieta rica en fibra pueden presentar estados carenciales de calcio, sobre todo si no beben leche con regularidad.

En realidad, la mayoría de los problemas que suelen presentarse al cambiar bruscamente a una dieta de elevado contenido en fibra acostumbran a deberse a la dificultad del organismo a prescindir de las grasas o azúcares a que estaba habituado. Por ello, hay que darle cierto margen para que se acostumbre a la nueva dieta, pero el esfuerzo bien merece la pena. ■

FIBRA NO SOLUBLE

FIBRA SOLUBLE

VÉASE TAMBIÉN
Diarrea　　　　　90
Infecciones del
　tracto urinario **146-147**

Agua

Cerca de dos terceras partes del organismo se componen de agua. Sin una cantidad suficiente de este preciado líquido, las funciones vitales del organismo se paralizan rápidamente y ocasionan la muerte en cuestión de unos pocos días.

Si bien el organismo puede sobrevivir largos períodos sin ingerir alimento alguno, no ocurre lo mismo con el agua. Se calcula que una persona normal que tome una alimentación normal procesará unos tres litros de agua al día, de los que dos tercios provienen por el consumo directo, ya sea en forma de agua, té, café, refrescos, zumos o bebidas alcohólicas. La tercera parte restante procede de la verdura, las hortalizas y las frutas, así como otras fuentes tal vez no tan evidentes, como es el caso de los productos lácteos, el pan, los cereales y, en menor cantidad, la legumbre, la carne y el pescado. Asimismo, el organismo elabora a su vez agua al quemar la glucosa para producir energía.

Las necesidades de agua varían con el clima y el tipo de vida que se lleve. Por regla general, el organismo pierde 1,5 litros a través de la transpiración, la digestión de los alimentos y el sistema urinario. Aunque, lógicamente, se suda más con calor o al practicar algún ejercicio, una persona puede deshidratarse también a causa de una enfermedad o a varios grados bajo cero.

Aunque el agua corriente que sale de los grifos suele ser perfectamente potable, la tendencia es a comprar cada vez más agua embotellada, ya sea natural o con gas.

Si no desea beber agua del grifo, cómprela embotellada. Ésta, sin ser necesariamente más sana que la primera, posee sin embargo un sabor más agradable. De hecho, puede contener mayor número de bacterias, así como de nitratos y otras sustancias químicas en cantidades variables.

Las autoridades sanitarias se encargan de velar por la calidad del agua, llevando un estricto control sobre el nivel de microorganismos presentes en ella, así como de las sustancias químicas, pesticidas y fertilizantes que pueda contener. Las autoridades determinan la cantidad de sustancias que deben ser añadidas al agua canalizada, como el cloro para purificarla, el flúor para fortalecer los dientes y prevenir la caries, y el sulfato de aluminio para eliminar los residuos en suspensión.

La calidad del agua varía notablemente de una zona a otra así como en el tiempo. Se cree que el agua dura es más sana ya que posee menos sal que la blanda y, en cambio, más calcio y magnesio. Si le desagrada el sabor o sospecha que está contaminada, póngase en contacto con las autoridades sanitarias.

COMPRAR O FILTRAR EL AGUA

El agua «mineral» debe proceder de una fuente natural que esté libre de cualquier tipo de contaminación de manera que se pueda beber directamente de ella. No obstante, la calidad varía notablemente. Las personas con una dieta pobre en sal deben comprobar en la etiqueta que el agua no contenga más de 20 mg de sodio por litro; si posee más de 200 mg, evítela.

Otra posibilidad consiste en filtrar el agua del grifo, aunque lo más probable es que las propiedades minerales se pierdan con las impurezas. El filtro de carbón, el más sencillo de todos, retiene el cloro y otras partículas, mientras que las versiones más sofisticadas filtran prácticamente todas las bacterias, además de los minerales y las sustancias químicas. Cambie el filtro con regularidad. ∎

SÍNTOMAS DE DESHIDRATACIÓN

Los síntomas de deshidratación son orina de color oscuro, náuseas, mareos, dolor de cabeza, dificultad a la hora de fijar la atención, cansancio y desorientación. Las personas que tiendan a acumular calcio u otros minerales deben beber gran cantidad de agua so pena de formar cálculos renales, unos cristales no solubles en agua que se forman en los riñones y provocan dolor muy agudo.

PRECAUCIÓN

Para evitar emborracharse:
- *Nunca beba sin tomar algún alimento.*
- *Evite el alcohol con el estómago vacío.*
- *Diluya las bebidas fuertes.*
- *Sea consciente de cuánto bebe.*
- *Antes de pedir una copa más, acabe la que tiene.*
- *Priorice la calidad sobre la cantidad.*
- *Evite «salir de copas».*

Conocer las medidas estándar de las bebidas alcohólicas resulta muy útil para saber cuánto puede beber. Una caña de cerveza o un vaso de sidra equivale a 300 ml; una copa de un licor, a la medida estándar de 25 ml. Asimismo, un vaso de vino equivale a 125 ml, mientras que una copa de jerez representa 50 ml.

Alcohol

Si se trata de un adulto sano, una cantidad moderada de alcohol resulta beneficiosa para la salud así como un eficaz relajante. No obstante, posee numerosas calorías «vacías» y, tomado en exceso, puede ocasionar problemas de salud y alteraciones de la conducta.

Los efectos beneficiosos de tomar cierta cantidad de alcohol van más allá de facilitar la vida social. No sólo facilita la relajación tras una dura jornada de trabajo y, por tanto, combate el estrés, sino que además estimula la conversación, lo que es beneficioso durante las comidas, porque provoca la reducción del consumo, lo que, a su vez, repercute en beneficio del sistema digestivo.

Estudios recientes han demostrado que el alcohol reduce el efecto nocivo de los radicales libres. Los ingredientes activos presentes en él, sobre todo en las cervezas negras y el vino tinto, son unos antioxidantes conocidos como flavonoides. Sus propiedades varían según la uva, el suelo, la región y los métodos de elaboración. Algunos de estos flavonoides descongestionan las arterias, otros poseen propiedades anticancerígenas, e incluso los hay que reducen el riesgo de padecer trombosis coronaria. Hoy en día los médicos recomiendan el consumo moderado de alcohol a pacientes con dolencias cardíacas, incluida la angina de pecho.

PROBLEMAS CON EL ALCOHOL

Cuando una persona bebe demasiado alcohol y se emborracha, se convierte en una molestia social e, incluso, un peligro para sí mismo y los que le rodean (*véanse* págs. 20-21). A corto plazo, ha de padecer las molestias ocasionadas por la resaca y, a la larga, un alcohólico puede llegar a perder el trabajo, los amigos y la familia.

Un consumo periódico y desmesurado de alcohol causa problemas de salud: no sólo daña el hígado, sino que se daña el miocardio y así favorece la aparición de determinados cánceres. Además, a los hombres les puede provocar impotencia al reducir los niveles de testosterona, mientras que en las mujeres envejece la piel y facilita la aparición de anomalías en el feto así como la propensión al aborto.

GRADUACIÓN DEL ALCOHOL

La graduación de una bebida alcohólica nos indica la proporción de alcohol etílico que ésta contiene. Cuanto mayor sea la graduación, tanto menor será la cantidad necesaria para alcanzar cifras peligrosas de alcohol.

Se recomienda no sobrepasar los 32 g de alcohol por día en el caso del hombre, y los 24 g por día en el caso de la mujer. Cantidades superiores pueden perjudicar seriamente la salud. De todas maneras, también existen factores individuales que determinan el grado de susceptibilidad de una persona frente al alcohol.

El consumo desenfrenado de alcohol durante el fin de semana, aunque durante la semana no se consuma ni un gramo, también puede perjudicar seriamente la salud y a la larga puede derivar en una situación de alcoholismo. ∎

Aporte energético elevado

Cuanto más ejercicio se practique, más necesario se hace llevar una dieta equilibrada. Deben seguirse las reglas nutricionales básicas pero debe añadirse un suplemento de carbohidratos. La combinación de una comida sana y ejercicio físico combate el estrés, regenera los tejidos, equilibra las hormonas y favorece la liberación de endorfinas y encefalinas.

Para realizar cualquier ejercicio físico se necesita glucosa, que el cuerpo elabora a partir de los carbohidratos presentes en las féculas y los azúcares de alimentos como el pan, las patatas y el arroz, y lo almacena en el hígado y los músculos en forma de glucógeno. Como cualquier otra persona, los deportistas necesitan proteínas, que se obtienen sobre todo de las legumbres, la carne blanca y roja, el pescado, el queso, los huevos y las semillas, así como vitaminas, minerales y ácidos grasos esenciales. Es imprescindible ingerir una cantidad suficiente de líquido antes del ejercicio. Es aconsejable beber durante el mismo y al finalizar para reponerlo.

Si la práctica del deporte y el buen estado físico forman una parte importante de su vida, debe pensar a largo plazo y seguir una dieta equilibrada y variada. La mayoría de los atletas suelen tomar un copioso y nutritivo desayuno, sobre todo el día de la competición, y habitualmente siguen una dieta rica en carbohidratos complejos.

AUMENTO ESCALONADO DE LOS CARBOHIDRATOS

La tendencia actual entre los deportistas es obtener como máximo dos tercios (un 67 %) del total de la energía necesaria a partir de los carbohidratos complejos. Cuanto más glucógeno sea capaz de almacenar el cuerpo, mayor y más duradera será la cantidad de energía disponible durante la práctica del ejercicio. El glucógeno es el combustible que permite que los músculos se muevan. El arroz, la pasta, las patatas, las legumbres y las semillas son ricos en carbohidratos complejos.

Entre un 10 y un 15 % de las calorías restantes deben tener un origen proteínico y, por último, entre un 20 y un 30 % deben proceder de las grasas. Tenga presente que tomar poca grasa no significa que deba erradicarla de la dieta, ya que los ácidos grasos esenciales son indispensables para el organismo. La grasa que mejor se asimila es la de los aceites de origen vegetal y los procedentes del pescado azul y los frutos secos. A ésta hay que añadir la ingerida en

BEBIDAS ISOTÓNICAS, ¿BUENAS O MALAS?

La gran mayoría de bebidas «isotónicas» para deportistas anuncian que son rehidratantes y que aportan energía, pero en realidad cualquier producto que contenga calorías ayuda a recuperar la energía consumida. La mejor manera de obtener calorías es a partir de los carbohidratos complejos, presentes en el pan, las patatas, el arroz, la pasta y los cereales. De hecho, el modo menos indicado desde un punto de vista nutricional es precisamente ingerir carbohidratos simples, esto es, azúcar. A pesar de ello, muchas bebidas reconstituyentes contienen dosis importantes de ésta, a veces incluso hasta el 18 % del total. Además, estas bebidas tan dulces son perjudiciales para los dientes y potencialmente peligrosas para los diabéticos.

Las bebidas reconstituyentes pueden contener cafeína y aditivos para potenciar el sabor, colorantes, edulcorantes y estabilizantes. Aunque en un principio pueda parecer que proporcionan energía inmediata, la cafeína actúa como un poderoso diurético, de ahí que en el fondo deshidrate más. Los diferentes aditivos no contribuyen a revitalizar el cuerpo.

En realidad, la bebida rehidratante más completa es la compuesta por una mezcla de zumo de fruta y agua con una pizca de sal. Para una rápida reposición de energía, tómese una fruta.

La práctica regular del deporte de competición requiere un entrenamiento progresivo así como una dieta que produzca suficiente glucógeno, el combustible de los músculos, que permite al atleta realizar con el máximo rendimiento un brusco aumento de la actividad física aeróbica.

los alimentos de cada día, limitando el consumo de carne roja para así mantener un nivel bajo de grasas saturadas.

CONSUMO NORMAL DE PROTEÍNAS

Antiguamente, los especialistas en nutrición recomendaban ingerir un suplemento adicional de proteínas durante los entrenamientos, pero lo cierto es que si bien 1 g de carbohidratos y 1 g de proteínas proporcionan el mismo número de calorías —4—, una dieta alta en proteínas implica la producción de demasiados ácidos. Para contrarrestar los efectos de esta acidez, el organismo recurre a las reservas de sodio y calcio, de ahí que ingerir demasiadas proteínas repercuta gravemente en los niveles de calcio. Esta situación puede llevar a la osteoporosis, que debilita los huesos.

VITAMINAS Y MINERALES

Asegúrese de que su dieta contenga todos los nutrientes esenciales.

■ Para facilitar la digestión y obtener una buena musculación, elija alimentos ricos en vitamina B1 (o tiamina): cereales enriquecidos, gachas de avena, *muesli* o frutos secos.

■ Para prevenir la anemia y los calambres o espasmos musculares es ideal la vitamina B6, presente en el pescado o los huevos.

■ El potasio, presente en los aguacates, la fruta fresca (sobre todo el plátano) y seca, las setas y las patatas, ayuda a regular la función muscular y el equilibrio hídrico del organismo.

■ El magnesio contribuye a regular la función nerviosa y muscular, y se encuentra en las hortalizas verdes, las semillas de sésamo, el germen de trigo y las legumbres.

■ Para contrarrestar la pérdida de cinc a través del sudor y la sangre, consuma marisco, carne roja, cacahuetes y semillas de girasol.

■ Los alimentos ricos en vitaminas A, C y E, como el pescado azul (arenques y sardinas), los aceites vegetales, los cítricos, las patatas y las hortalizas verdes y rojas, ayudan a que el organismo utilice eficazmente el oxígeno.

Algunos deportistas tienen la costumbre de tomar suplementos vitamínicos y de minerales para obtener un mayor rendimiento físico. En realidad, no hay necesidad alguna de exceder las cantidades diarias recomendadas, sino que la mejor manera de obtener un organismo fuerte y resistente es llevar una dieta sana. ■

El peso ideal

No existe un peso ideal, ni tan siquiera para personas con una misma altura. Lo más prudente es considerar el «peso óptimo» como una franja más o menos flexible en vez de obsesionarse con una cifra exacta.

El peso de cada persona depende de toda una serie de factores, como la edad, el sexo o la constitución física. La mejor manera de calcular el peso ideal es mediante el índice de masa corporal o IMC (*véase* recuadro inferior). Sin embargo, éste mide únicamente la masa total corporal; así, si una persona practica algún deporte con asiduidad y aumenta la masa muscular —que es lo deseable—, pesará más que otra que no lo practique ya que el músculo pesa más que la grasa. Los especialistas se valen de otros métodos, como los compases, con los que miden el grosor del pliegue cutáneo, pero dado que no pueden utilizarse en casa, el IMC continúa siendo la mejor alternativa.

La mayoría de las personas es consciente de la importancia que reviste mantener un peso correcto. No obstante, durante los últimos años ha aumentado la incidencia de la obesidad en el mundo industrializado. Así, en algunos países se duplicó el número de casos de obesidad entre 1980 y 1990, y, de hecho, hoy en día las personas con sobrepeso son

ÍNDICE DE MASA CORPORAL

El índice de masa corporal (IMC) es la herramienta que permite a los médicos establecer el peso ideal corporal de una persona y los riesgos para la salud. Se calcula dividiendo el peso (en kilogramos) por la altura (en metros) al cuadrado; redondee la cifra a un solo decimal. Así, si una persona pesa 60 kg y mide 1,60 m, se hace la siguiente operación: 1,6 x 1,6 = 2,6; 60 ÷ 2,6 = 23,1.

Menos de 20	Bajo peso
De 20 a 25	Peso saludable deseable
De 25 a 30	Sobrepeso
Por encima de 30	Obesidad

Los médicos suelen tener en cuenta también la relación entre la cintura y la cadera ya que se considera que concentrar todo el grueso del peso en la zona del estómago y el abdomen implica un mayor riesgo de padecer cardiopatía isquémica, diabetes o tener la presión alta.

Los estudios demuestran que una persona que tenga un índice de 27 reúne el doble de posibilidades de sufrir cardiopatía isquémica, hipertensión o tener cálculos biliares. Asimismo, tiene 14 veces más posibilidades de convertirse en un diabético. Estos riesgos aumentan de forma considerable si el índice pasa de 30.

La obesidad es un problema para cualquiera, pero es sumamente indeseable en los niños. Además de los riesgos para la salud y un patrón alimentario erróneo, su autoestima se ve afectada por su exceso de peso.

mayoría. La obesidad está lejos de ser un simple problema estético, como piensa todavía la mayoría de gente, sino que incide directamente sobre el riesgo de padecer numerosas patologías. Entre éstas destacan sobre todo la cardiopatía isquémica, la hipertensión (presión alta de la sangre) y la diabetes. Además, las personas obesas sufren toda una serie de problemas adicionales, como cálculos biliares, hernias, cáncer e infertilidad.

Las personas que tengan antecedentes familiares de alguna de estas dolencias deben mantenerse rigurosamente dentro del peso óptimo y reducirlo de inmediato en el caso de superarlo. Con tan sólo adelgazar un 5 o un 10 % se reduce de forma considerable el riesgo de sufrir alguna de estas patologías.

OBESIDAD EN JÓVENES Y ANCIANOS

Los niños obesos tienen muchas más posibilidades de padecer de obesidad en la vida adulta y los riesgos antes mencionados se multiplican cuanto más tiempo se arrastre dicha obesidad. Estudios recientes han demostrado que los niños obesos durante la adolescencia tienen un riesgo superior al de la media de padecer alguna de esas enfermedades cuando sean mayores.

Reducir el consumo de alimentos resulta complicado en estas edades ya que las necesidades de nutrientes son mayores que las de un adulto. Dado que tan sólo un 50 % de los casos de niños obesos tratados da resultados satisfactorios, la clave radica en prevenir fomentando unos hábitos sanos.

La obesidad constituye un problema añadido en la tercera edad ya que representa un mayor riesgo de padecer alguna lesión articular, mucho más desgastadas que las de una persona joven. Además, el riesgo de cardiopatía isquémica, mayor de por sí en estas edades, aumenta.

EL BAJO PESO

Las personas con bajo peso sufren muchas menos complicaciones y disfrutan de una mayor esperanza de vida que las que padecen de obesidad, pero no están exentas de ciertos riesgos. Así, las mujeres con un peso inferior al normal resultan menos fértiles y tienen más posibilidades de padecer osteoporosis durante la vejez. De todos modos, sólo es preciso acudir al médico si la delgadez es extrema o si existe un trastorno alimentario. Se puede ganar peso introduciendo algunos pequeños cambios en la dieta y el estilo de vida. ■

CÓMO GANAR PESO

El hecho de que la obesidad sea un problema tan común hace que las personas que necesiten ganar peso tengan ciertos problemas a la hora de informarse sobre cómo hacerlo. En realidad, ganar peso no es algo tan sencillo como invertir las normas dietéticas típicas para los obesos y seguir una dieta rica en grasas y un estilo de vida sedentario. Antes de modificar su dieta, acuda a su médico para descartar cualquier causa médica que pueda explicar su bajo peso, como puede ser un problema de tiroides.

En primer lugar, analice lo que come. Recientes estudios demuestran que, al igual que los obesos infravaloran la cantidad de alimentos que ingieren, las personas delgadas tienden a sobrevalorarla. Además, suelen comer «de pie» y sin prestar atención a lo que comen o dejan de comer. La única manera de vigilar la alimentación consiste en hacerse un calendario de menús para una semana o dos. Un adulto normal requiere entre 1.800 y 2.000 calorías al día, según el sexo y la constitución física que posea. Si no llega a esta cantidad, debe comer más.

La manera más saludable de ganar peso es ingerir carbohidratos complejos. A medida que gane peso debe aumentar las masas muscular y adiposa, de ahí que sea importante que tome alimentos ricos en proteínas (*véanse* págs. 245 y 284-291), indispensables para el desarrollo muscular. El consumo de grasas permite recibir un aporte más rápido de calorías, pero los hombres por encima de los 40 años así como las mujeres posmenopáusicas deben vigilar en no tomar más alimentos con grasas saturadas que los habituales ya que aumentan los riesgos de padecer cardiopatía isquémica. En cambio, las grasas monoinsaturadas, presentes en el aceite de oliva, son más saludables.

Tómese el tiempo suficiente a la hora de comer de modo que pueda masticar y digerir la comida correctamente. Evite las comidas copiosas y espaciadas y coma más a menudo. Los almuerzos y meriendas deben ser nutritivos, como un bocadillo de sardinas o queso, para proporcionar así al organismo los nutrientes necesarios para metabolizar los alimentos y convertirlos en grasa corporal. Si al cabo de un mes no ha ganado peso, vaya al médico.

PRECAUCIÓN

Aunque una dieta muy pobre en calorías conlleva una rápida y significativa pérdida de peso, obliga al organismo a recurrir a las reservas del tejido muscular, lo que reduce el metabolismo y, por consiguiente, la fuerza física. Además, puede provocar hambre aguda, que muchas veces se intenta aplacar tomando alimentos ricos en grasas, sobre todo si hay síntomas de debilidad.

Perder peso

Más de la mitad de la población de los países occidentales ha intentado alguna vez perder peso antes de alcanzar los 50 años. Pero son muy pocos los que han hecho realidad su objetivo y lo han mantenido a largo plazo.

En realidad, la teoría para perder peso es algo tan sencillo como gastar más energía que la que se consume, aunque llevarlo a la práctica resulta algo más complicado, tanto más si a ello añadimos los a menudo contradictorios consejos ofrecidos por los fabricantes y pseudoespecialistas en nutrición. En realidad, para perder peso basta con seguir estas dos reglas de oro: tomar menos grasas y practicar algún deporte con regularidad.

El número de obesos ha aumentado tan rápidamente en las últimas décadas que algunos especialistas se refieren a la obesidad como una auténtica epidemia de nuestro

Si desea perder peso de forma definitiva, practique algún deporte que le guste con regularidad. El *footing* es una modalidad de ejercicio aeróbico que estimula el metabolismo y, junto con una dieta pobre en grasas, permite adelgazar y mejorar el aspecto físico.

tiempo. Si tenemos en cuenta que comemos un 20 % menos que durante la década de los sesenta, la conclusión es bien sencilla: hoy en día se quema mucha menos energía que entonces. Sin duda a ello ha contribuido el hecho de que la gente pase el doble de tiempo viendo la televisión o que el parque automovilístico se haya duplicado.

MÁS EJERCICIO

La clave está en practicar algún tipo de ejercicio físico con regularidad (*véase* recuadro, página siguiente). Ahora bien, el objetivo es practicarlo no sólo cuando se desee perder peso, sino durante toda la vida. De ese modo, no sólo se mantiene un peso óptimo, sino que se reducen al mismo tiempo el riesgo de padecer cardiopatía isquémica, diabetes o hipertensión. Lo mejor es fomentar la práctica de algún deporte ya desde la infancia: un niño activo se convierte en un adulto sano.

CARBOHIDRATOS, NO GRASAS

La segunda regla de oro para perder peso es ingerir menos grasas. Las grasas de la dieta estimulan un gran número de respuestas biológicas que facilitan que el organismo acumule grasas.

La grasa, bajo cualquiera de sus formas, es rica en calorías; de hecho, contiene el doble que la misma cantidad de carbohidratos. Además, el organismo gasta poca energía para transformar la grasa de los alimentos en grasa corporal, mientras que la transformación de los carbohidratos en tejido adiposo precisa el doble de energía.

La naturaleza ha diseñado el organismo humano para almacenar grasa eficazmente como un mecanismo de supervivencia. No en vano, nuestros antepasados se valían de ella para sobrevivir durante las épocas de hambrunas. Aunque hoy en día ya no tiene sentido este mecanismo de seguridad, lo cierto es que nuestro organismo todavía está programado para acumular dicha grasa.

Además, es fácil abusar de ella. Si, en el caso de los carbohidratos, el organismo envía un mensaje automático al cerebro para dejar de ingerirlos una vez satisfechas las necesidades, no ocurre lo mismo con la grasa, con la que la sensación de saciedad se alcanza mucho después, cuando ya se ha ingerido más de la necesaria. Además, se ha demostrado que cuanto más rica es la dieta en grasas, mayor es el deseo de tomarlas.

En los países occidentales, la grasa constituye entre el 30 y el 40 % de la dieta. Para perder peso, es imprescindible bajar de ese 30 %. Elija alimentos naturales pobres en grasas y entre los productos procesados elija aquellos bajos en grasas y pobres en azúcar y ricos en carbohidratos complejos. Si procede de esta manera, se ahorrará tener que contar las calorías que consume.

Otra razón por la que es aconsejable reducir el consumo de grasas es que así se reduce el riesgo de sufrir hipertensión y cardiopatía isquémica. Por otro lado, el consumo de carbohidratos complejos presenta otro efecto beneficioso: se cree que refuerzan la glándula tiroides, que es la que regula el metabolismo, y hacen que el organismo recurra a sus propias reservas de grasa.

Aunque seguir estas dos reglas de oro lleva cierto tiempo (entre 0,5 y 1 kg por semana), sin duda alguna constituye la mejor manera, y la más saludable, de perder peso.

FALSAS FÓRMULAS MILAGROSAS

Si la clave consiste en algo tan sencillo como hacer ejercicio y reducir el consumo de grasas, ¿qué sentido tienen los métodos que se anuncian por los medios de comunicación, además del de hacer dinero? Todos ellos suelen prometer resultados milagrosos inmediatos y sin esfuerzo alguno. Las dietas milagrosas funcionan durante unos pocos días, pero en realidad no sirven de nada si no se cambian los hábitos alimentarios a largo plazo. Al retomar los hábitos normales, no sólo se vuelve a recuperar el peso sino que, además, se suele acabar más obeso que al principio.

Comprimidos, suplementos y artefactos mecánicos inundan el mercado como el método definitivo para perder peso. Lo mejor que puede hacer es ignorarlos: a pesar del efecto marginal que alguno de ellos pueda tener, el mejor camino para perder peso es el ejercicio y la reducción del consumo de grasas. ■

PRACTICAR MÁS EJERCICIO

Hay dos tipos de ejercicio, el aeróbico y en anaeróbico. Ambos sirven para acelerar el metabolismo (la velocidad con la que el organismo quema energía), lo que ayuda a reducir la grasa acumulada. Además, benefician a la persona que sigue un régimen de múltiples maneras.

El ejercicio aeróbico aumenta la frecuencia cardíaca así como el nivel de oxígeno en la sangre, lo que se traduce en un aumento de la energía y la resistencia. Asimismo, acelera el metabolismo. La natación, el *footing*, el ciclismo y la danza son algunas modalidades de ejercicio aeróbico. Media hora de natación quema unas 300 calorías y, si se practica con regularidad, el metabolismo se mantiene aumentado incluso en reposo.

El ejercicio anaeróbico, como las pesas, fortalece los músculos. Cuanto mayor es la masa muscular en relación al tejido adiposo, más rápidamente quema las calorías el organismo. Además, este tipo de ejercicio fortalece también los huesos y, por tanto, previene la osteoporosis; esto último es importante para las mujeres, sobre todo las que siguen una estricta dieta pobre en grasas.

Para sacar partido de todos estos efectos beneficiosos, es preciso practicar algún deporte aeróbico una media hora tres veces por semana y dos breves sesiones de otro anaeróbico. No tiene por qué ser extenuante; de hecho, es preferible una sesión larga de ejercicios moderados en la que poder hablar antes que concentrarlo todo en una sesión breve que le deje sin aliento.

A medida que introduzca la práctica de un deporte en la rutina diaria, observará cómo puede regular mucho mejor el apetito. No empiece de golpe, sino que debe proceder de forma gradual para así aumentar la fortaleza y resistencia físicas sin peligro de lesionarse. Si ha estado inactivo largo tiempo o hay en su familia antecedentes de cardiopatía isquémica, consulte a su médico antes de empezar.

Hábitos alimentarios correctos

La gente de hoy suele tener unos hábitos alimentarios bastante pobres. Esto se debe en parte al estilo de vida imperante, que contrarresta la falta de tiempo para cocinar con todo tipo de productos procesados ricos en grasas. Se come de manera esporádica, sin tener en cuenta el horario tradicional de las comidas y abusando de los tentempiés ricos en grasas.

La tendencia imperante hoy en día es saltarse el desayuno, cuando en realidad se trata de una comida fundamental ya que permite que el organismo se reponga tras un largo período de ayuno y aumenta el metabolismo, el cual disminuye durante el sueño, y el nivel de azúcar en la sangre, el cual aumenta el estado de alerta. Se ha demostrado que las personas que toman un buen desayuno por la mañana cuentan con una memoria más ágil a corto plazo y afrontan el día con más vigor.

La gente suele saltarse a menudo el desayuno por haber cenado copiosamente la noche anterior, un hábito que puede llevar al exceso de peso. Y es que algunos dietistas creen que los alimentos ingeridos justo antes de ir a dormir se convierten en grasa durante la noche. Además, se cree que las personas que tienen la costumbre de cenar tarde y copiosamente tienen más probabilidades de sufrir un infarto de miocardio al acumularse las grasas nocivas en las paredes de las arterias tras horas de inmovilidad. Tal vez esto explique por qué los infartos de miocardio suelen darse sobre todo a primera hora de la mañana.

POCO Y A MENUDO

Lo más recomendable es repartir el consumo de calorías a lo largo de todo el día, entre un buen desayuno, una comida suave, una cena ligera y un tentempié a media mañana y a media tarde. En la medida de lo posible, se debe cenar al menos dos horas antes de acostarse para permitir una correcta digestión.

Los estudiosos han llegado a la conclusión de que las personas que reparten la ingestión de alimentos en unas cinco o siete «comidas» al día toman una mayor variedad de nutrientes y tienden a comer unos alimentos con menos grasa. Si se actúa de este modo, resulta mucho más fácil evitar las patologías asociadas con una dieta poco saludable ya que se es mucho más selectivo con los alimentos que se toman. Las galletas industriales, por ejemplo, hacen que los niveles de grasa y azúcar sobrepasen la medida deseable. Además, sobre todo los azúcares, quitan el apetito, de modo que al final no se come bien en las comidas principales. En cambio, si elige de forma

TENTEMPIÉS SALUDABLES

En el mercado existe una enorme variedad de tentempiés industriales aunque la mayoría son poco recomendables para la salud, sobre todo si se toman a menudo. Opte por tomar tentempiés basados en productos naturales como los que siguen a continuación:

- fruta fresca (plátanos, manzanas y peras)
- tostadas, pasteles de arroz, palitos de pan
- palomitas (sin azúcar, sin sal y sin mantequilla)
- yogur natural (desnatado para los adultos)
- hortalizas crudas (zanahorias, apio, pepino)
- frutos secos (nueces, avellanas, almendras)
- frutas secas (pero después lávese los dientes para eliminar los restos de azúcar)
- cereales de desayuno (con leche desnatada para los adultos)

Comer en familia y con unos platos bien nutritivos es la mejor manera de inculcar en los hijos unos hábitos alimentarios correctos, erradicando la tan extendida tendencia de picar «cualquier cosa» o realizar copiosas comidas a horas intempestivas. Además, permite pasar mucho más tiempo en familia.

adecuada los alimentos, un tentempié puede resultar de lo más saludable.

Es una buena idea planificar con antelación las comidas y tener al alcance de la mano un gran surtido de alimentos sanos. De ese modo, resulta mucho más fácil evitar los típicos productos industriales nada saludables. Además, permiten disponer de más tiempo para comer y disfrutar así de la comida.

DISFRUTAR CON LA COMIDA

Es importante disfrutar con la comida ya que, siempre y cuando elija unos alimentos sanos, ello permite reforzar unos hábitos alimentarios saludables. No sólo permite tomarse tiempo para comer, sino que, al disfrutar comiendo, los alimentos se mastican y digieren mucho mejor, con lo que se evitan los problemas digestivos. Comer despacio también ayuda a regular el apetito. Si se «engulle» la comida, no se da tiempo al organismo para que envíe a tiempo al cerebro la señal de dejar de comer cuando se han cubierto las necesidades básicas.

Tómese el tiempo necesario para escuchar a su organismo antes y durante las comidas. Se sabe que las personas obesas y aquellas que padecen algún trastorno alimentario, como la anorexia o la bulimia nerviosa, desatienden por completo los mecanismos de control del apetito del organismo. Evite comer por simple distracción o de forma compulsiva, y coma tan sólo cuando de verdad necesite comer y saboreando cada bocado. Si lo hace, su organismo se lo agradecerá.

BEBIDAS ADECUADAS

Al igual que con la comida, se deben ingerir líquidos con regularidad. Aunque el agua es fundamental para el organismo, lo cierto es que muchas personas no beben lo suficiente (unos dos litros al día). Es fácil deshidratarse sin ser consciente de ello. Entre los síntomas de deshidratación está la falta de concentración, el cansancio y el adormecimiento, contra los que mucha gente reacciona comiendo, cuando en realidad lo que el organismo necesita es agua con la que retener la energía en las células.

Beba agua o zumos naturales y evite las bebidas alcohólicas o con cafeína: éstas últimas tienen efectos diuréticos y provocan la pérdida de más agua del organismo a través de la orina. Muchas personas acostumbran a utilizar las bebidas con cafeína para mantener su nivel de atención, pero el efecto revitalizante que provoca es pasajero y además carece de valor nutritivo alguno. Por ello, es mucho mejor tomar alimentos no endulzados, como un trozo de pan o un plátano para mantener el nivel de energía. ∎

VÉASE TAMBIÉN
Somos lo que
  comemos   240-244
Comida
  preparada   270-271

Adecuar la dieta

Para disfrutar de una buena salud y prevenir enfermedades es preciso ingerir una gran variedad de nutrientes y, por consiguiente, un amplio surtido de alimentos en las proporciones adecuadas.

La dieta de nuestros antepasados (y la de aquellos que viven todavía de la tierra) era mucho más rica en fécula y alimentos de origen vegetal y más pobre en grasas y proteínas animales que la nuestra. Aunque sin duda no se trataba de una alimentación perfecta, lo cierto es que prevenía toda esa gama de patologías relacionadas con deficiencias en la alimentación tan propia del mundo industrializado.

Los especialistas aconsejan volver a una dieta mucho más rica en hortalizas, cereales y legumbres y pobre en grasas y azúcares. Recomiendan que los alimentos feculentos, como patatas, pan, arroz y pasta, y las frutas y hortalizas constituyan el 70 % del aporte calórico diario, dejando una proporción mucho más reducida para la carne, el pescado

y otras proteínas, como la soja, así como para la leche, el queso y el yogur. Por último, están los alimentos ricos en grasas y azúcar, que se han de consumir con mesura.

TRUCOS A LA HORA DE COMPRAR

Lo primero que debe hacer es analizar si los alimentos que suele comer se ajustan al modelo aquí propuesto. Es mucho más fácil realizar cualquier alteración en la dieta si se hace una lista de los productos que necesita antes de ir a comprar. Una vez en la tienda, no se deje tentar por los productos procesados colocados de modo estratégico en el supermercado para distraer incluso al comprador más concienciado.

Limítese a comprar los productos que constituyen los pilares de una dieta sana: alimentos ricos en fécula, fruta fresca y hortalizas, pescado, carne magra y frutos secos y productos lácteos. La leche, en el caso de los adultos, debe ser semi o desnatada. No obstante, a los menores por debajo de los tres años no es conveniente darles alimentos desnatados ya que necesitan la energía y de ciertas grasas en mayor cantidad que los adultos para el desarrollo cerebral.

Compre la fruta local, así como hortalizas de temporada: además de ser más económicas, conservan todas las vitaminas y el sabor al no haberse conservado en frigoríficos durante su almacenamiento o transporte. La fruta y las hortalizas de cultivos biológicos resultan algo más caras, pero valen la pena (*véase* recuadro, página siguiente). En caso de que no pueda comprar hortalizas frescas, opte por las congeladas; éstas, al haberse congelado justo después de su recolección, conservan todavía sus

Saltear los alimentos es una forma sana y rápida de cocinar ya que permite conservar la forma, el color y los nutrientes originales, sobre todo las vitaminas, que se destruyen con el calor intenso. Además de las hortalizas, se puede saltear también la carne, el pescado y el marisco.

propiedades vitamínicas y resultan más nutritivas que las que pierden su frescor y vitaminas tras el almacenaje.

El tipo de compra en grandes superficies que impera hoy en día invita a comprar de forma compulsiva y con poca frecuencia, pero es mucho mejor adquirir la fruta y las hortalizas cada pocos días para asegurarnos el máximo aporte de nutrientes. En casa, consérvelas siempre en un lugar fresco y oscuro para mantener todas sus propiedades.

Los productos integrales son preferibles a los refinados ya que no sólo aportan una mayor cantidad de fibra a nuestra dieta, con lo que se previene el cáncer del aparato digestivo, sino que además contienen muchos más nutrientes. Así pues, incorpore en su dieta pan, arroz y pasta integrales. Los más pequeños no deben abusar de la fibra: proporcióneles también los equivalentes refinados.

MÉTODOS SANOS DE COCCIÓN

Los productos más sanos se pueden convertir en alimentos poco saludables si se cocinan de forma incorrecta. En los últimos años han aparecido algunos métodos de cocinar los alimentos tan sanos como prácticos y rápidos. Las patatas, por ejemplo, constituyen una excelente fuente de fibra y vitamina C, pero si se fríen en aceite se multiplica por 150 su contenido en grasas, con lo que se convierten en una opción poco recomendable. Si se cocinan demasiado tiempo los alimentos, sobre todo las hortalizas, se destruyen algunas de las vitaminas solubles en agua, por lo que siempre existe la posibilidad, mucho más simple y sana, de tomarlas crudas.

Hay otras formas de cocinar que prescinden de la grasa, por lo que no contribuyen a la obesidad ni a las enfermedades circulatorias. La mayoría de las hortalizas se pueden cocer al vapor, método que no añade calorías y permite al mismo tiempo conservar todas las propiedades nutritivas así como el aspecto y el color originales. Otra manera sana y pobre en

grasas de tomarlas es en forma de cremas o sopas. La carne y el pescado, a su vez, es mejor tomarlo a la plancha que frito. Muchos pescados, además, se pueden saltear.

Las ensaladas constituyen una excelente fuente de vitaminas y fibra. Inclúyalas al menos tres veces por semana, ya sea como acompañamiento o como plato principal. Alíñelas con una salsa pobre en grasas hecha a partir de zumo de limón o tomate, un poco de aceite de oliva y especias. Las hierbas aromáticas permiten aliñar la comida de forma sana e, incluso, en muchos platos se pueden emplear como sustituto de la sal.

UTENSILIOS DE COCINA

Bastan unos pocos y sencillos utensilios para cocinar de una forma sana y fácil.
- Use recipientes de acero inoxidable o vidrio.
- Para cocer al vapor compre una cesta extensible de metal, adaptable a cualquier olla.

CULTIVO BIOLÓGICO, UNA OPCIÓN MÁS SEGURA

Productos de cultivo biológico son aquellos que se han cultivado sin utilizar agentes químicos artificiales, como pesticidas, fertilizantes u hormonas de crecimiento. Todos los alimentos, desde la fruta, las hortalizas y los cereales, hasta los huevos, los productos lácteos y la carne, pueden producirse mediante procesos biológicos.

No se sabe a ciencia cierta el alcance que sobre nuestro organismo tienen los productos químicos, pero se sospecha que provocan cáncer, entre otras enfermedades. Además, se cree que el llamado «efecto cóctel», provocado por la suma de todos estos agentes químicos sobre nuestro organismo, incide muy negativamente en nuestra salud. También existe acuerdo sobre la utilización de antibióticos en el ganado. Por otro lado, existen algunas evidencias de que éstos contribuyen a la aparición de resistencias de forma que los fármacos antibacterianos habituales dejan de ser eficaces.

Aunque existe un límite legal a la hora de utilizar estos productos tan nocivos, son muchos los científicos que consideran este límite demasiado permisivo, que, por otro lado, numerosos agricultores sobrepasan conscientemente. El objetivo de los pesticidas y fertilizantes es conseguir una fruta y unas hortalizas sin plagas y con una forma proporcionada, tal como exigen los consumidores. Pero lo cierto es que en los productos de cultivo biológico la falta de unas bellas proporciones se suple con un sabor mucho más auténtico y saludable.

Este apetitoso plato, compuesto de un trozo de salmón a la plancha, unas patatas nuevas cocidas al vapor con la piel y una ensalada fresca aliñada con limón, combina unos alimentos sanos con un método de preparación que preserva todos los elementos nutritivos de los ingredientes. De postre, tome una pieza de fruta fresca.

■ Un robot de cocina es ideal para batir hortalizas para salteados, sopas y ensaladas.

■ Los hornos microondas permiten cocinar suculentos platos de pescado sin emplear grasa alguna. También son muy útiles para cocinar platos como patatas al horno mucho más rápido que con el horno convencional.

■ Las ollas a presión son ideales para preparar de forma rápida legumbres o sopas, mientras que las ollas convencionales son excelentes para cocer lentamente, y sin perder sus propiedades, sopas y estofados utilizando muy poca grasa. En ambos casos, tenga cuidado de no cocer demasiado los platos.

ALTERNATIVAS SANAS

La dieta de los países industrializados se vale de una serie de alimentos e ingredientes que se deberían arrinconar. La mayoría, como la sal, son fáciles de sustituir. En el caso de la carne roja, intente sustituirla por la de ave de corral, caza o el pescado, ricos en proteínas pero con mucha menos grasa. Si lo prefiere, una alternativa a las proteínas de origen animal son las legumbres y los frutos secos.

Es conveniente sustituir los quesos grasos, la nata y el yogur por sus equivalentes desnatados. Ahora bien, no debe caer en el error de reemplazarlos por todo ese abanico de productos procesados bajos en materia grasa, sino por los alimentos naturales que son de por sí pobres en grasas y azúcar, elementos que no tienen apenas valor nutritivo.

DIETAS MÉDICAS

Algunas de las sustancias presentes en los alimentos de consumo cotidiano previenen la aparición de ciertas enfermedades. Por ello, es fundamental incorporar dichos alimentos en la dieta habitual si se tienen antecedentes familiares de una de esas enfermedades. No obstante, bajo ningún concepto se deben considerar como un sustituto de los tratamientos médicos. La eficacia de algunos de estos nutritivos alimentos es todavía hoy en día motivo de controversia, pero en cualquier caso su inclusión en la dieta habitual no causa daños. ■

LOS ALIMENTOS COMO MEDICINA

Enfermedad	Nutrientes beneficiosos	Fuentes	Alimentos que deben evitarse
Cáncer	Vitamina A	Carne asada, pescado azul, yema de huevo, queso, zanahorias	Alimentos ricos en grasas
	Betacarotenos	Frutas y hortalizas de color intenso	
	Vitamina C	Moras, brócoli, naranjas, pimientos, berros	
	Vitamina E	Semillas, frutos secos, batatas, germen de trigo, pescado azul	
	Fibra	Cereales integrales, frutas y hortalizas	
	Glucosinolatos	Miembros de la familia de las coles (*véase* pág. 277)	
	Selenio	Carne, pescado, nuez de Brasil, aguacates, lentejas	
Osteoporosis	Calcio	Productos lácteos, pescado en conserva (como las sardinas), semillas de sésamo, hortalizas de hoja verde	Exceso de proteínas Alcohol
	Vitamina D	Productos lácteos, pescado azul, cereales enriquecidos	

LOS ALIMENTOS COMO MEDICINA continuación

Enfermedad	Nutrientes beneficiosos	Fuentes	Alimentos que deben evitarse
Cardiopatía isquémica y AVC	Vitaminas A, C y E	*Véase* Cáncer, página anterior	Alimentos ricos en grasas
	Selenio	Carne, pescado, nueces del Brasil, aguacates, lentejas	
	Ácidos grasos omega-3	Pescado azul, tofú, soja, aceite de colza	
	Componentes del género *Allium*	Ajo, cebolla, puerro, cebollino	
Artritis reumatoide	Vitamina E	Semillas, frutos secos, batata, germen de trigo, pescado azul	Alimentos refinados Grasas saturadas Azúcar y sal
	Potasio	Plátano, apio	
	Ácidos grasos omega-3	*Véase* Cardiopatía isquémica y AVC, superior	
	Enzima bromelina	Piña	
Hipertensión	Vitaminas A, C y E	*Véase* Cáncer, página anterior	Grasas saturadas
	Magnesio	Nueces del Brasil, almendras, soja, cacahuetes	
	Calcio	*Véase* Osteoporosis, página anterior	
	Potasio	Plátano, apio	
	Fibra	Cereales integrales, fruta y hortalizas frescas	
Infertilidad	Vitamina C (hombres)	*Véase* Cáncer, página anterior	Té y café Alcohol
	Selenio (hombres)	*Véase* Cardiopatía isquémica y AVC, superior	
	Manganeso (mujeres)	Avena, germen de trigo, pan de centeno	
	Vitamina B6 (mujeres)	Cereales integrales, hortalizas de hoja verde	
	Cinc	Marisco, carne roja, frutos secos, semillas de girasol	
	Ácidos grasos esenciales	Pescado azul, aceites poliinsaturados	
Enfermedad de Alzheimer	Vitaminas A y E	*Véase* Cáncer, página anterior	Alcohol Alimentos cocidos en recipientes de aluminio
	Betacarotenos	*Véase* Cáncer, página anterior	
	Coenzima Q10	Soja, patatas, carne asada, espinacas	
	Ácido silícico	Algas, alfalfa, col, lechuga	
Infecciones urinarias	Antocianinas	Arándanos, grosella, moras	Se desconocen
Sofocos menopáusicos	Fitoestrógenos	Soja, ruibarbo, hinojo, col	Se desconocen

Dieta inmunoestimulante

El sistema inmunológico del organismo se ve influenciado por varios factores. El más importante de todos ellos es, sin duda, la alimentación, en la que las vitaminas y los minerales desempeñan un papel primordial.

Al igual que otros sistemas biológicos principales, el sistema inmunológico funciona correctamente siempre y cuando se le proporcionen los nutrientes adecuados. Cuando el organismo se encuentra sometido a una serie de circunstancias, tan comunes hoy en día, como el estrés, el consumo excesivo de café y alcohol, así como la contaminación atmosférica, el tabaco y los metales pesados en el aire y en el agua, las necesidades nutricionales del sistema inmunitario aumentan de forma considerable.

La clave para que el sistema inmunológico funcione de forma correcta es tomar una alimentación tan variada y natural como sea posible. De ese modo, no sólo se le proporcionan al organismo los nutrientes que se sabe que son necesarios, sino también todos los que, aun siendo menos conocidos, se sospecha que son beneficiosos.

Lo mejor es que todos los nutrientes procedan de las comidas habituales, y no de unos suplementos vitamínicos o de minerales. Mientras que si se toman estos últimos es posible sobrepasar los niveles recomendables, no ocurre lo mismo si se lleva una dieta variada y equilibrada.

ANTIOXIDANTES

Los nutrientes más importantes que ayudan al sistema inmunológico a combatir los virus y las bacterias son los antioxidantes, entre los que se encuentra los betacarotenos (la forma de la vitamina A), las vitaminas C y E, el selenio y el cinc. Los antioxidantes se encargan de neutralizar los radicales libres, generados por los leucocitos para combatir una infección, pero que, en exceso, provocan daños en las células que pueden conducir a enfermedades como el cáncer o la cardiopatía isquémica. El tabaco, la enfermedad o la exposición prolongada a la contaminación medioambiental y a la radiación solar son diferentes circunstancias que estimulan la formación de radicales libres.

La vitamina C es el antioxidante más conocido y realiza varias funciones inmunológicas. Destruye las bacterias y los

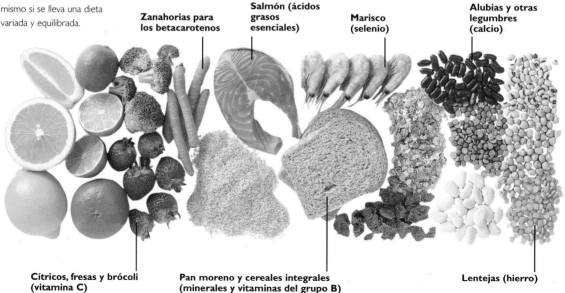

Zanahorias para los betacarotenos

Salmón (ácidos grasos esenciales)

Marisco (selenio)

Alubias y otras legumbres (calcio)

Cítricos, fresas y brócoli (vitamina C)

Pan moreno y cereales integrales (minerales y vitaminas del grupo B)

Lentejas (hierro)

virus y aumenta el nivel de inmunoglobulina (proteínas en la sangre que actúan como anticuerpos). Activa la producción de prostaglandina E, que a su vez incrementa el nivel de linfocitos-T, y de interferón, un agente antivírico natural. Contribuye a la fagocitosis, mecanismo por el que las células de la sangre o del sistema linfático destruyen los agentes patógenos.

La vitamina E es una vitamina liposoluble que se acumula en el tejido adiposo y se encarga de limitar el número de radicales libres. Se cree que protege al organismo de la contaminación y, además, ralentiza los procesos de aterosclerosis. Los betacarotenos son otra vitamina liposoluble que se encarga de reforzar las membranas celulares para que puedan repeler cualquier infección a la vez que activa la glándula del timo.

El selenio ayuda a los leucocitos para que reconozcan y destruyan los agentes patógenos, al tiempo que contribuye a la producción de anticuerpos. Abunda en los frutos secos, las semillas, el marisco y los cereales integrales. El cinc es fundamental para el timo y hace posible la producción rápida de nuevas células inmunológicas ante la presencia de un nuevo agente patógeno. Se encuentra, sobre todo, en la carne asada, el marisco, los huevos y las semillas.

MANTENER UN EQUILIBRIO

Los fabricantes de productos dietéticos afirman que los suplementos a base de antioxidantes aumentan la protección contra las infecciones y la cardiopatía isquémica. Pero un exceso puede ser contraproducente. Así, un exceso de vitamina C puede estimular a las células para que produzcan más radicales libres. Por el contrario, si se toma durante una infección puede neutralizar los radicales libres producidos para matar a las bacterias. Asimismo, acidifica la orina, lo que favorece la formación de cálculos renales. A su vez, grandes dosis de vitamina E aumentan el riesgo de sufrir una hemorragia cerebral, mientras que un exceso de vitamina A puede acelerar el desarrollo de un cáncer de pulmón.

Una manera totalmente natural y segura de ingerir antioxidantes es comer gran variedad de frutas y verduras, muy ricas en bioflavonoides, unas sustancias de origen vegetal que actúan a modo de antioxidantes al estimular las defensas del organismo.

OTROS INMUNOESTIMULANTES

Hay otra serie de sustancias menos conocidas que estimulan el sistema inmunológico. El calcio es básico para la fagocitosis y permite que los leucocitos sinteticen las enzimas. Un consumo excesivo de café, chocolate, alimentos ricos en grasas y salvado dificultan la absorción del calcio.

Las vitaminas B5 y B6 son esenciales para la fagocitosis y la producción de anticuerpos. El ácido fólico, otro tipo de vitamina B, es indispensable durante el embarazo para que el feto se desarrolle de forma correcta.

Los ácidos grasos esenciales también intervienen en la regulación del sistema inmunológico. El magnesio contribuye al mantenimiento del timo y aumenta la producción de anticuerpos. El hierro, a su vez, es necesario para producir anticuerpos y permite que los leucocitos hagan su trabajo. ■

PLANTAS MEDICINALES INMUNOESTIMULANTES

Son muchas las plantas medicinales conocidas por fortalecer las resistencias del organismo frente a las enfermedades. A continuación mencionamos unas pocas:

■ Aplicado sobre la piel, el *Aloe vera* es un eficaz antiséptico y antivírico.

■ El hipérico se ha utilizado desde siempre como un tónico del sistema inmunológico y se toma por sus propiedades bactericidas.

■ *Uncaria tomentosa* es un antivírico con ciertos alcaloides que, según se cree, activan el sistema inmunológico.

■ La equinácea se utiliza tradicionalmente en muchos países como un antivírico y antibiótico general. Se cree que aumenta el recuento leucocitario y se suele tomar en forma de tintura.

■ El ajo contiene alicina, un eficaz agente antivírico, antibacteriano, antimicótico y antioxidante.

■ Se cree que el jengibre estimula la resistencia a las infecciones.

VÉASE TAMBIÉN

Somos lo que
   comemos   240-244
Hábitos
   alimentarios
   correctos   262-263

PRECAUCIÓN

■ *Los aditivos pueden resultar perjudiciales para los más pequeños. Se les asocia con «trastornos de la atención» y con la «hiperactividad».*
■ *En las personas con asma y alergias los aditivos pueden desencadenar reacciones adversas.*
■ *Los nitratos y los nitritos son carcinogénicos.*

Comida preparada

Los alimentos son tanto más nutritivos cuanto más frescos y menos tratados estén. La comida preparada tiene por objeto ahorrar tiempo y se puede conservar largo tiempo, pero no suele ser demasiado sana.

Tanto si se trata de comida preparada del todo o sólo en parte, la mayoría de los nutrientes se han perdido durante el procesado de los alimentos, así como el sabor y la textura. Para compensar estas pérdidas y conservar a largo plazo se añaden colorantes, azúcar, sal, grasas, agua y sustancias químicas.

Es importante leer la etiqueta de los productos antes de adquirirlos ya que de ese modo podrá elegir de entre el sinnúmero de artículos que hay en los supermercados, así como en las tiendas de productos dietéticos, donde podrá encontrar alternativas más nutritivas.

ADITIVOS QUE HAY QUE TENER PRESENTES

Tipo	Usos	Ingredientes en la etiqueta
Colorantes	Bebidas, pasteles, galletas, mermeladas, compotas, salsas, sopas, verdura enlatada, pescado ahumado, productos cárnicos precocinados, quesos, comida precocinada	Tartracina (E102), amarillo quinolina (E104), amarillo «sunset» (E110), cochinilla (E120), carmoisina (E122), amaranto (E123), rojo intenso (E124), eritrosina (E127), rojo (E128, 2G), índigo (E132), carmín, azul brillante (E133), caramelo (E150), negro (E151, PN), marrón (E154, FK), marrón (E155, HT)
Conservantes	Bebidas suaves, golosinas, salsas embotelladas, cerveza, postres, mermeladas y dulces industriales, productos cárnicos procesados y algunos quesos	Ácido benzoico y sus derivados (E210-219), nitratos y nitritos (E249-252)
Antioxidantes	Aceites y grasas, alimentos fritos precocinados, pasas, salsas embotelladas (como la mayonesa), helados, margarina, pasteles, galletas, cereales para el desayuno	Hidroxianisol de butilo (E320, BHA), hidroxitolueno de butilo (E321, BHT)
Aromatizantes	Tentempiés, sopas y productos cárnicos	Glutamato monosódico (E621, MSG), glutamato monopotásico (E622), glutamato cálcico (E623)

Los números «E» están relacionados con el sistema de aprobación europeo.

INGREDIENTES AÑADIDOS

El azúcar y la sal (también llamada sodio) añadidos resultan innecesarios y son perjudiciales si se abusa de ellos. El problema es que se suelen añadir en grandes cantidades en los alimentos de producción industrial, incluso donde menos se lo espera uno. Así, los aperitivos, como las patatas fritas, contienen azúcar, mientras que los pasteles y las galletas llevan sal; las ensaladas ya preparadas, a su vez, contienen grandes dosis de ambos.

Los ingredientes se suelen ordenar por orden de cantidad, por lo que se deben evitar todos los productos en los que el azúcar esté en las primeras posiciones. Preste atención al azúcar que contienen los alimentos supuestamente sanos, como los cereales del desayuno o los zumos y yogures de frutas. El azúcar puede aparecer como glucosa, fructosa, dextrosa, lactosa, maltosa, sorbitol y sirope. El extracto de malta es otra modalidad de azúcar, pero algo menos refinada que las anteriores; cuesta algo más de digerir y contiene pequeñas cantidades de vitaminas y minerales.

Tenga presente que las sopas instantáneas y los productos cárnicos suelen contener una gran cantidad de sal. Los productos que se venden como «pobres en sal» llevan a menudo glutamato monosódico (MSG), otra forma del sodio, mientras que los «sin azúcar» suelen contener edulcorantes artificiales como la sacarina o el aspartame.

CONTENIDO GRASO

Los productos cárnicos, la repostería, galletas y bizcochos contienen una gran cantidad de grasas, sobre todo saturadas (de origen animal). Los embutidos y hamburguesas vegetarianos también pueden ser grasos. Prácticamente siempre la grasa vegetal es sometida a un proceso de hidrogenación que destruye los ácidos grasos esenciales, y que puede mermar la capacidad del organismo para absorberlos de otros alimentos. Todas las margarinas, salvo las que indican «no hidrogenadas», se elaboran con esta grasa hidrogenada.

Evite siempre los productos listos para freír ya que los aceites producen toxinas si se calientan demasiado. Cuando fría, no permita que el aceite alcance una gran temperatura, y no lo reutilice. Los aceites de oliva, girasol, cacahuete y refinados soportan mejor el calor.

ELEGIR Y COCINAR

Elija productos congelados, secados o embotellados, ya que las latas y los envases de ciertos plásticos pueden transmitir a los alimentos algunas sustancias químicas perjudiciales. Los que van envueltos en papel de aluminio o en cartón son más sanos que los enlatados.

La verdura congelada es más nutritiva que la fresca que tiene ya varios días. Están precocinadas, así que lo único que hay que hacer es escaldarlas y colarlas. ∎

COMIDA PREPARADA SANA

En lugar de...	... Sustitutos
Pasteles de carne, salchichas, embutidos, hamburguesas	Salchichas y hamburguesas vegetarianas; platos rápidos (compruebe la etiqueta)
Cubitos de carne para el caldo	Hierbas aromáticas, especias y cubitos vegetales con poca sal
Patés de carne	Patés de pescado y verdura; *hummus* (puré de garbanzos)
Pasta refinada	Pasta integral
Natillas, yogures de frutas azucarados	Yogur biológico (añada usted mismo la miel o los trozos de fruta)
Patatas fritas	Frutos secos sin tostar; semillas de calabaza o girasol
Galletas, pasteles, postres, golosinas, chocolate	Fruta, fresca o seca
Zumos de fruta, bebidas gaseosas, zumos de fruta endulzados	Zumos de fruta no azucarados diluidos en agua sin gas o carbonatada; infusiones de plantas medicinales o frutas (elaborados con frutas o plantas naturales, sin aromatizantes)

PRECAUCIÓN

El shock anafiláctico, una reacción grave que pone en peligro la vida del paciente y consiste en el colapso de los sistemas respiratorio y circulatorio, puede sobrevenir a los pocos minutos u horas de ingerir un alimento alergénico. Los síntomas son hinchazón de la lengua y los labios, una erupción pruriginosa que cubre todo el cuerpo, dolor abdominal y diarrea. Es imprescindible poner una inyección de adrenalina de inmediato y llamar a una ambulancia.

Alergias alimentarias

Cuando un alimento activa el sistema inmunológico del organismo, éste responde con una reacción llamada «alergia». Los síntomas son inmediatos y, en ocasiones, peligrosos. Casi siempre se puede identificar el alimento causante de la alergia, pero no siempre es fácil evitarlo. Las alergias a ciertos alimentos no se deben confundir con intolerancias, que responden a otros mecanismos.

No se sabe muy bien por qué a veces el organismo responde con una alergia ante la ingestión de determinados alimentos. Tal vez se deba a la herencia genética, ya que lo más probable es que si unos padres sufren algún tipo de alergia, los hijos sean alérgicos, aunque no necesariamente al mismo alimento. Los síntomas no suelen aparecer hasta que se ingiere el alimento alergénico cierto número de veces.

SÍNTOMAS

En algunos casos los síntomas suelen ser apenas perceptibles, como un pequeño hormigueo en los labios o en la lengua después de haber ingerido una manzana o un tomate. En otros casos pueden llegar a ser intensos, como un edema de la boca o la garganta que puede obstruir los conductos respiratorios. Por regla general los primeros síntomas alérgicos empiezan a manifestarse al cabo de unos minutos u horas de haber ingerido el alimento, y son contados los casos en los que éstos aparecen transcurridos dos días. Los síntomas crónicos como el asma y la rinitis crónica pueden aparecer cuando el alergeno se consume cada día.

Entre los síntomas más comunes está la erupción cutánea, la inflamación de los labios o la garganta, irritación de los ojos, estornudos y gran cantidad de mucosidad, dolores abdominales, vómitos, diarrea, inflamación de las articulaciones, confusión, dificultades al respirar y shock anafiláctico. Los síntomas crónicos, a su vez, comprenden eccema y urticaria (erupción), asma, mucosidad nasal, catarro, otitis serosa y, en los bebés, diarrea y vómitos.

Cada vez que se ingiere el alimento alergénico suelen aparecer los mismos síntomas, aunque a veces éstos varían en intensidad según las circunstancias, como el estrés, la forma de preparación del alimento o la variedad y cantidad de otros alimentos tomados. En algunos casos no suele haber reacción alérgica alguna si la cantidad de alimento alergénico ingerido es poca, aunque en otros basta con el mínimo rastro para provocarla.

No siempre hace falta ingerir el alimento: algunas personas sufren ya una reacción alérgica con tan sólo rozar la piel de una naranja, rica en un aceite alergénico.

CÓMO SOBRELLEVAR LAS ALERGIAS

- Si sufre alguna alergia alimentaria, averigüe si también sufre una alergia ambiental como por ejemplo la alergia al pelo de los animales o a los ácaros del polvo.

- Evite incluir los alimentos habitualmente más alergénicos en la dieta de los más pequeños, al menos hasta que no tengan doce meses. Si hay antecedentes de alergias en la familia, evite los alimentos conflictivos durante el embarazo y la lactancia. Asimismo, evite también aquellos alimentos que hayan sido causa de alguna alergia en los hermanos mayores.

- Aumente el aporte de betacarotenos, vitaminas A, C y E, cinc, selenio y ácidos grasos esenciales para reforzar el sistema inmunológico.

- Pruebe con la homeopatía y la fitoterapia.

DETECCIÓN DEL ALERGENO

Una alergia provocada por un alimento resulta fácil de identificar siempre y cuando la reacción alérgica sobrevenga inmediatamente después de haberlo ingerido. Si no es el caso, resulta de gran utilidad llevar un diario de lo que se come así como de los síntomas experimentados. En los casos más complicados, es posible identificar la alergia (no una intolerancia) mediante un análisis de sangre, lo que ahorra a la persona alérgica entrar en contacto con el alimento en cuestión. A veces se identifica mediante un prueba en la piel consistente en colocar sobre ésta una pequeña muestra de un alergeno y realizar una pequeña escarificación en la piel para que la muestra penetre. No obstante, los resultados son menos fiables y, además, una persona hipersensible puede padecer una severa reacción alérgica. Si todas estas pruebas no dan resultado, lleve una dieta restrictiva.

Una vez se haya identificado el alimento alergénico, tan sólo queda evitarlo. Al comprar, compruebe los ingredientes de los productos y, en los restaurantes, pregunte.

MEDICACIÓN

Los medicamentos no curan la alergia. Los síntomas reaparecen al poco de interrumpir el tratamiento y, además, los medicamentos pueden provocar efectos secundarios. Los principales medicamentos son:
- antihistamínicos en forma de comprimidos: se deben dejar de tomar varios días antes de realizarse una prueba cutánea ya que enmascaran los resultados;
- corticoesteroides en forma de inhaladores, comprimidos y pomadas;
- broncodilatadores en forma de inhaladores y comprimidos: alivian los problemas respiratorios en personas con asma alérgico;
- inyección de adrenalina, indispensable cuando se produce un shock anafiláctico. Toda persona que sufra una alergia crónica debe llevar adrenalina por si se produce una ingestión del alergeno. Es aconsejable llevar una identificación que especifique que se sufre alergia. ■

ALIMENTOS PROBLEMÁTICOS

Aunque no son en absoluto los únicos, los siguientes alimentos son los alergenos más comunes y suelen ser causantes de las reacciones alérgicas que se detallan:

- Leche y productos derivados (queso, yogur, nata, helado, etc.): estreñimiento, diarrea y vómitos; con menor frecuencia erupciones y problemas respiratorios.
- Huevos (sobre todo la clara): erupciones, inflamación y problemas intestinales. Pueden provocar eccema y crisis de asma.
- Pescado (fresco, enlatado o ahumado, así como aceite de hígado de pescado y caviar): erupciones, irritación en los ojos y mucosidad nasal. También puede provocar una crisis de asma, diarrea y shock anafiláctico.
- Marisco (langostinos, gambas, cangrejo, langosta, ostras, almejas y vieiras): vómitos, problemas intestinales, erupciones, migraña y shock anafiláctico.
- Trigo y derivados: diarrea y otros problemas intestinales, migraña y eccema.
- Maíz: erupciones, diarrea y otros problemas intestinales, así como dificultades de respiración.
- Cacahuetes y otros frutos secos: problemas respiratorios e intestinales y shock anafiláctico.
- Cítricos, melones y fruta con semillas (sobre todo las fresas): erupción en el rostro y hormigueo en los labios.
- Chocolate: erupciones.

Intolerancias alimentarias

Los característicos anticuerpos IgE que aparecen en las verdaderas alergias alimentarias no aparecen para nada en el caso de las intolerancias, aunque los síntomas sean en muchos casos similares. De hecho, la intolerancia suele deberse a un problema en el metabolismo, como la incapacidad de digerir productos lácteos o el trigo, aunque no siempre se acierta a descubrir las causas exactas.

Son muchas las incógnitas que plantean las intolerancias alimentarias. Mientras que algunas se deben a una causa bien conocida y estudiada, como las provocadas por el trigo o los productos lácteos, otras son difíciles de explicar. Algunos científicos tratan de justificar algunas como una reacción del organismo frente a la creciente contaminación medioambiental y el empleo de productos químicos.

Otros, a su vez, las atribuyen a los anticonceptivos orales, los antibióticos, las diferentes enfermedades víricas, la giardiasis, la candidiasis, una dieta inadecuada y el estrés. Los síntomas de todas estas intolerancias son numerosos: el antojo de ciertos alimentos, la imposibilidad de mantener un peso adecuado, diarrea, estreñimiento y otros problemas intestinales, cistitis, flatulencia, artritis reumatoide, dolores musculares y articulares, psoriasis, retención de líquidos, náuseas, úlceras gástrica y duodenal, cefaleas y migrañas, aftas bucales, hiperactividad en los niños, fatiga, depresión y síndrome premenstrual.

INTOLERANCIA AL GLUTEN

Una intolerancia estudiada es la del gluten, o «enfermedad celíaca»; suele ser una enfermedad de tipo familiar. La persona que la sufre no es capaz de absorber el gluten, que es la proteína presente en el trigo, el centeno y la cebada, un ingrediente de algunos de los alimentos más comunes, como el pan o la pasta. Esta proteína lesiona la mucosa del intestino delgado, lo que dificulta la absorción de otros nutrientes.

Los primeros síntomas suelen aparecer en los bebés dentro de los primeros seis meses, cuando se les da un alimento con gluten. Provoca distensión abdominal, pérdida de peso, apatía, irritabilidad, flatulencia y heces voluminosas, grasas, claras y de muy mal olor. En los adultos los síntomas son diarrea, dolor abdominal, vómitos, fatiga, dificultades en la respiración, pérdida de peso e hinchazón de las piernas.

DESENCADENANTES HABITUALES

A excepción de las intolerancias al gluten y a la lactosa, se refieren a continuación intolerancias alimentarias más corrientes. No obstante, se cree que hay otras muchas sustancias que provocan intolerancia.

- **Histamina:** presente en el pescado, como el atún y la caballa; puede provocar dolores torácico y abdominal, diarrea, náuseas y vómitos, erupciones, hinchazón y descenso de la tensión arterial.

- **Sulfitos:** un aditivo alimentario presente en gambas, fruta seca, patatas precocinadas, vinos, cerveza y otros alimentos; puede provocar serias reacciones similares a las alérgicas. Compruebe siempre las etiquetas de los productos, sobre todo si padece asma.

- **Metilxantinas:** este compuesto, presente en el café, el té, los refrescos de cola, el chocolate y el cacao, provoca cefaleas, palpitaciones, vómitos y crisis de ansiedad.

- **Migrañas:** pueden ser desencadenadas por el alcohol, quesos muy secos y fuertes, carnes curadas como el bacon o el jamón, hígado de pollo, y caballa y arenque ahumados.

Una biopsia del yeyuno, en la que se toma una muestra de mucosa del intestino delgado, permite confirmar el diagnóstico, y el único tratamiento posible es seguir una dieta exenta de gluten.

INTOLERANCIA A LA LACTOSA

La lactasa, una enzima que se produce en el intestino delgado, es la encargada de descomponer la lactosa, el azúcar de la leche. Cuando esta enzima falla, da origen a una intolerancia a la lactosa, que puede padecerse desde el nacimiento o bien no aparecer hasta la edad adulta. Entre un 80 y 90 % de personas que la padecen son de raza negra u orientales, mientras que los de raza blanca están entre el 5 y el 15 % restante. En algunos casos surge al sufrir una gastroenteritis, aunque suele desaparecer tras recuperarse de esta enfermedad.

Entre los síntomas están el meteorismo y la distensión abdominal, espasmos gástricos y diarrea. Las personas con intolerancia leve pueden beber hasta medio litro de leche al día sin problema alguno, pero en otras personas esta misma cantidad puede tener graves consecuencias. Hay a la venta pastillas de enzimas para digerir sin problemas los productos lácteos.

DIETA DE ELIMINACIÓN

Otros tipos de intolerancia alimenticia pueden combatirse a través de una dieta «de eliminación». Ésta se debe seguir siempre bajo la supervisión de un especialista en nutrición, ya que, de no hacerlo, se puede llegar a un estado de desnutrición que lo único que hace es agravar los síntomas.

Antes de embarcarse en esta dieta, es preciso comer de la forma más sana durante tres o cuatro semanas, dejando de lado el café, el té, el chocolate, los alimentos con muchos aditivos, el tabaco y los fármacos. De ese modo, el organismo se prepara para afrontar la dieta y se sabe si los síntomas se debían al consumo de estimulantes o a una dieta inadecuada. Si se siente mejor al finalizar esta fase, no debe continuar más allá.

El siguiente paso es la fase de «exclusión», en la que durante cuatro días a dos semanas sólo se deben ingerir alimentos que raramente provoquen problemas, como el cordero, el arroz, la col y las peras, así como gran cantidad de agua mineral.

Durante cualquiera de estas fases es posible que sufra algunos síntomas de indisposición, como cefaleas, náuseas, una infección, una depresión o, incluso, una intensificación de aquellos síntomas que se pretenden erradicar. En realidad, indican que el organismo se está desintoxicando, y no deberían durar más de tres o cuatro días.

El siguiente paso consiste en reintroducir diferentes grupos de alimentos, uno tras otro, dejando un margen de unos pocos días, y anotar las reacciones que se experimenten. Una vez se haya identificado el alimento problemático, se debe actuar para que no vuelvan los síntomas. Si éstos son leves, se puede seguir una dieta de «rotación», pero si, en cambio, son graves, se debe proceder a la completa eliminación del alimento en la dieta. ∎

DIETA DE ROTACIÓN

Cualquier intolerancia alimentaria se puede evitar si no se consume demasiado a menudo el mismo alimento y, por consiguiente, se evita forzar los procesos digestivos y desintoxicantes que dicho alimento exige al organismo. Una de las maneras de conseguirlo es con una dieta de rotación. Ésta consiste en comer una gran variedad de alimentos alternando cada tipo o grupo concreto con al menos cuatro días de margen entre ellos para que así el organismo pueda reponerse.

Algunas personas pueden seguir una dieta de rotación sin ni tan siquiera haber identificado el tipo de intolerancia que padece e, incluso, mejorar de salud. A aquellos que hayan seguido una dieta de estas características se les suele aconsejar que dejen de comer el alimento problemático durante unos meses para, luego, reintroducirlo de forma gradual y pausada. A partir de entonces, la dieta de rotación pasa a formar parte de su vida cotidiana, aunque es cierto que algunas personas, una vez recuperadas, son capaces de seguir una dieta mucho más permisiva.

Hortalizas

Según la Organización Mundial de la Salud (OMS), se deberían consumir cinco raciones de verduras y frutas cada día. La verdura no sólo proporciona fibra, minerales, vitaminas (sobre todo A, B, C, E y K) y algunas proteínas, sino además otras sustancias, como los bioflavonoides y las enzimas, indispensables para el correcto funcionamiento del organismo.

La mejor manera de proporcionar al organismo todos los nutrientes necesarios consiste en consumir una gran variedad de hortalizas. Dado que la gran mayoría de vitaminas se destruye durante la cocción, lo mejor es consumir la verdura cruda, cocida al vapor, asada, horneada o guisada, pero no hervida.

DESDE EL PRODUCTO LOCAL AL EXÓTICO

Es conveniente comer la verdura de temporada y cultivada en la zona o región, que es la que está fresca. Algunos nutrientes empiezan a perderse al poco de recolectar la verdura, de ahí que muchas hortalizas congeladas puedan resultar más frescas que las otras. De cuanto más lejos provengan, más tiempo tardan en consumirse y, por tanto, mayor es la pérdida de nutrientes. Para conservarlas lo más frescas posibles, almacene las berenjenas, judías, pimientos, tomates y calabacines en un lugar seco a unos 10 ºC. Hay otras verduras que se pueden conservar a 0º C, pero evite que las patatas bajen de los 4 ºC.

Por otro lado, no desperdicie la oportunidad de aprovecharse de productos hasta hace un tiempo tan lujosos como los aguacates, muy ricos en nutrientes y fáciles de conservar. Otra opción sumamente interesante son las algas, muy ricas en minerales y uno de los pocos vegetales que proporciona grandes cantidades de la vitamina B12. Si vive cerca del mar, puede recogerlas sin necesidad de comprarlas; tras lavarlas a conciencia, sírvalas crudas, fritas, en sopas o en cocidos. Por otro lado, las variedades japonesas, como *nori, arame, kombu* y *wakame* se pueden adquirir secas en las tiendas especializadas.

HIERBAS AROMÁTICAS

Al igual que las verduras, las hierbas aromáticas proceden de las hojas o raíces de las plantas. No sólo añaden sabor y olor, con lo que constituyen unos sustitutos idóneos de la sal, sino que además muchas de ellas poseen propiedades medicinales. La mayoría se encuentran sin problemas en las herboristerías, pero si lo prefiere puede cultivarlas en el balcón o en el alféizar de la ventana de su casa. ■

LAS VERDURAS Y SUS TEMPORADAS

Estación	Verduras disponibles
Primavera	Habas • brócoli • col • zanahorias • coliflor • cebolletas • guisantes • rábanos • espinacas • berros
Verano	Remolacha • habas • zanahorias • judía verde • habichuela • calabacín • pepino • lechuga • guisantes • patatas nuevas • rábanos • espinacas • tomates
Otoño	Brócoli • col blanca • col lombarda • zanahorias • coliflor • apio • maíz • puerros • calabacín • espinacas • tomates • berros
Invierno	Brócoli • coles de Bruselas • col blanca • col lombarda • apio • puerros • pastinaca • nabo

HORTALIZAS

Hortaliza	Valor nutritivo	Otras ventajas	Consejos
Familia de las cebollas  Cebolla Ajo Puerro Escalonia Cebollino Espárrago	Proporcionan minerales tales como el potasio, el selenio, el manganeso y el yodo; además, aumentan la asimilación de las vitaminas del grupo B. Las cebolletas, puerros y espárragos contienen vitamina C. Los puerros proporcionan también calcio; las cebolletas son más nutritivas que las cebollas normales.	Todos sus miembros, sobre todo el ajo, limpian el organismo de bacterias, hongos y parásitos, con lo que refuerzan su resistencia a sufrir resfriados y gripes; además, reducen la tensión sanguínea, el nivel de colesterol y la incidencia de tumores. El espárrago es muy beneficioso para el hígado y los riñones, y es muy recomendable para personas que padezcan artritis (pero no gota). Los puerros son depurativos, diuréticos y buenos para la gota.	El ajo es mucho más nutritivo crudo, y si se toma con un poco de perejil, también crudo, se evita el mal aliento. El valor nutritivo de la cebolla aumenta cuando ésta se toma frita. Algunas personas desarrollan una intolerancia hacia esta familia.
Familia de las coles 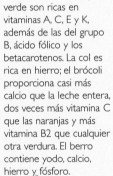 Col Coliflor Brócoli Col rizada Col china Berro Mostaza Col de Bruselas Rábano Escarola Colinabo	Estas verduras de hoja verde son ricas en vitaminas A, C, E y K, además de las del grupo B, ácido fólico y los betacarotenos. La col es rica en hierro; el brócoli proporciona casi más calcio que la leche entera, dos veces más vitamina C que las naranjas y más vitamina B2 que cualquier otra verdura. El berro contiene yodo, calcio, hierro y fósforo.	Las diferentes clases de col y el nabo contienen compuestos de azufre, muy útiles para combatir las infecciones en el sistema respiratorio. Además, el nabo es bactericida y va muy bien para la gota. Los rábanos son beneficiosos para el hígado y la vesícula biliar. El berro es un poderoso antibiótico.	Si están frescos, coma la parte verde así como las raíces de los rábanos. La col china es una útil alternativa a la lechuga. Coma el bulbo y las hojas del colinabo; los más tiernos se pueden rallar y tomar crudos.
Familia de las patatas Patata Tomate Berenjena Pimiento Guindilla	Las patatas constituyen una excelente fuente de vitaminas C y B6, potasio y otros minerales. Los otros miembros de la familia, a excepción de la berenjena, son ricos en vitaminas A y C y betacarotenos.	Las patatas proporcionan carbohidratos complejos, que proporcionan energía duradera, así como fibra. La piel contiene gran parte de sus nutrientes, por lo que no la quite. Tomadas con moderación, las guindillas son beneficiosas para el corazón, el sistema circulatorio y facilitan la digestión. Además, fluidifican, con lo que son ideales para combatir resfriados y la tos.	Para no perder la vitamina C, tómelas crudas, salvo las patatas, que son más nutritivas cocidas. Dado que estas últimas se suelen tratar con productos químicos, compre unas de cultivo biológico; las zonas verdes son tóxicas. Esta familia no es recomendable para personas que padezcan problemas en las articulaciones. Algunas personas desarrollan una intolerancia hacia ellas.
Familia de los guisantes y las judías Guisantes secos, tiernos y dulces Judía Habichuela Judía verde, redonda y perona Haba	Ricas en proteínas, calcio, hierro y manganeso, así como una excelente fuente de vitaminas A, C, E, K y las del grupo B.	Proporcionan carbohidratos complejos, como las legumbres, que pertenecen a la misma familia. Los guisantes contienen tantas proteínas como la carne y proporcionan ácido nicotínico, del que se cree que reduce el nivel de colesterol.	Tómelas crudas o cocidas, salvo las habas, que siempre se deben cocer.

HORTALIZAS continuación

Hortaliza	Valor nutritivo	Otras ventajas	Consejos
Familia de las calabazas Calabaza Calabacín Pepino	Las calabazas son muy ricas en betacarotenos. Todos los miembros de esta familia constituyen una excelente fuente de vitamina C.	El pepino facilita la digestión, es beneficioso para la gota y contiene silicio, muy bueno para el cabello y las uñas. El calabacín, la calabaza y el pepino contienen, además, pocas calorías.	El pepino pierde la mayoría de la vitamina A si se pela, pero como suele fumigarse con pesticidas, lo mejor es comprar los de cultivo biológico. No hay ninguna necesidad de pelar el calabacín.
Familia del perejil Perejil Zanahoria Pátaca Apio Nabo Hinojo Cilantro Eneldo	El perejil es rico en vitaminas y minerales, así como una formidable fuente de hierro, vitamina C y otras vitaminas y minerales. Las zanahorias contienen gran cantidad de betacarotenos. El nabo es rico en hierro, y el hinojo, en vitamina A y calcio. Este último está también presente en el apio.	El perejil y el cilantro facilitan la digestión. Una zanahoria proporciona la cantidad necesaria diaria de vitamina A. El hinojo contiene propiedades bactericidas y es rico en proteínas.	La vitamina A de las zanahorias resulta más fácil de asimilar si se cuecen. Pélalas si no son de cultivo biológico ya que retienen gran cantidad de pesticidas. Coma poco perejil durante el embarazo. Tome el nabo crudo o cocinado. Los extremos del hinojo son tan comestibles como el bulbo; al cocinarlo, pierde parte de su sabor anisado.
Familia de la lechuga Lechuga Alcachofa Achicoria Endivia Salsafino Diente de león Estragón	La alcachofa, las hojas del diente de león, el estragón y algunas variedades de la lechuga contienen vitamina A, C y E así como minerales, sobre todo calcio y hierro. La achicoria y la endivia son ricas en vitaminas C, K y las del grupo B, así como en minerales.	El consumo abundante de lechuga ayuda a combatir el insomnio. Las alcachofas tonifican el hígado y se recomiendan en caso de padecer artritis o gota. La achicoria, las endivias y el diente de león son beneficiosos para el hígado y los riñones. El diente de león, sobre todo las raíces, es desintoxicante y contiene propiedades antibióticas, anticancerígenas y antiinflamatorias. El estragón estimula el corazón, el hígado, el apetito y la digestión.	La alcachofa se puede tomar tanto cruda como cocinada, aunque puede causar flatulencia en ciertas personas. Las hojas del diente de león cultivado resultan menos amargas que las silvestres. Las raíces se emplean como sucedáneo del café. El salsafino es un tubérculo poco conocido que se debe tomar cocido.
Familia de la remolacha Remolacha roja Acelga Espinacas	Constituyen una excelente fuente de vitaminas A, C y K, así como de minerales, sobre todo calcio y hierro, además de proteínas; las hojas, a su vez, contienen ácido fólico.	La remolacha roja facilita la digestión y es beneficiosa para el hígado y el sistema inmunológico; además, contiene sustancias anticancerígenas. El ácido oxálico, presente en las hojas de los miembros de esta familia, impide que gran parte de su alto contenido en minerales sea absorbido por el organismo.	Las hojas de la remolacha se pueden comer (hervidas), así como las raíces. Sus propiedades nutritivas son mayores cuando se ingiere cruda. Cueza las hojas y los tallos de las acelgas por separado. Las espinacas más tiernas se toman crudas.
Aguacate	Es rico en ácidos grasos esenciales, proteínas y potasio. Además, proporciona vitaminas A, C, E y algunas del grupo B, sobre todo ácido fólico.	Posee propiedades antibacterianas y antimicóticas; además, posee ciertas sustancias que combaten el envejecimiento de la piel. Las grasas son de fácil digestión.	Están maduros cuando los dedos penetran levemente en la carne. Conserve los que estén todavía verdes a temperatura ambiente; si sobra alguna mitad, guárdela en la nevera junto con el hueso.

HORTALIZAS continuación

Hortaliza	Valor nutritivo	Otras ventajas	Consejos
Cereales, semillas y legumbres germinados Alfalfa Alforjón (sin tostar) Soja Garbanzos Lentejas marrones Maíz Semillas de girasol	Contienen en grandes cantidades la mayoría de las vitaminas y minerales.	Sin duda alguna, constituyen los alimentos más nutritivos, con gran cantidad de proteínas, vitaminas (incluida la B12), minerales y enzimas que estimulan el metabolismo del organismo.	Tómelas crudas siempre que pueda para sacarles el máximo partido. Algunas variedades están disponibles en los supermercados, mientras que otras sólo se encuentran en las tiendas de dietética; si lo prefiere, puede cultivarlas en su propia casa (las variedades mencionadas son fáciles de cultivar). Para más información sobre la germinación, *véanse* págs. 284-286).
Setas Champiñón Níscalo de cultivo Hongos Cantarela Setas chinas secas	Contienen algunas proteínas y constituyen una fuente nada despreciable de minerales.	Las más ricas en minerales son las silvestres y de cultivos biológicos.	Mézclalas con cereales o legumbres: las setas son ricas en aminoácidos, una fuente de proteínas de la que carecen aquéllos. Las personas que deban seguir una dieta sin levaduras no deben comerlas. Si las recolecta silvestres, asegúrese de que son especies comestibles y no tóxicas; si duda, déjelas.

HIERBAS AROMÁTICAS Y ESPECIAS

Nombre	Propiedades	Consejos
Albahaca	Calmante y bueno para los trastornos digestivos, resfriados y dolores de cabeza.	Tómese sólo fresca. Desgarre las hojas en vez de cortarlas. Deliciosa en ensaladas y platos con tomate.
Curry	Fluidifica las mucosidades, mejora la digestión y alivia la flatulencia.	Añade interés a platos de verduras y legumbres, sobre todo las lentejas.
Jengibre	Combate las náuseas y los resfriados.	Deliciosa raíz que rallada es ideal para los sofritos.
Orégano/ mejorana	Sedante; combate las infecciones y permite una rápida recuperación.	Empléese seco en salsas de tomate.
Mostaza	Se emplea para tratar el reumatismo, la artritis y, en China, la bronquitis.	Aliñe con ella las ensaladas o utilícela como sustituto del queso en las salsas.
Pimienta	Estimula el apetito y la digestión; excelente fuente de cromo.	Cómprela en granos enteros. Ideal para las ensaladas o para platos cocinados (échela justo al final).

PRECAUCIÓN

La piel de los cítricos suele estar cubierta de algún fungicida, así que asegúrese de que las pieles que emplee para elaborar mermeladas provengan de frutas sin tratar; si no es el caso, lávelas bajo un buen chorro de agua antes de utilizarlas.

Fruta

Parte indispensable de toda dieta sana, la fruta proporciona fibra, vitaminas y minerales. De hecho, es la primera fuente de vitamina C. Además, es rica en potasio, que regula el consumo de sodio (sal). Tomar varias piezas de fruta al día es la manera más cómoda y sabrosa de seguir una buena dieta.

Cada día se deberían tomar, al menos, cinco raciones de fruta o verdura. Así, tanto puede tratarse de una pieza de fruta cruda, como una manzana o un plátano, como un racimo de uvas o un zumo recién exprimido. La fruta seca, en conserva o congelada también vale, pero en el caso de la fresca se conserva la vitamina C.

Los cítricos, como la naranja o el pomelo, contienen la mayor proporción de vitamina C. La fruta seca, como los higos o los orejones, así como también los cítricos, constituyen una excelente fuente de fibra soluble e insoluble, que ayuda a prevenir el estreñimiento, reduce el riesgo de padecer cáncer de colon y mantiene a raya el nivel de colesterol. El betacaroteno presente en los frutos de color anaranjado, como las naranjas o los melocotones, actúa como anticancerígeno.

La mejor época para tomar fruta es justo en la temporada que le corresponda, que es cuando está fresca. No obstante, hoy en día es posible encontrar fruta todo el año, ya sea importada, congelada o seca. A no ser que posea su propio huerto, aún no está muy difundida la fruta de cultivo biológico, pero siempre dispone de apetitosas excepciones silvestres que pueden ser recolectadas en su temporada, como las moras en otoño.

Al hervir o asar la fruta se destruye un gran número de nutrientes. Puede optar por endulzar sus platos con algunos de los siropes concentrados que venden en las tiendas de dietética o bien con miel y especias. Si compra fruta en conserva, elija aquella que esté envasada con su propio zumo y sin azúcar.

INFUSIONES, MERMELADAS Y ZUMOS

Las virtudes de la fruta se pueden trasladar también a las mermeladas y zumos naturales. Las infusiones de frutas constituyen una nutritiva alternativa al té y al café, pero compre preparados elaborados con fruta de verdad, y no con aromas. Haga sus propias mermeladas y endúlcelas con su propio zumo o miel en vez de con azúcar.

Los zumos de fruta carecen de la fibra de la fruta entera, pero si la exprime usted mismo puede mezclar la pulpa con el zumo. Si se trata de un zumo comprado, asegúrese de que se trata de puro zumo de frutas, sin azúcar ni aditivos artificiales. No obstante, algunas veces se añade vitamina C (ácido ascórbico) a modo de conservante. A la hora de cocinar, sustituya la leche o la nata por un zumo de frutas. ∎

FRUTA DE TEMPORADA LOCAL Y DE IMPORTACIÓN

Estación	Fruta
Primavera	Ruibarbo
Verano	Melocotón • albaricoque • nectarina • cereza • fresa • frambuesa • casis • mora • grosella • melón • sandía
Otoño	Manzana • pera • ciruela • uva • frambuesa • mora • casis
Invierno	Cítricos • arándano • arándano rojo

VALOR NUTRITIVO DE LA FRUTA

Tipo	Valor nutritivo	Otras ventajas	Consejos
Frutas de árbol Manzana Pera Membrillo Níspero *Eriobotrya japonica*	Ricas en minerales como el calcio y el manganeso, así como en vitaminas A y C.	Las manzanas disminuyen el colesterol demasiado alto, facilitan la digestión y tienen propiedades antivíricas.	La mayoría de los nutrientes se encuentran cerca de la piel, pero como que ésta suele contener restos de pesticidas, lo mejor es pelar la fruta, salvo que sea de cultivo biológico. El membrillo se puede tomar hervido o en puré, pero no crudo. *Eriobotrya japonica*, en cambio, se puede comer tanto crudo como cocido como ingrediente de platos dulces. El níspero debe estar bien maduro antes de ser ingerido. Algunas personas proclives pueden desarrollar intolerancia a una de estas frutas.
Frutas blandas Frambuesa Fresa Mora Frambruesa norteamericana Arándano Arándano rojo Grosella Casis Grosella blanca Uva espina Camemoro	Ricas en vitamina C, sobre todo las moras. Buena fuente de vitamina A y calcio. Tanto las fresas como las frambuesas son ricas en hierro.	Las moras poseen más vitamina C que cualquier otra fruta. El zumo de arándanos es bueno para prevenir o tratar la cistitis (*véanse* págs. 146-147). Las fresas combaten la presión arterial alta y son ideales para los problemas de circulación. Algunas especies de arándanos combaten la diarrea.	Las fresas pierden rápidamente su contenido en vitamina C, por lo que se deben tomar lo antes posible tras recolectarlas. Las moras, en cambio, conservan durante mucho más tiempo el contenido de esta vitamina, tanto enteras como en zumo. Algunos tipos de arándanos se suelen emplear para elaborar licores, pero en realidad pueden tomarse como si fueran moras. Pueden provocar alguna intolerancia en ciertas personas; las fresas, a su vez, pueden causar alergia.
Frutos carnosos Melocotón Nectarina Albaricoque Ciruela claudia y damascena Cereza	Ricas en betacaroteno, sobre todo los albaricoques, así como en vitamina C. Las ciruelas también contienen grandes dosis de calcio y magnesio.	Constituyen una excelente fuente de fibra.	Algunos tipos de ciruelas se suelen dejar secar para elaborar las ciruelas pasas. La damascena resulta demasiado agria como para tomarla cruda. Los melocotones y los albaricoques conservan su alto contenido en betacaroteno incluso después de puestos a secar, y se les suele aplicar dióxido de sulfuro para mantener el brillo original (*véase* Fruta seca, pág. 282).
Cítricos Naranja Pomelo Pomelo rojo Limón Lima Mandarina Clementina Satsuma	Ricas en vitamina C, calcio y betacaroteno.	La piel blanca del interior de los cítricos así como las membranas contienen bioflavonoides, que ayudan a mantener en forma los vasos sanguíneos: conserve la pulpa tras hacer zumo. El zumo de limón previene la acumulación de grasa; resulta ideal en las dietas para perder peso.	Dado que la vitamina C se pierde con suma rapidez, conserve la fruta en la nevera y consúmala lo antes posible. La piel de los cítricos se suele bañar en cera para que resulte más brillante y fresca, incluso cuando no lo es. Si tiene pensado emplear la piel como ingrediente para algún plato o bebida, asegúrese de que no ha sido bañada en cera. El zumo de limón o de lima constituyen unos sanos sustitutos de la sal a la hora de cocinar.

VALOR NUTRITIVO DE LA FRUTA continuación

Tipo	Valor nutritivo	Otras ventajas	Consejos
Melón Cantalupo Melón amarillo Sandía	Se trata de una considerable fuente de vitamina C, calcio, fósforo y potasio. La sandía es, además, rica en vitamina A.	Estimula los riñones.	Debido a que fermenta rápidamente en el estómago, lo mejor es tomarlo solo o como entrante. Para saber si un melón es bueno basta con olerlo: debe emitir siempre un olor intenso.
Fruta tropical Piña Plátano Dátil	La piña es rica en vitamina C y magnesio. El plátano constituye una excelente fuente de vitaminas A, C y las del grupo B, así como también de potasio, fósforo, cinc, hierro y calcio. Los dátiles son ricos en vitaminas A, C, D y las del grupo B, además de calcio y fósforo.	La piña contiene una enzima llamada bromelina que es una poderosa proteína digestiva. Los plátanos son muy útiles en caso de padecer estreñimiento o diarrea. Reducen los síntomas alérgicos a la vez que refuerzan la flora bacteriana. Los dátiles son laxantes.	Tome siempre piña cruda tras una comida pesada o fuerte, ya que la bromelina ayuda a hacer la digestión. Esta enzima, no obstante, no está presente en el zumo o la piña en conserva. Para saber si está en su punto, debe poder arrancar una hoja con suma facilidad. Los plátanos verdes resultan indigestos, todo lo contrario que los maduros, muy indicados para los bebés. Los dátiles se suelen vender secos o confitados.
Fruta mediterránea Uva Higo	La uva es rica en calcio, fósforo, potasio y algunas vitaminas del grupo B. Los higos, a su vez, constituyen una excelente fuente de hierro, proteínas y calcio.	Los higos contienen una enzima llamada ficina que ayuda en la digestión.	Lave bien las uvas ya que suelen contener pesticidas. Compre los higos frescos, con la piel lisa y suave, no arrugada, y tómelos el mismo día.
Tallos Ruibarbo Angélica	El ruibarbo posee gran cantidad de calcio y otros minerales, además de vitamina C. La angélica, por su parte, contiene algunos minerales.	El ruibarbo es un purgativo. La angélica, a su vez, pertenece a la familia del perejil y es un buen digestivo así como un estimulante del apetito.	En las regiones de clima templado, el ruibarbo aparece a principios de la primavera. Se debe hervir antes de consumirlo. Elimine todas las hojas y los nudos ya que contienen dosis altas de ácido oxálico y, por esta misma razón, no coma los tallos en verano. Emplee los tallos y las hojas de la angélica para dar sabor a los postres y mermeladas, y adorne los pasteles con los tallos confitados.
Fruta seca Manzana Melocotón Pera Plátano Mango Piña Ciruela Dátil Higo Pasas Pasas sultanas Pasas de Corinto	Suelen conservar los minerales y la gran mayoría de las vitaminas de la fruta fresca.	La fruta seca contiene gran cantidad de fibra, de ahí que constituyan unos excelentes laxantes, sobre todo los higos y las ciruelas pasas.	Se conservan bien durante largo tiempo. Tómelos crudos o endulce con ellos postres, pasteles o zumos de frutas. El dióxido de sulfuro que se emplea como conservante puede provocar asma en determinadas personas, por lo que es conveniente lavarlas con agua caliente. El glaseado mineral que las recubre impide que se peguen unas con otras, pero también impide absorber las vitaminas. No obstante, es posible encontrar fruta secada sin sulfuro ni glaseado. No confunda este tipo de fruta con la glaseada o confitada.

FRUTAS EXÓTICAS

Nombre		Valor nutritivo	Consejos
Naranja de la China		Rica en potasio, calcio, fósforo y vitaminas A y C.	Se parece a una naranja en miniatura. Cómala cruda, con la piel incluida, en ensaladas.
Mango		Muy rico en betacaroteno.	Tómelo crudo, en papilla o en zumo. Está emparentado con el anacardo y el pistacho.
Papaya		Gran cantidad de betacaroteno.	Tómela como primer plato o en el postre. Los ejemplares más verdes se pueden hervir y servir mezclados en la ensalada.
Lichi		Rico en vitamina C, potasio y fósforo.	Se encuentra disponible tanto seco o en conserva como fruta fresca. Tómelo crudo o en platos dulces o ácidos.
Tomatillo		Rico en vitaminas A y C, fósforo y calcio.	Quítele la cáscara y añádala entera en las ensaladas. Se conserva bien hasta tres semanas.
Kiwi		Muy rico en vitaminas C y E, así como en minerales. Contiene ácido proleolítico, que reduce el nivel de colesterol.	Si no está maduro, se puede conservar en el congelador durante meses. Pélelo y tómelo crudo o en papilla.

ESPECIES QUE ACOMPAÑAN A LA FRUTA

Nombre		Valor nutritivo	Consejos
Canela		Antiséptica, estimulante del apetito y digestiva.	Va bien con manzanas, naranjas, plátanos, moras y melocotones; en zumos de frutas calientes, pasteles y bizcochos elaborados con frutas secas. Disponible en barritas o molida.
Nuez moscada		Buena para la flatulencia, las náuseas y los vómitos. Si se toma más de media puede causar taquicardia y alucinaciones; puede resultar tóxica.	Pruébela con limones, peras y piñas, así como con frutas secas y pasteles.
Clavo		Antiséptico y digestivo.	Va bien con manzanas y plátanos y en bebidas calientes. Se encuentra disponible seco (utilícelo tan sólo para aromatizar, pero no lo coma) o bien molido.
Pimienta de Jamaica		Digestiva.	Utilícela cuando haga pasteles con frutas secas o con zumo de lima, plátano u otras frutas tropicales.
Vainilla		Beneficiosa para el sistema nervioso.	Se utiliza para aromatizar platos o en repostería.

Legumbres, cereales y frutos secos

La inmensa mayoría de legumbres, cereales y frutos secos proporcionan abundantes proteínas así como otros muchos nutrientes. Además, constituyen una económica alternativa a la carne y muchos de ellos se cultivan según criterios orgánicos.

Las legumbres son muy ricas en fibra, vitaminas del grupo B, carbohidratos complejos y minerales, como calcio; además, contienen muy pocas grasas. Suelen provocar flatulencia si no se está acostumbrado a tomarlas, por lo que se deben introducir en la dieta de forma paulatina. Se acostumbran a vender secas. Las variedades más grandes se deben tener en remojo durante varias horas antes de hervirlas. Todas ellas se deben hervir en agua fresca y sin tapar durante unos diez minutos; a continuación, se tapan y se dejan a fuego lento entre media y una hora.

Los cereales constituyen una excelente fuente de carbohidratos complejos. Si, además, son integrales, proporcionan también proteínas, minerales y vitaminas. Los frutos secos son ricos en ácidos grasos

TIPOS DE LEGUMBRE

Nombre		Valor nutritivo	Información adicional
Lentejas		Ricas en hierro y vitaminas del grupo B; fuente considerable de calcio y vitamina A.	Hay distintas variedades de color naranja, marrón, verde y azul grisáceo. No es necesario tenerlas en remojo; las de color naranja son las de cocción más rápida.
Guisantes		Contiene vitamina A; además, reducen el nivel de colesterol.	Disponibles en dos variedades: verde y amarillo. No hay necesidad de tenerlas en remojo antes de hervirlas.
Judías pintas		Ricas en calcio y hierro; contienen algo de vitamina A.	Disponibles en color rojo y negro.
Garbanzos		Muy ricos en calcio; grandes dosis de hierro y proteínas.	Requieren un tiempo de cocción mayor. Con ellos se elabora el *hummus*, una pasta que contiene, además, semillas de sésamo, ajo, zumo de limón y aceite de oliva.
Habichuelas		Una buena fuente de proteínas y minerales.	Se pueden hervir sin necesidad de haberlas tenido en remojo.
Judías adzuki		Buena fuente de minerales.	Pequeña y aromática variedad de judías rojas procedentes de Japón.
Judías mung		Ricas en vitaminas A y C, además de hierro.	Originarias de China. Son muy fáciles de cultivar en casa.
Alubias		Buena fuente de proteínas y minerales.	Las que se venden ya cocidas y envasadas contienen mucha sal y azúcar, pero las tiendas de dietética las endulzan con zumo de frutas.
Judías blancas		Contienen proteínas y minerales.	Ideales para sopas y ensaladas.
Habas		Fuente de calcio, hierro y proteínas.	Se suelen encontrar frescas o congeladas más que secas.

esenciales, proteínas, minerales (como el calcio), así como en vitaminas E y las del grupo B. Consúmalos crudos para preservar todo su valor nutritivo y compre aceites prensados en frío. Los frutos secos pelados pueden ranciarse o hacerse tóxicos, por lo que se deben conservar en un envase hermético o en la nevera. En el mercado abundan las mantequillas elaboradas a partir de diferentes frutos secos, aunque las que venden en las tiendas de dietética y nutrición suelen ser no hidrogenadas, sin sal y endulzadas con zumo natural de fruta.

Al igual que los frutos secos, las semillas son ricas en ácidos grasos esenciales, proteínas, minerales y vitaminas del grupo B. Aunque tostadas resultan más apetitosas, pierden todo su valor nutritivo. Si cocina con aceite de semillas, asegúrese de que sea prensado en frío.

Deje que estos alimentos germinen: aumentarán sus propiedades nutritivas. ∎

PRECAUCIÓN

Cuando germine las legumbres, no las deje en un lugar con temperaturas extremas o donde reciban la luz del sol directa. Póngalas en remojo la noche anterior, escúrralas y consérvelas en potes cubiertos con muselina, en un lugar cálido y oscuro durante unos días, aclarándolas dos veces al día.

PRINCIPALES CEREALES

Nombre	Valor nutritivo	Información adicional
Trigo	Rico en proteínas, vitamina E y del grupo B. El germen de trigo, así como el aceite de germen de trigo, constituyen unas extraordinarias fuentes de ácidos grasos esenciales omega-3 y de vitamina E. Son también ricos en gluten, una proteína a la que muchas personas presentan intolerancia.	Puede causar alergia o intolerancia. A veces llega a contener gran cantidad de pesticidas, por lo que es mejor comprar productos de cultivo biológico. El trigo, germinado se suele tolerar mejor. El trigo búlgaro (cereales precocinados) se puede tomar como el arroz. Los aditivos que podemos encontrar son aglutinantes, proteínas, almidón y almidón modificado.
Arroz	Rico en vitaminas del grupo B, calcio y hierro.	Elija el arroz integral, moreno o silvestre. De fácil digestión.
Maíz	Contiene vitaminas A y del grupo B, además de minerales.	Puede estar manipulado genéticamente. *Véase* Trigo para los nombres de los aditivos. Puede provocar alergia o intolerancia.
Centeno	Una buena fuente de vitamina E, magnesio, silicio (que refuerza los huesos, los dientes, el cabello y las uñas), así como ácidos grasos esenciales y gluten.	El pan y las galletas de centeno son fáciles de encontrar. Cuando es entero germina rápidamente, aunque también se puede poner en remojo y cocinar como el arroz. Puede provocar alergia o intolerancia.
Cebada	Una buena fuente de minerales; menos grasas que otros cereales. Rica en gluten.	La cebada se puede emplear como sustituto del café. Puede provocar alergia o intolerancia.
Avena	Rica en proteínas (como el gluten), hierro, calcio y vitaminas del grupo B. Muy indicada para regular el nivel de colesterol en sangre y el metabolismo del azúcar.	Existen diversas variedades, desde la integral a la de preparación instantánea, que varían de forma notable en cuanto a sus propiedades nutritivas. Puede provocar alergia o intolerancia.
Mijo	Rico en proteínas y minerales, sobre todo silicio. El cereal más rico en hierro. Carece de gluten.	Cocínelo como si fuera arroz. Pueden consumirlo las personas con una intolerancia al gluten.
Alforjón	Rico en calcio y contiene bioflavonoides, rutina y vitamina C. Sin gluten.	No está emparentado con el trigo. Pueden consumirlo personas con intolerancia al gluten.
Quinua	Rica en proteínas, calcio y hierro.	Cocínela como si fuera arroz. Pueden consumirla personas con intolerancia al gluten.
Amaranto	Rica en proteínas. Se trata, además, de la mayor fuente vegetal de hierro. Carece de gluten.	Cocínelo como si fuera arroz. Pueden consumirlo personas con intolerancia al gluten.

VALOR NUTRITIVO DE LOS FRUTOS SECOS

Nombre		Valor nutritivo	Información adicional
Cacahuete		Una buena fuente de hierro.	Tómese con moderación. Alergeno muy común. El aceite de cacahuete soporta bien el calor, por lo que es bueno para cocinar.
Anacardo		Contiene vitamina C.	Sustituya la nata de la leche por los anacardos licuados. Puede causar alergia.
Nuez		Una de las pocas fuentes diferentes al pescado del ácido graso esencial omega-3.	Puede aliñar las ensaladas con aceite de nueces.
Nuez de Brasil		Muy rica en proteínas.	Se rancian con suma rapidez.
Avellana		El fruto seco con menos contenido de grasas; rico en calcio.	Disponible también en forma de aceite.
Piñón		Rica fuente de proteínas.	Tuéstelos ligeramente para reducir su sabor a trementina.
Almendra		Uno de los frutos secos más nutritivos; ricas en calcio y vitaminas del grupo B.	La leche de almendras puede sustituir a la nata láctea. Se elabora también aceite con ellas.
Castaña		Pobre en grasas y rica en carbohidratos.	Tuéstelas para reducir el ácido tánico. Puede hacerse harina con ellas.
Coco		Rico en grasas saturadas, por lo que no se debe abusar.	La leche de coco (pulpa triturada) se puede emplear en las salsas como sustituto de la leche de vaca.
Pistacho		Contiene vitamina A.	Cuanto más verde sea el color, mejor es la calidad.

VALOR NUTRITIVO DE LAS SEMILLAS Y ACEITES DERIVADOS

Nombre		Valor nutritivo	Información adicional
Sésamo		Muy rico en proteínas, minerales como el calcio, ácidos grasos esenciales y vitamina E.	Las semillas se emplean para elaborar determinadas clases de pan. El aceite se mantiene bien pero no tolera bien el calor, por lo que es mejor añadirlo al final de la cocción, como aromatizante. Puede provocar alergia.
Girasol		Rico en vitaminas E y las del grupo B, así como minerales.	Las semillas se emplean en algunos tipos de pan. El aceite es bueno para cocinar. Algunos de sus componentes reproducen el efecto de la nicotina.
Alazor		Una buena fuente de ácidos grasos esenciales.	Aceite de intenso aroma, ideal para aliñar las ensaladas o para añadirlo al final de la cocción.
Calabaza		Una buena fuente de minerales y vitaminas del grupo B.	Tome las semillas a modo de tentempié o en las ensaladas. Se ha considerado tradicionalmente como un tónico hormonal masculino.
Linaza		Fuente de ácidos grasos esenciales omega-3.	Utilice el aceite crudo para aliñar las ensaladas, pero no cocine con él.

Alimentos de origen animal

Son muchas las personas que basan su dieta en el pescado y la carne. Estos alimentos, al igual que los productos derivados de la leche y los huevos, proporcionan proteínas, minerales y algunas vitaminas, pero se deben consumir con moderación.

Aunque sin duda constituye una importante fuente de proteínas, la carne contiene también numerosas grasas saturadas. Éstas y las proteínas de origen animal, tomadas en exceso, resultan perjudiciales para la salud. Además, si se basa la dieta alimentaria casi exclusivamente en productos de origen animal, se deja de ingerir la cantidad necesaria de verdura y fruta, que es donde se encuentran los carbohidratos complejos y los nutrientes más importantes, indispensables para prevenir las enfermedades. No obstante, este abuso de productos de origen animal se puede compensar hasta cierto punto eligiendo los productos con menor contenido en grasa así como cocinándolos sin añadir ningún otro tipo de grasa adicional.

La mayoría de la carne que ingerimos contiene restos de hormonas, antibióticos y otros medicamentos que se han suministrado a los animales durante su cría, además de los pesticidas presentes en la comida con que se han alimentado. Una manera de evitar todo esto es comprando pescado, carne procedente de animales de cría en granjas biológicas, productos lácteos y huevos. Las granjas biológicas son muy numerosas.

ALIMENTOS SUSTITUTIVOS

Algunas personas evitan el consumo de carne por motivos de salud o humanitarios, mientras que otras se ven obligadas a hacer lo mismo con los productos lácteos al ser intolerantes a la lactosa. Una alternativa a estos productos es la soja, uno de los vegetales más ricos en proteínas que existen.

La soja no se suele consumir en su estado natural al ser de difícil digestión, sino que se elabora con ella toda una serie de productos derivados, algunos de los cuales son condimentos. De hecho, el 60 % de los alimentos procesados contienen soja en alguna de sus variedades. No obstante, tenga presente que se suele tratar de soja modificada genéticamente; compre sólo la de cultivo biológico. Si es sensible al consumo de soja, evítela.

LA SOJA Y SUS DERIVADOS

La soja está disponible en forma de numerosos productos, algunos de ellos perfectos sustitutos de los productos lácteos:

- El tofú es una «cuajada» de soja, con la consistencia del queso blanco pero con menos sabor; se emplea en platos salados y dulces.

- La leche, el yogur y el queso de soja contienen la mitad de grasa que sus equivalentes lácteos. A veces se utiliza la leche en los helados de fabricación industrial.

- El tempe es un pastel parecido al queso elaborado con granos de soja fermentados. Es una buena fuente de vitamina B12.

- La proteína vegetal sólida se emplea como carne vegetariana y a menudo se utiliza como ingrediente en alimentos procesados.

- La salsa de soja (*shoyu*), tan característica de la comida oriental, tiene un sabor salado. Asegúrese de que no lleva aditivos ni demasiada sal.

- El *miso* es una pasta similar a la salsa de soja y también se emplea en la comida oriental. Contiene vitamina B12 además de trigo.

- La harina de soja se emplea en la industria alimentaria.

- El aceite de soja es rico en ácidos grasos esenciales, como los del grupo omega-3, pero no soporta bien las altas temperaturas. Se emplea en los alimentos procesados, pero en la variante hidrogenada, menos interesante desde un punto de vista nutritivo.

- La soja, junto con el maíz, es la base de una serie de aditivos, como la goma, la proteína o el almidón vegetales.

PESCADO Y MARISCO

Además de proporcionar proteínas, el pescado constituye una excelente fuente de minerales, sobre todo de yodo, ausente en muchos otros alimentos. El pescado blanco y el marisco son muy pobres en grasas, que en el caso de las saturadas es aplicable también al resto de los pescados y mariscos (menos de una cuarta parte del contenido total de grasas). El pescado azul es muy beneficioso por su contenido en ácidos grasos esenciales. El pescado contiene vitaminas del grupo B y, en el caso del azul, vitaminas A y D. Las más importantes son las B, ausentes en los principales alimentos de la dieta de los países occidentales, sobre todo la B 12, muy rara en alimentos que no sean de origen animal.

El pescado fresco debe ser firme al tacto y desprender un buen olor. Intente consumirlo el mismo día en que lo adquiera. La manera más sana de cocinarlo es a la parrilla, al vapor o hervido, ya que frito absorbe gran cantidad de grasa. No obstante, si desea freírlo, hágalo con un aceite fresco y a no demasiada temperatura para que el rebozado no quede demasiado aceitoso.

La trucha y el salmón de piscifactoría suelen contener residuos de productos químicos. La pureza del resto de pescado depende, lógicamente, de lo contaminada que esté la zona del mar de donde procede.

CARNE

Los tipos de carne que más se consumen son los de pollo, buey, cerdo y cordero, aunque poco a poco aparecen nuevas y exóticas variedades, como la de avestruz o canguro. La carne constituye una excelente fuente de

VALOR NUTRITIVO DEL PESCADO Y EL MARISCO

Tipo		Valor nutritivo	Información adicional
Pescado azul Caballa, salmón, trucha, atún, arenque, sardina, anchoa, pez espada		Importante fuente de ácidos grasos esenciales, sobre todo del grupo omega-3. Pobre en grasas saturadas y rica en proteínas, hierro, algunas vitaminas del grupo B y vitamina D. Contiene, además, algo de calcio y una considerable cantidad de yodo.	Tomar tres veces a la semana pescado azul proporciona la cantidad recomendada de ácidos grasos esenciales del grupo omega-3, pero si se toma en conserva éstos se reducen. Los pescados más pequeños se pueden tomar enteros, con las espinas, con lo que se convierten en una importante fuente de calcio. Los arenques ahumados de un marrón rojizo no son de buena calidad.
Pescado blanco Lubina, bacalao, merluza, salmonete, platija, raya, lenguado, rodaballo, gallo		Rico en proteínas, vitaminas del grupo B y algo de calcio. Una considerable fuente de yodo; muy pobre en grasas.	El bacalao ahumado es de un vivo tono amarillo.
Crustáceos Cangrejo, langosta, gamba, camarón, langostino, cigala, bogavante		Ricos en proteínas, calcio y vitamina B3. Una buena fuente de hierro, cinc y yodo. Pobres en grasas, salvo el cangrejo.	Pueden provocar alergia en las personas con predisposición.
Moluscos Mejillón, ostra, navaja, berberecho, pulpo, caracol, vieira, almeja, calamar, sepia		Ricos en proteínas, vitamina B3 y minerales. La ostra es el alimento más rico en cinc. Muy pobres en grasas.	Pueden provocar alergia. Los bivalvos, como los mejillones, resultan muy vulnerables a la contaminación del agua, por lo que asegúrese de que provienen de un lugar limpio, sobre todo las ostras, que se comen crudas. Las conchas de los bivalvos vivos deben cerrarse si se tocan con los dedos; descarte los que no se cierren. En cambio, al cocinarse, se deben abrir; retire los que no lo hagan.

proteínas y minerales, como el hierro, el selenio y el cinc, además de vitaminas del grupo B. No obstante, a excepción de la carne de ave y la caza, suele contener gran cantidad de grasas saturadas (cerca de la mitad del total de grasa contenida).

En algunos países un problema de salud relacionado con la carne es la encefalopatía espongiforme bovina, una enfermedad del ganado que ha sido relacionada con la enfermedad de Creutzfeldt-Jacob, que afecta al hombre. Hasta el momento no se ha descubierto el mecanismo exacto de transmisión de la enfermedad entre las vacas, ni de la vaca al hombre, aunque se sabe que

el sistema nervioso tiene mucho que ver. Si teme consumir carne contaminada, elija la que proceda de granjas biológicas.

Otros riesgos que implica el consumo de carne es la intoxicación alimentaria por las bacterias *Salmonella* y *Escherichia coli (E. coli)*. Por regla general, la carne se debe tomar siempre cocinada y nunca cruda, sobre todo si es para niños, mujeres embarazadas, inválidos o ancianos. Asegúrese de que la carne no esté en contacto con otros alimentos mientras la tenga en la nevera, y limpie a conciencia las manos y todos los utensilios con los que la manipule al cocinarla, así como las superficies en las que

TIPOS DE CARNE Y SUS DERIVADOS

Tipo	Valor nutritivo	Consejos
Aves Pollo, pavo, pato, ganso, gallina, codorniz, pintada, paloma	Proteínas, vitaminas B2 y B3. Pobre en grasa y grasas saturadas (una tercera parte del contenido total).	Si se elimina la piel, se reduce de forma considerable el contenido de grasa. Dado que puede estar contaminada con la bacteria de la salmonela, se debe cocinar por completo y conservar separada del resto de los alimentos.
Animales domésticos Buey, ternera, cerdo, cordero	Contiene proteínas, vitaminas del grupo B, selenio, cinc y hierro. Rica en grasa, casi la mitad de la cual es saturada.	Los filetes más pequeños se conservan mucho peor que los de gran tamaño, de ahí que se deberían consumir el mismo día en que se compran. Las chuletas y el cordero contienen más grasa que el resto. El pecho, la zona trasera y la espinilla son las partes del buey con menor contenido de grasa. La carne de cerdo puede provocar alergia o intolerancia.
Caza Faisán, perdiz, paloma torcaz, pato salvaje, conejo, venado, jabalí	Una buena fuente de proteínas, vitaminas del grupo B, selenio, cinc y hierro. Rica en ácidos grasos esenciales.	La carne de los animales y aves silvestres contiene menos grasa que la de los domesticados, de ahí que resulte algo más dura. En algunos lugares se crían jabalíes y venados. Si se cura la carne, ésta resulta más fácil de masticar.
Carne exótica Avestruz, canguro, caimán	Más pobre en grasas saturadas que el buey, el cordero y el cerdo.	La carne de avestruz y caimanes procede de granjas especializadas.
Vísceras Hígado, riñones, corazón, rabo, menudillos, lengua, tripas, sesos, pies	Fuente de proteínas. Rica en vitaminas A, B2, B3, B12 y ácido fólico, sobre todo el hígado. Rico en grasas, la mitad de las cuales es saturada.	Duran muy poco, por lo que es conveniente consumirlas el mismo día en que se compren. Las mujeres embarazadas deben evitar el hígado ya que su alto contenido en vitamina A puede perjudicar al bebé.
Carne procesada Bacon, jamón, salchicha, salami, paté, manteca, gelatina	Muy rica en grasas; la mayoría contiene aditivos nocivos para la salud, además de grandes cantidades de sal.	Sepárela del resto de la carne cruda para evitar cualquier tipo de contaminación. Hay algunas variedades con menor cantidad de grasa. Las mujeres embarazadas deben evitar el paté de hígado.

haya estado en contacto. Así, nunca se le ocurra preparar una ensalada en el mismo recipiente o con el mismo cuchillo que haya empleado para cortar la carne.

Para reducir el contenido en grasa, compre filetes delgados de carne y recorte las zonas con grasa. Haga a la parrilla la carne de modo que suelte gran parte de la grasa y fría la carne picada sin apenas aceite. No coma la piel de la carne de ave, que es donde se concentra la mayor parte de la grasa.

PRODUCTOS LÁCTEOS Y HUEVOS

La leche, el yogur y el queso constituyen una excelente fuente de proteínas (el queso tiene tantas como la carne: cerca del 70 %), calcio y vitaminas del grupo B. Destacan, sobre todo, por el calcio que aportan, indispensable para la salud de los huesos, los dientes, los músculos y la sangre, aunque también se puede obtener a partir de otros alimentos de origen vegetal. Todos los productos lácteos contienen vitamina A, pero también una gran cantidad de grasas saturadas. Elija variedades semidesnatadas o desnatadas.

El yogur contiene una serie de bacterias vivas que ayudan a regular la flora bacteriana del aparato digestivo. A algunas mujeres les ayuda a prevenir la candidiasis, un tipo de infección provocada por levaduras. Los derivados de la leche pueden provocar alergias o intolerancia a la lactosa en personas con predisposición.

Los huevos son ricos en minerales y vitaminas así como en proteínas, aunque la yema contiene una gran cantidad de grasas saturadas y colesterol. En la repostería se puede sustituir la yema aumentando la proporción de clara. ∎

CONTENIDO DE CALCIO

Los siguientes alimentos son excelentes fuentes de calcio. Las necesidades medias de una persona rondan los 1.000 mg por día. Las mujeres embarazadas y las madres en período de lactancia necesitan una cantidad mayor.

Alimentos	mg por 100 g
Queso seco	800
Queso tierno	400
Leche entera	120
Leche desnatada	130
Yogur entero	120
Yogur desnatado	180
Tofú, sin sulfato de calcio	200
Tofú, con sulfato de calcio	680
Higos secos	140
Brócoli cocido	50

PRODUCTOS LÁCTEOS

Tipo	Valor nutritivo	Información adicional
Leche Crema Yogur Queso Mantequilla *Ghee* (especie de mantequilla india) 	La leche, el yogur y el queso proporcionan proteínas, calcio, vitaminas B2, B3, B12 y ácido fólico. Todos los productos lácteos contienen vitamina A, pero son ricos en grasa, dos tercios de la cual es saturada. Hay, no obstante, modalidades pobres en grasa, pero en detrimento de la vitamina A. El queso posee gran cantidad de sal y a veces contiene aditivos (colorantes para los de color anaranjado y conservantes). El yogur contiene una serie de bacterias «vivas» beneficiosas.	Se trata de productos alergénicos en muchos casos, y numerosas personas, sobre todo las de raza no caucásica, desarrollan una intolerancia que no permite su correcta digestión. El yogur, el *ghee* (especie de mantequilla india) y los productos derivados de la leche de cabra y oveja suelen ser menos proclives a propiciar intolerancia. No dé leche de vaca a los niños de menos de doce meses. El *ghee* se puede emplear para freír a altas temperaturas. Las mujeres embarazadas deben evitar los quesos azules, tiernos, de cabra y de oveja, tanto si están pasteurizados como si no, así como cualquier producto lácteo no pasteurizado, ante el peligro de contraer listeria u otras infecciones. Los derivados de la leche que se emplean como aditivos se suelen denominar caseína, caseinato, lactosa, lactoalbúmina y suero.

TIPOS DE HUEVO

Tipo	Valor nutritivo	Información adicional
Pollo Pato Oca Codorniz	Contienen proteínas, hierro y otros minerales, además de vitaminas A, B2, B3, B12, ácido fólico y vitamina D. Las yemas son ricas en grasas, la mitad de las cuales son saturadas.	Para evitar contraer salmonelosis, los niños, las mujeres embarazadas, los inválidos y los ancianos deben tomar únicamente huevos cocidos. El vinagre mezclado con la yema cruda actúa como un bactericida. Los huevos de oca y pato se suelen vender ya cocidos. Los huevos pueden provocar alergias. Algunos derivados del huevo empleados como aditivos son la lecitina (de huevo o soja) y la ovoalbúmina.

CONTENIDOS DE GRASA

La grasa de la carne varía según cómo se cocine ésta. Las cantidades que se apuntan indican el total de la grasa contenida. No todas las grasas son perjudiciales, aunque algunas carnes, como las de buey y cordero, contienen gran cantidad de grasas saturadas. Las cantidades se refieren a 100 g del alimento correspondiente; busque la proporción que le corresponda y adecue la lista a sus necesidades.

Alimentos	g por 100 g	Alimentos	g por 100 g	Alimentos	g por 100 g
Pescado azul		**Carne**		**Carne procesada**	
Salmón al vapor	10,4	Buey a la parrilla, magra	6,0	**(continuación)**	
Sardinas en conserva	13,6	Buey asado, magra	9,1	Empanada de cerdo	27,3
Atún en conserva	21,0	Buey estofado	7,4	Pastel de carne con verduras	21,5
		Cordero a la parrilla, chuleta,		Paté de hígado	26,7
Pescado blanco		carne grasa	22,5		
Bacalao a la plancha	1,5	Cordero a la parrilla, chuleta,		**Productos lácteos**	
Bacalao frito	10,6	carne magra	6,9	Leche desnatada	0,1
Platija al vapor	1,7	Cordero asado, magro	8,1	Leche entera	3,8
Platija frita desmigada	13,3	Cerdo a la parrilla, chuleta,		Yogur desnatado	1,0
Pescadito frito	13,0	carne grasa	18,5	Yogur entero	10,0
		Cerdo a la parrilla, chuleta,		Nata líquida	21,2
Moluscos crudos		carne magra	6,7	Nata enriquecida	48,2
Mejillones	1,9	Cerdo asado, magro	6,9	Queso tierno	23,0
Ostras	0,9	Carne picada estofada con		Queso curado, tipo Cheddar	34,0
		cebolla	14,5	Queso Stilton	40,0
Crustáceos cocidos				Requesón	0,5
Cangrejo	5,2	**Carne procesada**		Queso cremoso blanco	47,0
Langosta	3,4	Bacon a la parrilla	33,8	Mantequilla	82,0
Gambas	1,8	Salchicha de cerdo, parrilla	24,4		
		Frankfurt	25,6	**Huevos**	
Aves		Salami	45,5	Yema cruda	30,5
Pollo asado, sin piel	5,4	Jamón	5,5	Clara cruda	trazas
Pollo asado,		Carne de vaca enlatada	11,7	Cocidos	11,7
con piel	14,0	Hamburguesa de buey frita	17,8	Fritos	20,0
Pavo asado, sin piel	1,8			Revueltos	22,9
Pato, sin piel	9,1				

Capítulo 4

PRIMEROS AUXILIOS

POR PRIMEROS AUXILIOS se entiende la primera asistencia que se da a una persona herida, por lo general antes de la llegada de la ambulancia o del equipo médico de urgencias. El objetivo de estos primeros auxilios es mantener con vida a la víctima y evitar que sus heridas empeoren. En este capítulo encontrará los procedimientos básicos de modo que pueda prestar los primeros auxilios en caso de necesidad.

Los accidentes y situaciones de emergencia sobrevienen de improviso, de ahí la importancia de que la persona que preste ayuda actúe con rapidez y decisión. Lo más importante es mantener la calma en todo momento, y bajo ningún concepto se precipite, ya que podría causar más daño que beneficio. En lo posible, realice un curso de preparación de primeros auxilios, donde le enseñarán cómo proceder en cada caso. Una institución profesional como la Cruz Roja ofrece cursos sobre este tema. ∎

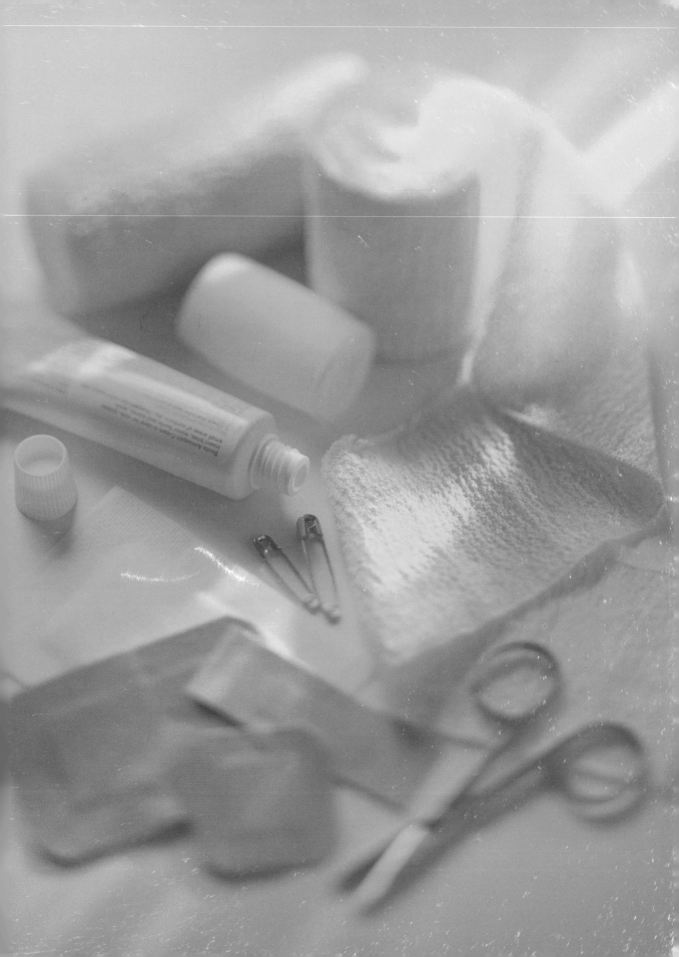

Asfixia mecánica

Para ayudar a alguien en situación de asfixia se debe actuar con gran rapidez. La asfixia tiene lugar al producirse una obstrucción de la tráquea y, en el caso de los adultos, la causa suele ser un alimento; en niños, puede sobrevenir al tragar un objeto; los menores de 3 años son el grupo de mayor riesgo.

SIGNOS

En un adulto o un niño no muy pequeño:

■ Dificultad al hablar y al respirar.

■ Las manos se dirigen instintivamente al cuello.

■ La cara puede tornarse azul y las venas de la cara y del cuello sobresalen.

PRECAUCIÓN

Al tratar de extraer un objeto del interior de la garganta, asegúrese de que no lo empuja hacia el interior.

AYUDA A UN ADULTO INCONSCIENTE

1 Durante la pérdida de la conciencia los músculos se relajan, lo cual puede favorecer la liberación del bloqueo; trate de eliminarlo colocando un dedo en forma de gancho. Abra las vías respiratorias, compruebe la respiración y la circulación, y, si es necesario, intente la reanimación cardiopulmonar. Si la persona no respira, la obstrucción seguirá ahí. Proceda con el paso siguiente.

AYUDA A UN ADULTO CONSCIENTE

1 Intente que la persona tosa, pues la tos ayuda a expulsar el objeto. Si esto no da resultado, proceda con el siguiente paso.

2 Pida a la persona que se incline hacia delante por la cintura hasta formar un ángulo de 45°. Aguántela por la cintura y déle cinco golpes secos con la palma de la mano entre los dos omoplatos. Si esto falla, pase al siguiente paso.

3 Sitúese detrás de la persona y coloque sus brazos alrededor de su tronco. Cierre el puño de una de las manos y póngalo con el pulgar contra su abdomen, justo debajo del tórax. Agarre el puño con la otra mano y presione con fuerza cinco veces hacia dentro y hacia fuera. Repita los pasos 2 y 3 hasta que la obstrucción desaparezca.

2 Tumbe a la persona de lado, aguantando su cabeza y en ángulo recto con el suelo. Dé cinco golpes secos con la palma de la mano sobre su espalda, entre los omoplatos. Mire en su boca para ver si se encuentra el objeto e intente retirarlo. Si el conducto del aire sigue bloqueado, continúe con el siguiente paso.

3 Ponga a la persona de espaldas y coloque ambas manos sobre su abdomen. Con los brazos estirados, presione con fuerza hacia arriba y hacia abajo 5 veces. Si la persona deja de respirar, llame a una ambulancia e intente las maniobras de resucitación. Si no hay movimiento en el pecho, repita los pasos 2 y 3 y, cuando note que la persona respira, póngala en posición preventiva.

SIGNOS

En un bebé o un niño de corta edad:

■ Dificultad para respirar.

■ Extraños sonidos o incapacidad para emitir ningún ruido.

■ Rostro y cuello enrojecidos.

PRECAUCIÓN

Si un bebé pierde el conocimiento, intente la reanimación (véanse págs. 298-299). Si el pecho no reacciona, siga los pasos indicados para eliminar la obstrucción en caso de ahogo y repita ambas secuencias hasta que llegue la ayuda médica.

SISTEMA DE COMPROBACIÓN

Después de cada paso:

■ Compruebe si el objeto se encuentra en la boca.

■ Una vez recobrada la respiración, ponga al niño en posición preventiva (véase pág. 300).

■ Si sigue sin respirar, intente realizar la respiración artificial.

■ Si el pecho no se eleva, proceda con el siguiente paso.

AYUDA A UN BEBÉ DE MENOS DE UN AÑO

1 Ponga al bebé boca abajo sobre su antebrazo. Deberá aguantar su pecho con el brazo y la barbilla con la mano. Dé cinco golpes secos en su espalda, entre los omoplatos, dé la vuelta al bebé y abra sus vías respiratorias para comprobar si hay algún objeto en su boca (*véase pág. 299*). Si no es así, prosiga con el siguiente paso.

2 Coja al bebé y estírelo sobre sus rodillas con la cabeza más baja que el pecho. Presione firmemente su pecho con dos dedos, un través de dedo por debajo de la línea de sus pezones. Repita esto 5 veces y compruebe si hay algo en la boca del bebé. Si el objeto sigue obstruyendo la tráquea, repita los pasos 1 y 2 tres veces. Si no da resultado, llame a urgencias y continúe intentándolo.

AYUDA A UN NIÑO DE ENTRE 1 Y 7 AÑOS

1 Ponga al niño de forma que su cabeza quede más abajo que su pecho y déle 5 golpes secos en la espalda, entre los omoplatos, con una mano. Compruebe si tiene el objeto en la boca y, si no es así, sitúese detrás de él y coloque su puño cerrado cogido con la otra mano justo debajo de su última costilla. Presione su pecho con golpes secos hacia dentro 5 veces, una cada 3 segundos.

2 Inténtelo de nuevo con otros 5 golpes. Si la asfixia continúa, ponga el puño, cogido con la otra mano, en el abdomen del niño, por debajo del tórax y por encima del ombligo, y presione con golpes secos hacia arriba 5 veces. Si el objeto sigue obstruyendo la tráquea del niño, llame a urgencias. Continúe intentándolo mientras llega la ambulancia y, si el niño empieza a respirar, póngalo en la posición preventiva (*véase pág. 300*).

3 Si el niño pierde el conocimiento, estírelo de lado y golpéele 5 veces en la espalda. Póngalo boca arriba y mire si el objeto se encuentra en su boca. Si no respira, hágale el boca a boca 5 veces (*véanse págs. 298-299*). Con la palma de la mano sobre la última costilla, presione con fuerza 5 veces hasta llegar a un tercio de la profundidad de su pecho, una vez cada 3 segundos.

4 Si la obstrucción sigue ahí, ponga la palma de la mano a medio camino entre su ombligo y las costillas y presione con firmeza 5 veces. Repita los golpes, la presión pectoral y abdominal tal y como se describen en los pasos 3 y 4 hasta que llegue la ayuda médica. Ponga al niño en la posición preventiva (*véase pág. 300*) cuando empiece a respirar con normalidad.

EL ABC DE LA REANIMACIÓN

- Vías AÉREAS: mantenga la cabeza estirada hacia atrás.

- BÚSQUEDA de la respiración: compruebe si el pecho asciende.

- CIRCULACIÓN: intente encontrar el pulso.

BUSCAR AYUDA

- Si no está solo, mande a alguien a llamar a una ambulancia.

- Si se encuentra solo, siga los pasos de la reanimación cardiopulmonar durante un minuto y pare para llamar a una ambulancia antes de continuar.

- Reanimar a alguien puede resultar agotador, de modo que trate de compartir el proceso con otras personas si es posible.

Reanimación de adultos

La finalidad de la reanimación es la de ayudar a la persona cuya respiración se ha detenido o cuyo corazón ha dejado de latir. Si el cerebro no recibe una cantidad constante de oxígeno, se detendrá en tan sólo tres o cuatro minutos, pero la respiración artificial, combinada con la reanimación cardiopulmonar, puede evitar que esto suceda.

BÚSQUEDA DE UNA VÍA RESPIRATORIA ABIERTA

1 Para averiguar si la persona está consciente, pregúntele algo en voz muy alta y, a continuación, sacúdala suavemente cogiéndola por los hombros. Si no recibe ninguna respuesta, prosiga con el siguiente paso.

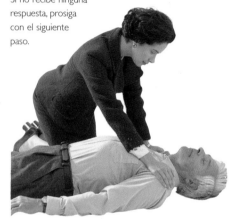

2 Abra las vías respiratorias colocando dos dedos bajo la barbilla de la persona y estirando la mandíbula. Ponga la otra mano en su frente y tire su cabeza hacia atrás. Si sospecha que puede haber lesiones en la cabeza o en el cuello, tire su cabeza hacia atrás con enorme cautela y sólo lo suficiente para abrir las vías respiratorias.

3 Para comprobar la respiración, agáchese sobre la persona y ponga la cara junto a su boca. Busque algún signo de movimiento a lo largo de la línea de su pecho y escuche por si emitiera algún sonido e intente notar cualquier movimiento en su mejilla. Espere 10 segundos; si la persona no respira, vaya al siguiente paso.

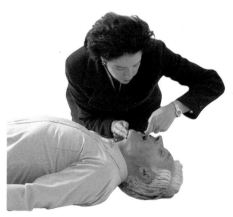

4 Con la persona estirada de espaldas, compruebe que no exista algún tipo de obstrucción en su boca. Para ello introduzca el dedo en forma de gancho y utilícelo para extraer cualquier objeto hacia fuera. Asegúrese de que no empuja ningún objeto hacia la garganta.

HACER LA RESPIRACIÓN ARTIFICIAL

1 Presione la nariz de la persona con los dedos pulgar e índice para que el aire no pueda escaparse por ese conducto. Tome aire y coloque sus labios alrededor de la boca de la persona herida, sin dejar ningún espacio por donde pueda salir el aire.

2 Expulse el aire lentamente pero con firmeza en el interior de la boca hasta que note que su pecho asciende (alrededor de 2 segundos). Aparte sus labios y deje caer su pecho durante 4 segundos. Repita el procedimiento y busque algún signo de respiración.

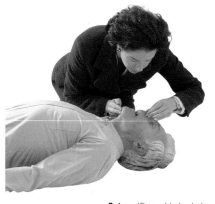

REANIMACIÓN CARDIOPULMONAR

1 Con los dedos medio e índice, compruebe el pulso en la vena carótida, situada en el hueco entre la tráquea y el músculo del cuello, durante 10 segundos. Al mismo tiempo, busque algún signo de respiración y compruebe si la piel ha recobrado algo de color. Si no hay pulso ni signo alguno de circulación sanguínea, inicie las compresiones torácicas.

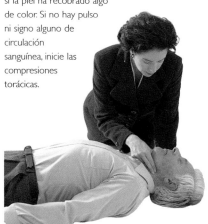

2 Arrodíllese al lado de la persona y, utilizando la mano que queda más lejos de la cabeza del herido, coloque el dedo medio en el esternón, en el punto donde éste se une con las costillas, y ponga el índice sobre él. Sitúe la palma de la otra mano en el esternón y deslícela hacia abajo hasta llegar al punto donde se encuentra su dedo índice. Aquí debe aplicar la presión.

3 Coloque la palma de una mano encima de la otra y entrelace los dedos. Inclinándose bien sobre la persona, con los brazos bien rectos, presione hacia abajo el esternón hasta una profundidad de 4 o 5 cm. Deje de hacer presión sin mover las manos de sitio.

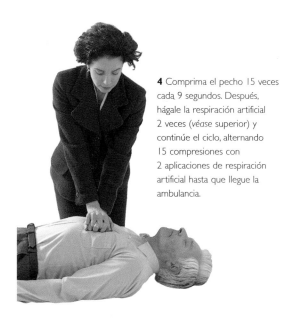

4 Comprima el pecho 15 veces cada 9 segundos. Después, hágale la respiración artificial 2 veces (*véase* superior) y continúe el ciclo, alternando 15 compresiones con 2 aplicaciones de respiración artificial hasta que llegue la ambulancia.

SECUENCIA DE PASOS A SEGUIR

■ Si una persona está inconsciente, deje que penetre el aire en sus vías respiratorias y compruebe su respiración.

■ Si no respira, hágale la respiración artificial y mírele el pulso.

■ Si el pulso se mantiene, continúe con la respiración artificial. Compruebe el pulso cada 10 respiraciones.

■ Si el pecho no asciende después de 2 respiraciones, compruebe que ha seguido bien los pasos y pruebe de nuevo con 3 respiraciones más y vuelva a comprobar que ha seguido las instrucciones de la forma adecuada.

■ Si no hay pulso ni signo de recuperación, como la vuelta del color a la piel o la respiración, empiece la reanimación cardiopulmonar, combinada con la respiración artificial.

■ Coloque a la persona en la posición preventiva cuando empiece a respirar.

EL ABC DE LA COMPROBACIÓN

■ Compruebe que deja libres las vías respiratorias para que circule el AIRE.

■ Compruebe que hay respiración. Si la BÚSQUEDA no da resultado, hágale al niño la respiración artificial.

■ Compruebe la CIRCULACIÓN sanguínea y, si el corazón no late, realice el masaje cardíaco.

PRECAUCIÓN

Cuando introduzca los dedos en la garganta del niño para ver si hay algún objeto que obstruya la entrada de aire, tenga mucho cuidado de no empujarlo hacia dentro. Para extraerlo, utilice el índice en forma de gancho.

BUSCAR AYUDA

■ Envíe a alguien a llamar a una ambulancia.

■ Si se encuentra solo, siga los pasos de reanimación durante un minuto y llame a una ambulancia antes de continuar.

■ El proceso de reanimación suele ser agotador; intente compartirlo con otras personas.

Reanimación de niños

La principal causa de paro cardíaco en niños es el fallo respiratorio. Los procedimientos de reanimación dependerán de la edad y el tamaño del niño. Si éste cuenta con 8 años de edad o más, se pueden utilizar las mismas técnicas que en el caso de los adultos. Las instrucciones que se dan a continuación se deben aplicar a niños de 1 a 7 años y a bebés de menos de 1 año.

NIÑOS DE ENTRE 1 Y 7 AÑOS

1 Intente obtener una respuesta hablando al niño y sacudiéndole suavemente por los hombros. Si no responde a estos estímulos, abra sus vías respiratorias colocando dos dedos bajo su barbilla y una mano en su frente, e inclinando con cuidado su cabeza hacia atrás. Extraiga cualquier obstrucción de su boca (*véanse págs. 294-295*).

2 Compruebe si el pecho se eleva y pegue la mejilla a sus pulmones para ver si respira. Si es así, colóquelo en la posición preventiva (*véase pág. 300*). Si no, pince su nariz con los dedos, ponga la boca alrededor de la suya sellándola con cuidado, y espire profundamente hasta que el pecho ascienda. Realice 5 espiraciones.

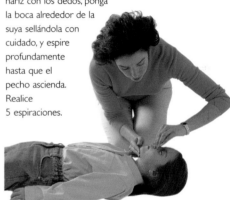

3 Utilice dos dedos para comprobar el pulso en la arteria carótida, que se encuentra en el hueco entre la tráquea y el músculo del cuello, durante 10 segundos. Si no encuentra el pulso y no hay ningún signo de recuperación, como el retorno del color a la piel, inicie las compresiones torácicas.

4 Coloque la palma de la mano dos dedos por encima del final del esternón y presione hacia abajo con firmeza hasta un tercio de la profundidad total del pecho. Realice esta acción 5 veces cada 3 segundos y haga la respiración artificial una vez. Siga este conjunto de pasos durante un minuto, llame a una ambulancia, y continúe con la secuencia hasta que llegue la ayuda.

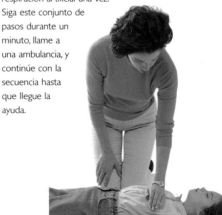

BEBÉS DE MENOS DE 12 MESES

1 Para averiguar si el bebé está consciente, háblele y sacúdalo por los hombros con extrema suavidad. Si no hay respuesta, inicie el proceso de reanimación.

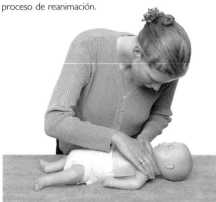

2 Coloque el dedo índice en la barbilla del bebé y la otra mano sobre su frente. Incline su cabeza hacia atrás para abrir las vías respiratorias y mire en el interior de su boca para comprobar si hay algún objeto que bloquee el paso del aire. Utilice el dedo índice en forma de gancho para extraerlo.

3 Compruebe si el pecho asciende y ausculte su respiración. Sitúe su mejilla en la boca del niño para ver si respira. Si no nota ninguna señal de respiración después de 5 segundos, empiece a hacerle la respiración artificial.

4 Cubra por completo la boca y nariz del bebé con su propia boca y expulse el aire profundamente hasta que el pecho ascienda. Realice 5 respiraciones, retirando la boca después de cada una de ellas.

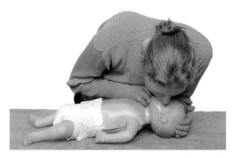

5 Compruebe el pulso colocando dos dedos sobre el pulso braquial, situado en la parte interior del brazo, entre el codo y el hombro. Si no hay pulso, proceda con el siguiente paso.

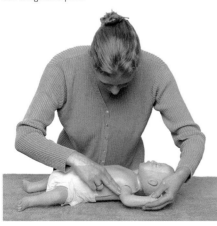

6 Presione el pecho con dos dedos, situando éstos un través de dedo por debajo de la línea de los pezones, hasta una profundidad de 2 cm. Después, realice la respiración artificial una sola vez. Repita el proceso durante un minuto y llame a una ambulancia. Luego continúe hasta que llegue la ayuda.

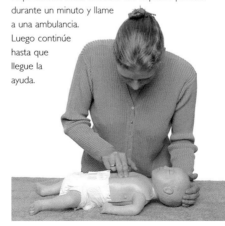

SECUENCIA DE PASOS A SEGUIR

- Si un niño está inconsciente, abra sus vías respiratorias y compruebe si respira.

- Si no hay signos de respiración, hágale la respiración artificial.

- Si tiene pulso, continúe con la respiración artificial. Compruebe el pulso cada 10 respiraciones.

- Si el pecho no se eleva después de 2 respiraciones, compruebe que las vías respiratorias están libres y vuelva a iniciar la respiración artificial. Si 3 respiraciones más no dan resultado, compruebe si existe alguna obstrucción.

- Si no hay pulso ni signo alguno de recuperación, inicie la reanimación cardiopulmonar (*véase* último paso), combinándola con la respiración artificial.

- Si el niño vuelve a respirar, colóquelo en la posición preventiva.

PRECAUCIÓN

Si sospecha que puede haber lesiones en la columna vertebral o en el cuello, mantenga la cabeza en una posición neutra, en la que la cabeza, el cuello y la columna permanezcan alineados (véase pág. 303).

Posición preventiva

Cuando una persona está inconsciente pero respira, debe ser colocada en la posición preventiva. La técnica que mostramos a continuación debe aplicarse en caso de encontrar a la persona afectada de espaldas. Sin embargo, si se encuentra de lado o boca abajo, no será necesario realizar todos los pasos.

AYUDA A UNA PERSONA INCONSCIENTE

1 Arrodíllese junto a la persona, abra sus vías respiratorias colocando dos dedos bajo su barbilla y una mano en su frente, e incline su cabeza hacia atrás.

2 Estire las extremidades de la persona. Con cuidado, levante la rodilla de la pierna más cercana a usted para colocar la mano del herido, con la palma vuelta hacia arriba, bajo el muslo. Antes de colocarlo, estírele su brazo y coloque su pierna en la posición inicial.

3 Ponga el brazo que se halla más lejos de usted atravesado sobre el pecho, con el dorso de la mano apoyado en su mejilla (la más cercana a usted) y manténgalo así. Con la otra mano coja la pierna más alejada justo por encima de la rodilla y tire de la pierna para que el cuerpo ruede hacia usted. Coloque a la persona de lado y deje que descanse sobre sus rodillas; no la deje caer pesadamente.

4 Haga girar el cuerpo de la persona con cuidado hasta que éste se encuentre boca abajo, con la mejilla descansando sobre el dorso de su mano. Mueva la pierna más cercana a usted y dóblele la rodilla de manera que forme un ángulo recto con su cuerpo. Compruebe que su cabeza está un poco inclinada hacia atrás y que las vías respiratorias se hallan abiertas. Asegúrese de que el brazo más alejado está libre y con la palma hacia arriba.

BEBÉS DE MENOS DE 12 MESES DE EDAD

Coja al bebé en sus brazos con la cabeza inclinada hacia abajo. Esto evitará que se asfixie con la lengua o que inhale sus vómitos. En caso de niños mayores de 12 meses, siga las mismas instrucciones que en los adultos.

MIENTRAS ESPERA A LA AMBULANCIA

■ Si sospecha que una persona ha perdido el conocimiento, trate de confirmarlo hablándole y sacudiéndola por los hombros con cuidado.

■ Mientras espera la ayuda, compruebe su respiración mirando si su pecho se eleva y poniendo la mejilla sobre su boca cada 10 minutos. Si deja de respirar, inicie la reanimación (*véanse* págs. 296-299).

■ Compruebe también el pulso de la persona cada 10 minutos. Si no se lo encuentra, inicie la reanimación (*véanse* págs. 296-299).

VÍCTIMA DE UN INFARTO DE MIOCARDIO

Si el paciente se halla consciente, haga que esté lo más cómodo posible, desabrochándole la ropa para que nada le oprima. Lo mejor es una posición en la que esté sentado pero un poco reclinado hacia atrás, con la cabeza y los hombros bien apoyados y las rodillas dobladas. Llame inmediatamente a una ambulancia, compruebe la respiración y el pulso y tome nota. Si se trata de una persona que sufre desde hace tiempo del corazón, por ejemplo, a causa de una angina de pecho, y lleva los medicamentos consigo, ayúdele a tomárselos. Si el dolor continúa y se encuentra plenamente consciente, proporciónele una aspirina para que la mastique.

VÍCTIMA DE UN AVC

Si la persona se halla consciente, estírela con cuidado y eleve un poco su cabeza y hombros de forma que queden bien apoyados. Utilice una prenda, si no dispone de una almohada o una sábana. Coloque su cabeza inclinada hacia un lado y, si babea, coloque algo de ropa sobre su hombro. Si está inconsciente, desabróchele su ropa y compruebe su respiración y pulso.

Ahogamiento

Si encuentra a alguien que se está ahogando, lo primero que debe hacer es sacar a la persona del agua sin ponerse usted mismo en peligro. Una vez en tierra firme, proceda a realizar los pasos necesarios en caso de ahogamiento e hipotermia y, si resulta necesario, llame a una ambulancia.

PRECAUCIÓN

No se introduzca en el agua para salvar a alguien que se esté ahogando si no es estrictamente necesario. No trate de forzar el agua que se encuentre en el estómago de la víctima, porque esto podría provocar que penetrase en sus vías respiratorias. Una persona que ha estado a punto de ahogarse necesita recibir atención médica, aunque parezca que se encuentra bien. Si el agua ha penetrado en los pulmones, el paso del aire puede verse interrumpido horas más tarde.

I Si se ve obligado a llevar en brazos a la víctima desde el agua, procure que su cabeza quede más baja que el resto del cuerpo, ya que esto reduce el riesgo de que el agua penetre en las vías respiratorias.

2 Estire a la persona en el suelo y diga a alguien que llame a una ambulancia. Abra la entrada de aire de los pulmones de la víctima colocando dos dedos bajo su barbilla y una mano sobre su frente, e inclinando su cabeza hacia atrás. Compruebe su respiración acercando la mejilla a su boca e inicie la reanimación (*véanse* págs. 296-299) si no respira. El frío y el agua que haya penetrado en sus pulmones pueden hacer el proceso más difícil, por lo que probablemente deberá actuar con mayor lentitud.

MINIMIZAR LOS RIESGOS

Una persona puede ahogarse con tanta facilidad si sufre un calambre en una piscina como si trata de nadar contra corriente en mar abierto. El mar en la mayor parte de Europa comporta un riesgo añadido a causa de la baja temperatura del agua, incluso en verano.

Los niños son especialmente vulnerables y pueden ahogarse en una cantidad no demasiado grande de agua. Nunca deje a un niño pequeño solo en la bañera o jugando cerca de un estanque, ni en lugares donde haya toneles llenos de líquido sin cerrar o carretillas.

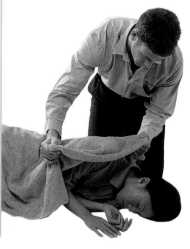

3 Una persona que ha estado a punto de ahogarse puede sufrir los efectos del frío en su organismo. Si es éste el caso, siga los procedimientos necesarios para tratar la hipotermia (*véase* pág. 308). Retire la ropa mojada y póngale alguna prenda seca si es posible. Si no, arrópela y protéjala del viento. Coloque a la víctima en posición preventiva (*véase* pág. 300) y, si recupera el conocimiento, proporciónele una bebida caliente. Llame a una ambulancia si todavía no lo ha hecho.

Lesiones craneales y de columna

Si sospecha que puede sufrir una lesión en la columna vertebral, nunca mueva a un herido a no ser que esté en peligro o inconsciente. No obstante, si una persona necesita reanimación, no deje nunca de hacerlo a pesar del riesgo de agravar una posible lesión.

SIGNOS QUE INDICAN LESIÓN EN LA COLUMNA

■ Dolor en el cuello o la espalda.

■ Torsión de la columna vertebral.

■ Pérdida de control sobre las extremidades; pérdida de sensibilidad.

■ Dificultades para respirar.

SOSTENER EL CUELLO

Tranquilice a la persona herida y mantenga su cabeza en una posición neutra, con la cabeza, el cuello y la columna vertebral alineados, colocando las manos sobre sus orejas. Si cree que sufre una lesión en el cuello, pídale a alguien que coloque una prenda o una sábana enrollada a cada lado de su cuello y hombros. Si la persona está inconsciente, compruebe su respiración y su pulso, y realice una reanimación si es necesario (*véanse* págs. 296-299).

TRATAMIENTO DE LESIONES

Todas las lesiones son peligrosas, en especial si se produce conmoción cerebral o pérdida de la conciencia. Recurra a la ayuda médica.

■ Los signos de conmoción cerebral son breve o parcial pérdida del conocimiento después de un traumatismo en la cabeza; mareos o náuseas al recobrar la conciencia, y dolor de cabeza de grado medio.

■ Los signos de fractura de cráneo son heridas o magulladuras en la cabeza, una zona blanda en el cuero cabelludo, una respuesta demasiado lenta o flujo de sangre muy líquida o de fluido claro por la nariz o a través del oído.

■ Si la víctima está consciente, estírela con los hombros y la cabeza elevados, y coloque un vendaje sobre el oído si existe secreción. Compruebe la respiración y el pulso cada 10 minutos.

■ Coloque al paciente en posición preventiva si está inconsciente y compruebe la respiración y el pulso cada 10 minutos. Llame a una ambulancia si sigue inconsciente al cabo de 3 minutos.

■ Reanime si falla la respiración o el pulso.

VARIAR LA POSICIÓN PARA LA REANIMACIÓN CARDIOPULMONAR

Utilice esta técnica para colocar a un herido de espaldas con el fin de reanimarlo (*véanse* págs. 296-299). El procedimiento requiere 6 personas. Aguante la cabeza del herido poniendo las manos sobre sus orejas y diga a 5 ayudantes que alineen sus miembros a lo largo de su cuerpo con sumo cuidado, de forma que cabeza, tronco y piernas queden en línea recta. Tres de los ayudantes deberán colocarse en un lado y dos en el otro. Todos deben actuar coordinadamente, y la persona que sostiene la cabeza ha de guiar los movimientos. Otorgando el máximo apoyo posible a la columna vertebral, y con las caderas, los muslos y las pantorrillas sujetas para mantener bien firmes las piernas, gire a la víctima hasta colocarla de espaldas.

No se ha querido incluir a los ayudantes en la fotografía para mostrar con mayor claridad el modo en que la cabeza debe quedar apoyada y alineada con el cuello y la espalda.

Heridas/Electrocución

Si una herida es profunda, controle la hemorragia, después trate el shock si es necesario y llame a una ambulancia. En caso de electrocución, cierre el suministro de corriente eléctrica antes de auxiliar a la víctima.

PRECAUCIÓN

En caso de hemorragia

■ *Cuando trate la herida, póngase guantes desechables, si dispone de ellos, para evitar infecciones. Lave sus manos con agua y jabón antes y después del tratamiento.*
■ *No realice ningún torniquete.*

En caso de electrocución

■ *No manipule ningún electrodoméstico con las manos húmedas ni si el suelo se encuentra mojado, pues el agua es un conductor de electricidad.*
■ *No toque a una persona que esté en contacto con una corriente eléctrica, ya que ésta puede estar aún activa y electrocutarle a usted.*
■ *No utilice ningún objeto conductor de la electricidad, en especial metales, para eliminar la corriente.*

TRATAMIENTO DE UN CORTE PROFUNDO

1 Retire o corte cualquier prenda que se encuentre sobre la herida y cúbrala con un vendaje esterilizado. Aplique una presión directa sobre la herida con los dedos o la palma de su mano durante 10 minutos. Si un objeto como un fragmento de vidrio se encuentra en el interior de la herida, no lo intente extraer. Aplique la presión a ambos lados y rodee la herida con vendajes acolchados antes de vendarla.

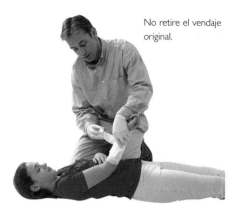

No retire el vendaje original.

2 Estire a la persona en el suelo y eleve la herida por encima del nivel del corazón. Aplique un nuevo vendaje esterilizado sobre el primero si la sangre sigue fluyendo abundantemente. Vende la herida con firmeza pero no haga el vendaje demasiado tirante, ya que entonces puede cortar la circulación. Llame a una ambulancia y, si es necesario, inicie el tratamiento de shock (*véase* pág. 307).

AYUDAR A LA VÍCTIMA DE UNA ELECTROCUCIÓN

Si no encuentra la red principal, póngase de pie sobre un material aislante, como una guía telefónica o un periódico y, con la ayuda de una escoba con el mango de madera, o una silla, retire la fuente de corriente eléctrica lejos de la víctima o aleje sus miembros de ella.

ELECTROCUCIÓN

La persona puede estar inconsciente o bien sufrir quemaduras o espasmos. Cierre la corriente eléctrica principal o retire el enchufe de la red. Si no puede hacerlo, retire la fuente de electricidad lejos de los miembros de la persona. Como último recurso, coja una prenda seca para alejar a la víctima de la corriente eléctrica, pero no la toque.

Si se encuentra inconsciente, colóquela en la posición preventiva y llame a una ambulancia. Compruebe su pulso y respiración, reanímela si es necesario y refresque las quemaduras.

Quemaduras

Lo primero que hay que hacer en caso de quemaduras es refrescar la zona afectada y comprobar que la víctima respira. En los casos más graves, ésta suele sufrir un shock. Todas las quemaduras serias requieren tratamiento médico.

PRECAUCIÓN

■ *No toque bajo ningún concepto la zona quemada.*
■ *No pinche ninguna ampolla.*
■ *No aplique sobre la zona afectada ninguna crema ni venda adhesiva.*
■ *No entre en un edificio en llamas o en una habitación repleta de humo.*
■ *No se empeñe en apagar el fuego, pero asegúrese de que los bomberos estén en camino.*

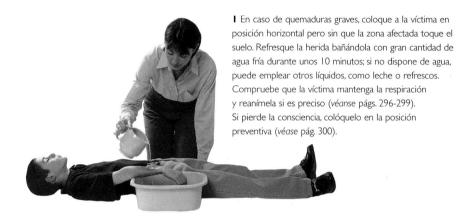

1 En caso de quemaduras graves, coloque a la víctima en posición horizontal pero sin que la zona afectada toque el suelo. Refresque la herida bañándola con gran cantidad de agua fría durante unos 10 minutos; si no dispone de agua, puede emplear otros líquidos, como leche o refrescos. Compruebe que la víctima mantenga la respiración y reanímela si es preciso (*véanse* págs. 296-299). Si pierde la consciencia, colóquelo en la posición preventiva (*véase* pág. 300).

2 Llame a la ambulancia. Retire de la zona afectada y sus proximidades cualquier prenda, reloj, pulsera o anillo antes de que empiece a inflamarse, pero bajo ningún concepto quite una prenda que se haya quedado adherida a la piel ya que agravaría la herida. En ese caso, recorte las parte de la prenda que esté libre y retírela con cuidado.

3 Cualquier quemadura corre el riesgo de infectarse con suma rapidez. Para evitarlo, cubra la zona afectada con una gasa esterilizada; si no dispone de ella, utilice un trozo de tela limpia y sin pelusa, como una sábana o un plástico de envolver transparente.

CÓMO SOFOCAR LAS LLAMAS

Si hay fuego en las prendas de vestir:

■ Haga que la víctima deje de correr y se tumbe en el suelo.

■ Envuélvala con una manta o chaqueta gruesa y de un material no sintético.

■ Haga que gire por el suelo para sofocar las llamas.

■ Actúe sobre las zonas quemadas.

4 Como alternativa, envuelva la zona herida con una bolsa de plástico bien limpia si la quemadura está en una mano o extremidad. En cualquier caso, fije la protección con un vendaje o un adhesivo pero sobre la ropa, sin tocar para nada la piel. Proceda con el tratamiento de urgencia en caso de shock (*véase* pág. 307).

VÉASE TAMBIÉN

Reanimación
de adultos **296-297**

Reanimación
de niños **298-299**

Posición
preventiva **300**

Intoxicación

Se entiende por intoxicación la ingestión de cualquier sustancia nociva que ocasione daños en el organismo. En el caso de que esté originada por sustancias corrosivas, no provoque nunca el vómito.

INTOXICACIONES MÁS COMUNES

Causa	Efecto	Cómo proceder
Aspirina	Dolor en la parte superior del abdomen, náuseas, vómitos, zumbido en los oídos, confusión y delirio.	Aplique las maniobras de reanimación (*véanse* págs. 296-299) y llame a una ambulancia. Busque frascos abiertos de fármacos, una nota de suicidio o cualquier cosa que permita saber qué ha ingerido, y adjúntelo con la víctima cuando vaya al hospital.
Paracetamol	Eventualmente provoca dolor en la parte superior del abdomen y náuseas. Puede llegar a ser mortal.	
Tranquilizantes (Barbitúricos y benzodiacepina)	Somnolencia o pérdida de conocimiento, dificultad al respirar, pulso débil o anormal.	*Véase superior.*
Estimulantes y alucinógenos (Anfetaminas, éxtasis y LSD)	Excitación, irritabilidad, comportamiento violento, temblor en las manos, sudor y alucinaciones.	*Véase superior.*
Narcóticos (Morfina, heroína)	Respiración débil, contracción de las pupilas, confusión, aturdimiento.	*Véase superior.*
Disolventes (Cola, gasóleo del mechero)	Náuseas y vómitos, dolor de cabeza, convulsiones y alucinaciones.	Si respira, coloque a la víctima en la posición preventiva. En caso negativo, practique las maniobras de reanimación (*véanse* págs. 296-299) y busque ayuda.
Monóxido de carbono (Humo del tubo de escape, el gasóleo o el gas)	Mareo, dolor de cabeza, presión en el pecho, vómitos, colapso y pérdida de conocimiento.	Lleve a la víctima a que le dé el aire fresco y llame a una ambulancia.
Corrosivos de uso doméstico (Lejía y otros productos de limpieza)	Dolor quemante en la boca, garganta y pecho. Inflamación de la piel y vómitos de sangre.	Haga que beba tres o cuatro vasos de leche o agua de una vez.
Setas y bayas (Bayas y setas venenosas)	Dolor y vómitos. Las manchas en la boca o la ropa pueden indicar de qué especie se trata.	Lleve a la víctima al hospital con una muestra de las bayas (o las manchas que hayan dejado en alguna prenda) o las setas.
Alcohol (Cualquier tipo)	Ardor en la piel y pulso débil. En grandes cantidades, puede provocar el coma etílico, sobre todo en los adolescentes.	Coloque a la víctima en la posición preventiva (*véase* pág. 300) y pida ayuda.

Shock

Desde un punto de vista médico, «shock» es el estado que se produce como consecuencia de una pérdida total o parcial del volumen sanguíneo circulante. Puede llegar a poner en peligro la vida, y suele darse por multitud de causas, como hemorragia, quemaduras, intoxicación, vómitos o diarrea persistentes e, incluso, ante una situación de pánico o un dolor agudo. Es fundamental proceder tal como se detalla a continuación.

VÉASE TAMBIÉN

Reanimación
de adultos   **296-297**
Reanimación
de niños   **298-299**
Posición preventiva   **300**
Heridas/Electrocución/
Quemaduras   **304-305**

PRECAUCIÓN

■ No dé ningún alimento ni bebida a la víctima, ni deje tampoco que se mueva o fume.
■ No deje sola a la víctima, salvo para avisar a una ambulancia.
■ No aplique focos de calor sobre la víctima (como una botella de agua caliente) ya que provoca que la sangre deje los órganos vitales para irrigar la zona de contacto con el calor.
■ No confunda un shock circulatorio con el estado de postración mental originado por un trauma emocional.

SÍNTOMAS

■ **Tez grisácea y pálida.**

■ **Piel fría y húmeda.**

■ **Pulso débil y rápido.**

■ **Respiración rápida y entrecortada.**

■ **Jadeo y ansiedad, inquietud.**

■ **Sed.**

■ **Pérdida de conocimiento y, a veces, muerte si no recibe tratamiento.**

1 Coloque a la víctima en posición horizontal con las piernas elevadas a una altura de al menos 30 cm del suelo para de ese modo facilitar que el riego sanguíneo fluya a la mitad superior del cuerpo. Si está en el exterior, coloque una manta o una chaqueta entre la víctima y el suelo para que no coja frío. Actúe tal como se indica al tratar la hemorragia o las quemaduras.

2 Retire cualquier prenda u objeto que apriete el cuello, el pecho o la cintura, como una bufanda, una corbata o un cinturón. Envuelva a la víctima con una manta o una chaqueta para mantenerla con calor y avise a una ambulancia. Compruebe cada 10 minutos que mantenga una respiración normal así como las constantes vitales. Aplique las técnicas de reanimación (*véanse* págs. 296-299) si es preciso.

Hipotermia

Las personas más vulnerables a la hipotermia son las mayores, los niños y los vagabundos, así como todas las personas que se vean expuestas a unas temperaturas bajas. Lleve siempre consigo un saco o una manta en el coche o cuando vaya de cámping.

PRECAUCIÓN

■ *Las personas mayores o de salud débil no deben tomar un baño para calentarse.*
■ *No proporcione a la víctima alcohol.*
■ *Sustituya cualquier prenda húmeda por otra seca lo antes posible.*
■ *No coloque ninguna fuente de calor (como botellas de agua caliente o fuego) en las proximidades de la víctima.*

COMBATIR LA HIPOTERMIA EN EL EXTERIOR

1 Proporcione a la víctima una manta o una prenda que le sobre, pero no la suya, y llévela de inmediato a un lugar protegido.

2 Cúbrala con un saco de supervivencia o una manta, o métala en un saco normal y tápela con varias mantas u hojas de diario. Entre la víctima y el suelo debe haber una capa de hojas secas para aislarle del frío. Envíe a alguien a por ayuda, y no deje a la víctima sola. Si es posible, déle una bebida caliente.

SÍNTOMAS

■ Piel pálida, fría y temblorosa.

■ Apatía, desorientación o comportamiento irracional.

■ Letargia.

■ Respiración lenta y entrecortada.

Niños

■ Piel con buen aspecto pero fría al tacto.

■ Débil y sin fuerzas.

■ Sin apetito.

SÍNTOMAS DE CONGELACIÓN. CÓMO ACTUAR

Los síntomas empiezan con una sensación de pinchazos; a continuación, la piel se entumece y cambia de color, de un blanco a moteado y de azul a negro. Al recuperarse, la piel está caliente, dolorida y con ampollas.

■ Retire con cuidado cualquier pieza apretada, como guantes, joyas o botas.

■ Coloque las manos de la víctima entre sus axilas para que se calienten; si es otra zona, masajéela con sus propias manos. No frote, ya que podría lesionar la piel.

■ Lleve a la víctima a un lugar cálido. Sumerja la zona afectada en agua caliente, séquela y cúbrala con un vendaje.

■ Coloque en alto las extremidades para que no se hinchen. Proporciónele paracetamol para adultos y llévelo al hospital si es preciso.

COMBATIR LA HIPOTERMIA EN CASA

Si la víctima es joven y está en forma, sumérjala en la bañera a una temperatura de 40 °C; a continuación, llévela a la cama y proporciónele una bebida caliente. Si es una persona mayor o un niño, caliéntelo de forma gradual cubriéndolo con mantas en una temperatura de 25 °C. Cúbrale la cabeza con un gorro y avise al médico.

PRECAUCIÓN

Algunas drogas de diseño, como el éxtasis, pueden provocar una deshidratación si la persona que las ingiere no bebe suficiente cantidad de líquido.

SÍNTOMAS

Deshidratación

■ Dolor de cabeza, desconcierto, confusión.

■ Pérdida del apetito y náuseas.

■ Sudor; piel pálida y húmeda.

■ Calambres en las extremidades o el abdomen.

■ Pulso acelerado y respiración entrecortada.

Acaloramiento

■ Inquietud y confusión.

■ Piel caliente, seca y enrojecida.

■ Dolor de cabeza, mareo y malestar.

■ Pulso acelerado.

■ Temperatura corporal superior a 40 °C.

Trastornos por calor

La deshidratación sobreviene cuando el organismo ha perdido demasiada cantidad de sal y agua a través del sudor como consecuencia de una temperatura muy calurosa o un ejercicio muy intenso. El acaloramiento, a su vez, aparece cuando la temperatura ambiental o corporal (fiebre) es muy elevada. Para evitar la deshidratación, ingiera gran cantidad de líquido.

DESHIDRATACIÓN

1 Proporcione abundante líquido a la víctima, si es posible con un poco de sal disuelta (una cucharilla por cada litro).

2 Trasládela a un lugar fresco y en penumbra, colóquela en posición horizontal y ponga sus piernas a una altura de unos 30 cm para que la sangre fluya al cerebro. Aunque se recupere, deje que la examine un médico. Si empeora, póngala en la posición preventiva (*véase* pág. 300) y avise a una ambulancia.

ACALORAMIENTO

1 Traslade a la víctima a un lugar fresco y en penumbra, y retírele las prendas de vestir externas. Avise a una ambulancia. Colóquela en una posición medio erguida y envuélvala en una sábana húmeda hasta que la temperatura baje hasta los 38 °C bajo la lengua, o 37,5 °C en la axila. Si no dispone de la sábana, rocíela con agua fría y abaníquela.

Refresque de forma regular el cuerpo de la víctima hasta que la temperatura corporal descienda.

2 Cuando la temperatura corporal haya bajado, sustituya la sábana húmeda por otra seca y espere a que llegue la ambulancia. Si la temperatura subiese de nuevo, repita el proceso ya descrito. En caso de que su estado se agravara o perdiera el conocimiento, proceda con las maniobras de reanimación (*véanse* págs. 296-299).

Parto de urgencia

El parto suele durar horas, con tiempo más que suficiente para acudir al hospital y rodearse del personal sanitario pertinente. No obstante, a veces sobreviene cuando uno menos se lo espera, por lo que la madre debe estar bien preparada. La mayoría de los partos no presentan ninguna complicación.

PARA EL PARTO

Compruebe que el lugar donde vaya a dar a luz esté templado. Deje a su alcance los siguientes objetos:

■ Una cuna improvisada, como una caja o un cajón, almohadillada en el fondo con un par de toallas suaves y limpias.

■ Guantes desechables.

■ Pañuelos de tela para colocar a modo de máscara facial.

■ Hojas de diario o de plástico.

■ Un recipiente con agua caliente para lavarse las manos.

■ Toallas limpias y calientes, así como una manta.

■ Bolsas de plástico.

■ Compresas.

PREPARATIVOS
1 Acuda a por ayuda
Al menor síntoma de que el parto se avecina, avise a la ambulancia. Facilite al personal médico cualquier incidencia en partos anteriores o todo dato que pueda servirles de ayuda.

2 Adopte una postura cómoda
Ayude a que la mujer adopte una postura lo más cómoda posible, semiincorporada y con las rodillas en alto. Si se coloca de lado, hágale un masaje en la zona lumbar: no sólo alivia el dolor, sino que además relaja hasta que llegue la hora del parto.

3 Proporcione calor en el lugar del parto
Recubra la cama, el sofá o el suelo con algunas toallas u hojas de plástico o diario de modo que proporcionen calor y absorban cualquier suciedad.

4 Evite las infecciones
Mantenga alejadas a todas las personas con algún resfriado, dolor de garganta o cualquier otro foco de infección. Cúbrase la boca con un pañuelo de tela limpio y, justo antes del parto, remánguese la camisa y lávese a conciencia las manos y las uñas con agua caliente y jabón. En la medida de lo posible, enfúndese unos guantes desechables. Lávese las manos de nuevo tras el parto.

5 Asegúrese de que la ambulancia está en camino
Avise a una ambulancia o al equipo sanitario más cercano.

Ayude a que la mujer adopte la postura más cómoda posible; asegúrese de que la espalda y los hombros se apoyan sobre una base firme. Compruebe con minuciosidad que todo cuanto rodea al lugar del parto esté limpio para evitar cualquier foco de infección. Ofrezca en todo momento apoyo práctico y emocional a la madre y al futuro bebé.

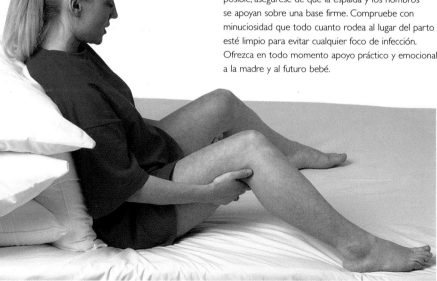

6 La ropa de la madre

Ayude a la madre a quitarse la ropa que pueda dificultar el parto, como los pantalones o las medias. Coloque una toalla o una sábana si desea taparse.

EL PARTO
7 Cuando asoma la cabeza

Asegúrese de que la madre deja de empujar y empieza a respirar cuando empiece a asomar la cabeza del bebé. Si la membrana cubre su rostro, retírela rápidamente de forma que pueda respirar sin problema.

8 Un parto natural

La cabeza y los hombros del pequeño no tardan en salir. Deje que el niño salga de forma natural. En caso de que el cordón umbilical se haya enrollado en el cuello del bebé, compruebe que no esté apretado y, con sumo cuidado, sáquelo por encima de la cabeza para que no se ahogue.

9 Coloque el bebé sobre el abdomen de su madre

Tome con sumo cuidado al pequeño, que está recubierto de una sustancia resbaladiza. Llévelo despacio hasta el abdomen de la madre y deposítelo con delicadeza. No corte el cordón umbilical.

10 Compruebe que el niño llora

Nada más nacer, el pequeño debería romper a llorar. Si no es así, lleve a cabo de inmediato los pasos pertinentes para reanimarlo (*véanse* págs. 298-299).

11 Abrigue bien al niño

Envuelva al pequeño con una prenda o una toalla bien limpia para que no sufra hipotermia y devuélvalo de nuevo a los brazos de la madre. Colóquelo de manera que las mucosidades que hayan quedado en la nariz o la boca fluyan sin problema. Lávese brazos, manos y uñas.

EXPULSIÓN DE LA PLACENTA
12 Ofrezca apoyo emocional

Felicite a la madre ahora que el parto casi ha finalizado y anímela mientras expulsa la placenta y el cordón umbilical.

13 Guarde la placenta

En la medida de lo posible, guarde la placenta intacta en una bolsa de plástico hasta que llegue el médico, quien la examinará para asegurarse de que no ha quedado nada en el útero: por pequeño que sea, cualquier resto de placenta que quede en el interior representa un grave peligro para la madre. El personal sanitario es quien debe cortar el cordón umbilical.

14 Limpie a la madre

Proporcione a la madre agua caliente, toallas limpias y compresas. Ayúdela a que se limpie o deje que lo haga ella misma si tiene fuerzas suficientes.

15 Haga un masaje en el abdomen

Es normal que la madre sangre un poco. Si practica un pequeño masaje en su abdomen, justo por debajo del ombligo, ayudará a que el útero deje de sangrar una vez haya expulsado toda la placenta. Si sangra en exceso, siga los pasos descritos en caso de shock (*véase* pág. 307) y avise de inmediato a los servicios de urgencia.

PRECAUCIÓN

- *La madre no debe darse un baño si ya ha roto aguas ya que podría provocar alguna infección.*
- *No tire de la cabeza ni los hombros del bebé.*
- *No estire ni corte el cordón umbilical.*
- *No dé palmadas al recién nacido.*

LAS TRES FASES DE UN PARTO

Primera fase

- Las contracciones sobrevienen en lapsos de entre 10 y 20 minutos.
- El cérvix empieza a dilatarse.
- Cuando el tapón mucoso del cérvix es expulsado, aparece un flujo teñido de sangre.
- Se rompen aguas (el líquido amniótico).

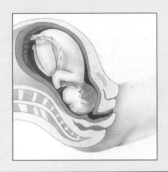

Segunda fase

- Existe necesidad de empujar; las contracciones son más frecuentes e intensas.
- La dilatación de la vagina va acompañada de una sensación punzante o de quemazón.
- La cabeza del bebé asoma al exterior y sale el resto del cuerpo.

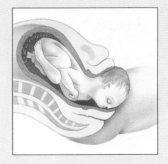

Tercera fase

- Unas suaves contracciones expulsan la placenta y controlan la hemorragia del útero.
- La placenta y el cordón umbilical son expulsados al exterior.
- Tiene lugar una pequeña hemorragia.
- Si la hemorragia no cesa, es preciso un tratamiento médico urgente.

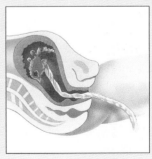

PRECAUCIÓN

■ *A excepción de que corra peligro, no mueva a la persona lesionada hasta que se haya inmovilizado bien la zona herida.*
■ *No deje que la persona lesionada ingiera ningún alimento ni líquido.*
■ *No intente colocar en su sitio un hueso dislocado.*

SÍNTOMAS

Fracturas

■ **El dolor aumenta con el movimiento.**

■ **Hematoma e inflamación, deformidad.**

■ **El hueso lesionado produce un ruido áspero al moverse; no provoque dicho ruido de forma intencionada.**

■ **Enorme sensibilidad de la zona lesionada.**

Luxaciones

■ **Dolor fuerte.**

■ **Dolor más intenso con el movimiento.**

■ **La víctima suele inclinar los hombros y la cabeza hacia el lado de la lesión.**

Fracturas y luxaciones

Algunas lesiones como la luxación del pulgar o las fracturas abiertas resultan fáciles de localizar, pero otras veces no lo son tanto. Averigüe todo lo que pueda sobre el tipo de lesión sufrida sin mover para nada el miembro afectado; para ello, compárelo con el que esté sano. Ante la duda, actúe como si se tratase de una fractura.

INMOVILIZACIÓN DE UN BRAZO FRACTURADO

1 Fije el brazo lesionado poniéndolo en ángulo recto sobre el pecho. Emplee como cabestrillo un trozo de tela y dispóngala de modo que forme un triángulo (ensaye con un pañuelo). Colóquelo entre el brazo y el cuerpo, dejando el lado más largo del triángulo junto al brazo lesionado. A continuación, enfúndelo en el cabestrillo y anude los extremos alrededor del cuello.

2 Anude los dos extremos inferiores junto al brazo lesionado y coloque un objeto firme en el codo. Si la lesión está en el brazo propiamente dicho, el hombro o la clavícula, fije el cabestrillo con una tela anudada horizontalmente alrededor del brazo y el pecho, y anúdelo en el lado sano.

FRACTURA DE UNA PIERNA

1 Avise a una ambulancia y, si no ha de pasar mucho tiempo hasta que llegue, sostenga la pierna lesionada con las dos manos.

2 Si la ambulancia se retrasa, aplique una ligera tracción para reducir el dolor y la hemorragia estirando continuamente del pie siguiendo la línea del hueso. Estire sólo en línea recta, pero pare si el dolor es insoportable. Coloque la pierna sana junto a la lesionada.

Si dispone de ayuda, continue la tracción hasta que la pierna se estabilice.

3 Coloque dos vendas o tiras de tela por debajo de las rodillas; desplácelas por encima y por debajo de la lesión y a continuación, coloque otras dos bajo las rodillas y los tobillos, así como un acolchado entre las piernas. Por último, haga un vendaje en forma de ocho en los pies y, a continuación, ate las otras tiras empezando por los tobillos y las rodillas.

Utilice toallas o una manta como vendaje.

VÉASE TAMBIÉN
Utilizar los
medicamentos 18-19

El botiquín doméstico

*El botiquín se debe colocar en un recipiente hermético perfectamente
asequible pero lejos del alcance de los niños. Manténgalos en un lugar seco
y sustituya de forma periódica los medicamentos caducados.*

CONTENIDO DE UN BOTIQUÍN DE PRIMEROS AUXILIOS

Artículo	Cantidad	Empleo
Paracetamol	Caja de 12 para evitar una sobredosis.	Analgésico; para dolores de cabeza, resfriados y gripe.
Aspirina	Caja de 12 para evitar una sobredosis.	En casos de emergencia, para un infarto de miocardio. Analgésico; no administrar a menores de 13 años.
Tiritas	Unas 20 de diferentes tamaños.	Para heridas menores.
Gasas estériles medianas	6	Para quemaduras, hemorragias y heridas profundas.
Gasas estériles grandes	2	Para quemaduras, hemorragias y heridas profundas.
Gasas estériles extragrandes	2	Para quemaduras, hemorragias y heridas profundas.
Rollo de venda	2	Para fijar un vendaje, inmovilizar una articulación o limitar el movimiento.
Cabestrillo	2, de tela o papel resistente.	Tela esterilizada para cabestrillos o vendajes.
Venda tubular	Una para las articulaciones y otra para los dedos.	Diseñada para hacer de soporte.
Parches oculares estériles	2	Para proteger una lesión en los ojos.
Imperdibles	6 o más.	Para fijar un vendaje.
Guantes desechables	6 pares.	Para vendar heridas.
Tijeras	Un par, sin punta.	Para cortar vendajes o prendas de vestir.
Pinzas	Un par.	Para extraer astillas.
Termómetro	Uno.	Para tomar la temperatura.
Toallitas higiénicas	Un paquete.	Para limpiar las heridas o las manos.
Bolsas de plástico	6	Para cubrir una mano o un pie quemados.

*Mantenga los medicamentos fuera del alcance de los niños. Deseche cualquier medicamento caducado.

Direcciones útiles

PROBLEMAS DE SALUD HABITUALES

ASOCIACIÓN DE FAMILIARES DE ENFERMOS DE ALZHEIMER
Via Laietana, 45, pral. 2.ª, esc. B
08003 Barcelona
Tel. 93 412 57 46

ASOCIACIÓN DE ENFERMOS REUMÁTICOS
Providencia, 42
08024 Barcelona
Tel. 93 458 99 06

LIGA REUMATOLÓGICA CATALANA
Enric Granados, 114
08008 Barcelona
Tel. 93 415 33 88

ASOCIACIÓN DE TRANSPLANTADO DE CORAZÓN DE CATALUÑA
St. Antoni M. Claret, 167
08026 Barcelona
Tel. 93 894 05 54 / 93 291 92 94

ASOCIACIÓN CATALANA DE CIEGOS
Cardenal Reig, 25
08028 Barcelona
Tel. 93 440 17 36

ASOCIACIÓN CATALANA DE ENFERMOS DE EPILEPSIA
Comte Borrell, 74
08015 Barcelona
Tel. 93 426 93 23

ASOCIACIÓN DE CELÍACOS DE CATALUÑA
Ronda Universitat, 21
08007 Barcelona
Tel. 93 317 72 00

ASOCIACIÓN ESPAÑOLA DE ARTERIOSCLEROSIS
Aribau, 203
08021 Barcelona
Tel. 93 414 18 68

ASOCIACIÓN DE FAMILIARES DE ALCOHÓLICOS DE CATALUÑA
Bonaire, 5
08003 Barcelona
Tel. 93 310 39 53

TERAPIAS COMPLEMENTARIAS
Para información y direcciones diríjanse a las Secciones Colegiales correspondientes del Colegio de Médicos de su localidad.

SERVICIOS DE URGENCIAS
Urgencias sanitarias: 061

Índice

Agradecimientos

Ilustraciones

Mike Saunders

Créditos de las fotografías

s = superior, **i** = inferior, **c** = centro, **iz** = izquierda, **d** = derecha

2-3 Iain Bagwell; **10** Matthew Ward; **12** Robert Harding Picture Library; **15** The Stock Market; **18** The Image Bank; **23** Iain Bagwell; **26** Prof. P. Motta/Departamento de Anatomía/Universidad de La Sapienza, Roma/ Science Photo Library; **30** Iain Bagwell; **31** Clement Clarke International; **38** Doug Plummer/Science Photo Library; **44** Sheila Terry/Science Photo Library; **50-51** Andrew Sydenham; **52** Iain Bagwell; **53** Astrid y Hanns-Freider Michler/Science Photo Library; **56** Phototake/Ace Photo Library; **58iz** Mike Delvin/Science Photo Library, **58d** Princess Margaret Rose Orthopaedic Hospital/Science Photo Library; **62** Ilustración de la migraña, con el permiso de la British Migraine Association y de Boehringer Ingelheim UK; **69iz** National Medical Slide Bank, **69d** Richard T. Nowitz/Science Photo Library; **72s** Clinique Ste. Catherine/CNRI/Science Photo Library; **72i** Larry Mulvehill/Science Photo Library; **74** Alfred Pasieka/Science Photo Library; **81** J. C. Revy/Science Photo Library; **82** Paul Baldesare/Photofusion; **85** Mike Goldwater/Tony Stone Images; **95** P. Hawtin, Universidad de Southampton/Science Photo Library; **102** Science Photo Library; **104** Iain Bagwell; **108** Dr. P. Marazzi/Science Photo Library; **111** Dr. H. C. Robinson/Science Photo Library; **117** Iain Bagwell; **120** National Library of Medicine/Science Photo Library; **127s** CNRI/Science Photo Library, **127i** BSIP PIR/Science Photo Library; **128** James King-Holmes/Science Photo Library; **131-133** Iain Bagwell; **134** M. Wurtz/Biozentrum, Universidad de Basilea/Science Photo Library; **142** Eye of Science/Science Photo Library; **150** NIBSC/Science Photo Library; **154** Stevie Grand/Science Photo Library; **157** Iain Bagwell; **178** The Image Bank; **181** Ian West/Bubbles; **182** Mark Clarke/Science Photo Library; **185** Iain Bagwell; **186** Harry Smith Collection; **190** Andrew Sydenham; **192** Michael Busselle; **193-194** Iain Bagwell; **196** Mary Evans Picture Library; **197** Helios; **198-211** Iain Bagwell; **212** Tim Malyon y Paul Biddle/Science Photo Library; **215iz** Iain Bagwell, **215d** Andrew Sydenham; **216-223** Iain Bagwell; **224** Robert Harding Picture Library; **226-229** Iain Bagwell; **232** Hattie Young/Science Photo Library; **235** Andrew Sydenham; **237** John Greim/Science Photo Library; **239-240** Iain Bagwell; **242** The Stock Market; **249-255** Iain Bagwell; **257** Mike Powell/Allsport; **258** Power Stock; **260** The Stock Market; **263** The Image Bank; **264-294** Iain Bagwell; **295s** Andrew Sydenham, **295c e i** Iain Bagwell; **296-298** Iain Bagwell; **299** Andrew Sydenham; **300** Iain Bagwell; **301s** Andrew Sydenham, **301c** Iain Bagwell, **301i** Andrew Sydenham; **302-309** Iain Bagwell; **310** Laura Wickenden; **312** Iain Bagwell